民国大师文库

（第十辑）

中国史（下）

王桐龄◎著

北京联合出版公司
Beijing United Publishing Co.,Ltd.

第五章　元室之衰亡

第一节　群雄之蜂起

自顺帝至正元年以后至七年间，各处起兵作乱者不下数百起。然皆为饥寒所迫，起为盗贼，非有帝制自为之意也。至正八年，台州人方国珍作乱。据温、台、庆元（今浙江会稽道，故宁波府）三郡，是为群雄中割据土地之始。十一年四月，诏开黄河故道，以贾鲁为总治河防使，发河南北兵民十七万，修山东西境黄河。是时山东荐饥，聚数十万人于山东西部。劳费太钜，物价踊贵。民间骚动，四方盗贼蜂起。有司不能制。先是栾城（今河北栾城县）人有韩山童者，自其祖父以来，以白莲会烧香聚众，谪徙永平（今河北卢龙县）。至山童倡言天下大乱，弥勒佛下生。河南及江淮愚民翕然信之。颍州（今安徽阜阳县）人刘福通与其党复诡言山童实宋徽宗八世孙，当为中国主。乃合谋起兵，以红巾为号。事泄，官捕之急。遂反。山童就擒。其子韩林儿潜逃之武安（今河南河北道武安县）。惟福通党盛不可制。是年五月，破颍州，连陷河南诸州县，众至十万。萧县（今江苏萧县）人李二亦以烧香聚众，与其党赵均用、彭早住等攻据徐州。罗田（今湖北江汉道罗田县）人徐寿辉等，亦攻陷蕲水（今江汉道蕲水县）及黄州路（今江汉道黄冈县），皆以红巾为号。时谓之红军，亦称香军。寿辉寻称帝，都蕲水，国号天完。次第攻破湖北、江西诸州郡。十二年二月，定远（今淮泗道定远县）人郭子兴起兵据濠州（今安徽淮泗道故凤阳府）。十三年五月，泰州（今江苏淮扬道泰县）人张士诚等起兵据高邮（同高邮县）。濠州钟离（今凤阳县）有英雄，姓朱，名元璋，字国瑞。先世居沛（今徐海道沛县），徙泗州（今淮泗道洪泽湖），复徙钟离。至正四年，年十七，遭大疫，父母诸兄相继殁。孤无所依，乃入皇觉寺为僧。游食诸州，寻复还寺。会盗贼并起，元璋谋避兵。卜之，去留皆不吉。乃入濠州，见子兴。子兴奇其貌，留为亲兵，妻以所抚马公女。元璋见诸帅无足与共事者，乃以兵属他将，而独与徐达、汤和（皆濠人）等南略定远（今安徽淮泗道安远县），得兵数万。十三年十二月，取滁州。

第二节　托克托之南征

先是广东、河南之变，蒙古大臣以所得旗帜持询汉官。意汉官讳言反，将中以罪，寻诏汉官讲求诛捕之法以闻。及汝颍起兵，朝议以为中国人全反，或谏言祖宗用兵，不专杀人。今倡乱数人，乃尽坐汉人为叛逆，岂足以服人心。其言颇忤时相托克托（旧作脱脱）意。诸蒙古将将兵者，不敢进取，惟日掠良民以邀赏。列郡骚动，民益汹汹不安。

至正十二年八月，朝命右丞相托克托总制诸军南讨，大破李二于徐州，屠其城。李二遁走。赵均用、彭早住走濠州，依郭子兴。托克托使贾鲁围濠州，不下。托克托寻被召还朝。鲁亦病卒。均用、早住势复炽，皆自称王。已而早住死，均用益自专。十三年，逐子兴。子兴走滁州，依朱元璋。十四年九月复命托克托南讨，大败张士诚于高邮。遂遣兵西平六合（今江苏金陵道六合县）。贼势大蹙。平章政事哈玛尔（旧作哈麻）嫉托克托，嗾其党御史袁赛音布哈（旧作袁赛因不花）等媒孽其罪，劾之。诏削官爵，安置淮安，寻窜诸云南。哈玛尔矫诏杀之，以别将代总其军。而以哈玛尔为左丞相，其弟苏苏（旧作雪雪）为御史大夫，代总朝政。帝既怠于政治，惟事游宴。于内苑造龙舟，自制其样。又自制宫漏，皆巧绝，出人意表，前所未有。又以宫女十六人按舞，名十六天魔。盖虽海内鼎沸，而犹以万姓脂膏供一人娱乐也如此。

第三节　群雄之角逐

一、刘福通、朱元璋之势力扩张　明玉珍、陈友谅之举事

十五年二月，刘福通迎韩林儿至亳（今安徽淮泗道亳县），立为皇帝，国号宋。六月，朱元璋自和州（今安徽安庆道和县）渡江，袭取太平路（今安徽芜湖道当涂县）。十六年二月，张士诚破平江（今江苏吴县），据之，进破杭州。三月，朱元璋攻集庆路（今江苏金陵道故江宁府）及镇江广德（今安徽芜湖道广德县），皆克之，自称吴国公。十七年，复克常州（今江苏武进县）、宁国（今安徽宣城县）、江阴（今江苏江阴县）及徽（今安徽芜湖道歙县）、池（同贵池县）、扬等州。于是江东州郡多入于元璋。韩林儿遣其将毛贵、田丰等攻破山东诸郡。关先生、破头潘等攻破山西诸郡，遂大掠塞外诸州。白不信、大刀敖等侵掠关中，破秦陇诸郡。随州（今湖北江汉道随县）人明玉珍举兵应徐寿辉，引舟师由沔阳（同沔阳县）西上，袭据重庆，遂破成都，四川皆下。沔阳人陈友谅举兵应徐寿辉。十八年，攻破安庆及江西诸郡。是年五月，刘福通破汴梁，奉韩林儿徙居之。十二月，朱元璋克婺州（今浙江金华道金华县）。十九年，方国珍遣使以温、台、庆元三郡附于元璋。元璋进克衢（同衢县）、处州（同瓯海道麓水县）。于是浙东亦入于元璋。

二、刘福通之败死

至正十七年，诏天下团结义兵，路府州县正官俱兼防御使。十八年三月，韩林儿将毛贵由山东北犯，至蓟州。京师大震。廷臣争劝帝北巡，或

迁都关陕以避其锋。左丞相太平力持不可，乃征四方兵入卫，拒却之。是年十二月，其别将关先生兵由山西北上，侵掠塞外诸郡，陷上都，焚宫阙。自是帝不复时巡。韩林儿本起盗贼，无大志，又听命刘福通。诸将在外者，皆福通故等夷，率不遵约束，至啖老弱为粮。福通不能制。兵虽盛，威令不行。所攻下城邑，多不能守。十九年八月，陕西行省左丞察罕特穆尔复汴梁。福通以林儿走安丰（今安徽寿县）。二十三年二月，张士诚将吕珍入安丰，杀福通。朱元璋帅兵击走之。以林儿归，居之滁州。后使廖永忠迎之赴江宁，至瓜步，永忠覆之江中。元璋不悦，永忠后竟坐罪赐死。

三、朱陈之冲突　陈友谅之败死

十九年十二月，陈友谅徙其主徐寿辉于江州（今江西浔阳道九江县），自称汉王。二十年，攻朱元璋，拔太平。遂弑寿辉，自称皇帝，国号汉。元璋建国金陵。西与友谅，东与士诚接境。兵力远不及友谅，仅与士诚埒。友谅恃其兵强，欲东取应天（即集庆路改名），遣使约士诚夹攻。而士诚欲守境观变，许使者，卒不行。元璋患其相合，乃设计令友谅故人康茂才为书诱之。友谅引舟师东下，至江东桥（在今江宁县江东门外），呼茂才，不应，始知见绐。遂大败，弃太平，乘轻舸，走还江州。元璋乘胜复太平，取安庆。二十一年，率舟师溯流而上，击破友谅于江州。友谅奔武昌。遂克其城，龙兴（今江西豫章道南昌县）等府州相继降，于是江西亦入于元璋。明玉珍闻友谅弑寿辉，乃整兵守夔关，绝不与通。进破云南，自称陇蜀王。分兵犯兴元、巩昌（今甘肃兰山道陇西县）等路。二十三年，遂称帝于重庆。国号夏。

友谅忿疆场日蹙．乃大治舟舰。二十三年七月，复围洪都（即龙兴改名）。元璋帅师救之，大战于鄱阳湖。友谅败死。二十四年正月，元璋自立为吴王。率师进围武昌，友谅子理降。于是湖北东部亦入于元璋。

四、张士诚之败死　方国珍之降附

是时张士诚徙据平江，自称吴王。二十六年，元璋遣徐达等将兵击之，破其兵，取高邮。淮安及徐、濠、宿等州相继降，于是淮南北亦多入于元璋。是年九月，复遣徐达、常遇春等大举兵东下，取湖州、杭州、绍兴、嘉兴诸路。二十七年九月，遂克平江，执士诚以归。于是浙西、江东皆入于元璋。是年十月，以徐达为征虏大将军，常遇春副之，率师北伐。汤和为征南将军，吴桢副之，率师南征。十二月，和等克温、台、庆元。方国珍降。遂分兵由海陆两道攻福建。二十八年正月，克福州，元平章陈友定死之。四月，征南副将军廖永忠克广东。六月，平章杨璟克广西。于是中国南部略定。是年正月，诸将奉元璋即皇帝位，国号明。是为明太祖。

第四节　元室诸将之内讧

一、博啰特穆尔与察罕特穆尔之内讧

刘福通之初举兵也，颍州人察罕特穆尔（旧作察罕帖木儿）、信阳人李思齐起兵讨之。诏以察罕特穆尔为汝宁府达噜噶齐，思齐知府事。十七年，韩林儿将李武、崔德等破商州（今陕西关中道商县），攻武关，遂趋长安。三辅震动。察罕特穆尔、李思齐合兵击败之。诏以察罕特穆尔为陕西行省左丞，思齐为四川左丞。十九年，察罕特穆尔大发秦晋之兵恢复汴梁。诏以察罕特穆尔为河南行省平章政事，兼知行枢密院事。时山西晋冀之地，皆察罕特穆尔所平定。而河南行省平章政事博啰特穆尔（旧作孛罗帖木儿）驻兵大同，因欲并据晋冀，两人遂相雠隙。二十年九月，博啰特穆尔引兵攻冀宁。察

罕特穆尔调兵拒战。朝廷屡遣使谕解之，兵始罢。

二、阿哩衮特穆尔之乱

是时四方兵起，朝廷屡诏宗室诸王以北兵南讨。是年十二月，太宗八世孙阳翟王阿哩衮特穆尔知国事不可为，乘间拥兵数十万屯漠南，将犯京畿。朝廷遣将讨之。阿哩衮兵败，走不都。寻为其部将所执，送阙下，伏诛。

三、察罕特穆尔与张良弼之冲突

二十一年，察罕特穆尔恢复山东，韩林儿将田丰等降。诏以察罕特穆尔为平章政事。博啰特穆尔遣将据延安，谋入陕。朝廷以张良弼为陕西参政，驻蓝田以防之，受察罕特穆尔节制。良弼与察罕特穆尔有隙，不受调遣。二十二年，察罕特穆尔结李思齐连兵攻之，不克。

四、博啰特穆尔与库库特穆尔之冲突

是年六月，田丰复叛，察罕特穆尔遇害。诏以其子库库特穆尔（旧作扩廓帖木儿，本姓王，小字保保，察罕特穆尔之甥，养为子）为平章政事，兼知行枢密院事，代总其兵。是年十一月，攻克益都，诛田丰。二十三年六月，博啰遣其将珠占袭据陕西。库库特穆尔与李思齐合兵击降之。博啰攻冀宁，库库复击走之。博啰军势日蹙。

第五节　太子阿裕锡哩达喇之专权及其对博啰特穆尔之冲突

皇太子阿裕锡哩达喇（旧作爱猷识里达腊）年渐长，见帝荒淫，与其母二

皇后奇氏谋内禅。嫉左丞相太平，谋去之。十九年十二月，让杀左丞成遵、参知政事赵中，以翦太平羽翼。而知枢密院事努都尔岱数于帝前左右太平，以故太子志不得逞。二十年正月，努都尔岱卒。太平知势不可留，引疾归。二十三年，帝欲以巴咱尔（旧作伯撒里）为相，巴咱尔推荐太平。诏征太平还京。太子使其党谮太平，是年十一月，杀之于途。

是时帝益厌政，太子专国。宦者布木布哈（旧作朴不花）用事，为奸利，右丞相绰斯戬（旧作搠思监）与为表里。四方警报，及将臣功罪，壅不上闻，内外解体。治书侍御史陈祖仁上书劾之。御史大夫罗达锡（旧作老的沙）持之颇力。太子怒，谪祖仁等。罗达锡与知枢密院事图沁特穆尔（旧作秃坚帖木儿）奔大同。博啰特穆尔匿诸军中。太子党必欲杀图沁等，博啰白其非罪。太子怒博啰跋扈交通，二十四年三月，下诏削博啰官爵，夺其兵。博啰拒命，遂诏库库特穆尔讨之。是年四月，博啰举兵犯阙，太子遣兵拒战。不利，遂北奔。出古北口，走兴松（今热河境）。诏执绰斯戬、布木布哈畀博啰，皆见杀。博啰罢兵还镇。是年五月，太子还宫，复遣兵攻大同。博啰复举兵犯阙，太子自将拒战于清河（今京西高粱河）。军溃，奔冀宁。诏以博啰为右丞相，罗达锡为平章政事，图沁等穆尔为御史大夫，留朝辅政。尽置其党于要津。二十五年三月，太子承制。大发库库特穆尔等诸将兵讨博啰。博啰幽奇后，调兵拒战，大败，遂躁怒，淫酗无度。是年七月，帝与威顺王之子华善（旧作和尚）等密谋，伏兵宫中，乘其入朝，并其党骈诛之。召太子还。以库库特穆尔为太尉、左丞相、知枢密院事。

是时扬子江流域皆已沦没，皇太子屡请自将出师征讨，帝难之。是年十月，封库库特穆尔为河南王，总制诸道兵马，便宜行事，代太子亲征。李思齐、张良弼，故与察罕特穆尔等夷，皆不服。二十六年二月，库库调良弼等兵，不应。遂遣兵西攻良弼。李思齐与良弼连兵拒之。

初，太子之奔太原也，欲援唐肃宗灵武故事自立。库库特穆尔不从，及还京。奇后遣人谕库库特穆尔，以重兵拥太子入城，胁帝禅位。库库特穆尔逆知其意，未至京城三十里，即散遣其军，以数骑入朝。故太子深衔之。及与李思齐相持经年，帝数使使谕令罢兵，专事江淮。库库特穆尔欲遂定思齐等，然后引军东，不奉诏。廷臣哗言其跋扈有状，帝亦心忌之。二十七年八月，诏以太子为中书令、枢密使，总制天下兵马。置大抚军院。十月，削库库特穆尔官爵，夺其军，命李思齐等讨之。十二月，明徐达等克山东。二十八年四月，克河南。明都督冯胜领前锋，破潼关。朝廷大震。乃罢大抚军院，复库库官爵，命率师会诸将复河洛。是年闰七月，徐达、常遇春等破通州。帝避兵北去。八月，达等入大都。监国淮王特穆尔布哈死之。元亡。时元顺帝至正二十八年，明太祖洪武元年，西历纪元一三六八年也。元自世祖入主中国，凡传十帝，八十八年而亡。

元末群雄割据表

人名	据地	称号
方国珍	据浙之、温台、庆元三郡	
韩林儿、刘福通	据淮北、河南	宋帝
李二	据徐州	
赵均用	初据徐州，后据濠州	
徐寿辉	据湖北、江西	天完帝
陈友谅	寿辉将，篡寿辉，据湖北、江西、安徽	汉帝
郭子兴	据濠州	
朱元璋	子兴将，舍子兴，据安徽、江苏、浙江	吴王
张士诚	初据江北，后兼据江南、浙西	吴王
明玉珍	寿辉将，据蜀	夏帝
陈友定	元平章事，据福建	
何真	元右丞相，据广东	

朱元璋势力扩张表：

一、元顺帝至正十三年十二月，朱元璋取滁州。

二、十五年六月，渡江，袭取太平路。

三、十六年三月，攻集庆路及镇江、广德，皆克之。自称吴国公。

四、十七年，克常州、宁国、江阴、徽州、池州、扬州。

五、十八年，克婺州。

六、十九年，克衢州、处州。

七、二十年，破陈友谅兵，取安庆。

八、二十一年，破陈友谅兵，取江西。

九、二十三年，灭陈友谅，取湖北。

十、二十六年，破张士诚兵，取高邮、淮安、徐州、濠州、宿州。

十一、二十七年，灭张士诚，取江东浙西。

十二、同年，降方国珍，取温州、台州、庆元。

十三、二十八年正月，南伐兵克福建。四月，克广东。六月，克广西。诸将尊元璋为皇帝，国号明。

十四、二十七年十二月，北伐兵克山东。二十八年四月，克河南。八月，克大都。元顺帝避兵北狩。

第六章 元代之文化

第一节 制度

一、官制

蒙古起自朔漠，野处草创，俗朴事简。太祖时惟以断事官治政刑（为至重之任，位在三公上），左右万户统军旅，丞相谓之大笔帖式。及取中原，稍仿金制，置行省及元帅宣抚等官。世祖既立，始诏许衡、刘秉忠等，酌古今之宜，定内外官制。其总政务者曰中书省，以令为长官，右左丞相副之。平章政事、右左丞、参知政事皆为阁员。阁员人数常在八人以上。其后历代君主多以皇太子兼中书令。内阁遂以右左丞相为长官矣。秉兵柄者曰枢密院，以知院事为长官，同知院事副之。司黜陟者曰御史台，以大夫为长官，中丞副之。其次，内官则有寺、监、卫、府、院、司之属。外官则有行省、行台、宣慰司、廉访司等。其牧民者，则曰路、府、州、县，其长则蒙古色目（所收服诸部族之统称，若回回奇卜察克康里阿速及唐古特之属皆是）人为之。而汉人、南人（元分中国人为二，先灭金所得者为汉人，后灭宋所得之江南人为南人）贰焉。自世祖后，台省之职，南人斥不用。至顺帝至元十二年，始许参用其有才学者。其用人不拘一格，无论佛教徒、回教徒、耶教徒、犹太教徒，凡有才学者咸与登用。故阿拉伯及波斯之学者军人，意大利、法兰西之画家、职工等，来仕其朝者颇多。西方之天文、算术、炮制因此传入中国。中国之罗盘针、活板术等，亦于是时传至西方。东西文化沟通，皆元代启之也。

元代三权分立表

机关	职务	太子兼领之官	长官	次官
中书省	总政务	中书令	右、左丞相	右、左丞
			平章政事	参知政事
枢密院	主兵柄	枢密使	枢密副使	
			知枢密院事	同知枢密院事
御史台	司黜陟		御史大夫	御史中丞

二、地方制

元之版图，北逾漠北，西入欧洲，南极海表，东尽辽左。东南所至，不下汉、唐，而西北则远过之，有难以里数限者。太宗之初，始定十路，征收课税。一燕京、二宣德（今察哈尔口北道宣化县）、三西京（今山西大同县）、四太原、五平阳、六真定、七东平、八京（即临潢）、九平州、十济南。世祖中统元年，又置十三路宣抚使。一燕京、二益都（今山东益都县）、三济南、四河南、五北京、六平阳、七太原、八真定、九东平、十大名、十一彰德、十二西京、十三京兆（今陕西西安县）。平宋而后，乃置中书省一，行中书省十二，元帅府三，路百八十五，府三十三，州三百五十九，县千二百二十。而诸汗国之土地不预焉。其分级之法，大率以省领路，路领州县。或有以路领府、府领州、州领县者。其府与州，又有不隶路而直隶省者。然自是省之制立，至今不能改矣。

元代诸省及元帅府表

分别	名称	统地	治所	今地
省	腹里	统河北山东山西	京师	北平
行省	岭北	统漠南漠北	和林	外蒙古
	辽阳	统东三省	辽阳	辽宁辽阳县
	河南	统河南湖北及安徽江苏北部	汴梁	河南省城
	陕西	统陕西及甘肃东南部四川最西部	奉天	陕西乾县
	四川	统四川及湖南西北部贵州北部	成都	四川省城
	甘肃	统甘肃西北部及宁夏	甘州	甘肃张掖县
	云南	统云南	中庆	云南省城
	江浙	统安徽江苏南部及闽浙二省	杭州	浙江省城
	江西	统江西广东	龙兴	江西省城
	湖广	统湖北广西及湖南贵州大部	武昌	湖北省城
	征东	统高丽	开城	朝鲜京畿道
	阿母河	统葱岭以西地	塔什干	俄属中亚
元帅府	阿里麻里	统天山以北地	阿里麻里	新疆绥定县
	别失八里	统天山以南地	别失八里	新疆迪化县
	曲先	统吐鲁番以东地	曲先	甘肃安西县

三、兵制

立国之初，典兵之官，视兵数多寡，为爵秩崇卑。长万夫者为万户，千夫者为千户，百夫者为百户。世祖时，修正官制。内立前、后、左、右、中五卫，以总宿卫诸军。卫设亲军都指挥使。外则万户之下置总管，千户之下置总把，百户之下置弹压，立枢密院以总之。遇方面有警，则置行枢密院。事已则停止。至于军士则初有蒙古军、探马赤军。蒙古军皆国人。探马赤军则诸部族也。其法：家有男子，十五以上，七十以下，无众寡尽佥为兵。幼稚稍长，又籍之，曰渐丁军。既入中国，发民为卒，是为汉军。或以贫富为甲乙。户出一人，曰独户军。合二三户出一人，则一为正军户，余为贴军户。或以男丁论，则以二十丁，或十丁，出一卒。或以户论，则以二十户出一卒，而限年二十以上者。又有匠军，以工人充之。有质子军，以诸侯将校之子弟充之。又有炮军、弩军、水手军。兵籍多寡，汉人不得阅其数。虽枢密近臣职专军旅者，惟长官一二人知之。故有国百年，而内外兵数之多寡，知之者甚鲜。大率兵制分宿卫、镇戍二大宗。而马政、屯田、站赤、弓手、急递、铺兵、鹰房、捕猎，非兵而兵者亦附焉。

元代兵制表

内官	外官		军士	籍贯
五卫亲军都指挥使	万户	总管	蒙古军	本国人
	千户	总把	探马赤军	诸部族
	百户	弹压	汉军	汉人

四、赋税制

初，蒙古太祖征西域，仓库无斗粟尺布之储。群臣咸劝以得汉人无用，不如尽杀之，旷其地以为牧场。独耶律楚材力谏，劝均定税则，以裕国用。太宗立，始定算赋。中原以户，西域以丁，蒙古以牛马羊。立十路课税所，设使副二员，悉用士人。寻诸路所贡课额银币，悉符楚材原奏之数。太宗大喜，以楚材为中书令，俾专领其事。及既灭金，始定税则。每户出丝一斤，以供官用。五户出丝二斤，以与受赐贵戚功臣之家。上田每亩税三升半，中田三升，下田二升半。水田亩五升。商税三十分之一。盐每银一两，四十斤以上，定为永额。至世祖复申明旧制。于是其法綦备。大率元取民以唐为法。取于内郡者，曰丁税，曰地税，仿唐之租庸调。取于江南者，曰秋税，曰夏税，仿唐之两税。

五、刑制

元时刑罚极峻酷。然有三限制，以定决狱之期限。大事四旬，中事二旬，小事一旬，所以防滞狱之弊也。太宗时，令诸州每十日将囚帐及所犯罪具禁系之日数上闻。其刑名亦分五种。笞刑由七至五十七，杖刑自六十七至一百有七。其自十数减三为七者。谓天地君各宥其一也。徒刑与宋无大差，南人迁北，北人迁南。死刑亦分斩、绞二等。

六、学校制

有国子学、医学、阴阳学等。国子学分三类：一为汉学国子学。以小学孝经及四书五经等为教科书。有升斋积分之法。每季考其学行，以次第升。既升上斋，逾二岁始与私试。词理俱优者为上等，准一分；词平理优者为中等，准半分。每岁中通计其年积分至八分以上者，升充高等生员。岁选六人以贡。一为蒙古国子学。选子弟俊秀者入学，并令好学者兼习算学，以通鉴节要用蒙古语言译写教之，出题试问。其学者皆用廪膳。一为回回国子学。以其文字便于关防，故令公卿大夫与夫富民之子，皆依汉人入学之制，日肄习之。此外有医学，诸路皆设之。每岁由太医院加以考察。又有阴阳学，亦诸路皆有，上属太史。又有蒙古字学。其字在诸种字之右，诸路府州县承宋金之后，皆有学。世祖时，特命江南诸路学及各县学内，设立小学，选老成之士教之。其他先儒过化之地，名贤经行之所，好事之家，出钱票赡学者，并立为书院。院中之教授者，名曰山长。其他学校中之教师，则有总教、助教、博士、正录、教授、学正、学录、教谕等名，皆学官也。

七、选举制

太宗取中原，中书令耶律楚材请用儒术取士。于是以论及经义、词赋分为三科。作三日程，专治一科，能兼者听，以不失文义为中选。所得皆一时名士。而当事者，或以为非便，遂罢之。仁宗时，从中书省言，举人以德行为首，试艺以经术为先。其科举条制，蒙古、色目人与汉人、南人不同。蒙古、色目人第一场试经义，第二场时务策。汉人、南人多试词章一门，第一场经义，二场词章，三场时务策。共分两榜。乡试以八月，会试以二月，御试以三月。则蒙古、色目人与汉人、南人无异。此外又有举茂材异等山林隐逸江南人才等名。赀选之例，亦往往因郡县荐饥用开。以粟之多寡，区官之等级。其出粟赈饥而不愿仕者，则旌其门。

八、海运制

初，粮运仰给江南者，大都涉江，入淮沂河，中途转陆运，更入运河，以至京师。又或自山东入海，劳费无成。至世祖至元十九年，始知海运之便。遂立万户府四，总其事。又并四府为都漕运万户府，令朱清、张瑄二人掌之。寻迭开新道，自浙西至燕京，不过旬日。

第二节　学术

一、儒学

燕云十六州自入于辽后，久与汉族之声教不通。宋理宗时，蒙古兵攻鄂，得赵复以去，讲学于燕。义理之学始传于北。复字仁甫，德安（今湖北安陆县）人，以江汉自号。学者称之曰江汉先生。从真德秀得朱熹之传。鄂既被兵，复九族俱残，痛不欲生。蒙古太宗命姚枢固劝至燕。于是许衡、刘因诸儒出焉。衡字仲平，河内（今河南泌阳县）人。服膺程朱之说，慨然以道自任，善于教育。其为国子祭酒也，待幼稚弟子如成人，爱之如子。出入进退，其严若君臣。其为教因觉以明善，因明以开蔽。相其动息以为张弛。课诵少暇，即习礼，或习书算，或习射，或投壶（壶中实以小豆以矢自远投之，计其中否以分胜负，投矢之姿势甚多），负者罚读书若干。人人自得，尊师敬业。世称鲁斋先生。因字梦吉，保定容城（今河北容城县）人。亦以教育尊严，弟子甚盛。尝爱诸葛孔明静以修身之语，表所居曰静修，故亦曰静修处士。二者皆程朱嫡传也。吴澄字幼清，抚州崇仁（今江西崇仁县）人。精于经学，兼擅词章。其论学以德性为本，学问为末。或有以为陆派者。其所居屋数间，程钜夫称之曰草庐。故学者称为草庐先生。此外又有金履祥，字吉父，婺之兰溪（今浙江兰溪县）人。其所居在仁山之下，学者因称仁山先生。又有许谦，字益之，金华（今浙江金华县）人，尝以白云山人自号。世称为白云先生，亦程朱派也。

二、蒙文学

蒙古素无文字，号令借用汉楷及辉和尔（即日知录之所谓高昌书也）字以达其言。中统元年，世祖命国师帕克巴制蒙古新字。字成，上之。其字仅千余，母凡四十有一。其相关纽而成字者，则有韵关之法。其以二合三合四合而成字者，则有语韵之法。而大要以谐声为宗。至元六年，诏颁行于天下，译书一切文字。后此凡降尔书，并用新字，仍各副以其国字。同时创立蒙古学校，教授蒙古文字。凡宗庙祭祀之祝文，概用蒙古字。八年，诏天下兴起国子学，置上舍生二十人，下舍生三十六人。顾当时汉人习于汉字已久，不肯学蒙古文。而官府文移，依历来习惯，仍用辉和尔字。九年，和礼霍孙奏请强制执行，乃诏自今凡诏令并以蒙古字行。仍遣百官子弟入学。十二年，分翰林院为二，别设蒙文学士。十五年，诏旧用辉和尔字之虎符，一概改用蒙字。二十八年，河南、福建两省上书，请诏敕仍用汉文。诏福建用汉文，河南仍用蒙文（世祖在位时．遣程钜夫赴江南求遗书，特赐以汉文诏书。是为当时朝廷变例）。同时派儒臣用蒙文译《汉书》。成宗大德十一年，中书右丞孛罗等译《孝经》。仁宗时，元明善节译《书经》。英宗至治元年，翰林学士忽都鲁都儿译《大学衍义》。泰定元年，译《列圣诏敕》及《大元通制》。三年，译《世祖圣训》。四年，译《资治通鉴》。文宗时，译《贞观政要》及《帝范》。此外若佛经等书，译出者亦不少。现在多散佚。其仅少之遗留品，仅《元朝秘史》一书而已。

以上所举，元室历代君相提倡蒙文，不遗余力，顾其收效殊鲜。当时汉文流传中国已久，其性质与蒙文绝不相似。汉文皆单语，蒙文皆复语。汉文皆释义，蒙文皆拼音。以绝不相类之蒙字，强汉人学之，故用力多而成功少。然在朝鲜方面，颇著成效。此后朝鲜人仿蒙字作谚文，于历代相传之汉文外，别创一种通俗文字，为中下流社会所通用，流行至今未辍。此因韩语与蒙语同系北方系统，性质相近故也。

三、汉文学

以上所举，为元代诸帝提倡蒙文之历史。顾蒙文在一般社会上，不甚发达。其当时最发达者，仍系汉文。由来元人承袭金人文化，用科举取士。所登庸之新进，大多数系汉人。汉文汉诗，皆雄浑刚健，与南宋之纤弱者迥异其趣。其中汉文学家最著名者，若许衡、姚燧（字收庵。许衡之门人成宗、武宗时代之学者。其文雄厚有力，为有元一代文宗）、虞集（字道园，四川人。成宗至顺帝时学者，诗文俱工）、许有任（仁宗至顺帝时学者。著有《至正集文集》）、戴表元、袁桷（表元弟子）、欧阳玄、黄潜、柳贯、吴莱（浙江浦江人，明初宋濂一派先进）等。汉诗学家最著名者，若虞集、杨载、范德机、揭傒斯（云南富州人，今蒙自道富州县）

等，皆汉民族出身，实足以代表有元一代文学。此外若耶律楚材（契丹人，辽宗室。长于中国学术）、耶律西寿（契丹人。长于汉诗）、萨都剌（回回人，寄借雁门，善诗。著有《雁门集》）、乃贤（葛罗禄人，著有《铅集》）、泰不华（伯牙吾台氏，本西域人，寄籍台州）、余阙（唐古特人，著有《青阳集》）等，皆以外国民族，精于汉学。故有元历代诸帝，虽提倡蒙文，然蒙文著作，远不如汉文著作之发达也。

四、通俗汉文学

以上所举，为汉文及汉诗学发达之历史。顾元代汉文，远不如通俗文学之发达。其原因由于汉文高古，多数之蒙古人，难于了解，而又不能强多数汉人必习蒙文，乃折衷于两者之间。用汉语为根据，特创一种通俗文学。凡朝廷之诏敕、典章、制度以及官府之公文、民间之书札、证据等多用之。文学界受其影响，小说传奇甚为发达。传奇之起源，始于古代诗歌。一变而为离骚（战国时代），始成为问答体。再变而为乐府（汉、魏、六朝及唐），始有曲调。三变而为词曲（唐、五代、宋），始有长短句一定之格式。四变而为唱诨词（宋），始有科白与唱相间。南宋之时，杂剧名称始出现（载在《武林旧事》中，有剧名及角色名等）。金时，院本名称始出现。元时，杂剧院本混合为一。其体裁有白有唱，其材料皆取材于历史风俗。大都写照英雄义士、忠臣、孝子、节妇等之义烈，以及才子佳人之恋爱，神仙、佛老、鬼怪之怪诞，无一不备，而归本于时人之心理。当时词曲大家，若马东篱、郑德辉、白仁甫、关汉卿等，皆有名于时。其著作杂见于元曲百首中。分南曲、北曲二种。北曲一出，歌者限定一人。南曲则不拘人数。北曲之大作曰《西厢记》，著者为王实甫。以元稹之《会真记》为蓝本而演成之，共分十六出。南曲之大作曰《琵琶记》，著者为高则诚。此外《拜月亭》一编，亦南曲中之铮铮者。

通俗文字，戏曲以外，最发达者厥惟小说。小说二字，始见于《汉书·艺文志》中。对于大经而言，谓琐琐不足道之事。非现今所谓小说也。唐时小说始出现，其中最著名者，若《剑侠传》、《长恨歌》序、《游仙窟》等，皆与现今流行之小说体裁相近。顾皆短篇，非大作也。宋有《宣和遗事》一书，叙述徽宗一代之事，为一种历史小说。元人择其一段，演为《水浒传》，文字权奇怪诡，为有元一代小说大作。此后我国下流社会心理，为此小说支配者几六七百年。元末、明末、清末之骚乱，各地起兵之草莽英雄，其举动皆系《水浒传》式。著者或称为施耐庵，或称为罗贯中，不知其详也。

五、书法及画法

书法以赵孟頫（字子昂，宋之宗室）为首，籀真行草诸书，无不冠绝古今。天竺僧有数万里来求其书者。耶律楚材亦有翰墨之誉。以画名者，有倪瓒、吴镇、黄公望、王蒙诸人。瓒字元镇，亦号云林山人。人以其性迂，称曰迂倪。镇字仲圭，号梅道人。公望字子久，号大痴老人。蒙字叔明，号黄鹤山樵。皆工山水，称元季四大家。或有以黄、王、吴与赵孟頫并称元四大家者。盖孟頫之人物楼台花树等，亦称精绝也。

六、历学

以历法著名者，为邢台（今河北邢台县）郭守敬。上集古法之大成，旁得泰西之新法。其所创凡五事：一曰太阳盈朒，二曰月行迟疾，三曰黄道赤道差，四曰黄道内外度，五曰白道交周。此五者推测较古为密，于理既精，与天亦合。皆前古所未有也。

七、医学

以医著者曰朱震享，字丹溪。著《格致余论》、《局方发抉》、《金匮钩玄》等书，以理学家而兼精医术者也。又有犹太人爱薛，以泰西医方输入中国，为中国西医之始。

第三节　风俗

蒙古风俗朴野，礼制不立。观顺帝十五年儒学教授郑咺上书，请正国俗，勿妻继母、叔母及兄妻，则其先之俗可知矣。刚悍武勇之气，自入主中国后，亦渐即消磨。其季也士大夫好以文墨相尚，每岁必联诗社。四方名士毕集，燕赏穷日夜，其诗胜者辄有厚赏。然此风亦南人开之，蒙古缙绅罕与之者。元廷视文学甚轻。当时人分十等，有七匹、八倡、九儒、十丐之谣，侪儒于倡、丐之间，其贱可知。推其轻视之心，非以其无用而贱之，盖恐其读书明理或有爱祖国谋恢复之心也。其待南人也尤严。十室之邑，有甲长驻之。鱼肉陵侮，为所欲为。无敢起与抗者。末年兵起，乃尽杀蒙古人。存者乞哀，愿降为奴隶以自赎，永不得与齐民齿。今浙东诸郡之惰民（据《辞源》卯集三三页．惰字注引“惰民，谓编”。谓惰民为宋将焦先璜部落以叛宋投金被斥者），皆其遗种也。元代诸帝，于汉族语言文字少通晓者，故其诏令多用蒙文蒙语。当时南人震其压制之威，争学其语以求自进，故语言、风俗、文字、衣冠多因此而改其习惯。其汉人用蒙古语为名者，更数见不鲜。如太祖时之贾塔剌浑（冀州人，有战功）及其子抄儿赤、孙冀驴及六十八，薛塔海（大兴人，有战功）及其子四家奴，张拔都（昌平人，有战功）及其子忙古台，太宗时之杨杰只哥（宝坻人，有战功），世祖时之常龢住（信都人，侍皇太子）及其子普兰奚、刘哈喇八都鲁（河东人，为太医）、李忽兰吉（一名庭玉，陇西人。有战功）、杨赛因不花（清译赛音布哈，太原人。徙播州，有战功），仁宗时之杨朵儿只（清译多尔济，宁夏人。累官御史中丞，数直谏。帝崩后为权臣铁木迭儿所害），顺帝时之太平（本姓贺，名惟一。至正四年拜平章政事，擢御史大夫。故事台省正官非国姓不授，乃诏特赐国姓，更名太平。仕至左丞相。后为太子所害）、刘哈喇不花（清译哈喇布哈，其先江西人，徙燕赵。

讨群盗有战功，拜同知枢密院事。累官至河南行省平章政事）、宋伯颜不花（清译巴延布哈，江浙廉访使，守衢州为明所擒）、褚不华（清译褚布哈，隰州石楼人，为江东廉访使，守淮安五年，粮尽援绝，城陷巷战死。人以比之张巡）、袁赛因不花（侍御史，党于哈玛尔，劾右丞相托克托）、魏赛因不花（皇太子攻库库特穆尔时将官）等，皆其例也。

第四节　宗教

有元帝国，跨有欧亚两洲，领土阔大，民族复杂，各因其固有之宗教而治之。故西方各分国，多崇拜回教、耶教。东方大汗本国，则崇拜道教与喇嘛教。兹述其概略于下：

一、道教

初，山东登州栖霞人丘处机，有道术，号长春子。蒙古太祖起兵，聘为顾问。西征之时，处机从行，参赞帏幄，眷眷以敬天爱民为言。太祖杀机为之稍敛。著有《西域旅行日记》，号长春真人西游记。已而遄返燕京，在城西筑道观以居，号白云观（在外城西便门外，现在该观中邱祖殿所供养之木像，处机像也）。元室优礼之终身。自此以后，元室历代君主多崇拜道教。当时派别有三：

甲、真大教　真大教为金季道士刘德仁所创。其教以苦节危行为要，不妄取于人，不苟侈于己。五传而至郦希诚，受蒙古宪宗知，始名其教曰真大道。授希诚大玄真人，领教事。成宗即位，命希诚徒孙德福，统辖诸路真大道。又三传而至张志清，其教益盛。授演教大宗师，凝神冲妙玄应真人。掌教事。

乙、太一教　初，金熙宗天眷中，道士萧抱珍传太一三元法箓之术，因名其教曰太一。四传而至萧辅道。世祖在潜邸，闻其名，命史天泽召至和林。赐对称旨，留居官邸。以老请，命其弟子李居寿掌教事。至元十一年，建太一宫于两京，命居寿居之，领祠事。十三年，授太一掌教宗师印。

丙、正一教　正一天师者，始自后汉张道陵。其后四代日盛，来居江西信州之龙虎山，传三十六代至宗演。元世祖至元十三年，大兵下江南，遣使召之，命廷臣郊劳，待以客礼。命主领江南道教，赐银印。遣归。二十九年，宗演卒。子与棣、与材相继袭掌江南道教。成宗大德八年，授与材正一教主，主领三山符箓。武宗即位，进授金紫光禄大夫，封留国公。赐金印。仁宗延佑三年卒。子嗣成袭职。

同时宗演之弟子张留孙，亦好道术。至元十三年，从宗演入朝，掌祠事。寻授玄教宗师，赐银印。留孙劝世祖以清净为治，从之。成宗即位，加号玄教大宗师，同知集贤院道教事。武宗即位，升大真人，知集贤院，位大学士上。进讲老子，推明仁让之道。仁宗即位，进开府仪同三司，加号辅成赞化保运玄教大宗师，赐玉印。英宗至治元年卒。弟子吴全节袭玄教大宗师职，加号崇文弘道玄德真人，总摄江淮荆襄等处道教。全节卒，弟子夏文泳嗣。

二、喇嘛教

以上所举道教各宗派，真大教流行于山东。太一教流行于山西、河北。正一教流行于大江南北。元室优待教主，所以笼络民心，与崇拜孔道同为一种羁縻汉族政策，非有元帝室本来崇拜道教也。帝室所崇拜者为佛教。其中最与帝室有密切关系者，曰佛教中之喇嘛教。

喇嘛教之起源地在吐蕃。其首领帕克巴，幼而聪颖。生七岁，诵经数十万言，能约通大义。国人号圣童。年十有五，谒世祖于潜邸。与语，大悦。日见亲礼。即位以后，尊为国师。授玉印。命制蒙古新字。字成，上之。升号大宝法王。卒赠皇天之下、一人之上、宣文辅治大圣至德普觉真智佑国如意大宝法王、西天佛子、大元帝师。弟琳沁嗣。成宗即位，更赐双龙盘纽白玉印。文曰大元帝师、统领诸国僧尼、中兴释教之印。自是以后，帝师一职，为吐蕃人专有物。自世祖至文宗六十余年间，共传帝师十二人。其中最幼者，年甫六岁。历代之帝师，统辖佛教，威权无上。正衙朝会，百官班列，而帝师亦或专席于坐隅。每入朝时，中书大臣驰驿奉迎。所过供亿。比至京师，则敕大府假法驾半仗，以为前导。每岁二月五日，帝师巡游大都。六月十五日，巡游上都，仪仗甚盛。帝师卒后，朝廷必厚赐祭葬，遣大臣护丧。虽其昆弟子姓往来，有司亦供亿无乏。历代所筑之喇嘛寺院甚多。如成宗时代之大护国仁王寺、圣寿万安寺，泰定帝时之大天源延圣寺，顺帝时之大龙翔集庆寺，其尤著者也。每寺之中，必由政府与以不动产若干。最多者至数千顷。政府设官，代司财政。故各寺奢侈豪华，为一时冠。

三、也里可温教（即基督教）

蒙古勃兴之初，欧洲诸国方兴十字军，与回教徒相攻。基督教徒皆欲联络蒙古，以压回教势力。罗马教皇 Innocent 四世、法兰西王路易九世尝遣使至蒙廷，皆蒙优待。世祖即位，遣使西谒教皇，请派教士来中国传教。至元二十三年（西历纪元一二九四年），蒙迭哥尔维诺（Monte Corvino）航海东来，诏许建教会于大都，于是基督教逐渐流行于中国。已而元亡明兴，东西交通中止，基督教亦渐衰微矣。

四、答失蛮教（即回教）

成吉思汗攻金时，其部下兵多奉回教者。太宗攻宋时亦然。世祖时代，其教徒移居内地者甚多。朝廷设回回司天监、回回国子学、回回药物院、回回军匠万户府等。而各省参知政事必以回回一人充之，其各道廉访使、各部达鲁噶齐（旧作达鲁花赤）及江南州郡皆以回回与蒙古、汉人杂用。内则中书省、宣政院，暨六部皆有回回掾吏、书写（元制，吏员补任之法曰掾吏令，史曰书写，铨写曰书吏典史）若干人。外则河南、江浙、湖广、四川、陕西、甘肃、辽阳、岭北、云南诸行省，皆有回回掾吏、通事、知印若干人。中国内地回族之盛，于斯为最，而住居范围亦遂遍于各地矣。

元代宗教表

<table>
<tr><th colspan="2">教名</th><th>教祖</th><th>与元室初接触之大师</th><th>相续之大师</th><th>封号</th><th>住居地</th><th>流行地</th></tr>
<tr><td colspan="2">道教</td><td></td><td>丘处机</td><td></td><td></td><td>大都白云观</td><td></td></tr>
<tr><td rowspan="8">道教分派</td><td>真大教</td><td>刘德仁</td><td>郦希诚</td><td>孙德福，张志清</td><td>演教大宗师</td><td></td><td>山东</td></tr>
<tr><td>太一教</td><td>萧抱珍</td><td>萧辅道</td><td>李居寿</td><td>太一掌教宗师</td><td>大、上都太一宫</td><td>山西河北</td></tr>
<tr><td>正一教</td><td>张道陵</td><td>张宗演</td><td>与棣，与材，嗣成</td><td>正一教主</td><td>信州龙虎山</td><td>江南</td></tr>
<tr><td></td><td></td><td>张留孙</td><td>吴全节，夏文泳</td><td>玄教大宗师</td><td></td><td>江北、湖北</td></tr>
<tr><td>喇嘛教</td><td></td><td>帕克巴</td><td>淋沁</td><td>大元帝师</td><td>吐蕃</td><td>皇族、贵族之间</td></tr>
<tr><td>也里可温教</td><td></td><td>蒙迭哥尔维诺</td><td></td><td></td><td>大都</td><td></td></tr>
<tr><td>答失蛮教</td><td></td><td></td><td></td><td></td><td></td><td>全国</td></tr>
<tr><td>斡脱教</td><td></td><td></td><td></td><td></td><td></td><td>北平、杭州、开封、徐州、扬州、宁夏</td></tr>
</table>

五、斡脱教（即犹太教）

犹太教徒初入中国，在有唐盛时，其居住地在广州，皆以经商为业。黄巢陷广州，教徒多被害。自此以后，犹太教徒绝迹于中国几三百年。至有元初年，始复入中国，其分布地在北京、杭州、开封、徐州、扬州、宁夏。《元史文宗纪》称之曰术忽。《元史国语解》称之曰珠赫。汉族崇奉之者绝少，始终未大流行也。

第五节　实业

元代商业最盛，以东西水陆道路通达故也，尤著者为工业。兹述其概略于下。

一、军械

世祖至元八年，遣使征炮匠于西域。宗王额呼布格，以阿老瓦丁（一名阿喇卜丹）、亦斯马因（一作伊斯玛音）二人应诏，皆回回国人。亦斯马因铸炮，重一百五十斤，以破宋之襄樊。世祖命为回回炮手总管。阿老瓦丁铸炮，破宋之潭州等处。自是炮皆改用火药，而前此引机激石之法废矣。

二、机器

元顺帝有巧思，自制龙舟。长一百二十尺，广二十尺。用水手二十四人。中藏机械，行时龙之首、眼、口、爪、尾皆能自动。又制宫漏。高六七尺，广半之。造木为匮，藏壶其中，运水上下。匮上设三圣殿，匮腰立玉女，捧时刻筹，时至辄浮水而上。左右二金甲神，一悬钟，一悬钲。夜则神人自能按更而击，无分毫差。鸣钟钲时，狮凤在侧者，皆自翔舞。匮之东西，有日月宫，飞仙六人立宫前。遇子午时，自能耦进，度仙桥，达三圣殿，复退立如前。其精巧绝出人意表，即欧人钟表之滥觞也。

第三期　明时代

第一章　明室之勃兴

自来南方民族柔和，北方民族慓悍。中国南北对峙时代及南北竞争，大都皆南败而北胜。春秋、战国时代之秦与楚；三国时代之魏与吴蜀；南北朝时代之隋与陈；五代时代之宋与南唐等国；有宋时代之辽与宋；金与辽；元与金；有明末年之清与明；其著例也。独明太祖之勃兴，则较为例外。明太祖以长淮流域一布衣，乘元室之衰，崛起濠泗间。血战十余年，荡平群雄而有天下。其创业之艰难，与汉高帝同。其代表汉民族，驱逐蒙古民族，得国名义之正，似犹在汉高以上。独惜其性情猜忌，果于杀戮，有汉高帝患得患失之心，无唐太宗长驾远驭之志。即位以后，大杀功臣，以防异姓之跋扈。分封子弟，以固一家之势力。其结果则中国武力，逐渐削弱。对外无发展势力之能力，坐令鞑靼、瓦剌恣横于北，安南、缅甸猖獗于南，土鲁番跋扈于西，倭寇流毒于东。中国坐拥十八行省土地，五六千万人民，日为小夷所侮辱而不敢较。名为一统之大帝国，实则幅员之广，犹不及汉、唐全盛时代之半。诸皇子皆分封大国，连城数十，得节制地方长官。卒酿成异日尾大不掉之患。崩逝未几，靖难兵起，御侮无人，嗣君逊荒，未始非太祖诒谋之不善有以致之也。兹述其事迹如下。

第一节　明室之统一

一、明初之北伐

明太祖既克元都，遂下诏以应天为南京，开封为北京。是年十二月，徐达、常遇春等克太原、大同。库库特穆尔走甘肃。山西平。二年四月，达遣冯胜徇临洮，李思齐降。六月，遇春克开平，元顺帝走和林。七月，遇春卒于军。诏李文忠领其众。元兵乘衅侵大同、文忠击走之。八月，徐达克平凉，张良弼奔宁夏，为库库特穆尔所执。陕西平。时元顺帝犹在近塞，而库库亦攻兰州。三年正月，诏徐达、李文忠等分道北伐。达自潼关出西道，捣定西（今甘肃兰山道定西县），取库库。四月，进兵至安定，大破库库兵。库库仅挟妻子数人奔和林。其王公以下凡八万数千人，皆为达所虏。甘肃平。文忠自居庸，出东道，绝大漠，追元顺帝。会顺帝殂于应昌（在今察哈尔兴和道多伦县东）。太子阿裕锡哩达喇立，是为昭宗。自此以后，史称之曰北元。文忠闻顺帝殂，督兵兼程进围应昌。五月，克之。元昭宗北走。获其子密迪哩巴拉（旧作买的里八剌）以下数百人及宋元宝玺等物，送京师。穷追至北庆州（在今内蒙古巴林旗西北）而还，道中降虏合五万余人，捷奏至京。颁平定朔漠诏于天下，封密迪哩巴拉为崇礼侯。

二、明初之南征

四年正月，以汤和为征西将军，傅友德为征虏前将军，帅师分道伐夏，击破其兵。时夏主明玉珍已卒，其子升举国降。四川平。五年五月，以邓愈为征南将军，讨平湖南、广西诸蛮。十二年正月，遣征西将军沐英击破洮州番，置卫守之。平羌将军丁玉击定松州番，遂并潘州于松，置松潘卫（今西川道松潘县）。是时元梁王巴咱尔斡尔密（旧作把匝剌瓦尔密）犹据云南。遣使诏谕，辄为所害。十四年十二月，以傅友德为征南将军，蓝玉、沐英副之，率步骑三十万往征云南。友德分遣诸将趋乌撒（今贵州贵西道，即故大定府威宁县）、普定（今贵西道故安顺县），自引大军由辰沅趋贵州，克普定、普安（今贵西道普安县）。梁王遣兵十余万守曲靖（今滇中道，故曲靖府）。友德等倍道夜进，大破诸白石江（在滇中道曲靖县东北）。梁王走晋宁（今滇中道晋宁县），自杀。友德击破乌撒蛮，遂克七星关（在贵西道毕节县西）以通毕节。于是东川（今滇中道故东川府）、乌蒙（今滇中道故昭通府）、芒部（属旧昭通府）、水西诸蛮，皆望风降附。玉与英进克大理，擒土酋段世，属郡及诸蛮部悉下。云南平。置云南都指挥使司、布政使司各一，贵州都指挥使司一。于是中国西南部亦入于明，始复汉、唐以来大一统之旧。

第二节　北元之末路

元昭宗之北走也，往依库库特穆尔于和林，任以国事。明太祖以库库数扰边，屡遣人招谕，讫不应。洪武五年正月，命徐达为征虏大将军，李文忠、冯胜副之，将十五万众，分三路击北元。达出雁门，趋和林。蓝玉领前锋，败库库于图拉河。库库以重兵拒达于岭北，达军大败，死者数万人。文忠出居庸，进兵胪朐河（今克鲁伦河），兼程急进，败元将于图拉河，追至鄂尔浑河。元兵益众。文忠力战，破其兵，追至称海（《明史》李文忠传作称海，《明史记事本末》作骋海，《御批通鉴辑览》作青海。其地未详何处）。敌兵复大集。文忠敛兵据险。敌稍引去。乃得归，胜负略相当。胜出金兰，副将军傅友德前驱，再败元兵，拔甘肃，下额济纳路（今蒙古旧土尔扈特部，牧地在故甘州府肃州边外），复追至瓜沙州，斩获甚众。先是御史中丞刘基曾言库库未可轻，至是帝思其言，次年，库库复攻雁门。命诸将严为备，自是大兵复出塞。库库从昭宗徙金山，八年，卒于哈剌那海（疑即今科布多东）之哈喇乌苏湖之衙庭。

十一年，昭宗殂。子特古斯特穆尔（旧作脱古思帖木儿）立。

先是洪武四年，元辽阳参政刘益籍所部来降。诏设辽东都指挥使司，遣将镇之。元遗臣纳克楚（穆呼哩裔孙）拥众数十万屯金山（据《明史》，辽东三万卫西北于金山。在今辽宁辽潘道开原县西北），数侵辽东。又元宗室四大王逃匿山西山中，屡出侵掠，降臣或为内应。其余党之在塞外者，亦时窥边。六年，遣徐达、李文忠分镇山西、北平以御之。入寇者辄被击退，颇攻拔塞外州路，擒元遗臣残部。顾内犯者仍不绝，二十年六月，以冯胜为征虏大将军，傅友德、蓝玉副之，帅师二十万征纳克楚。玉乘大雪，率轻骑，袭破元别部于庆州（在今巴林西北）。胜出松亭关（在今喜峰口北一百二十里），筑四城（大宁宽河、会州富峪均近关，而次第迤东北），驻兵大宁（故城在今热河平泉县北，即辽金之中京大定府，明之大宁卫及北平行都指挥使司，宁王权封于此。今平泉、赤峰、朝阳等县皆其领土），寻越金山。先遣元将和通往招降，进压敌营而军。纳克楚见大兵盛，遂诣军降。其余众先后谕降者凡二十余万，卤获亘百余里。八月，召胜还。即军中拜玉为大将军，帅师北伐。二十一年（西历纪元一三八八年）四月，玉袭破元特古斯特穆尔于捕鱼儿海（在今克什腾旗西北百七十里，即元史之上都东北荅儿海子）。时大风沙，昼晦。军行无知者，特古斯不设备，仓卒以其太子添保努（旧作天保奴）等数十骑遁。获其次子迪保努（旧作地保奴）及妃主以男女七万人，牲畜十五万。特古斯既遁，将依其丞相耀珠于和林。行至图拉河，为其臣伊逊岱尔所袭，众遂散，独与十六骑俱。耀珠来迎，欲共往依库库特穆尔（与前系两人），会大雪不得发。伊逊岱尔兵猝至，遂遇害。子恩克卓哩克图立，二十五年（一三九二年）卒。弟额勒伯克尼古埒苏克齐立，建文元年（一三九九年），为卫拉特（旧作瓦特）酋长乌格齐哈什哈所弑。子琨特穆尔（旧作坤帖木儿）立，四年（一四二〇年）卒。有郭勒齐（旧作鬼力赤）者，篡立称汗，去国号，遂称鞑靼。时蒙古诸残部巨酋，多以次翦灭，敌势益衰。朝廷封诸王分镇各边，岁遣大将巡塞，卫卒屯田。寇来辄败之。于是东自辽东三万卫（今开原县），西至吐蕃辉和尔及安定诸卫（今青海阿木屯等地），南极西南诸卫

（缅甸、车里、老挝、八百、大甸、木邦、孟养），北界大漠（包、泰、宁等三卫西及额济纳路地），皆入于明。

第三节　明初之内治

明太祖起布衣。十有五载而成帝业。颇留意内治。先后建六部，分理庶政。改行中书省为承宣布政使司：曰浙江、江西、福建、北平（今河北）、广西、四川、山东、广东、河南、陕西、湖北、山西、云南，凡十有三。洪武二年，诏天下府州县及乡社皆立学。三年，始设科取士。三年一举。乡试以八月，会试以二月。十八年，选进士入翰林。庶吉士及观政进士之名皆始此。六年谕有司察举贤才。目凡八，曰聪明正直、贤良方正、孝弟力田、儒士、孝廉、秀才、人才、耆氏，皆礼送京师，不次擢用。各省贡生，亦由太学进。于是停科举十年。至十五年，始复科举。是年，定大明律。七年，定服制。十四年，定赋役籍。虽苏松浙西，田赋特重，然天下岁租，亦间邀蠲免。洪武初年，置各都卫指挥使司，节制方面。八年，改为都指挥使司。凡都司十有三：曰北平、陕西、山西、浙江、江西、山东、四川、福建、湖南、辽东、广东、广西、河南。十五年，又增置都指挥使司二：曰云南、贵州。行都指挥使司三：曰西安、大同、建宁（今福建建瓯县）。二十年，又增置大宁。次年，改为北平。定卫所官军及将帅领兵法。五年，置茶马司。行茶之地凡五千余里，十取其一，以易番马。七年，分遣诸将屯田西北，劝课农事。田野益辟，民以不困，而军饷益饶。洪武二年，倭寇山东，是为明代倭寇之始。诏以吴祯为总兵官，巡海备倭。又遣周德与福建滨海四郡（福、漳、泉、化）筑城十有六。汤和于浙东西置卫所，并海筑城五十有九。选近海壮丁充戍卒以备倭。开国安攘规模，颇称宏远。惟猜忌性成，鉴于元政废弛，治尚严峻。前后兴胡、蓝二大党狱。元勋宿将，诛戮殆尽。又惩于宋削藩镇权，致沦积弱，乃大封诸皇子，以为帝室藩屏。卒酿成燕王棣之乱。是则贻谋之不善也。

第四节　胡蓝之狱

太祖之初建国也，以李善长为相。善长少习法家言，有智计。太祖自将征讨，皆命善长居守，调兵转饷无缺乏。善长貌宽和而性忮刻，帝颇厌之。洪武四年正月，以疾致仕。以汪广洋为右丞相，胡惟庸为左丞。惟庸专省事。帝以为才，宠任之。广洋无所建白，六年正月，罢为广东行省参政。七月，以惟庸为右丞相，其党陈宁为御史大夫。十年九月，以惟庸为左丞相，广洋为右丞相。惟庸居政府，生杀黜陟，或不奏径行。内外诸司上封事，必先关白。四方躁进之徒及功臣武夫失职者争走其门，馈遗金帛名马玩好不可胜数。广洋浮沉守位而已。

诚意伯刘基佐帝定天下，工谋书，料事若神。暇则数陈王道。帝以比之张子房，常呼先生而不名。数欲相之，基固辞。然性刚疾恶，胡惟庸深忌之。帝欲相惟庸，基力言其不可，帝不听。惟庸相后，数谮基。基忧愤疾作。惟庸挟医往视，饮其药，如有物积腹中。疾遂笃。间以白帝，帝不省。八年四月，基卒。十二年十二月，御史中丞涂节言“刘基遇毒死。汪广洋宜知状”。帝以问广洋，对曰：“无有。”帝怒，责广洋欺罔，赐死。惟庸惧，遂与陈宁谋反。十三年正月，涂节上变告之，帝大怒，捕睢庸、宁，诛之，并杀涂节。僚属党与坐死者一万五千余人，株连甚众。多无辜被逮者。帝惩惟庸专政，乃罢中书省，罢丞相不置，以政归六部，分大都督府为中、左、右、前、后五军都督府。

太师韩国公李善长年耄不能检下。其弟存羲与胡惟庸为姻家，惟庸谋反，吉安侯陆仲亨、平凉侯费聚及存羲皆与其谋。惟庸诛，安置存羲于崇明（今江苏沪海道崇明县），善长、仲亨、聚释不问。善长不谢，帝衔之。二十三年四月，善长私亲丁斌许告存羲往时交通惟庸罪状，上怒，赐善长死，杀其家属七十余人。仲亨、聚及南雄侯赵庸、河南侯陆聚、宜春侯黄彬、豫章侯胡美、荥阳侯郑遇春等同时坐惟庸党死。帝条列其罪，作奸党录，布告天下。已故列侯顾时、陈德、华云龙、王志、杨璟、朱亮祖、梅思祖、金朝兴、薛显等皆罹党祸。二十五年八月，追理胡狱，杀靖宁侯叶升。自胡案发觉后，前后被杀者三万余人。史称之曰胡党之狱。虞部郎中王国用为善长上书诉冤，帝不省。

凉国公蓝玉有勇略，数总大军，多立功。帝遇之厚。浸骄蹇自恣。多蓄庄奴假子，乘势渔猎。尝占东昌民田，御史按问，玉捶逐御史。二十一年，北征还，夜扣喜峰关。关吏不即纳，玉纵兵毁关入。帝闻之不乐，或告玉私元主妃。帝怒玉无礼，切责玉。妃闻而自缢。二十五年，建昌卫（今四川建昌道）指挥使伊噜特穆尔（旧作月鲁帖木儿）反，诏玉讨诛。之还，京赏薄，比奏事，多不听，颇怏怏。二十六年二月，锦衣卫指挥蒋瓛告玉谋反。逮玉及鹤庆侯张翼、普定侯陈桓、景川侯曹震、舳舻侯朱寿、东莞伯何荧、吏部尚书詹徽、户部侍郎傅友文皆杀之，夷其族，列侯以下坐党夷灭者万五千人。史称之曰蓝党之狱。二十七年十一月，赐颍国公傅友德、定远侯王弼死。二十八年二月，赐宋国公冯胜死。于是元勋宿将相继尽。靖难兵起，遂无能御之者矣。

明初党狱表

狱名	祸首	祸起年月	被株连者	被株连之年月	被杀者总人数
胡党之狱	胡惟庸	洪武十三年正月	汪广洋	洪武十二年十二月	三万余人
			陈宁、涂节等一万五千余人	同十三年正月	
			李善长、陆仲亨、费聚、赵庸、陆聚、黄彬、胡美、郑遇春等	同二十三年四月	
			叶升	同二十五年八月	
蓝党之狱	蓝玉	洪武二十六年二月	张翼、陈恒、曹震、朱寿、何荣、詹徽、傅友文等	同二十六年二月	一万五千余人
			傅友德、王弼、	同二十七年十月	
			冯胜	同二十八年二月	

第五节　文字狱

帝初不知文字。既下江南，颇重文人。如陶安（初建吴国时征诸儒议礼。以安为总裁官，仕至江西行省参政。卒追封姑孰郡公）、杨宪（仕至中书左丞。帝欲相之，刘基谓其有相才无相器，乃止。后坐诬罔，诛）等皆留参幕府。及下婺州等处，所聘用者尤多。如刘基、宋濂（初为起居注修元史充总裁。傅太子十余年，一言一动必以礼法讽谕。以翰林学士承旨致仕，坐胡党狱，被籍没，械至京。帝欲杀之，皇后力为解释，乃免其死。安置茂州，卒于途）

等皆在军中朝夕讨论。武臣妒之，因谮于帝，谓："文人善讥讪。如张九四（士诚小字）厚礼文儒。及请撰名，则曰士诚。"帝曰："此名亦美。"对曰："孟子有士诚小人也（《孟子·公孙丑下》。《孟子》去齐章）之句。彼安知之？"帝由是览天下章奏，动生疑忌。杭州教授徐一夔贺表，有"光天之下，天生圣人，为世作则"等语。帝览之，大怒曰："生者僧也，以我尝为僧也。光则薙发也，则字音近贼也。"遂斩之。又僧来复谢恩诗，有"殊域及自惭，无德颂陶唐"之句。帝曰："汝用殊字，是谓我歹朱也。又言无德颂陶唐，是谓我无德。虽欲以陶唐，颂我而不能也。"遂斩之。

帝尝于元夕出游，见灯谜面画一妇人，手怀西瓜，安坐马上，马蹄甚巨。帝大怒，命逮捕制谜人杖死。意谓谜底为"淮西妇人马氏脚大"，为讥消皇后也。（马皇后，宿州人）如此之类甚多，士民人人自危，皆重足而立，侧目而视。（看《廿二史劄记》卷三十二，明初文字之祸）

第二章 亲藩之构难

第一节 靖难之变

太祖之初即位也，惩于宋、元孤立，择名城大都分王诸子。洪武三年，封子樉等九人为王。十一年，封子椿等五人为王。二十四年，封子楠等十人为王。皆豫为封建，待其壮而后遣就国。外卫边郵，内资夹辅。其制禄亲王万石。置相傅官属，护卫甲士，少者三千人，多者至万九千人，籍隶兵部。冕服车旗邸第，下天子一等。公侯、大臣伏而拜谒，礼无与钧，体至崇重。惟列爵而不临民，分藩而不赐土，与周、汉封国稍异焉。皇太子标宽厚孝友，通经史大义。帝命裁决庶务，咸当于理，于刑狱多所全宥。弟秦、晋、周诸王数有过，辄委曲调护之。皇四子燕王棣皇后马氏所生，太子母弟（按《明诗综卷》四十四，沈玄华敬礼南都奉先殿纪事诗，及《曝书亭集》卷四十四，南京太常寺志所述，马皇后无所出，懿文太子与秦、晋二王皆李淑妃所生。成祖乃高丽硕妃所生。《史书》谓太子及秦、晋二王与成祖皆高皇后所生，乃曲笔也），性情阴险狠辣，智虑过人，酷类帝。封北平形胜地，十三年之国。太祖选高僧侍诸王。吴僧道衍（原姓名姚广孝）侍棣，深相结纳，数以奇谋进。棣甚信任之。棣数奉命将兵北伐，有功。诏节制北平军事。元降军多归其部下，听调用，势甚强盛。阴怀异志。二十五年四月，标卒。帝欲立棣，学士刘三吾谏而止。九月，立标第二子允炆为皇太孙。太孙聪明宽厚，有德量，中外属望。棣心独不平。大将军凉国公蓝玉，开平忠武王常遇春妻弟。懿文太子标元妃常氏，遇春女也。以故太子遇玉厚。玉征纳克楚还，言于太子曰："臣观燕王在国，阴有不臣心。殿下宜审之。"太子不听。棣闻而衔之。太子薨，棣来朝，言于帝曰："诸公侯纵恣无度，不诛将有尾大不掉之患。"帝由此愈疑忌功臣。棣归，不数月，而蓝党之狱作。傅友德、冯胜相继赐死，于是元勋宿将皆尽。洪武三十一年（西历纪元一三九八年）闰五月，帝崩（年七十一岁）。允炆即位，是为惠帝。仁贤好学。召用耆儒方孝孺等，更定官制，锐意复古。除军卫单丁，减苏松重赋。民心向之。道衍劝棣为逆。棣曰："民心向彼，奈何？"道衍引相士袁珙等力说之。时燕与周、齐诸王方相煽动，惠帝与兵部尚书齐泰、太常卿黄子澄密议削藩。是年七月，废周王橚为庶人。次年建文元年四月，湘王柏有罪被按问，自焚死。废齐王榑、代王桂为庶人。六月，废岷王楩为庶人。欲以翦燕羽翼，而以张昺为北平布政使，谢贵、张信为北平都指挥使，伺察燕事。信至燕，叛附于棣，以情输之。棣反谋益急，是年七月，诈称病笃。绐昺、贵入。执杀之。上书指泰、子澄为奸臣，自署官属。与兵反，号其兵曰靖难。

是时朝无宿将，乃以太祖时偏裨长兴侯耿炳文为征虏大将军，大发兵讨之。八月，战于滹沱河（在今保定道正定县南）北，败绩。召炳文还，以曹国公李景隆（文忠子）代之。是年十月，棣诱执宁王权（太祖第十六子，封于大宁，即今热河平原县），夺其众及朵颜三卫（本元降部，皆在今热河北部，受北平行都司节制），归大破景隆于郑村坝（在今京兆大兴县东）。二年四月，复破之于白沟河（在今河北保定道新城县南）。五月，陷德州，进攻济南。都督盛庸、参政铁铉击败之，乘胜复德州。十二月，庸大败棣于东昌，斩其将张玉，几获棣。以帝有诏"毋使朕负杀叔父名"故，不敢发一矢。棣得从容遁还北平。道衍劝棣再出兵南寇。三年三月，盛庸拒战于夹河（在今大名道武邑县南），败棣兵，杀其将谭渊。会东北风起，飞埃蔽天。庸军面迎沙砾，咫尺不辨物。棣兵纵左右翼横击。庸军大败。帝贬泰、子澄。谕棣罢兵，棣不奉诏。

棣自称兵犯顺，已历三年。所陷城邑，兵去复为朝廷守，故不敢决意南下，无何。有以中官奉使侵暴为言者，诏所在有司系治。于是中官密遣人赴燕，具言京师空虚可取状。是年十二月，棣大举南犯，畏盛庸在济南，乃改道由东平济宁，侵徐沛。四年正月，魏国公徐辉祖（徐达长子）、都督何福等御之于淮北，连败棣兵。帝闻讹言，谓燕兵已北，召辉祖还，福军遂孤。是年五月，棣击败福兵，遂渡淮，陷扬州。帝遣庆成郡主（棣从姊）如棣军议和，棣不奉诏。六月，棣兵渡江，犯京师，谷王穗、李景隆开金川门迎降。京师陷，帝不知所终。棣遂僭位，是为成祖。大杀惠帝忠臣齐泰、黄子澄、方孝孺等数百人，皆夷其族。屠戮之惨，尤甚于胡、蓝二狱。（成祖即位，使方孝孺草登极诏。孝孺不从，哭且骂，大书燕贼篡位四字。成祖大怒，诛其九族后，并收其门人廖镛、廖铭等为一族诛之。十族之诛，前古之所未有也。又杀齐泰、黄子澄、铁铉、练子宁、卓敬等，皆夷其族。诸人之死皆慷慨激烈，御史大夫景清尤甚。清于靖难兵入，独与诸臣迎降，谋行刺，事觉，成祖磔而族之，籍其乡转相攀染，谓之瓜蔓，抄村里为墟）北讨诸大将历城侯盛庸、长兴侯耿炳文、驸马都尉梅殷、都督佥事平安、宁远侯何福相继被害。魏国公徐辉祖、曹国公李景隆亦削爵幽私第。革除建文年号，改元永乐。次年，以北平为北京顺天府。十九年，徙都之。改号旧都曰南京。

第二节　高煦之乱

成祖既以强藩篡夺得国，即位以后，仍不稍有戒心。有子三人，长高炽，次高煦，次高燧。帝初起兵，高煦常从战有功。帝喜以为类己。高煦亦以此自负，阴谋夺嫡。及议建储，诸将丘福等皆请立高煦，独兵部尚书金忠力争以为不可。阁臣解缙、黄淮等复赞成之。永乐三年，立高炽为太子，封高煦汉王，高燧赵王。七年，帝北巡，命太子监国。还入高煦谮，杀解缙，下宫臣黄淮、杨士奇、杨溥等于狱，命金忠审察太子事。忠力为辩白，太子得不废。高煦初封云南，嫌其远，不肯行。改封青州，又托故不往。私选各卫健士为腹心，又募兵三千人，不隶籍兵部，纵使劫掠。兵马指挥徐野驴擒治之。高煦挝杀野驴，众莫敢言。又僭用乘舆器物。十五年，事觉，帝怒，将废之，太子涕泣力救。乃削两护卫，徙封安乐州（今济南道，故武定府）。二十一年，帝有疾，多不视朝。赵护卫指挥孟贤与宦官黄俨等相结，造伪诏，谋进毒弑帝。从中下诏，废太子而立赵王。事觉，伏诛。帝欲并罪赵王，太子力救，得免。宣宗宣德元年，高煦举兵反。帝从大学士杨荣劝，自将讨擒之。废为庶人，撤赵王高燧护卫。藩镇之祸始熄。

第三章　明初之外征

第一节　朝鲜之降附

后高丽自忠烈王昛在位，尚元世祖公主，拜征东行省左丞相。自此以后，后高丽降为元室藩属，代代尚元室公主、郡主，内政时常受其干涉。王妃挟母家势力，欺陵王室。王不敢与较。蒙古风俗输入宫庭，自王以下，多辫发、袭胡服。王子命名多用蒙古语。群臣、百姓争相摹仿。蒙古文与通俗汉文同时流行于半岛，有风靡全国之概。恭愍王颛在位，元室衰微，群盗蜂起，中原鼎沸。元顺帝至正十六年（恭愍王五年），王乘机废征东行省，停元年号，复旧官制。遣兵分道北伐，渡鸭绿江，破婆娑府（今辽宁东边道东县九连城），取双城（今吉林滨江道双城县）、伊板岭（今辽宁东边道凤城县境内之摩天岭）以南八州、五镇皆下。自高宗以来九十九年间没入蒙古之地皆恢复，国势大张。十七年，韩林儿部将关先生等引兵北侵山西，十八年六月，陷辽州（今山西冀宁道辽县），遂大掠塞外诸郡。十二月，破上都（今察哈尔多伦县），焚宫阙。十九年，遣部将毛居敬率师东侵，渡鸭绿江，陷西京（今平壤）。二十一年，关先生自将大军为后援，进破开京（今开城）。王避乱南奔尚州（今庆尚北道）。总兵官郑世云督诸将安祐、李芳宝、金得培等攻开京。大破关先生兵，斩之。王始得还京。平章金镛妒世云等功，矫诏杀世云等。二十三年，遂谋大逆。密直使崔莹等讨诛之。二十八年，明徐达克燕京，元顺帝北走。王乃与元绝，修好于明。明太祖洪武七年，宦官崔万生等弑王，宰相李仁任立王养子辛禑。辛禑者妖僧辛旽之子，有宠于恭愍王。故仁任立之。及长，颇淫虐，国人多不服。惧明廷责问弑君罪，复修好于北元。洪武二十一年，发兵攻辽东。大将李成桂谏，不听。乃举兵围开京。废禑，迁之江华岛。而立其子昌。二十二年，复废昌。立神宗玄孙恭让王瑶。二十五年，遂废瑶而自立，称臣纳贡请封于明，改国号曰朝鲜。是为后朝鲜太祖。自此以后，与明修好，终明之世不变。时后高丽恭让王四年，西历纪元一三九二年也。后高丽自建国至是，凡传王氏三十二王四百四十二年，辛氏二王十五年，共四百五十七年而亡。朝鲜半岛主权自此入于李氏。

第二节　鞑靼之征伐

北元自郭勒齐篡立，去帝号，称可汗。去国号，称鞑靼。于是有元入塞以来所渐渍濡染之中国声名文物，一切皆荡然无余，复返其游牧民族态度。郭勒齐兵强，南侵明，西攻卫拉特，一时统一漠北。明成祖起兵北平，遣使与郭勒齐联合，其国公赵图噜根等率众助战，并厚加犒赐。及成祖即位，屡遣使致书，赐之银币，并及其知院阿噜台（旧作阿鲁台，本名乌格德勒库。为元太祖弟哈布图哈萨尔后裔阿萨特之子。以巴图丞相命之负筐拾粪，取负筐之意改名曰阿噜克台）。时郭勒齐与卫拉特相仇杀，数往来塞下。敕边将各严兵备之。永乐三年，阿噜台别部酋索和尔等，先后来归。四年，阿噜台杀郭勒齐，而迎琨特穆尔汗之弟布尼雅锡哩（旧作木雅失里）于别失八里，立为可汗（即谔勒哲依特穆汗）。成祖以书谕之，不听。遣给事中那骥往使，见杀。帝怒，七年，以丘福为征虏大将军，王聪火真副之，王忠、李远为参将，将精骑十万北讨。时鞑靼君臣，已为卫拉特所袭破，徙居胪朐河。（即克鲁伦河）大兵渡河。辄佯败以诱敌。福锐意乘之，败死，全军尽没。事闻，帝益怒。念诸将无可任者，遂决意亲征。八年二月，自将众五十万出塞。至胪朐河，更其名曰饮马。布尼雅锡哩闻之惧，邀阿噜台俱西。阿噜台不从，众溃散。君臣始各为部。君西奔，臣北走。五月，帝追及布尼雅锡哩于鄂诺河（今鄂嫩河），麾兵奋击，大败之。布尼雅锡哩尽弃所有辎重牲畜，以七骑遁。遂移师征阿噜台，度飞云壑（一统志明成祖北征度漠，驿站自呼伦池返开平有飞云壑诸处）。阿噜台乞降。帝察其诈，令严阵以待。已而果悉众来犯，阿噜台率千骑当中坚。帝自将精骑冲击，矢下如雨，阿噜台坠马，遂大奔。追奔百余里，歼其后队，遂班师。布尼雅锡哩走依卫拉特，旋殂。子德勒伯克汗立。是年冬，阿噜台遣使来贡马，纳之。十一年，封为和宁王（以阿噜台遣使来诬告卫拉特马哈木特弑其主，布尼雅锡哩请发兵讨贼，愿率所部为前锋，故有是命案蒙古源流者，谓勒哲依特穆汗，盖善终。而《明史》以为见杀殆实录据阿噜台所诬告而书，修史者遂误采之）。自是以后，阿噜台羁縻于中国。

第三节　卫拉特之征伐

卫拉特（旧作瓦剌）者，亦蒙古部落，在鞑靼西。元亡，其强臣孟克特穆尔（旧作猛可帖木儿）据之。成祖起兵北平，与之通好。已而孟克卒，众分为二。其渠曰玛哈木特（旧作玛哈木。元臣孛罕裔，姓绰罗斯，即蒙古源流之额色库，为乌格齐哈什哈之子。清初四卫拉特中准噶尔、杜尔伯特两部之祖），曰太平，曰巴图博啰（旧作把秃孛罗）。成祖即位，遣使往告，屡加谕赐。六年，使来贡马，仍请封。七年五月，诏封玛哈木特为顺宁王，太平为贤义王，巴图博啰为安乐王。自是岁一朝贡。十二年，玛哈木特拥兵饮马河，扬言袭阿噜台，实将入犯。是年二月，成祖闻警，下诏亲征。六月，大破其部众于和拉和锡衮（旧作忽兰忽失温，在和林东），斩王子十余人，部将众数千级。追奔度两高山，至图拉河。敌皆遁。次年，遣使卑词谢罪，贡马，受之。十四年，阿噜台败卫拉特，来献捷。十五年八月，玛哈木特卒。奉使者归，言拒命概由彼一人。彼既卒，余二王皆可抚，因复遣使往劳二王。十六年，玛哈木特子托欢（即蒙古源流考之巴克穆）使来，请袭爵。受封册，及赐祭。自是复奉贡。

第四节　乌梁海、朵颜、三卫之设置

乌梁海（旧作兀良哈）者故元大宁路迤北境。洪武初，元辽王、惠宁王、朵颜元帅府内附。已数为鞑靼所抄。乃即其地分置三卫于潢河（今锡拉木伦河）北，曰泰宁（今土默特阿噜科尔沁等部地），曰朵颜（今喀喇沁、敖汉、奈曼、翁牛特、巴林等部及热河道等地），曰福余（今科尔沁、郭尔罗斯、杜尔伯特、札赉特等部）。俾部长各领其众，互为声援。独朵颜地险兵强，势力雄厚。时大宁卫（故城在今热河平泉县东北）北，尚有全宁卫。自全宁卫北，始为三。卫边外诸卫，总隶北平行都司。大宁特行都司所治地。终洪武世，未尝内徙。自靖难兵起，成祖诱执宁王权，选乌梁海三千人为奇兵。从战，数有功。及天下既定，遂割大宁近三卫地以与之。自是洪武中所筑诸城尽废，北边失一重镇。

第五节　哈密诸卫之设置

去嘉峪关千公百里有哈密（今新疆哈密县），故汉伊吾卢地。元末，以威武王纳古里镇之，卒。弟恩克特穆尔（旧作安克帖木儿）嗣。洪武中，明太祖既定辉和尔地，置安定等卫以逼哈密。恩克特穆尔惧，将纳款。成祖既位，遣使招谕，遂入贡。诏封忠顺王，自是世为明西藩。嘉峪关以西有卫七，曰沙州（令甘肃敦煌县）、安定（在敦煌县南）、阿端（在曲先卫西南）、赤斤、蒙古（今甘肃玉门县赤金峡赤金湖等地）、曲先（在安定卫西）、罕东（在敦煌县东南），而哈密最西，东去肃州千余里。

第六节 贵州之开拓

贵州古罗施鬼国，汉西南夷牂牁武陵诸傍郡地。元置八番（五季时马殷遣八帅讨溪洞诸蛮，遂各分据之，号八番。今黔中道定番县，诸长官司即其地也）、顺元（今贵州黔中道贵阳县）诸宣慰司以羁縻之。太祖初平陈友谅，兵威振南服。思南（唐思州，元思南宣慰司。明永乐后为府。今贵州镇远道思南县）宣慰使田仁智、思州（唐思州地，元分置忪江宣抚司，后改思州，明永乐后为府，今镇远道思县）宣抚使田仁厚率先归附，即以故官授之，命世守其地。洪武年间，贵州宣慰使霭翠（蜀汉火济之裔，世领水西，后为安氏）、同知宋钦（宋以后领水东）及普安女总管适迩等，先后来归。皆予以原官，世袭。赋税听自输纳。已而思南田宗鼎（仁智之孙）与思州田琛（仁厚之孙）构怨，相仇杀。朝廷屡禁之，不能止（初，宗鼎与副使黄禧交恶，讦奏累年朝廷以田氏世官曲宥之，改禧知辰州府，未几，宗鼎以争地与思州有隙，禧遂与琛结合，兵攻思南，宗鼎挈家走。琛杀其弟，发其祖墓，宗鼎诉于朝。屡敕琛、禧赴阙自辩，皆拒命不至）。永乐十一年，成祖命镇远侯顾成帅兵擒之，送京师。诏分其地为八府（以思南地设思南镇，宁、铜、仁、乌罗四府，以思州地设思州、新化、黎平、石阡四府）四州（镇远、安顺、永宁、普安）。设贵州布政使司（治贵州宣慰司，后成化中置程蕃府，至隆庆末始改程蕃曰贵扬府，为布政司治，而宣慰司如故府所治在城北，宣慰所治在城南），而以长官司七十五分隶焉。贵州为内地自此始。

第七节 安南之叛服

安南陈氏，自太宗日煚（音憬，火也，日光也）建国以后，历圣宗光昺、仁宗昑、英宗烇（七选切火貌），累世皆英主，内政修明。元世祖屡遣大兵攻之，不克。英宗殂后，传三世至裕宗（疑即《明史》之陈日煃）。会元亡明兴，诏使招谕。明太祖洪武二年（西历纪元一三六九年），裕宗遣使来贡，诏封为安南王。册使至，裕宗已殂。兄昱养子杨日礼立（日礼，优人杨姜子，裕宗无嗣，其妃迎立日礼，即《明史》之陈日熞），受诏封。次年，明宗第三子暊（音府明也，即《明史》之叔明）废日礼而自立，是为艺宗。遣使入贡。朝廷见署表非日熞名，诘得其实。诏却之，艺宗复朝贡谢罪，并请封。乃命以前王印视事。五年（西历纪元一三七二年），艺宗让位于弟炖（徒昆切火色，即《明史》之陈端）。十年（西历纪元一三七七年），炖侵占城，败没。弟炜代立。其国相黎季犛（故经略使黎国髦之子）窃柄。二十一年（西历纪元一三八八年），废炜，弑之。立艺宗子日焜主国事。仍假炜名入贡，朝廷不知而纳之，越数年始觉，诏绝其使。季犛惧，数入贡，乃受之。明惠帝建文元年（西历纪元一三九九年），季犛弑日焜，立其子颙。又弑颙，立其弟□。方在襁褓中，复弑之。大杀陈氏宗族而自立，更姓名为胡一元。名其子苍曰胡查（音义）。自谓出舜裔胡公后，国号大虞。寻自称太上皇，传位查。朝廷不知也。成祖既立，遣官以即位往谕。查自署权理安南国事，遣使来贡，诡言陈氏嗣绝，已为众所推，乞赐封爵。遂诏封查。查遣使谢恩，然帝其国中自若。已而安南旧臣裴伯耆诣阙告难，安南裕宗弟天平来奔，请兵复仇。帝恻然，始悔封查之误。遣使诘责，令具篡杀之实以闻。查复遣使谢罪，请迎天平归，奉为王。帝不虞其诈，许之。永乐四年，以兵纳天平，至芹站（在今法领越南谅山府鸡陵关南），查伏兵邀杀天平。帝大怒，遣西平侯沐晟、新城侯张辅帅十八将军，分道进兵讨之。辅出广西，晟出云南，大破安南兵。次年，擒季犛及查，槛送京师。安南平。时永乐五年，西历纪元一四〇七年也。

安南既平，朝廷置交趾布政使司，设府十七，直隶州五，卫十二。以刑部尚书黄福掌交趾布政使司事。次年，辅等班师，上交趾地图。东西一千七百六十里，南北二千八百里，人民五百二十万。自唐室亡后，交趾沦于荒服四百余年，至是复入中国版图。安南艺宗次子頠（即《明史》所谓陈氏故官简定者是为简定帝）与化州土酋等谋恢复，建国号曰大越，出没乂安（今安南府名）化州山中。大军还后，其势复炽。七年，诏张辅与沐晟协剿。頠自称上皇，立陈季扩（本蛮人，诡言陈氏后）为帝。辅进师，讨破之，获頠。季扩遁去。帝召辅还。留晟讨季扩，大败之。季扩乞降。帝命为交趾布政使，不受，剽掠如故。九年，复遣辅会晟讨之。交人苦中国拘束，又数为吏卒扰，往往起附贼，旋服旋叛。辅至，申军令，斩逆节度者以徇，将士惕息，无敢不用命者。连大败敌，破其象阵。进抵其巢，禽磔乱党。十二年，季扩走老挝（今安南省名）。辅追获季扩及其孥，送京师，斩之。交趾复平。

中官马骐以采办至交趾，大索境内珠宝，人情扰乱。桀黠者鼓煽之。大军甫还，即并起为寇。诏遣丰城侯李彬镇之。俄乐（交趾旧县，属清化府）巡检黎利者，故安南清华州蓝山人。初事陈氏为金吾将军。大兵南征，迎降，授巡检，常怏怏不乐。十六年，利与其党复乘机作乱。参政侯保冯贵战死。十八年，命荣昌伯陈智为左参将，助彬讨之。后群寇悉破灭，惟利窜老挝。檄其酋发所部兵捕之，不获。仁宗即位，召黄福还，贼势复炽。镇守中官山寿请授利清化知府，从之。利得敕，仍无降意，寇掠不已。宣宗宣德元年，遣成山侯王通、安远侯柳升相继讨之。通与利战于应平（交趾旧县，属交州府）。败绩，阴许利和。升师次倒马坡（在鸡陵关南），复遇伏死，诸军尽没。通益惧，更啗利和，教以诡立陈暠为陈氏后。以暠表至，遽与盟。引兵还。宣宗省表，心知其诈，欲借此息兵。张辅力主进讨，自期以一年擒贼。吏部尚书蹇义等赞之，而大学士杨士奇等知帝厌兵，力言许利便，遂赦利罪。罢兵，悉召官吏军民北还，得还者八万六千余人。其为利所获及拘留者不计其数。三年（西历纪元一四二八年），利遂称帝，国号大越，是为大越太祖。建东西二都，分十三道。旋诡言暠物故，屡乞封。六年，诏命利权署国事。自是安南入于黎氏，世执藩臣礼。置百官，设学校，以经义诗赋二科取士，彬彬有华风焉。

安南叛服表：

一、明太祖洪武二年，安南裕宗遣使入贡。

二、三年，安南艺宗遣使入贡。

三、惠帝建文元年，安南国相黎季犛篡立，成祖永乐元年，遣使奉表入贡请封，许之。

四、三年，遣都督佥事黄中、吕毅以兵纳安南前王遗族陈天平归国，黎季犛伏兵邀杀之。

五、四年七月，遣将军张辅、沐晟伐安南，辅出广西，晟出云南。十二月，辅大破安南兵。五年五月，擒季犛送京师。诏置交趾布政使司，以刑部尚书黄福领之。

六、六年六月，张辅、沐晟班师，八月，安南艺宗次子頠复举兵作乱。诏沐晟讨之，败绩。頠自称上皇，立蛮人陈季扩为帝，其势复炽。

七、七年春，命张辅讨頠。十一月，击败其兵，获之。

八、八年十二月，陈季扩请降，诏授交趾布政使，不受命，九年正月，复命张辅讨之。七月，大破其兵于月常江。十年八月，大破其兵于神投海。十一年十二月，大破其兵于爱子江。十二年三月，获陈季扩于老挝，交趾复平。

九、十六年正月，俄乐巡检黎利复举兵作乱。将军李彬击破之，利窜老挝。

十、仁宗即位，镇守交趾中官山寿请授黎利清化知府，利受命而寇掠如故。宣宗宣德元年三月，败镇守将军陈智兵。四月，命王通为征夷大将军，讨之。十一月，王通败绩于应平，命安远侯柳升救之。

十一、二年九月，柳升师次倒马坡，遇伏，败死。十月，王通弃交趾，与黎利盟而还。十一月，诏赦利，罢兵，悉召文武吏士北还。

第八节　海外诸国之交通

初，成祖疑惠帝亡命海外，屡命中官辈纵迹之。衔命异域者，纷纷四出。如使乌斯藏者有侯显，使爪哇、苏门答剌者有马彬，使暹罗者有李兴，使满剌加（今英领马来麻剌甲）、柯枝（今南印度马拉巴尔部之可陈）诸国者有尹庆。而其中以郑和为尤著。和以永乐三年，多赍金帛，造大船凡六十有二，帅海军三万七千余人，由苏州刘家港，汛海至福建，达占城，以次偏历南洋（《明史》原作西洋）诸国，宣威德，颁诏给赐。不服则以兵摄之。诸国咸听命。及和还朝，皆遣使随入朝贡。成祖大喜。未几，复命和往，遍赉诸国。由是来朝者益众。和先后凡七奉使，三擒番王（初使擒旧港酋陈祖义，旧港故三佛齐国也。再使擒锡兰国王亚列若奈儿及其妻子。最后苏门答剌王子苏干利谋杀其王，并欲杀和，和率兵讨擒之），为古来宦官所未有。而诸番利中国货物，益经营互市，往来不绝。故当时有三保太监下西洋之说。后至宣德初元，弃交趾。中国兵威虽稍诎，远夷朝贡多不至，而南洋之交通如故。奉命海表者，莫不盛称和以夸示外番云。

郑和远征表

次数	首途时	回航时	西历	所历地
一	永乐三年六月	永乐五年九月	1405—1407年	苏州，经福建，逾占城，达三佛齐
二	同六年九月	同九年六月	1408—1411年	至印度锡兰岛
三	同十年十一月	同十三年七月	1412—1415年	历苏门答刺，满加剌等十九国

次数	首途时	回航时	西历	所历地
四	同十四年冬	同十七年七月	1416—1419 年	
五	同十九年春	同二十年八月	142l—1422 年	
六	同二十一年正月	同二十二年八月	1424 年	
七	宣德五年六月	宣德八年七月	1430—1433 年	至忽鲁谟斯等十七国

明初对外关系表

国名或部落名	今地	主权者	对明关系	发生关系开始时代
朝鲜	朝鲜半岛	太祖李成桂	臣纳贡	明太祖洪武末年
鞑靼	外蒙古	木雅失里	争臣服	成祖永乐初年
卫拉特	天山北路	玛哈木特	争臣服	同
泰宁朵颜福余三卫	热河北部	元 辽王惠宁王 朵颜元帅府	降附	洪武中
沙州、安定、阿端、赤斤、蒙古、曲先、罕东、哈密七卫	嘉峪关以西至哈密	元威武王	同	同
思州思南	贵州	南 慰 宗鼎 思 宣 使田 州 抚 琛	降附战争翦灭	洪武时降附 永乐时翦灭
安南	法领交趾支那	黎季犛	降附战争翦灭	永乐初年

参考书

《饮冰室全集》（祖国航海大家郑和传） 梁启超

第四章 宦官之乱政

第一节 宦官握权之由来

成祖英武。在位时代，内政修明，外患屏息。然明室衰亡之远因，实伏于此时。初，太祖以布衣起事，事事效法汉高。然其制之有弊者，则必竭力防之。故虽分封诸了于各地，然皆使之仰给于中央所命之县官，更不委以兵食之权。燕晋诸王，领兵镇边要，虽出例外，然亦不过分封内地，设三护卫而已。又察汉室外戚之祸，为勋旧兼外戚所致。故天子、亲王之后妃宫嫔，皆选民间之秀女。熟知民间情事，自能佐人君勤俭爱民。故有明一代，无外戚之祸。又常关心宦官。常镌铁牌置宫门曰：“内臣不得干预政事。预者斩。”又禁内官读书识字，不许与诸司往来。定制不得兼外臣文武之衔，不得着外臣冠服，官不得过四品，月给米一石，使之衣食于内廷。又留心吏治。《明史·循吏传》曰：“太祖惩元季之吏治纵弛，民生凋敝，重绳吏治，置之严典。”尝谕府州县之官吏曰：“天下初定，百姓财力俱困。如初飞之鸟，不可拔其羽。新植之木，不可摇其根。在安养生息之而已。唯廉者能弱己而利人，尔等当深念之。”又谕户部曰：“国家赋税已定。撙节用度，自有余饶。使民得尽力农桑，自然家给人足。何事聚敛也。”又猜忌勋臣，数起大狱，亦因其有害于吏治。论者曰：“懿文太子早死以皇太孙孱弱，虑身后事，诬以反逆杀之。”然明初之功臣，无有觊覦神器之权力。不过自诩其功，于服务之际，不无有骄傲之失。故欲养成将来廉吏，禁绝元末贪滥之弊，不可不预防也。太祖之翦除功臣，即本此旨。《循吏传》中有云："一时守令，畏法洁己爱民，吏治焕然丕变。下逮仁宣，人民安乐。吏治澄清者百余年。"是即太祖之目的所致者也。

成祖即位，大更太祖遗制，宦官权力遂渐增加。《明史》称宦官因建文帝御之甚严，及燕师逼江北，多逃入其军，漏泄朝廷虚实。成祖以为忠于己，多所委任。诸宦官言功不已，帝患之。永乐元年，镇远侯顾成、都督韩观、刘真、何福等，出镇贵州、广西、辽东、宁夏诸边。乃命宦官中有谋者，与之偕行。赐公侯服，位诸将上。未几，云南、大同、甘肃、宣府、永平、宁波亦各相继遣使。八年，设京营提督，使内臣监军。是为宦官典兵之始。元年，遣中官侯显使乌斯藏、李兴使暹罗，马彬使爪哇、苏门答剌诸国，尹庆使满加剌、柯枝诸国。是为宦官奉使之始。三年，遣中官山寿率骑兵出云州，郑和、王景弘等率舟师下西洋。是为宦官专征之始。十八年，置东厂，以内监掌之，使刺外事。是为宦官预政之始。盖有明一代宦官出使、专征、监军、分镇、刺臣民隐事等诸弊政，皆始于此时矣。

二十二年（西历纪元一四二四年），帝自将北征阿噜台。至榆木川（在故开平城西北）崩。太子高炽即位，是为仁宗。

第二节 仁宣之治

成祖之初即位也，任用酷吏陈瑛为左都御史，纪纲为都指挥佥事，掌锦衣卫事。皆残忍苛刻，倾陷者不可胜计。帝性猜忌，数以喜怒刑杀大臣。屡次自将北征，命仁宗监国。还辄信谗，加罪辅臣。大学士黄淮、学士杨溥、户部尚书夏原吉等，皆以忤旨下狱。仁宗即位，释淮等于狱，复其官，命与吏部尚书蹇义、大学士杨荣、金幼孜、杨士奇等同辅政。义、原吉皆太祖时代老臣，久握钧衡，与荣、士奇等同心辅政，朝廷称治。仁宗在位一年（西历纪元一二二五年）崩。太子瞻基即位，是为宣宗。命杨溥入内阁，典机务。荣、士奇、溥同时居内阁，协心辅政，朝廷肃然。天下称之曰三杨。

仁宗、宣宗之时，屡下诏举贤才，求直言，慎刑罚，减租税。建弘文阁以提倡文化，更定科举法以搜求人才。又以知府为亲民官，多循资格迁擢。不称职，乃命大臣举京官廉能者用之。宣德五年夏五月，擢郎中况钟等九人为知府，皆赐敕，俾驰驿之任。其冬，复用薛广等二十九人亦如之。后钟等皆著声绩，有居官至一二十年者。吏称其职，民安其业。一时烝烝，称极盛焉。

第三节 王振之擅权 麓川之役 土木之变

宣宗英主。然生平失德有二：一废皇后，二纵宦官。坐是之故，宫廷多故。遂酿成王振之祸。帝年三十，皇后胡氏未有子。而孙贵妃有宠，乃阴取他宫人子为己子。帝以长子生，大喜，宠贵妃有加。生后八日（宣德三年一月），即立为皇太子。是年三月，废皇后，立孙氏为皇后。大臣多唯诺奉承，不敢强谏。

先是洪武中，设内官监典簿，掌文簿。以通书算小内使为之。又设尚宝监，掌玉宝图书。皆仅识字，不明其义。成祖即位，始令听选教官，入内教习。宣宗即位，始立内书堂。改主事刘翀为修撰，专授小内使书。其后大学士陈山修撰朱祚，俱专是职。选内使年十岁上下者二三百人，读书其中，后增至四五百人，翰林官四人教习，以为常。于是内官始通文墨，掌章奏，照阁票批朱，与外庭交结往来矣。

帝在位十年，以宣德十年（一四三五年），崩。太子祁镇即位，是为英宗。年方九岁。大学士杨士奇、杨荣、杨溥辅政。宦官王振狡黠多智，事仁宗于东宫。宣德初，浸用事。英宗为太子，朝夕侍左右。及即位，命掌司礼监，宠任之。振欲令朝臣畏己，数教帝摭拾小过，杖辱大臣。言官承振风旨，肆行弹击。自公、侯、驸马、伯及尚书、都御史以下，无不被劾。或下狱，或荷校，甚至谴谪，殆无虚岁。三杨不能制。振事功利，盛兴边防镇守、京营掌兵、经理仓场、提督营造、珠池银矿、布帛织造等事，皆中官掌之。于是法制始弛，宦官之祸兴于内，敌国亦起于外矣。

英宗正统五年，杨荣卒。九年，杨士奇卒。阁臣陈循、高谷等皆后进望轻，杨溥孤立无助。王振日益恣横。振欲示威四夷，遂兴麓川之役。先是明初既克大理，下金齿，与平缅（明初麓川平缅、宣慰二司，今同棣云南腾越道）壤地相接。其酋思伦发惧，请降。诏以为宣慰使，命兼统麓川地。洪武十八年，思伦发反，率众十余万再寇边。二十一年，西平侯沐英破走之。次年，遣使谢罪，入贡如故。三十年，思伦发为其头目刀干孟所逐，赴京陈诉。太祖遣西平侯沐春讨杀干孟，送思伦发归平缅。久之，思伦发死，子思任发嗣。桀黠喜兵，乘孟养、木邦与缅甸相仇杀，侵据其地，遂称兵扰边。黔国公沐晟及其弟昂相继讨之，师久无功。思任发由是愈横，既乃遣头目修贡，且请罪。英宗降敕许赦之。廷议皆主抚，而王振欲示威四夷，力主剿。正统六年，遣兵部尚书王骥、平蛮将军蒋贵等，率兵十五万往讨。克麓川。思任发走缅甸，追擒之，其子思机发犹所在伏匿。骥先后凡三次往讨，劳师费财，以一隅骚动天下，而思机发卒不可得。

是时卫拉特方强。其酋长额森（旧作也先）数以入贡为名，要索朝廷赏赉。使人来者动至二千余人，朝廷耗费不赀。使人归时，以马易弓，藏于衣箧，不可胜计。镇守大同太监郭敬，岁造箭镞数十瓮遗其使，帝不问。王振欲邀功北鄙，数遣将侵略乌梁海。三卫怨怒，遂导卫拉特入寇。正统十四年七月，额森诱胁诸部分道大举南下，自拥众从大同入。参将吴浩迎战，败死。西宁侯宋瑛、武进伯朱冕拒战于阳和（卫名，今雁门道阳高县），为监军太监郭敬所制，败没。敬伏草中，得免。诸边守将俱逃匿。边报日数十至，王振劝帝亲征。命弟郕王祁钰居守。廷臣交谏，不听。遂出居庸，历宣府（明卫，今口北道），进次阳和。振益欲北，郭敬密止之。是年八月，诏班师。大同总兵郭登请上从紫荆关（在易县西）人，振不听。还至宣府，额森自后追袭。恭顺侯吴克忠及其弟都督克勤率师拒敌，力战死。成国公朱勇、永顺伯薛绶往援，亦败没。车驾次于土木（旧驿有堡，在口北道怀来县西二十五里），敌骑环攻，诸军皆溃。诸大臣扈跸者皆死，振亦被杀。额森遂拥帝北去，过大同，郭登谋夺驾入城，不果。

时京师群臣议战守。侍讲徐珵请南迁，兵部侍郎于谦不可。太后遣使赍金宝诣额森营，皇后钱氏尽括宫中物佐之，请还帝。不得报。是年九月，郕王奉太后命即位，尊帝为太上皇。立皇子见深为皇太子。以于谦为兵部尚书，提督各营军马，诸将咸受节制。十月，额森诡言奉上皇还，入紫荆关，长驱犯京师，邀大臣出迎上皇。谦督诸将石亨等营城外，邀击败之。时总兵郭登守大同，杨洪守宣府，副都御史罗通守居庸关，屡破卫拉特偏师。京师恃为肩背。谦又修沿边关隘，自辽蓟至甘肃，中间堡塞，皆得人戍守。敌入寇，辄败去。叛阉喜宁为额森谋主，亦为独石参将杨俊所擒杀。额森失间谍，气大沮。次年（景帝景泰元年）五月，遂请和。

第四节　英宗之复辟　曹石之乱

额森既请和，卫拉特君臣使相继至。景泰元年八月，景帝以于谦言，勉迎还上皇，居之南宫，不复朝谒。礼部尚书胡濙请令百官贺上皇生日。又请于明年元旦，百官朝上皇于延安门，皆不许。帝之初即位也，籍王振家，夷其族，而仍用其党曹吉祥参与机密。景泰三年，废皇太子见深为沂王，立子见济为皇太子。皇后汪氏不可，遂废汪后。立见济母杭氏为皇后。于是上皇日益怏怏。四年，见济卒。郎中章纶、御史钟同、南京大理少卿廖庄等，先后上疏，请复立沂王。帝怒，并下之锦衣卫狱，杖杀同。

八年（西历纪元一四五七年）正月，帝不豫。武清侯石亨、右副都御史徐有贞（即徐珵改名）等，密与曹吉祥谋。乘帝舆疾宿南郊斋宫，与都督张軏、张輗等以兵迎上皇复位。改元天顺。废帝为郕王，迁之西内。寻崩，葬金山。与妖殇诸王公主坟相属，命妃唐氏等俱殉葬，并欲令汪后殉，阁臣李贤不可，乃止。下于谦及大学士王文于狱，诬以谋迎外藩，入继大统，坐以谋大逆，凌迟处死。天下冤之。窜合臣陈循、江渊于铁岭卫（今奉天铁岭县），斥萧镃、商略为民。封亨忠国公，軏太平侯，輗文安伯，有贞武功伯，予吉祥锦衣卫世职。党羽皆受重赏。以有贞为大学士，掌文渊阁事，充首辅。有贞为曹石所引用，既得志，则思自异。窥帝意微厌二人，乃稍稍裁抑之。亨、吉祥怒，谮有贞于帝。是年六月，下有贞狱，窜之金齿。自是以后，吉祥与亨表里擅权，门下厮养冒官者多至千百人。时并称曹石。帝益厌之，乃以李贤为吏部尚书，兼翰林学士，入内阁，预机务，稍夺亨等权以与内阁。三年，亨从子陕西总兵彪有罪下狱，亨坐免官。四年二月，亨及彪以罪诛。吉祥惧，遂谋反。是年七月，与其从子昭武伯钦、都督铉镕铎等与兵作乱。怀宁伯孙镗讨诛之，于是曹石之党皆尽。而锦衣卫指挥逯杲、门达相继擅权，诬陷正人，屡兴大狱。终帝之世，政刑紊乱。

第五节 汪直之擅权 万贵妃之专宠

英宗复辟后越八年，以天顺八年（西历纪元一四六四年）崩。太子见深即位，是为宪宗。宪宗初年，大学士李贤、彭时、商辂皆贤相，朝政修明。成化元年，西华（今开封道西华县）贼刘率通众作乱，寇掠荆襄。诏以抚宁伯朱永充总兵官，兵部尚书白圭提督军务，讨平之。广西猺獞作乱，侵略广东、湖广、江西边境。诏以都督赵辅为征夷将军，充总兵官，佥都御史韩雍赞理军务。是年十一月，击破猺獞于大藤峡（在今广西苍梧道桂平县西）。广西平。二年三月，右都督李震讨破靖州（今湖南辰沅道靖县）苗，湖南平。四年，开城（今甘肃泾原道固原县）酋满后据石城（在固原县西北）作乱。诏以都督刘玉充总兵官，副都御史项忠总督军务，讨平之。内地逐渐太平。成化二年，贤卒。以礼部侍郎万安入内阁，预机务。十一年，时卒。以礼部侍郎刘吉入内阁，预机务。安、吉皆佞臣，互相比附，朝政渐乱。

帝居东宫时，万贵妃已擅宠。帝即位后，立皇后吴氏。后摘妃过，杖之。帝怒，废居别宫。立妃王氏为皇后。万贵妃宠冠后宫，王后处之澹如也，以是得安。万安既入阁，因内使致殷勤于妃，自称子侄行。妃尝自愧无门阀，闻则大喜。妃弟锦衣指挥通，遂以族属数过安家，两家妇女日相往来。通妻著籍禁中，恣出入。安得备知宫中动静，益自固。

太监汪直者，大藤峡猺种也。初给事妃。年少黠谲。帝宠之，命刺外事。十三年正月，置西厂。广置缇骑，以直领之。直罗织细故，屡兴大狱。冤死者相属。大学士商辂、兵部尚书项忠等先后劾之，帝不得已，暂罢西厂，令道归御马监。然帝眷直不衰，仍令密出外刺事。御史戴缙者，性险躁干进。探知帝意，乃假灾异建言，颂直功德。乃诏复开西厂，仍命直领之。直谮项忠下狱，斥为民。又谮商辂，辂引疾归。诸大臣不党于直者，陆续罢免数十人。直益横恣，行边监军，所至苛扰。久之，帝眷乃衰。十八年，罢西厂，降直南京御马监。斥逐其党。然直竟良死。

帝荒于女色，万贵妃专宠。自成化七年以后，十六年间不视朝。政事假手宦官。朝政遂渐紊乱。妃性嫉妒。掖庭御幸有身，饮药伤坠者无数。柏贤妃生太子祐极，早夭。说者谓为万贵妃所害。成化六年，皇子祐樘生于西内，其母纪氏使太监张敏等潜抚养之。帝自祐极薨，常郁郁不乐。十一年五月，召张敏栉发，照镜叹曰："老将至而无子。"敏因以"皇子潜养西内，今已六岁"对。帝大喜，即日召见，立为太子。万贵妃大怒，毒杀纪妃。张敏惧，自杀。皇太后周氏恐太子及祸，乃迎太子至仁寿宫，亲抚养之。由是太子得免。帝晚年好方术，方士李孜省、僧继晓皆有宠，与宦官梁芳、韦兴等表里为奸。务为奇技淫巧，结万贵妃欢。累朝金七窖俱尽。帝在位二十三年，以成化二十三年（西历纪元一四八七年）崩。万贵妃已先卒。太子祐樘即位，是为孝宗。

第六节　孝宗之治

孝宗仁厚。即位以后，诛继晓，斥逐梁芳、李孜省等，罢万安。以礼部侍郎徐溥、刘健兼翰林学士，入内阁，预机务。起直臣王恕、马文升、何乔新、彭韶等为各部尚书。朝廷称治。已而大学士刘吉嫉乔新，嗾御史弹劾之，免其官。大学士丘浚与恕不相能，数倾轧恕，恕辞职去。彭韶亦为贵戚近臣所疾，致仕。朝政渐紊。弘治五年，刘吉罢。八年，丘浚卒。礼部侍郎李东阳、少詹事谢迁并入内阁，预机务。东阳、迁皆贤臣，与徐溥、刘健同心辅政。朝纲复振。自宪宗以来，人君多宴处深宫，与大臣不接见。弘治十年三月，召阁臣议政于文华殿。自是终帝之世以为常。帝在位十八年，以弘治十八年（西历纪元一五〇五年）崩。太子厚照即位，是为武宗。

第七节　刘瑾之擅权　武宗之荒淫　宸濠之变

宪宗、孝宗之世，天下虽无事，然宦官弄权，积重难返。且自是以后，宦者之外，别有所谓阉党者，乃朝臣附和宦官，而为之羽翼者也。宪宗时，宦官汪直、梁芳等，与大学士万安、都御史王越、方士李孜省、僧继晓等结合，表里擅权。孝宗时，宦官李广与寿宁侯张鹤龄等互相交结，狼狈为奸。然弊习未甚，于政局尚无大影响也。武宗即位，年甫十五，狎昵群小。东宫旧监刘瑾、马永成、高凤、罗祥、魏彬、丘聚、谷大用、张永俱用事，时号八虎。日导帝游戏，又劝帝令镇守内臣各进万金奏置皇庄三百余所。畿内大扰。大学士刘健、谢迁，户部尚书韩文等，以瑾等蛊惑上心，奏请诛之。司礼太监王岳、范亨、徐智素不善瑾等所为，阴赞成阁议，事垂济，而吏部尚书焦芳泄其谋于瑾。瑾等夜趋帝前环泣，言“王岳结阁臣，欲制上出入”。帝信以为真，意遂中变。命瑾掌司礼监，永成、大用提督东西厂，永督十二团营及神机营，彬督三千营。瑾夜传命，收岳及亨、智充南京净军，旋矫诏追杀岳、亨于途。箠智，折臂。免健、迁官，褫文职。勒都御史张敷华、尚书杨守随、林瀚致仕，并杖谪诸臣之请留健、迁者。引芳为大学士。矫诏列健、迁、文、敷华、守随、瀚及都御史戴珊、郎中李梦阳、主事王守仁等五十三人姓名，号为奸党，榜示朝堂。

帝为群阉蛊惑，作豹房，朝夕处其中，大权皆归于瑾。瑾凡事得专决，不复关白。引用其党刘宇、曹元入阁，张彩为吏部尚书。大臣不附和者斥逐殆尽。中人以微法，无得全者。尝因早朝退，有遗匿名书于丹墀，数瑾罪者，瑾怒，执朝士三百余人下狱。时盛夏酷暑，有暴死者。次日，廉知其同类所为，众获宥。正德五年，安化（今甘肃泾原道庆阳县）王寘鐇以诛瑾为名，举兵反。诏右都御史杨一清总制军务，以太监张永监军，往讨平之。一清知永怨瑾，密与画策。永因献俘奏瑾不法十七事，遂逮瑾下狱，诛之，籍其家。诸附瑾者皆窜逐。而内监魏彬、马永成，幸臣江彬、钱宁等用事，终帝之世，盘游不辍。

是时边塞屡被寇扰。中原远近，盗贼群起。正德五年，霸州（今河北霸县）降盗刘六、刘七、齐彦名反。冠畿辅，转京直隶、山东、河南、淮北，纵横数千里，残破州县以百数。七年，走湖广，夺舟至夏口。登陆，焚汉口。指挥满弼拒战。刘六中流矢死，刘七、齐彦名率舟东下，由黄州至镇江。兵部侍郎陆完、都御史彭泽会师进剿。大兵尽集江南北。贼兵抵通州（今江苏苏常道通县），飓风大作，贼弃舟，走保狼山（山在通县南）。完蹙之山南，彦名、七皆死，贼乃平。此外若蓝廷瑞等，以正德四年起保宁（今四川嘉陵道，故保宁府），犯汉中、郧阳（今襄阳道，故郧阳县）及川东、贵州境。谢志山等起南赣（今江西赣南道，故南安，赣州二府地），掠江西、湖广、福建、广东境。皆久而后灭，所在困弊。

帝无子，所悦中官奴卒，辄收为义子，亡虏亦与焉。凡一百二十七人，并赐国姓。边将江彬以导帝淫乐得幸。帝游幸不时，数微行至宣府、阳和等处。彬从帝数夜入人家，索妇女。帝大乐之。十二年九月，自称总督军务、威武大将军、总兵官。辇户部钱粮至宣府，备犒赏。十三年九月，自加封镇国公。建镇国府第于宣府。辇豹房珍玩、女御实其中。十四年二月，自加太师。敕谕巡行两畿、山东祈福。大学士杨廷和、梁储、蒋冕、毛纪等屡谏。帝不听。郎中黄巩、修撰舒芬等百四十六人复力谏。帝大怒，悉杖之，死者十一人。

宁王宸濠者，太祖第十七子宁王权之五世孙也。久居南昌（今江西豫章道），阴蓄异志。因帝无储嗣，游幸不时，人情危惧，遂日夕觊觎，结帝嬖人钱宁为内援，谋伺帝崩，入继大统。诸权奸多得宸濠金，阴赞助之。巡抚江西都御史孙燧七上章言其事，皆为所邀阻。江彬疾宁，阴欲倾之，短之于帝。帝不悦，会御史萧淮尽发其不轨状，杨廷和请罢其护卫，帝从之。宸濠惧，遂谋反。正德十四年六月，杀孙燧等，集兵号十万，略九江、南康，皆下之。

巡抚南赣都御史王守仁起兵讨宸濠，趋吉安（今江西庐陵道，故吉安府），与知府伍文定谋。给宸濠使东下，而发兵直捣南昌。七月，克之。宸濠攻安庆，不克，闻南昌已破，解围还救。守仁与战于樵舍（镇名，在今豫章道新建县西北），纵火焚其舟，大败之，遂擒宸濠。凡三十五日而贼平。诸嬖臣劝帝亲征，帝亦欲南游行乐，八月，自将南下。十二月，至南京。十五年闰八月，受江西俘，诸嬖幸嫉守仁功，谮之于帝。太监张永左右之，得无事。十月，帝北还，至通州，始诛宸濠。

帝荒于女色，浸成痼疾。在位十六年。以宸濠伏诛之次年（正德十六年，西历纪元一五二一年)，崩于豹房。大学士杨廷和等奉皇太后懿旨，以遗诏迎孝宗弟兴献王世子厚熜入即位，是为世宗。诛江彬、钱宁等。人心大悦。

明代宦官弄权表

时代	姓名	官职	事迹
成祖时	山寿	镇守	镇守安南，左袒叛臣黎利，致令安南复失
英宗时	王振	司礼监	数孝帝摭拾小过，杖辱大臣，或下狱，或荷校，甚至谴谪，殆无虚岁
			盛兴边防镇守，京营掌兵，经理仓场，提督营造，珠池银矿、布帛织造等事，皆以中官掌之
			兴麓川之役，前后大举兵二次，劳师费财，以一隅骚动天下，而终无成效
			邀功北鄙，数遣将侵兀良哈，引起瓦剌入寇，酿成土木之变
	郭敬	镇守	镇守大同，岁造箭镞数十瓮遗也先
			也先寇大同，诸将宋瑛、朱冕拒战，为敬所挠，俱战没
	喜宁	太监	降也先，为之谋主，后为独石参将杨俊所擒，伏诛
	曹吉祥	司礼监	景帝病危，与石亨、徐有贞等密谋，演出夺门之变
			天顺四年，石亨以罪诛，吉祥自危，遂与其从子钦等举兵反，皆伏诛

时代	姓名	官职	事迹
宪宗时	汪直	提督西厂	罗织细故，屡兴大狱，冤死者相属
	梁芳	太监	与方士李孜省、僧继晓等结合，表里为奸，务为奇技淫巧，结万贵妃欢
	韦兴	同	同
孝宗时	李广	同	与寿宁侯张鹤龄等互相交结，狼狈为奸
武宗时	刘瑾	司礼监	与马永成等八人用事，时号八虎。日导帝游戏，数廷杖朝臣，引用私人入阁，把持政权
熹宗时	魏忠贤	提督东厂	与帝乳母客氏比，引用群小为爪牙，大兴罗织之狱，陷害正人甚多，晚年几欲谋篡位，后为庄烈帝所诛。
毅宗时	高起潜	总监	督师卢象升拒清兵于钜鹿，起潜拥重兵，屯鸡泽，不赴援，坐视象升战死。
	曹化淳	监视	监视京兵，开彰义门迎李自成

第五章　士论之激昂

第一节　明初之士风

儒教自经宋儒改革以后，变为道学。周、程、张、朱之徒，皆以一介书生，教授后进，隐然以道统为己任。其学以致知力行为主，而归本于诚。故宋室之亡，节义之士独多，盖先贤之提倡收效大矣。明太祖起兵以后，百忙之中，留意人才。尝命有司每岁举贤才，及武勇谋略通晓天文之士。其有兼通书史，廉吏亦得荐举。得贤者赏，滥举及蔽贤者罚。又定义武科取士之法。洪武二年，命博士孔克仁授诸子经。功臣子弟，并令入学。又诏天下府州县皆立学。六年二月，停科举。令有司察举贤才，以德行为本，文艺次之。皆礼送京师，不次擢用。七年，修曲阜孔子庙，立孔颜曾三氏学，教其族人。八年，诏天下立社学，延师儒教民间子弟。十三年，诏天下学校师生，日给廪膳。十五年，帝诣国子监，释奠于先师。是年八月，复行科举。此后每三年一行为定制。而监生与荐举人才参用者尤多。其用监生、贤良、秀才、儒士等，起家为尚书、布政、按察使及参政、副使或御史、给事中者不可胜数。十六年，始令天下学校，岁贡士于京师。二十五年，以名儒方孝孺为汉中府学教授。蜀王椿闻其贤，聘为世子师。名其读书之庐曰正学。盖当时科举、选举与学校制并行，得人之盛，迈乎前代。而提倡儒教，注重实行，砥砺廉隅，崇尚名节，为此时特色。其吏治之淳、士风之朴，所以养成之者有自来矣。惠帝即位，召方孝孺为翰林院侍讲，转文学博士，亲任之。靖难之变，自孝孺以下，大小臣工殉国者独多，皆太祖在位时代养成之人物也。成祖即位，设国子监，行释奠礼。又命翰林学士胡广等编四书大全、五经大全、性理大全等书，颁发各学校。一以程、朱学说为标准，于是宋学益发达。英宗初年，王振乱政。末年，曹石乱政。宪宗时代，汪直乱政。武宗初年，刘瑾乱政。朝士有触犯之者，多遭下狱、廷杖、谪戍之祸，重者或处死刑。而翰詹科道与部寺小臣，抗章弹劾，视之蔑如。知有国而不知有身，知奸人之当去，而不知己身有祸害。盖自太祖即位以后，百余年间，尊崇节义，敦厉名实，儒教之道德，渐渍于社会，浸成为风俗矣。历代贤相，若杨士奇、杨荣、杨溥、李贤、彭时、商辂、徐溥、刘健、李东阳、谢迁等；直臣，若诚意伯刘基、平遥训导叶伯巨、监察御史王朴；（以上太祖时）浙江按察使周新、侍讲邹缉、主事萧仪、侍读李时勉（以上成祖时）；监察御史罗汝敬（仁宗时）；主事郭循（宣宗时）、侍讲刘球（英宗初年）；御史钟同、礼部郎中章纶、大理寺少卿廖庄（景帝时）；翰林院编修章懋、黄仲昭、检讨庄昶（宪宗时）等；循吏，若汉中知府费震（太祖时）；苏州知府况钟、吉安知府陈本深（宣宗时）；抚治荆襄副都御史原杰（宪宗时）等；道学，若礼部侍郎薛瑄（英宗时）；江西征士吴与弼、翰林院检讨陈献章（宪宗时）；大学士王鏊（武宗时）等，其流风余韵，俱足以使顽廉懦立，皆儒教养成之人物也。

然而好名之念太重，时或流于矫激。太祖时，监察御史王朴性鲠直，数与帝廷辩是非。帝怒。命戮之。及市，召还，谕曰："汝其改乎？"对曰："陛下不以臣为不肖，擢官御史，奈何摧辱至此。使臣无罪，安得戮之？有罪，又安用生之！臣今日愿速死耳。"帝大怒，趣命行刑。过史馆，大呼曰："学士刘三吾志之：某年某月日，皇帝杀无罪御史朴也。"成祖时，锦衣卫指挥纪纲用事，使千户缉事浙中，作威受赇。按察使周新捕治之。纲诬奏新罪，帝遽命逮新。既至，伏陛前抗声曰："陛下诏按察司行事与都察院同，臣奉诏擒奸恶，奈何罪臣！”帝怒，命戮之。临刑大呼曰：“生为直臣，死当作直鬼。”竟杀之。

又好广通声气，不避嫌怨。对于素不满意之人，交章弹劾之。对于无罪受害之人，交章论救之。有结党之嫌，有营私之迹，容易为朝廷所误解。孝宗时，岷王膺钰奏武冈知州刘逊不法事，命锦衣官校逮之。给事中庞泮、御史刘绅等率科道论救。帝以亲王劾一州官，辄交章奏阻。下泮绅等六十二人于狱，台谏署一空。九卿力谏，乃释之。贬逊四川行都司断事。

第二节　孝庄皇后合葬裕陵议

明代士大夫好以意气用事。朝廷有大问题起，往往成群结队，断断以争。与天子以难堪之地位，甚或至积羞成怒，猝以暴厉手段对待群臣。激而成大狱者，实为史传中恒有之事。其居心之忠贞固可敬，其手段之操切抑亦可笑矣。宪宗成化四年，嫡母慈懿皇太后钱氏崩，生母周太后不欲使之合葬裕陵。英宗陵阁臣彭时、商辂、刘定之持不可，言官皆请如时议。帝曰：“乖礼非孝，违亲亦非孝。其议别卜。”廷臣百四十七人皆上疏谏。礼部尚书姚夔合诸大臣疏言：“皇上当守祖宗成法，岂可阿顺母后，显违前典。”帝犹豫未决。给事中毛弘倡言：“此大事，吾辈当以死争。”合群臣伏哭文华门外，自巳至申。帝与周太后皆感动，乃许之。群臣呼万岁出。武宗正德十四年，帝下诏，将巡两畿山东。阁臣及科道皆切谏。不报。兵部郎中黄巩、翰林院修撰舒芬、吏部郎中张衍等百余人，相继抗疏谏。帝怒甚，执六人下镇抚司掠治。余一百七人，跪阙前五日。旋杖之，死者十一人。

第三节　大礼议

明代士大夫，书生习气甚重，好争礼节。往往执宫廷细故、朝廷末节，摇唇鼓舌，挽笔弄墨，断断以争，使天子无自由伸缩之余地。在当时一般舆论批评之，固认为不得已；而自后世论史者观之，总觉其可已而不已也。武宗升遐，世宗（孝宗犹子，武宗从弟）以藩王入继大统，诏议崇奉本生父兴献王典礼。大学士杨廷和、礼部尚书毛澄以为“宜如汉定陶共王（成帝弟，哀帝本生父）故事，以益王子厚炫主后兴国，其称号宜如宋濮安懿王（仁宗从兄，央宗本生父）故事，称孝宗曰皇考，兴献王曰皇叔父，兴献王妃曰皇叔母。”议上，帝愠曰：“父母若是互易耶。”命再议。廷和与大学士蒋冕、毛纪固执前议，澄亦会廷臣再三执奏，疏俱留中。进士张璁揣知帝意，乃上疏，谓帝“以伦序当立。与汉衮帝、宋英宗之预养宫中立为储嗣者不同。故谓帝人继祖统则可。谓帝为孝宗后，而自绝其亲则不可。宜考兴献王，母兴献王妃。”疏入，帝大喜。手诏阁臣欲尊父为兴献皇帝，母为兴献皇后，祖母为皇太后。廷和等持不可，封还手诏。于是给事中朱鸣阳、史于光、御史王溱、卢琼等交章劾璁。帝不听。是年十月，追尊父兴献王为兴献帝，尊祖母宪宗贵妃邵氏为皇太后，母兴国太妃蒋氏为兴献后。旋复手敕，加兴献帝后以皇号。杨廷和与吏部尚书乔宇上书谏。帝不听。编修陈音、给事中朱鸣阳、御史陈昌等百有五人，上书力争。亦不听。次年（嘉靖元年）正月，清宁宫后殿灾。廷和等因言：“兴献帝后加称，列圣神灵容有未安。今火灾示戒，昭然可见。”给事中邓继曾亦以为言。帝勉从众议。称孝宗曰皇考，慈寿皇太后曰圣母（孝宗后张氏）。兴献帝后止称本生，不称皇。

是年十一月，邵太后崩。帝欲附葬茂陵（宪宗陵），数下廷议。杨廷和等持不可。帝不听。毛澄以议礼不合，引疾归。

杨廷和恶张璁，除为南京刑部主事以远之。而兵部主事霍韬、给事中熊浃等皆希旨附和璁议。大学士费宏，浃乡人也。恐廷和疑己，出浃为按察司佥事。韬自知为众论所龁，引疾归。巡抚云南都御史何孟春上书言："兴献王不宜称考。"致仕。都御史林俊亦上书言："不宜尊崇所生过当。"廷和奏擢孟春为吏部侍郎，起俊为工部尚书。

巡抚湖广都御史席书具疏言："兴献帝宜称皇考，别立庙于大内，祭以天子之礼。兴献后宜称皇母某后，不可以兴献字加之。"吏部员外郎方献夫亦具疏言："宜称孝宗曰皇伯，称兴献帝曰皇考。"二疏俱中阻不果上。而南京刑部主事桂萼与张璁同官，日夜私诋朝议。三年正月，萼遂上疏，请"改称孝宗曰皇伯考，兴献帝曰皇考，兴国太后曰圣母，武宗曰皇后"。并录书献夫二疏以闻。帝得疏，心动，手诏下廷臣集议。礼部尚书汪俊等二百五十余人并排萼议。上不听，免大学士杨廷和及汪俊官，夺给事中张翀等三十二人、御史郑本公等二十一人俸，以警其余。召席书为礼部尚书。张璁、桂萼为翰林学士。方献夫为侍讲学士。言官交章请留廷和、俊，斥璁、萼等，不报。大学士蒋冕力争，不听，遂乞休去。

先是萼疏既上，廷臣方具议，璁复疏言："今日之礼，不在皇与不皇，而在考与不考。"萼又言："陛下承祖宗大统，执政乃无故任己私为不道，使陛下终身为无父之人。逆伦悖义若此，犹可使与斯议哉。"二人疏同上，帝故趣召之。已而廷议追尊兴献帝曰本生皇考恭穆献皇帝，尊兴国太后曰本生圣母章圣皇太后。编修邹守益疏言："陛下推崇本生。业已尊为帝后，今复加称皇考，去其始封之号，直与正统无别，不可以示后世。"又言："历观前史，如冷褒、段犹（汉哀帝时主张定陶其皇太后，共皇后不宜用定陶藩国号者）之徒，当时所谓忠爱，后世所斥为邪媚也。师丹（反对冷褒、段犹者）、司马光（宋英宗时议濮王追尊典礼者）之徒，当世所谓欺慢，后世所仰为正直也。臣恐后之视今，犹今之视昔。"帝得疏，大怒。下诏狱拷掠，谪广德州判官。修撰吕楠、御史段续、陈相、吏部员外郎薛蕙、鸿胪寺少卿胡侍并上书谏，俱下狱，谪官。

阁议以追尊之命已行，请停张璁、桂萼召命。帝不得已，从之。二人已在道，意大阻丧。乃复合疏，请与礼官面质，且云："本生对所后而言，若不亟去此二字，则虽称皇考，实与皇叔无异。"疏入，帝复召二人。给事中张翀等连章劾璁、萼及方献夫、席书等，刑部尚书赵鉴列璁等罪状上请，帝不听，切责翀、鉴。学士丰熙、修撰舒芬、杨慎、张衍庆，编修王思等，皆不愿与璁、萼同列，乞罢归。帝怒，俱夺俸。吏部尚书乔宇亦力言璁、萼不可用。上怒，切责宇。宇乞休去。

是年七月，璁、萼至京，复列上礼官欺罔十三事，且斥为朋党。帝召见群臣于左顺门，示以手敕，言章圣皇太后命去本生字。群臣骇愕。于是九卿、詹事、翰林、给事中、御史、六部、大理行人诸司各上章争之，皆留中不下。尚书金献民、少卿徐文华倡言曰："诸疏留中，必改称孝宗为伯考矣。"何孟春曰："宪宗朝议慈懿太后葬礼，姚夔率百官伏哭文华门，此我朝故事也。"杨慎曰："国家养士百五十年。仗节死义，正在今日。"张翀曰："万世瞻仰在此一举。有不力争者共击之。"遂会群僚二百余人跪伏左顺门，有大呼高皇帝孝宗皇帝者。帝方斋居文华殿，命中官谕之退，不听。帝怒，遣锦衣先执为首者丰熙、张翀等八人下狱。杨慎等乃撼门大哭，众皆哭，声震阙廷。帝益怒，令尽逮何孟春等二百二十人，为首者戍边，四品以上夺俸，五品以下予杖。杖杀编修王相等十六人。大学士毛纪力请宥诸臣罪，帝怒，免其官。自是衣冠丧气，璁、萼以议礼骤贵，于是闲罢失职武夫小吏，皆望风希旨。抗论庙谟矣。

是年九月，更定大礼，改称孝宗为皇伯考，昭圣皇太后为皇伯母，献皇帝为皇考，章圣皇太后为圣母。四年五月，光禄寺署丞何渊希旨，请建世庙于京城，祀献皇帝。从之。

是时璁、萼用事，恶大学士费宏、石珤持正。奸人王邦奇承璁、萼旨，上书讦故大学士杨廷和，并诬宏、珤为奸党。给事中杨言抗章为廷和、宏、琉辩护。上怒，逮言下狱，贬其官。宏、琉乞休去。桂萼屡为谏官所论，乃上言杨廷和私党犹在言路，请命科道互相纠劾。从之。于是言路日益多事，分门植党之风渐炽。六年八月，璁、萼及方献夫借复治妖贼李福达狱之机会，诬刑部尚书颜颐寿、左都御史聂贤、大理卿汤沐等故入人罪。罢谪颐寿等四十六人。帝以璁、萼等平反有功，赐二品服俸。编《钦明大狱录》，颁示天下。百户王邦奇讦杨廷和与前尚书金献民、彭泽、前都御史陈九畴等处置边事失机（看《通鉴纲目》三编嘉靖三年土鲁鲁围肃州事件）。七年正月，逮九畴下狱，谪戍极边。夺献民、泽职。释廷和不问。是年六月，颁《明伦大典》于天下。追论前议礼诸臣罪，削杨廷和籍，夺蒋冕、毛纪、毛澄、汪俊、乔宇、林俊职，斥何孟春及前吏部郎中夏良胜为民。于是张璁、桂萼、方献夫相继入阁。璁深恨诸翰林，入阁以后，请自讲读以下，量材补外。于是改官及补黜者二十余人。并罢选庶吉士，翰苑为空。十七年九月，尊献皇帝为睿宗，祔于太庙。帝与昭圣皇太后张氏有隙，其兄弟昌国公鹤龄、建昌侯延龄相继以谗下狱论死。于是大礼议告终，士气亦摧残殆尽。萼在阁二年（八年至十年）而卒。献夫在阁亦二年（十一年至十三年）而罢。璁后以帝嫌名，改名孚敬。屡罢屡起。凡当国六年（六年至十四年），帝始终眷礼，廷臣莫能及云。

第四节　严嵩之弄权

嘉靖十四年，孚敬以疾罢。大学士夏言辅政。帝雅好长生术，即位后，斋醮无虚日。既以《明伦大典》颁示天下，益覃思制作。祈谷亲蚕。尊孔子曰至圣先师，定其祀典。又信道教，恶佛教。道士邵元节、陶仲文、蓝道行辈并加任用。元节累官至礼部尚书，仲文累官至少师、礼部尚书，封恭诚伯。祈祷土木，日益烦多。经年不朝。于是权臣乘机盗弄政柄。言性疏直，与贵戚郭勋不相能，援引乡人严嵩以自助。嵩性狡险，嫉言宠，与勋比以倾言。言不悟。

二十一年，帝入嵩谮，免言官。以嵩代为大学士，辅政。嵩无他才略，惟一意媚上，窃权罔利。帝英察自信，果于刑戮，颇护己短。嵩以故得因事激帝怒，戕害人以成其私，诛斥者不可胜计。帝微觉嵩贪横，二十四年，复召用言。言至，复盛气陵嵩，出其上。凡所批答，略不顾嵩。嵩嗛不敢吐一语，所引用私人，言多斥之，嵩亦不敢救。衔言刺骨。而言以废弃久，务张权，所遣逐亦不尽当。嵩与锦衣都督陆炳等比而构言。言不悟。

明世士论激昂表：

一、宪宗成化四年，嫡母钱太后崩，生母英宗贵妃周太后不欲使之合葬裕陵。廷臣百四十七人皆上疏谏，给事中毛弘率群臣伏哭文华门外，自巳至申，帝与周太后皆感动，乃许之。

二、孝宗弘治九年，岷王膺钰讦武冈知州刘逊不法事，命锦衣官校逮之。给事中庞泮、御史刘绅率同官论救，帝怒，下泮、绅等六十二人于狱，旋并释之，逊贬官。

三、武宗正德十四年，下诏将巡两畿山东。兵部郎中黄巩、翰林院修撰舒芬等百余人相继抗疏谏，帝怒，执六人下镇抚司掠治，余一百七人跪阙前五日，旋杖之，死者十一人。

四、世宗嘉靖三年正月，南京刑部主事桂萼请改称孝宗为皇伯考，本生父献王为皇考，母妃为圣母。帝手诏廷臣集议，礼部尚书汪俊等二百五十余人并排萼议，帝怒，免俊及大学士杨廷和官，夺给事中张翀等三十二人、御史郑本公等三十一人俸以警其余。七月，诏本生圣母章圣皇太后去本生字，群臣二百余人跪伏左顺门哭谏，帝怒，尽执诸臣下狱，为首者戍边，四品以上夺俸，五品以下予杖，杖杀编修王相等十六人，免大学士毛纪官。

第六章　外患之纷扰

第一节　朵颜三卫之南侵与大宁之沦没

朵颜、泰宁、福余三卫，自洪武时隶属中国，久为不侵不叛之臣。建文初年，成祖借其兵南侵，有战功，割大宁卫北部近三卫地以与之。于是三卫始强。逐渐南下，侵略大宁旧属。宣宗宣德三年，帝自将巡边，败乌梁海之众于宽河（在今喀喇沁左翼南），是为中国与三卫冲突之始。正统初年，额森居漠北，喀喇沁等部俱属之。复诱胁朵颜诸卫，窥伺塞下。九年，英宗遣将分道讨三卫，稍有斩获，俱无大功，而诸将并膺封赏。其后巡边者多以斩击邀功。由是三卫积怨，遂导卫拉特入寇。景帝景泰元年，三卫乞居大宁废城，不许，令近边二百里外驻牧。始更徙而南，然边外瓯脱地尚远。后至天顺末，形势日蹙。边墙以外，视为敌国。大宁始尽为三卫所有，宣府辽东，声援日隔。世宗嘉靖十一年，巡抚王大用欲通朵颜，与厚赂，城其雾灵山（在马兰关外遵化县境）。不果。及神宗万历以后，诸酋分部散居，莫能自振。乃折而东，合于满洲，遂为残蓟之本云。

第二节　土鲁番之东侵与哈密之沦没

土鲁番在哈密西（今新疆土鲁番县）。本辉和尔族。元时设万户府以统其众。明成祖永乐四年，遣官使别失八里，道其地，以彩币赐之。其万户赛因帖木儿遣使入贡。六年，其国番僧来朝。成祖即加封号，厚赉之。二十年，其酋长与哈密偕贡，寻为别失八里酋所逐，走投京师。成祖悯之，命为都督佥事，遣还故土。酋德中国，仁宗洪熙、宣宗宣德初年，再来朝。朝廷待之甚厚。

先是土鲁番介居于阗、别失八里诸大国间，势甚微弱。后侵掠火州、柳城（二部皆在今新疆哈密县西，土鲁番县东，镇西县南境），皆为所并，其酋遂僭称王。明宪宗成化五年，其酋阿里（旧作阿力）自称苏勒坦（旧作苏丹）。乘哈密无主，遂思兼并。

哈密自忠顺王受封以后，再传为孛罗帖木儿。天顺末年，被弑。无子。王母弩温答失力署国事。鞑靼酋长伽嘉色凌见哈密无主，乘隙侵掠。成化二年，诏以巴图穆尔（旧作把塔木儿）为右都督，守哈密。巴图穆尔卒，子哈商（旧作罕慎）嗣。九年正月，阿里乘虚袭破哈密城，虏王母及金印，留兵守之而去。哈商奔苦峪城（在今甘肃安西县西南），朝廷命高阳伯李文、右通政刘文往经略，无功而还。诏哈商侨治苦峪。十四年，阿里卒。子阿哈玛特（旧作阿黑麻）立。甘肃巡抚王浚奏请乘机纳哈商。不省。十八年四月，哈商率所部兵万人夜袭哈密城，克之，乘势连复八城，遂还居故土。孝宗弘治元年，立哈商为忠顺王。阿哈玛特怒，阳与哈商联姻，诱而杀之，遂僭称汗。侵沙州，迫罕东诸卫附己。八年，兵部尚书马文升请发罕东赤斤苦峪兵，命副将彭海豹将之，隶巡抚许进往讨。是年十二月，复哈密。阿哈玛特部将伊兰（旧作牙兰）遁。九年三月，阿哈玛特复袭陷之。自此以后，旋复旋失。十七年，阿哈玛特卒。长子莽苏尔立，狡桀逾其父。正德嘉靖年间，遂并哈密，且寇甘肃。自是哈密不可复，西方边祸日急。

第三节　鞑靼之中衰与卫拉特之南寇

先是永乐初年，蒙古族内属，分鞑靼、卫拉特两部。东西对峙，相仇杀不已。明成祖两利而俱存之，使之互相牵制，以收渔人之利。宣宗宣德年间，卫拉特酋长托欢袭杀鞑靼酋长阿噜台于穆纳山（旧作母纳山，在今绥远伍拉特旗西），复杀贤义、安乐二王，尽有其众。欲自称可汗，众不可。乃共立托克托布哈（旧作脱脱不花），以先所并阿噜台之众归之，自为丞相，居漠北。英宗正统四年，殂。子额森（旧作也先）立，称太师淮王。于是北部皆服属额森。托克托布哈徒拥空名，不复能相制。君臣并遣使入贡。朝廷亦两答之。来使渐增，至二千余人。率桀惊不奉法，邀索甚奢。额森饶勇略，攻破哈密，执王及王母，既而归之。又结婚沙州、赤斤蒙古诸卫，破乌梁海，胁朝鲜。边将知其必为寇，屡疏闻。是时太监王振专国，不以为意。十一年额森攻乌梁海，遣使抵大同乞粮，并请见守备太监。朝廷敕守监毋见，毋与粮。顷之，其部众有来归者，言额森谋入寇。托克托布哈止之，不听；复约诸番共背中国。诏遣使诘问。不报。

自正统初年以来，卫拉特遣使入贡。王振以藻饰太平为名，赏赉金帛无算，凡所请乞无不与。及是贡使渐增至三千，多虚额以冒饩。振怒其诈，令礼部按实予之，所请又仅得五分之一，额森大愧怒。十四年，遂诱胁诸番，分道大举入寇。振欲专权邀功，挟帝亲征，酿成土木之变。

是时卫拉特君臣鼎立。额森专国，兵最多。托克托布哈虽为汗，兵较少。阿拉知院兵又少。三人外亲内疏，其合众南犯，利多归额森，而害则均受。英宗被执以后，托克托布哈遣使入贡于中国。时景帝在位，从尚书胡濙、王直等议，厚赏赐以间之。

托克托布哈娶额森姊，生子。额森欲立之，托克托布哈以额森专权，积有嫌，靳不许。额森疑其与中国通，将害己，遂治兵相攻。托克托布哈败走。景帝景泰三年，额森追弑之，自立为大元特克绅大可汗。虐使乌梁海三卫，逼徙其部落于黄河穆纳山等地。三卫不能堪，其酋相继亡归中国。额森恃强，日益骄，荒于酒色。景泰六年，阿拉知院攻杀之。鞑靼部摩伦汗（《明史》谓之孛来）复杀阿拉，夺额森母、妻并其玉玺。额森诸子（案孛罕六传至额森，生子二，长博罗纳哈勒，为杜尔伯特部祖，次额斯墨特达尔汉诺颜，为准噶尔部祖）徙居晶河（原作子赶河），弟侄等往依哈密。自是卫拉特遽衰，部属分散。

第四节 鞑靼之复兴与河套之沦没

永乐十三年，鞑靼德勒伯克汗卒。旷十余年无主。宣德元年，科尔沁（在喜峰口东北八百七十里，亦哈布国哈萨尔后，明初置乌梁海、福余外卫，以元后为都指挥，掌卫事。乌梁海者，元臣札尔楚泰生子济拉玛，姓乌梁罕氏。为太祖守金谷仓库之人，佐太祖定天下有功，在明为朵颜、泰宁二卫，后裔为喀喇沁部及土默特左翼旗）乌济锦诺延之子阿岱台吉拥有蒙古余众，自立为汗。阿噜台往依之。阿岱汗势骤张，西征四卫拉特，败托欢兵而还。宣宗宣德九年，阿噜台为托欢所袭杀，其子谔博尔齐延（旧作阿卜只俺）等来归。阿岱汗亦为托欢所窘，窜额济纳（在外蒙古札萨克图部西南，今为土尔扈特旗）。外为纳款，而数扰边。朝廷遣将追击，大破之。阿岱汗远遁，寻为托欢所杀。自此以后，鞑靼君主屡遭废弑。至成化六年，达延汗（明译为大元大可汗，乃达延之讹，即明史正嘉以后所称小王子者，为元太祖十五世孙）立，有雄略。承积衰之后，诸部角立，躬留漠北，用兵平定诸部，收左右翼三万众。于太祖之八百室（即太祖庙）前即位，称汗号。

先是英宗天顺六年。鞑靼酋长摩里海（《明史》谓之毛里孩）等获明边人为导，入据河套（东、西、北三面距黄河，故汉朔方郡后魏统万镇地，自宁夏至偏头关延袤二千里，饶水草，外为东胜卫东胜外土平衍敌来一骑不能隐。明初守之）。为久居计。自是鞑靼顾居内，而明兵反屯外。朝廷遣将御之，无功。宪宗成化年间，诸酋相雄长，结元裔们都埒（旧作满都鲁）居套中，称汗（即鄂尔多斯之满都赉阿都勒呼）。伽嘉色凌（旧作札加思兰）为太师（即永谢布之伊巴里台吉）。先后屡大举深入寇边。九年，总督延绥军务王越乘敌尽锐西出，袭击其老弱于红盐池（在榆林道，西北与宁夏道接界），大破之，焚其庐帐。复邀击于韦州（在今甘肃宁夏道灵武县西南）。们都埒等败归，妻孥畜产已荡尽，相顾悲哭去。自是不复居套，间盗边，不敢大入，亦数遣使通贡。西郎得少息肩。

孝宗宏治元年，达延汗上书请和。朝廷方务优容，许之。自是与其别部巴延蒙可王等屡入贡。渐往来套中，出没为寇。十三年，与别部和硕连兵深入，转掠延绥、宁夏数千里。旋复以十万骑分道入，散掠固原、宁夏境。关中震动。自是迭扰蓟辽、宣大，秦陇无宁岁。

世宗嘉靖年间，达延汗老寿富强，多畜货贝，稍厌兵。乃挈其曾孙达赉逊驻幕宣府塞外，后复徙帐于辽。所分诸部落，在西北边者甚众。而曰济农（明谓之吉囊，即衮弼哩克图墨尔根）曰谙达（明谓之俺答，即阿勒坦汗）者，据河套，雄黠喜兵，为诸部长。世宗嘉靖年间，谙达屡寇陕西。三边（延绥、宁夏、甘肃）总制曾铣倡议复河套。大学士夏言以为然，力赞成之。将出兵，帝意忽中变。严嵩窥知帝意，遂极言河套不可复。帝怒，二十七年，免言官。嵩复谮言纳铣金，并逮下狱，弃市。自是以后，诸臣入阁者，拱默顺嵩意，无敢与抗者。大权一归于嵩矣。

越二年（二十九年），谙达大举入寇，越宣府，走蓟州塞，入古北口（在河北密云县东北），长驱至通州，分兵掠昌平（今河北昌平县），犯诸陵，寻渡白河，薄京师。京军饥疲，不任战守。帝深居宫中，一切委之严嵩。兵部尚书丁汝夔问计于嵩，嵩曰："塞上败，可掩也。失利辇下，上无不知。谁执其咎？寇饱自飏去耳。"汝夔因不敢战，且承嵩意，戒诸将勿轻举。寇纵横内地。凡八日，所掠过望，整辎重而去。嵩诿罪汝夔，杀之。引用其党仇鸾总督京营戎政。鸾驽怯畏寇，密遣人持货币，结谙达义子托克托，使贡马互市。谙达许之，投书于宣大总督苏祐。祐以闻，鸾遂与嵩定议，许之。兵部员外郎杨继盛上疏力谏，贬狄道典史。三十年，开马市于大同宣府。每岁春秋两市，边卒尽撤。自是谙达益无忌，时以羸马索厚值。弗予，辄大哗。大同市则寇宣府，宣府市则寇大同，甚者朝市暮寇，并羸马掠去。帝恶之。三十一年，鸾死，遂罢马市。自此以后，谙达时常南犯，边城多被蹂躏。

第五节 倭寇之猖獗

自元世祖用兵日本，日本禁不与中国通商。海舶往来皆好利小民，久之流为海寇。后五十余年，日本分南北两朝，互相构兵。及南朝败，其遗臣越海掠高丽沿岸，九州诸边民渐附和之，其势转盛。高丽屡遣使日本乞禁，亦自严海防，然其侵掠仍不已。

明初，倭屡寇濒海州县。洪武三年，太祖遣使往谕其王良怀（实即南朝之征西将军怀良亲王）。良怀遣僧奉表入贡。未几，寇掠如故。帝遣使责让之。良怀不奉诏，已又遣僧祖来奉表称臣，且贡方物。帝甚嘉之。念其俗佞佛，可以西方教诱也，遣僧祖阐等至，为其国演教。国人颇崇奉之，而良怀傲慢无礼，拘之二年，始放还。洪武七年，遣总兵官吴祯等总江阴四卫军出海，至琉球大洋，获倭兵船，献俘京师。二十年，复命信国公汤和筑濒海城防倭。寻日本大将军足利义满统一南北朝。承苦兵之后，濒海诸侯国，咸欲与中国及朝鲜通商，以救财政之困难。缘是与朝鲜国交颇密。倭寇浸止。

嘉靖时代，日本足利幕府已衰。其西南沿海各处奸民屡寇掠我东鄙，史称之曰倭寇。帝之初即位也，日本诸道争贡，大掠宁波沿海郡邑。给事中夏言倡议，罢市舶。嘉靖二年，番货至。遂私主商家，商率为奸利，负其直。已而改主贵官家，负更甚。倭积愤，始大掠。沿海诸奸民陈东、汪直、徐海等与之通，为之乡导。二十五年，朝议设浙江巡抚，兼统福建沿海诸府，以副都御史朱纨领之。纨至，严诘奸宄，通番者皆立决。浙闽大姓素为倭内主者失利，怨纨，构陷之。免纨官，纨自杀。自是以后，倭乱日炽，巡抚王忬不能御。三十三年，命南京兵部尚书张经总督军务，讨倭。次年，又遣嵩党工部侍郎赵文华督视海防。文华贪黩凶横，颐使大吏。经独轻之。文华不悦。是年五月，经集诸道兵，大破倭于王江泾（在浙江钱塘道嘉兴县北），斩首一千九百余级。文华攘其功，而劾经养寇失机。帝用严嵩议，逮经下狱，论死。以杨宜代之。宜无他长，惟曲意事文华。于是倭寇益肆，以数十人自绍兴转掠杭、严、徽、宁、太平，直犯南京，出秣陵关（在江宁县南），由溧阳（今金陵道溧阳县）、宜兴（今苏常道宜兴县）抵无锡（今苏常道无锡县），趋浒墅（关名，在令苏常道吴县西北），转斗数千里，杀伤数千人。历八十余日，始为应天巡抚曹邦辅所歼。而文华诡言寇平，请还朝。三十五年，召为工部尚书。帝后知其奸，免文华官，戍其子于边。

倭之入寇也，恃奸民汪直、徐海辈为谋主。而江浙承平久，士不知兵。以故贼踪所至，无不残破。文华还京以后，以巡按御史胡宗宪总督军务，设计诱降徐海、汪直，诛之（事在嘉靖三十五、六两年）。浙东渐平。倭改寇海门（今江苏沪海道海门县），沿海东掠，至庙湾（在江苏淮阳道淮安县东北）。三十八年，巡抚都御史李遂击破之，焚其舟。江北悉平。倭遂窜福建。四十二年，总兵官俞大猷、副总兵戚继光等复破之于平海卫（福建厦门道莆田县）。倭势始衰。然尚踞台湾，出没于近海。万历时，犹犯广东、浙江。疆吏惩前祸，海防颇饬。贼来辄失利，其患始息。

明代倭寇猖獗表：

一、明初，倭屡寇濒海州县。洪武三年及七年，太祖两次遣使往谕其征西将军怀良，怀良不奉诏。

二、洪武七年，遣吴祯出海击倭，获其兵船。

三、二十年，命汤和筑江浙濒海城，防倭。

四、足利义满统一国内，欲与中国通商，倭寇浸止。

五、嘉靖时代，足利氏衰，其西南沿海各处奸民复寇中国，大掠宁波。

六、二十五年，浙江巡抚朱纨诘奸究，通番者皆立决。浙闽大姓为汉奸者构陷纨，纨自杀。

七、三十三年五月，总督张经大破倭于王江泾。赵文华、严嵩谮经，逮下狱，杀之。

八、倭寇海门，三十八年，巡抚李遂击破之，江北平。

九、倭寇福建，四十二年，总兵俞大猷、副总兵戚继光击破之于平海卫。

严嵩在位日久，大权独揽。子世蕃为太常寺卿。父子济恶。帝所下手诏，语多不可晓，惟世蕃一览了然，答语无不中，故帝独信之。谙达为患，嵩务为蒙蔽。锦衣卫经历沈炼劾嵩黩贿十罪，兵部员外郎杨继盛劾嵩十罪五奸。嵩陷以罪，戍炼于边，下继盛于狱，皆杀之。帝居西苑，大臣希得进见，惟嵩独承顾问。御札一日或数下，虽同列不获闻。以故嵩得逞志，遍引私人居要地。士大夫奔走辐辏。专政二十余年，帝渐厌恶之，而亲任大学士徐阶。方士蓝道行假乱仙语，发嵩罪。帝心动，欲逐之。御史邹应龙避雨内侍家，侦知帝意，乘机劾嵩。四十一年，帝罢嵩，下世蕃于狱。四十四年，诛世蕃。嵩老病，后二年，寄食墓舍以死。

世宗虽信任佞臣，而待近侍则颇严。有罪者挞之至死，或陈尸示戒。故虽兴邸旧阉，督东厂掌司礼监者亦不敢大肆。帝又撤天下镇守内臣及典京营仓场者，终四十余年不复设。故明代内臣之势，惟此时少杀云。

严嵩败后，徐阶以首辅当国。务持平恕，与民休息。世宗在位四十五年，以服方士丹药致疾。嘉靖四十五年（西历纪元一五六六年）崩。皇子裕王载垕即位，是为穆宗。

参考书

《东洋史》（近古史 第五期 第二章 第十六章） 自著

第七章　言路之多事

明世士大夫，好以意气用事。对于君主及宰相之举动，督责太严，丝毫不得假借。朝廷有大事起，不能酌理准情，婉言规劝，动辄呼朋引类，明目张胆，喧呼聒噪以争之。彰君主之失，明己之直，使君主恼羞成怒，无转圜之余地。图博一己之名，而于国事毫无裨益。若宪宗时之孝庄皇后合葬裕陵议，世宗时之大礼议，神宗时之张居正夺隋议及建储议，其尤著者也。而持论刻酷，遇事生风，推测过深。其所欲加之罪名，往往超出对象者应得罪名之上。若三案问题，其最甚者也。张差一妄男子，持梃入东宫。诸臣必欲加郑贵妃以主使之名。李可灼一庸医，误用药杀人。诸臣必欲加大学士方从哲以弑逆之罪。李选侍一妇人，恋恋于乾清宫。安土重迁，亦人之常情。杨涟责其阴图专擅以攻选侍。及移宫以后，贾继春又倡言选侍投缳自尽以诬帝。附会宫禁，捕风捉影。狺狺争论，经年不休。积习相沿，几成痼疾。及其末流，卒以此败。魏忠贤一市井无赖，非有操、莽等跋扈之才，李林甫、元载、秦桧、严嵩等阴险之智，诸臣不能防之于机先，用非常手段，诛之以靖内难；而乃摇唇鼓舌、掩笔弄墨、明目张胆，与之打口舌官司。熹宗一黄口孺子，生长深宫，育于宦官、宫妾之手，既未教养于未即位之前，岂能责其明断于已即位之后？对牛操琴，向石说法，甚无谓也。卒之帝于诸臣所奏，无所可否，一切委之忠贤。忠贤乃诬以罪名，逮捕诸贤，次第受戮，若屠羊豕。正人皆尽，国随以亡。甚矣狭义之程朱道学养成之八股先生，不足与语通权达变也。兹述其事迹如下。

第一节 张居正夺情议

明世士大夫，好争礼节，不达世故。持论深刻，往往与人以难堪。对于君主有然，对于宰相亦如此。宪宗初年，大学士李贤丧父。诏令驰驿归葬，即还视事。贤再疏乞终制。不许。及还京，修撰罗伦诣贤阻之，不听。伦上疏谏，忤旨，黜为福建市舶副提举。于是士大夫皆以伦为贤。

世宗升遐。穆宗即位，加恩藩邸旧臣。以礼部右侍郎张居正为吏部左侍郎，兼东阁大学士，直内阁。旋进礼部尚书，兼武英殿大学士。是时徐阶以首辅当国，务持平恕，与民休息。大学士高拱自以先朝旧臣，数与阶轧。阶引疾去。穆宗在位六年，以隆庆六年（西历纪元一五七二年）崩。太子翊钧以冲龄践祚，是为神宗。高拱以首辅当国，居正与之争权，复轧去拱。居正才识明达，自为首辅当国，独专大政十年。谙达之屈服，其谋略居多。蓟镇总兵官戚继光、辽东总兵官李成梁等，皆以宿将有战功，久任边防，威名卓著。居正能倚任左右之，不使掣肘。故一时边防颇能整饬。其为治务尊主权。课吏职，综核名实，信赏罚，一号令，虽万里外，朝下而夕奉行。故神宗初政，起衰振隋，纲纪修明。万历十年，免天下逋赋二百余万，而帑藏充盈，民力殷阜。其相业为明代冠。

万历五年九月，居正丁外艰。户部侍郎李幼孜欲媚居正，首倡夺情议。居正惑之。司礼太监冯保素与居正相结，亦固留之。中旨令吏部尚书张瀚慰留居正。瀚不奉诏。诏责瀚无人臣礼，免其官。于是请留者相继，编修吴中行、检讨赵用贤、员外郎艾穆、主事沈思孝、进士邹元标交章争之。皆坐杖、戍。学士王锡爵等求解于居正，不得。侍讲于慎行、田一俊、张位、赵志皋，修撰习孔教、沈懋学皆疏救，不纳。南京御史朱鸿模驰疏救中行等，并斥为民。于是锡爵、慎行、一俊、懋学先后移病归。朝廷命居正子编修嗣修与司礼太监魏朝驰传往代司丧。诏居正以青衣素服角带入阁治事。居正知天下不与己，思以威权劫之。是年十一月，考察百官。赵志皋、张位、习孔教相继迁谪。南京佥都御史张岳请令居正奔丧，坐考察自陈，贬秩。礼部尚书何维柏亦以不附和夺情议，自陈免。

居正居相位十六年，累拜太师、中极殿大学士，威权震主，好谀自尊。六曹之长，咸唯唯听命。至章疏不敢斥名，皆称元辅。士大夫始誉以伊周五臣，继且谀之以舜禹。居正亦恬然居之不为怪。晚年益褊急，恣快恩怨，黜陟多由爱憎。左右颇通贿赂，又与内侍冯保相结。论者少之。万历十年卒。帝以言者攻击，夺官籍没，戍其子弟于极边，天下惜焉。

第二节　建储议

明世士大夫，对于宫廷举动监督太严，似乎无理取闹。且持论深刻，吹毛求疵，近于深文周纳。对于君主有然，对于君主之家族亦莫不如此。先是张居正当国，痛抑言路。居正卒后，御史羊可立追论居正，籍其家。于是先进者争砺锋锐，搏击当路。可立与李植、江东之并荷帝宠。三人更相结，亦颇引吴中行、赵用贤、沈思孝为重。执政恶之。御史丁此吕复诬奏居正罪，大学士申时行、尚书杨巍等痛裁抑之。植、东之交章劾时行、巍蔽塞言路。大学士许国不胜愤，专疏求去，言“昔之专恣在权贵，今乃在下僚。昔颠倒是非在小人，今行在君子。意气感激，偶成一二事，遂自负不世之节，号召浮薄喜事之人，党同伐异，罔上行私。其风渐不可长”。意盖指中行用贤等也。自是言官与政府日相水火矣。

十四年二月，郑妃生皇三子常洵。诏进封皇贵妃。时王恭妃生皇长子常洛，已五岁。不益封，中外籍籍，疑帝将立爱。给事中姜应麟、吏部员外郎沈璟、刑部主事孙如法上疏，“乞收回成命，首进恭妃次及郑妃。”上怒，俱贬官。大学士申时行率同列再请建储。帝答以“元子婴弱，少俟二三年举行”。时帝以旱霾，下诏求直言。郎官刘复初李、懋桧等上疏，显侵贵妃。时行请帝下诏，令诸曹建言，止及所司职掌，听其长择而献之，不得专达。帝甚悦之，于是言者蜂起，章累千百，皆指斥宫闱，攻击执政。帝概置不问，门户之祸大起。

自张居正卒后，帝始亲政。荒于酒色，不理朝政，郊祝庙享多弗躬亲。十三年，礼料给事中王三余请帝亲郊。十四年，礼部主事卢洪春以帝不时享太庙，上疏极谏。皆被严谴。十七年，大理寺评事雒于仁上酒色财气四箴，直攻帝失。帝震怒，将加严谴。会岁暮，留其疏十日。十八年元旦，召见辅臣申时行等分析之。时行请毋下其章，而讽令于仁自引去。于仁赖以免。然自是章奏留中，遂成故事，且多不省览。是日，宣皇长子出见。时行请早定大计，帝犹豫久之，乃曰：“朕不喜激聒。近阅诸臣所奏，恶其离间父子，故概置之。若诸臣不复奏扰，当以后年册立。否则俟皇子十五岁举行。”时行因戒廷臣毋渎扰。是年十月，吏部尚书宋纁、礼部尚书于慎行率群臣合疏请册立东宫。上怒，下诏夺俸。

十九年九月，工部主事张有德预以仪注请。帝怒，夺有德俸。时申时行方在告，大学士许国、王家屏虑事中变，欲因而就之，引前旨争，首列时行名。时行闻之大愕，密疏言：“臣方在告，实不与知。”给事中罗大弦劾时行：“阳附朝廷请立之议，阴为自交宫掖之谋。”歙人黄正宾者，以赀为中书舍人，思立奇节自附清流，见大弦疏，亦抗章抵时行。帝怒，斥大弦、正宾为民。时行力求罢。而国与家屏又以建储请。帝责大臣不当与小臣比，遂罢国。时行亦乞休去。

自张居正卒后，时行以首辅当国，欲以宽大收人心。召用老臣布列庶位，朝论多称之。然政令务承帝旨，不能有所匡正。又罢居正所行考成法（初，诸司章奏部院覆行抚按勘者，常稽不报。万历元年，居正奏立章奏考成法，以大小缓急为限立文簿，月终注销，阁部科院递相纠举，误者抵罪，自是政体为肃），一切务为简易。由是上下恬熙，法纪渐不振。

是时在廷诸臣，力争国本，举国若狂。而皇长子年逾十岁，尚未就傅。十八年，大学士王锡爵疏请豫教元子，不听。二十年正月，给事中李献可亦上疏请。上不悦，贬其官。首相王家屏封还御批力谏，帝怒，切责之。给事中孟养浩、钟羽正等十四人先后上疏谏，皆被严谴。家屏亦乞休去。

先是群臣请建储，阁臣惟王家屏与言者意合。申时行、王锡爵皆宛转调护，亦颇以言者为多事。二十一年正月，锡爵复以首相入阁，密请建储以践大信。帝手诏欲待嫡子，令元子与两弟（三子常洵，五子常浩）且并封为王。锡爵复请令皇后抚育元子，帝不听，竟下前谕，令有司具仪。于是举朝大哗，礼部尚书罗万化、给事中史孟麟等诣锡爵力争，廷臣谏者章日数上。锡爵偕阁臣赵志皋、张位请追还前诏，帝不从。既而谏者益众。工部郎中岳元声、礼部郎中顾允成等十余人，遮锡爵于朝房，面争之。元声语尤激烈。锡爵不能堪，请下廷议。不许。请面对，亦不报。因自劾求罢。上迫于众议，追寝前诏。而出允成与札部郎中陈大来、于孔兼、薛敷教等四人于外。刑部给事中王如坚、光禄丞朱维京谪戍。先禄少卿徐杰、署丞王学曾等除名为民。

是年十一月，皇太后生辰，帝御门受贺毕，独召王锡爵至暖阁。锡爵力请早定国本，且言“元子已十三，岂有子弟十三岁犹不读书者”。帝颇感悟。二十二年二月，诏皇长子常洛出阁讲学，用东宫仪。中外欣慰。

是时慈圣皇太后李氏（帝生母）坚持立长之议，帝意遂定。二十九年，皇长子年二十。群臣屡请册立冠婚并行，首相沈一贯以为言。帝从之。是年十月，立常洛为皇太子，同日封诸子常洵等四人为王。遣使谕知致仕在籍大学士申时行、王锡爵、王家屏。于是国本问题解决。而不逞之徒，乘机离间宫廷。于是梃击案之争复起。

第三节　梃击案

先是二十六年秋，或撰忧危竑（宋宁宗皇子济王竑，为史弥远所废者也）议，欲以离间郑贵妃及皇太子。妃兄国泰疑为给事中戴士衡、全椒知县樊玉衡所为，言于帝。帝重谪二人，事遂寝。三十一年冬，续忧危竑议复出。帝大怒，敕有司大索奸人。沈一贯与礼部侍郎郭正域有隙，给事中钱梦皋等希一贯旨，上疏指为正域所造，并及次相沈鲤。时正域方致仕回籍，舟次杨村（在今天津县城北四十里沿运河），遂发卒围正域舟，捕仆隶、乳媪及所善医人等杂治之，无所得。正域旧为东宫讲官。皇太子遣使语阁臣，为正域乞哀。提督东厂司礼太监矩不欲株连，乃归狱于顺天革生皦生光，磔之。诸人赖以免。然作者之主名竟不可得。

四十一年，奸人王日乾复上书离间皇太子与郑贵妃。首相叶向高以日乾素无赖，言于帝。下之狱，事得已。

四十三年，有苏州男子张差，持枣木棍，入慈庆宫（太子所居），击伤守门监，至殿前檐下。被执，命有司讯问，定为疯癫。后提牢主事王之寀复询，词连贵妃宫监刘成、庞保。之寀以闻。群臣多借此为奇货，交章攻击郑国泰，并侵及贵妃。帝心动，谕贵妃善为计。贵妃窘，乞哀于太子，自明无他。太子亦以事连贵妃而惧，白帝请勿株连。帝不欲穷究，乃磔差。毙成、保于狱。事乃已。

皇后王氏贤而多病。国本论起，上坚持立嫡不立长之语。群疑上意在后病不可知，贵妃即可为国母，举朝皇皇。及上年高，后以贤见重，而东宫益安。四十八年四月，后崩。中宫虚位数月，贵妃竟不进位。

明神宗时代群臣力争国本表：

一、万历十四年二月，郑贵妃生皇三子常洵，诏进封皇贵妃，时王恭妃生皇长子常洛，已五岁，不益封，中外籍籍，疑帝将立爱。给事中姜应麟等疏请首进恭妃，上怒，俱贬官。大学士申时行等疏请建储，亦不听。

二、时帝以旱霾，下诏求直言，郎官刘复初等上疏显侵贵妃。时行请帝下诏，令诸曹建言，只及所司职掌，听其长择而献之，不得专达。于是言者蜂起，章累千百，皆指斥宫闱，攻击执政，帝概置不问，门户之祸大起。

三、十七年十月，尚书宋纁、于慎行率群臣合疏请立东宫，上怒，下诏夺俸。

四、十九年九月，工部主事张有德预以立东宫仪注请，上怒，夺俸。大学士许国、王家屏上疏争，首列首相申时行名。时时行方在告，乃密疏言实不与知。给事中罗大纮、中书舍人黄正宾劾时行阴交宫掖，上怒，斥二人为民。时行、国亦罢归。

五、十八年，大学士王锡爵疏请豫教元子，不听。二十年正月，给事中李献可亦上疏请，上不悦，免其官。首相王家屏封还御批力争，帝怒，切责之，家屏乞休去。

六、二十一年正月，首相王锡爵密请建储，帝手诏欲待嫡子，令元子常洛、三子常洵、五子常浩且并封为王。锡爵复请令皇后抚育元子，帝不听，竟下前谕。于是举朝大哗，廷臣谏者章日数上；帝迫于众议，追寝前诏。

七、二十二年二月，从王锡爵议，命皇长子常洛出阁讲学，用东宫仪。

八、二十六年秋，或撰忧危竑议，离间郑贵妃与皇长子。妃兄国泰疑为给事中戴士衡、全椒知县樊玉衡所为，言于帝，谪二人。

九、二十九年十月，从首相沈一贯议，立常洛为皇太子。同日封诸子四人为王。

十、三十一年冬，续忧危竑议复出，沈一贯与礼部侍郎郭正域有隙，给事中钱梦皋希一贯旨，上疏指为正域所造。提督东厂司礼太监陈矩不欲株连，乃归狱于顺天革生皦生光，磔之。正域赖以免。

十一、四十一年，奸人王日乾上书离间皇太子与郑贵妃。首相叶向高以日乾素无赖，下之狱，事得已。

十二、四十三年，苏州男子张差持梃入太子所居之慈庆宫，击伤守门内侍，至檐下，被执。讯之，词连郑贵妃宫监刘成、庞保。群臣交章攻击郑国泰，并侵及贵妃。贵妃乞哀于皇太子，太子白帝请勿株连，乃磔差，毙成、保于狱。

第四节　东林党之成立

初张居正当国，吏部权渐轻。及宋纁、陆光祖相继为尚书，稍自振饬。至孙鑨在职，操守益坚。二十一年，大计京朝官，鑨与考功郎中赵南星力杜请谒。一时公论所不与者贬斥殆尽。大学士王锡爵、赵志举之亲党亦与焉。由是阁臣为憾。给事中刘道隆劾南星专权植党。贬南星三秩，鑨亦夺俸，遂连疏乞休去。左都御史李世达、佥都御史王汝训等交章论救，上怒，斥南星为民。论咎者多获谴，并封命下。吏部文选郎顾宪成上疏力争，又遗书王锡爵，反复辩论，议遂寝。孙鑨、赵南星主考察，宪成实左右之。既迁郎中，所推多与政府抵牾。锡爵常语宪成曰："当今所最怪者，庙堂之是非，天下必欲反之。"宪成曰："吾见天下之是非，庙堂必欲反之耳。"遂不合。至是锡爵将谢政，会推阁臣。宪成举王家屏，忤帝意，削籍归无锡。宪成既废，名益高。里故有东林书院，为宋儒杨时讲道处。宪成与弟允成倡修之，偕同志高、攀龙、钱一本、薛敷教、史孟麟、于孔兼诸人讲学其中。海内闻风景附。往往讽议时政，裁量人物。朝士慕之，亦遥相应和。于是东林名大著，而忌者亦多。其后孙丕扬、邹元标、赵南星等相继讲学。自负气节，与政府相抗。是为东林党议之始。宪成、元标、南星三人最负高名，天下清流以比汉之三君焉。宪成常言：“官辇毂志不在君父，官封疆志不在民生，居水边林下志不在世道。君子无取。”故讲习之余，必及时事。后卒以此为世口实。

第五节　矿税之虐政

先是世宗嘉靖中，尝开银矿于各处，以无利而止。神宗初年，畿辅奸民怂恿中官，多言矿利。大学士申时行力持不可，乃止。帝在位既久，狃于怠荒。中外陈奏，多不省。或直言指斥，亦不罪。宁夏（万历二年，都指挥致仕，巴拜据宁夏反，总兵官李如松讨平之）、朝鲜（二十年，倭陷朝鲜）、辽东（二十三年，鞑靼酋长绰哈犯辽东）、青海（二十三年，青海酋永什卜犯甘肃）、播州（二十五年，播州慰使杨应龙反）等处相继用兵，诸边多故。国用大匮。营建乾清、坤宁两宫，（时两宫灾）计臣束手。前卫千户仲春请开矿助工，帝允之。于是献矿峒者踵至。二十四年，首开几内，命中官领之。嗣后无省不开矿。中使四出，皆给以关防，并偕原奏官往。矿脉微细无所得，勒民偿之。而奸人假开采之名，横索民财。有司稍忤意，辄劾其阻挠逮治。富家巨族，则诬以盗矿，良田美宅，则指为下有矿脉。卒役围捕，辱及妇女。群臣屡谏，帝皆不听。其后又增设各省税使。天津则店租，广州则珠监，两淮则余盐，闽、浙、粤则市舶，成都则茶盐，重庆则名木，湖口长江则船税，荆州则店税，宝坻则鱼苇等。矿使税使遍于天下。水陆行数十里。即树旗建厂，纳奸民为爪牙。虽穷乡僻壤，皆极搜括。中人之家，大半破产。官吏重足，万民愁苦，激变屡起。中外大臣屡疏乞罢，帝皆不听。三十年二月，太子婚礼甫毕，帝忽有疾。召首相沈一贯入宫，论以罢矿税及诸种弊政，撤还所遣中官，召用建言得罪诸臣。一贯方拟旨进，翌日，帝疾瘳，悔之。遣中使十余辈至阁，追还前谕。时司礼太监王义方在帝前力争，而中使已持前谕至。后义见一贯唾曰：“相公稍持之，矿税撤矣，何怯也？”自是大臣言官疏请者皆不听，其害遂终帝世。

第六节　楚宗、妖书、京察三案

三十一年，宗室楚中尉华越等，讦嗣楚王华奎及弟华壁皆异姓子，不当乱宗。事下礼部，署尚书事侍郎郭正域，请令抚按行勘。首相沈一贯右华奎，言“亲王不当勘，但宜体访”。次相沈鲤以行勘为是。上从之。抚按皆言无左验，中旨以“楚王袭封已二十余年，何至今始发。且夫讦妻证，不足凭据”，坐华越等诬奏，降为庶人，锢之凤阳。

自禁狱起，阁部龃龉，廷臣分党，互相攻击。给事中钱梦皋等希沈一贯旨，劾罢郭正域。会妖书（续忧危竑议）事起，梦皋等交章劾正域，几陷重罪，赖顺天革生皦生光自诬服，坚不承正域与事，事得已。

先是妖书事起，左都御史温纯力为沈鲤、郭正域辩诬，积忤沈一贯。三十三年，大计京朝官，纯与吏部侍郎杨时乔主之。一贯所厚之给事中钱梦皋、钟兆斗等皆在谪中，一贯怒，言于帝，降旨切责纯，尽留被察科道官。纯力求去，梦皋等遂连讦纯楚事，诬以纳贿。给事中陈嘉训极论“梦皋、兆斗朋比为奸。请听纯归，以全大臣之体”。疏上。帝予纯致仕，梦皋、兆斗亦罢归。三十四年，嘉训与御史孙居相，交章诋一贯奸贪，一贯求去。许之。嘉训居相亦贬秩。一贯素有清望，惟楚宗、妖书、京察三事与时论异。故人多诋之。帝嫌沈鲤方鲠，并令致仕。

第七节　言官对阁臣之诋诬

一贯、鲤既去，内阁中只余朱赓一人。廷推阁臣，命李廷机、叶向高并为东阁大学士，并召还王锡爵。时言官方厉锋气。锡爵进密揭力诋，中有“上于奏章，一概留中。特鄙弃之，如禽兽之音，不以入耳”之语。言官闻之，大愤，交章论劾。锡爵阖门养重，竟辞不赴。赓醇谨无大过，与一贯同乡相昵。廷机性廉洁，故出一贯门下，人多疑之。给事中王元翰、御史陈宗契等交章劾廷机，诋为辇金奥援。礼部主事郑振先指一贯、赓、廷机为过去、现在、未来三身。上以其诬诋大臣，切责之。三十六年，赓卒，廷机以首辅当国，言路益攻之。廷机累疏乞休，不允，遂杜门不出，待命逾年。乃屏居荒庙，人迹都绝，言者犹攻之不已。辞职疏已百二十上，至四十年九月，不得命，竟归。计廷机系阁籍六年，秉政只九月，无大过。言路以其与申时行及一贯有旧，故交章逐之。辅臣以龉龁受辱，屏弃积年而后去，前此未有也。

廷机既去，叶向高遂独相。时言路互相诋讦，帝心厌之，章悉留中。御史郑继芳力攻给事中王元翰贪婪不法。元翰亦疏诋继芳。左右二人者，复相角不已。三十七年，向高请尽下诸疏，敕部院大臣评曲直。罪其论议，颠倒者一二人以警其余，不报。诸臣既无所见曲直，益树党相攻，无所畏忌。

第八节　东林党与宣昆党及齐党、楚党、浙党之倾轧

都御史李三才巡抚凤阳，素得民心，屡加至户部尚书。然颇通贿遗，结纳遍海内。辅臣缺，建议者请参用外僚，意在三才。由是忌者日众，工部郎中邵辅忠、御史徐兆魁等交章弹劾。给事中胡忻、曹于汴等交章论救。朝端聚讼，数月未已。顾宪成素与三才善，贻书叶向高与吏部尚书孙丕扬，盛称三才廉直。舆论大哗。三才力请罢去。兆魁劾东林党人阴持计典，自是诸讲学者多不理于口。

时廷臣党势日盛。祭酒汤宾尹（安徽宣城县人）、谕德顾天埈（江苏昆山县人）各收召党徒，干预时政，谓之宣昆党。而言路又有齐、楚、浙三党。齐党以亓诗教（山东莱芜县人）等为之魁，而燕人赵兴邦（直隶高邑县人等）附之。楚党以

宫应震（湖北黄冈县人）等为之魁，而蜀人田一甲（四川忠县人）等附之。浙党以姚宗文（浙江慈溪县人）等为之魁，而附之者尤众。三党皆与宣昆党声势相倚，并以攻东林排异已为事。自帝倦勤，内外章奏皆留中不发。惟言路一攻，则其人自去。以故台谏之势，积重不返。一人稍异议，辄群起逐之。大僚非其党，不得安于位。天下号为当关虎豹。吏部侍郎王图（三十九年八月）、户部尚书赵世卿（同年九月）、吏部尚书孙丕扬（四十年二月）、兵部尚书兼左都御史孙玮、（四十一年七月）礼部侍郎孙慎行（四十二年八月）、大学士吴道南（四十五年七月）等，为所纠弹，相继去位。道南尝上疏，言："台谏劾阁臣，职也。二百年来，有纠阁臣之言官，无詈阁臣之言官。臣辱国已甚，请立罢黜。"帝为谪给事中刘文炳于外，而言路恣横益甚。举朝如水火，攻击报复无已时，专任意气，快恩怨，而置国事于不问。识者早知其大祸不远矣。

明神宗时代言路多事表：

一、万历五年九月，首相张居正丁外艰，侍郎李幼孜首倡夺情议，群臣争附和之。编修吴中行等交章争，皆坐杖、戍。学士王锡爵求解于居正，不得；侍讲于慎行、修撰习孔教等皆疏救，亦不纳；南京御史朱鸿模驰疏救，并斥为民。锡爵、慎行等先后移病归，孔教等迁谪。

二、万历十年六月，居正卒，御史羊可立追论之，籍其家。御史丁此、吕复媒孽之，大学士申时行、尚书杨巍奏左迁此、吕于外。可立与李植、江东之结为党羽，专以搏击当路为事，帝颇信之。

三、十四年三月，以旱霾下诏求直言，郎官刘复初等上疏显侵郑贵妃，大学士申时行请帝下诏，禁止部曹言事。于是言者蜂起，皆指斥宫闱，攻击执政，帝概置不问，门户之争大起。

四、十九年九月，给事中罗大纮、中书舍人黄正宾劾申时行阴交宫掖，诏斥二人为民。

五、二十一年正月，首相王锡爵密请建储，帝手诏令元子与两弟并封为王。锡爵偕阁臣请追还前诏，不从。工部郎中岳元声等面诋锡爵，锡爵不能堪，自劾求罢。上迫于众议，追寝前诏。

六、是年七月，大计京朝官，吏部尚书孙鑨、考功郎中赵南星力杜请谒，一时公论所不与者贬斥殆尽。给事中刘道降劾南星专权植党，贬其官，鑨乞休去。

七、三十一年，楚宗狱起，阁部龃龉，廷臣分党，互相攻击。给事中钱梦皋希首相沈一贯旨，劾罢署礼部尚书郭正域。

八、是年冬，续忧危竑议复出，梦皋希一贯旨，指为正域所造，并及次相沈鲤。左都御史温纯力为鲤、正域辩诬，积忤一贯。三十三年，大计京朝官，纯与吏部侍郎杨时乔主之，梦皋及其党钟兆斗等俱在谪中。一贯言于帝，切责纯，纯力求去，梦皋、兆斗亦罢归。

九、三十四年，一贯罢，诏征王锡爵，言官交章论劾，锡爵辞不赴召。

十、时内阁中只余朱赓一人，诏李廷机入阁。赓与一贯同乡，廷机为一贯门生，言官丑诋之，谓一贯、赓、廷机为过去、现在、未来三身。

十一、三十六年，赓卒，廷机以首辅当国，言者攻之不已，廷机力求去，不允。遂杜门不出，待命逾年，乃屏居荒庙，人迹都绝，言者犹攻之不已。辞职书已百二十上，不得命，竟归。

十二、时言路互相诋讦，帝心厌之，章悉留中。三十七年，大学士叶向高请尽下诸疏，敕部院大臣评曲直，罪其论议，颠倒者一二人以警其余。不报。

十三、都御史李三才巡抚凤阳，素得民心。郎中邵辅忠、御史徐兆魁、乔应甲、给事中王绍徽等（皆后来党于魏忠贤者）交章弹劾；给事中胡忻、曹于汴等交章论救。朝端聚讼，数月不已。三才力请罢去。

十四、自帝倦动，内外章奏皆留中不发，惟言路一攻则其人自去，以故台谏之势积重不返。一人稍异议，则群起逐之。大僚非其党不得安于位，天下号为当关虎豹。

明神宗时代党派表

党名	首领	宗旨
东林党	顾宪成，邹元标，赵南星	讽议时政，裁量人物
宣昆党	汤宾尹，顾天埈	收召党徒，干预时政
齐党	亓诗教，赵兴邦	与宣昆党声势相倚，攻东林，排异己
楚党	宫应震，田一甲	
浙党	姚宗文	

第九节 三案之争论

帝自中年以后，二十余年不视朝。曹署多空，内阁只一人，六卿只数人。或以一人兼领数职，或有缺而十年不补。皇太子自册立以后，辍讲已十二年，群臣谏疏凡数百上，至四十四年八月，始命举行一次。其泄沓状态，从古所未有也。四十八年（西历纪元一六二〇年）七月，帝崩。太子即位，是为光宗。即位数日，即有疾。内侍崔文升进泄药，帝由此委顿。鸿胪寺丞李可灼进红丸，帝服之稍快，又命进一丸。翌日，帝崩。是为红丸案。

初，郑贵妃侍神宗疾，留居乾清宫。又帝嗣位，犹未移。惧帝以福王事衔己，阴与帝宠姬选侍（女官名）李氏相结，请立选侍为皇后。选侍亦为贵妃求封皇太后。礼部尚书孙如游力争，乃止。帝既有疾，中外纷言贵妃所为。给事中杨涟、御史左光斗倡言于朝，以大义责贵妃兄子郑养性。贵妃恐，移居慈宁宫。帝崩，选侍欲据乾清宫，与心腹阉魏忠贤谋，挟皇长子由校以自重。杨涟、左光斗以选侍既非皇长子嫡母，又非生母，不得留居正宫，力争之。选侍不得已，移居哕鸾宫。是为移宫案。与梃击案并称三案。

皇长子由校即位，是为熹宗，年甫十六岁。太监魏忠贤与乳母客氏渐用事。中外皆恨李可灼妄用药。而大学士方从哲拟遗旨，赉可灼银币。御史王安舜首劾从哲，郑宗周等继之。廷臣追理前事，于是三案之争纷起。争三案者为东林党，以梃击为贵妃主谋，以进红丸为从哲之罪，以不移宫为选侍之罪。以三案为不足争者为非东林党，以张差为疯癫，以红丸为有效，以移宫为薄待先朝嫔御。朝端议论蜂起，纷如聚讼。从哲引咎乞休去，可灼遣戍。

自神宗末年以来，齐、楚、浙三党为政，黜陟之权吏部不能举。光宗即位以后，周嘉谟为吏部尚书，大起废籍。向称三党之魁者渐自引去。嘉谟恶给事中霍维华倾狡，出之于外。维华故与魏忠贤结。忠贤嗾给事中孙杰劾嘉谟。罢之。大学士沈㴶官翰林时，尝授内侍书，忠贤从之受业。既入阁，与忠贤结。言官交章劾㴶。㴶疑大学士刘一燝主之，与忠贤比而龁一燝。一燝乞休去。

左都御史邹元标、副都御史冯从吾自神宗时以建言削籍，里居讲学数十年。光宗即位始召用，已而同官都察院。乃共建首善书院于京师，与同志高攀龙等讲学其中，名望日重。而诸不附东林者咸忌之。会当京察，给事中朱童蒙、郭允厚、郭兴治虑为元标所黜，乃交章劾元标等植党沽名，请毁书院。中旨谓宋室之亡，由于讲学，将加严谴。大学士叶向高力谏，乃解。元标、从吾并引疾归。

是时叶向高为首辅，与刘一燝及大学士韩炉皆右东林。赵南星为左都御史，与吏部尚书张问达掌京察，黜去齐楚党首领亓诗教、赵兴邦等。天下快之。已而问达罢。南星为吏部尚书，掌铨政，李腾芳、陈于廷佐之。高攀龙、杨涟、左光斗秉宪。魏大中、袁化中长科道。郑三俊、李邦华、孙居相、饶伸、王之寀辈悉居卿贰。众正盈朝，激扬讽议。忠贤颇惮之，于外事未敢大肆。然而君子小人互相火水，大祸已迫于眉睫矣。

明神宗泄沓表：

一、自张居正卒后，帝荒于酒色，不理朝政，郊配庙享多弗躬亲。万历十三年，给事中王三余请帝亲郊；十四年，主事卢洪春谏帝不时享太庙；皆被严谴。十七年，大理寺评事雒于仁上酒色财气四箴，直攻帝失；帝怒，将加严谴。大学士申时行请毋下其章，而讽令于仁自引去，于仁赖以免。然自是章奏留中遂成故事，且多不省览。

二、皇长子年逾十岁，尚未就傅。十八年，大学士王锡爵疏请豫教元子，不听。二十年，给事中李献可亦上疏请，上不悦，贬其官。首相王家屏封还御批力谏，上怒，切责之；家屏乞休去。

三、二十一年十一月，皇太后生辰，召首相王锡爵至暖阁，锡爵力请早定国本，且言“元子已十三，岂有子弟十三岁犹不读书者”。帝颇感悟，二十二年二月，诏皇长子常洛出阁讲学。

四、帝自中年以后，二十余年不视朝，曹署多空，内阁只一人，六卿只数人，或以一人兼领数职，或有缺而十余不补。皇太子自册立以后，辍讲已十二年，群臣谏疏凡数百上，至四十四年八月，始命举行一次。中外陈奏，多不省；或直言指斥，亦不罪；章悉留中不发。

三案表

案名	年代	主犯	从犯	嫌疑犯	廷议之派别
梃击案	万历四十三年	张差	刘成、庞保	郑贵妃 郑国泰	东林党主张追究主使，非东林党主张以疯癫定罪
红丸案	泰昌元年	李可灼	崔文升	方从哲	东林党主张严惩方从哲，非东林党主张薄责李可灼
移宫案	同年			李选侍	东林党谓选侍阴图专擅，非东林党谓帝薄待先朝嫔御

第八章 宦官与阉党之结合及其对东林党之冲突

汉、唐、明三代皆亡于宦官。然汉代宦官，不若唐之恣横。汉不握兵，而唐握兵故也。明代则不惟握兵，而兼司法。汉、唐、宋、明四代皆乱于朋党。然唐、宋之朋党，双方皆士大夫。故竞争虽剧烈，倾轧虽频繁，犹有一部分道德观念搘柱调停于其间，流血之惨剧卒不多见。汉、明之朋党，一方为君子，一方为小人。一方为士大夫，一方为阉寺。其地位上、权力上之利害，乃至思想意见，无一不起冲突，毫无调和之余地。一部分阴险狡猾、顽钝无耻之士大夫，附和宦官，为之羽翼，以残害同类，号曰阉党，而双方之界限益混淆，关系益复杂矣。自成祖时，宠任宦官，授以兵柄。宣宗时，宦官始掌章奏，预闻机密。英宗宠王振、曹吉祥，授司礼太监、京营提督，而宦官位益尊。宪宗时，汪直与朝士王越、陈钺结。武宗时，刘瑾与朝士焦芳、刘宇、曹元结。而阉党权始盛。神宗因循泄沓，晏处深宫，纲纪废弛，君臣否隔。小人之趋权势者，与名节之士为仇雠，始则有东林党与宣昆党、齐党、楚党、浙党之攻讦，继则有三案之论争。门户纷然，是非莫定。及熹宗即位，东林党势盛，宣昆党与齐、楚、浙三党相继瓦解。反对东林者，乃内结权宦魏忠贤，以排斥正人。一部分趋炎附势、利欲熏心之徒，复逢迎附和之。大兴党狱，残害正人。天下大权皆归忠贤手，其门下有五虎、五彪、十狗、十孩儿、四十孙之党羽。先后六七年间，兴大狱六七次。杨、左诸君子皆丧于其手。流毒几遍天下，善类一网打尽。自朝廷大臣下及一命之士，皆为阉党与模棱持两端之士所垄断，而有明元气尽矣。兹述其事迹如下。

第一节　魏忠贤之专横　东林党之末路

先是世宗在位，驭内臣颇严，有罪者挞之至死，或陈尸示戒。故虽兴邸旧阉，提督东厂、掌司礼监者亦不敢大肆。神宗末年，刑罚纵弛，厂卫缉捕亦渐稀简，诏狱至生青草。熹宗天启三年，以魏忠贤提督东厂，田尔耕掌锦衣卫事，许显纯为镇抚司理刑。三人皆残忍，大兴罗织之狱。缙绅之祸自此始。

忠贤初名进忠，少无赖。善骑射，尝与悍少年博，不胜，为所窘，愤而自宫。入内廷，夤缘为熹宗生母王才人典膳。熹宗为皇太孙时，忠贤与客氏比。熹宗即位后，司礼太监王安素刚正，常劝帝行诸善政，发帑金济边，起用建言得罪诸臣。诸大臣倚以为助。忠贤屡谋侵权，安重惩之。忠贤惧，乃与客氏共谋，嗾给事中霍维华劾安。天启元年五月，矫旨命安充南海子净军，杀之。客氏淫而狠。忠贤不知书，颇强记。猜忍阴毒，好谀。帝深信之。两人愈相结，引用群小为爪牙。凡章奏皆其党李永贞等先阅视。钤视窾要，白忠贤议可否，然后行。帝性机巧，好亲斧锯、椎凿、髹漆之事。每引绳削墨，忠贤辄奏事。帝厌之，谬曰："朕已悉矣，汝辈好为之。"忠贤因得擅威福。二年三月，劝帝选武阉，炼火器。设内操兵士万人，衷甲出入。钲炮喧震内外。给事中惠世扬、周朝瑞等上疏谏。不听。三年五月，忠贤因私怨杀光宗选侍赵氏，幽杀裕妃张氏。皇后张氏数于帝前刺客魏过失。后有娠，客氏以计堕之，帝由此乏嗣。

忠贤雅重赵星南，遣其甥谒之。拒不纳。大学士魏广微，南星通家子也，以谄附忠贤得入阁。三至南星门，谢弗见。二人皆怨，比而龁之。于是忠贤与东林党渐生嫌隙。自帝即位以来，给事中周朝瑞、御史黄尊素、周宗建等屡上疏劾忠贤。帝不问。四年六月，左副都御史杨涟上疏劾忠贤二十四大罪。忠贤泣诉于帝，客氏庇之，帝责涟，释忠贤不问。廷臣益愤，先后交章劾忠贤者百余人。帝皆不听。忠贤怒。是年七月，矫旨杖杀工部郎中万燝以示威。大学士叶向高力谏，不听。引疾去。韩炉亦相继乞休。于是内阁之权入于阉党顾秉谦、魏广微手。涟疏中有“门生宰相”语，秉谦、广微见之恨甚，遂以已意点缙绅一册，以叶向高、韩炉、缪昌期、赵南星、高攀龙、李邦华、郑三俊、杨涟、左光斗、魏大中、黄尊素、周宗建、李应升等凡百余人，目为邪党。以贾继春、霍维华、阮大铖等五十六人为正人，进之忠贤。俾据是为黜陟。

御史崔呈秀巡按淮扬，赃私狼藉。左都御史高攀龙发其奸，赵南星议戍之。呈秀窘，乞援于忠贤。诬南星、攀龙与给事中魏大中、选郎夏嘉遇等朋谋结党。是年十月，免南星等官。十一月，削吏部侍郎陈于廷及杨涟、左光斗籍，而以阉党徐兆魁、乔应甲、王绍徽代之。绍徽编东林党一百八人，系以宋时淮南盗宋江等诸名目，为点将录，献之忠贤，俾按名黜陟。呈秀复进天鉴录及同志录，备载东林党人及不附东林诸人姓名。由是群小无不登用，善类为之一空。有五虎、五彪、十狗、十孩儿、四十孙之号，而呈秀为之魁（据《荆驼逸史》卷七剥复下载：五虎为李夔龙、吴淳夫、倪文焕、梁梦环、田吉；五彪为田尔耕、许显纯、崔应之、杨寰、孙云鹏）。凡异己者皆指为东林党而去之，清流之祸遂不可解。

五年四月，御史杨维垣首翻三案，霍维华继之，痛诋刘一燝、韩炉、杨涟、左光斗等。中旨免李可灼戍。给事中阮大铖与左光斗、魏大中有隙，嘱其同官傅櫆劾内阁中书汪文言与光斗、大中交通为奸利。逮文言下诏狱，廷杖，除名为民。魏忠贤欲罗致东林，复逮文言下北镇抚司狱，使许显纯讯之。显纯毙文言于狱。手代作供状诬杨涟、左光斗、魏大中及前御史袁化中、太仆少卿周朝瑞、陕西副使顾大章等六人受前辽东经略熊廷弼贿。是年六月，逮下狱，皆用惨刑毙之。并杀廷弼，传首九边。削赵南星、缪昌期、王之寀、李三才、惠世扬等籍。戍南星于振武卫，卒于戍所。御史张纳希忠贤旨，上疏力诋邹元标、孙慎行、冯从吾等，请毁其讲学书院。是年八月，诏削元标等籍，毁天下书院。御史卢承钦希忠贤旨，上言："东林自顾宪成、李三才、赵南星而外，如王图、高攀龙等，谓之副帅；曹于汴、汤兆京、史记事、魏大中、袁化中谓之先锋；丁元荐、沈正宗、李林、贺娘，谓之敢死军人；孙丕扬、邹元标，谓之土木魔神，宜一切榜示海内，俾奸慝无所容。"忠贤大喜。是年十二月，悉刊党人名示天下，已罪、未罪悉入其中。给事中杨所修希忠贤旨，请集三案疏章，仿明伦大典，编辑为书，颁示天下。霍维华亦以为言。从之。六年正月，作三朝要典。以顾秉谦等为总裁。极意诋諆东林，暴扬罪恶。书成，命秉谦拟御制序文冠其首。刊布中外。

崔呈秀恨高攀龙，必欲杀之，与忠贤密谋，诬攀龙与前苏松巡抚周启元交结，乾没帑金。六年四月，逮攀龙、启元与前吏部员外郎周顺昌、谕德缪昌期、御史李应升、周宗建、黄尊素。攀龙闻警，自沉于池。顺昌、启元等被逮至京，并下镇抚司狱。先后榜掠死。七年三月，复追究三案。逮前刑部侍郎王之寀，下狱，毙之。戍前礼部尚书孙慎行于宁夏。凡与东林党有关系者，先后被祸。缇骑四出，道路为愁。

浙江巡抚潘汝桢疏请建忠贤生祠于西湖，赐额曰普德，勒石记功德。阁臣撰文书丹，苏松巡抚毛一鹭继之。自是诸方效尤，几遍天下。疏辞揄扬，称以"尧天舜德，至圣至神"。阁臣辄用骈语褒答。旋以三殿告成，进忠贤爵上公，从子良卿宁国公，亲戚党羽皆进秩。章奏无巨细，辄颂忠贤。称厂臣不名。山东奏产麒麟，阁臣票旨，言"厂臣修德，故仁兽至"。监生陆万龄请以忠贤配孔子，忠贤父配启圣公，其疏曰："孔子作春秋，厂臣作要典。孔子诛少正卯，厂臣诛东林党人。礼宜并尊。"诏从之。于是忠贤遂与孔子同受享于国子监。士习如此，人心如此，朝野上下，无贵无贱，俱奴颜婢膝低首下心于权阉之下，以求富贵，礼义廉耻业已丧尽。明事遂不可为矣。

第二节　魏忠贤之伏诛　党人之昭雪

熹宗在位七年，以天启七年（西历纪元一六二七年）崩。忠贤谋篡位，崔呈秀以为时未可，乃迎皇弟信王由检入即位，是为毅宗。帝素稔忠贤恶，深自儆备。御史杨维垣首劾呈秀以尝帝意。诏罢呈秀。于是主事陆澄源、员外史躬盛等交章劾忠贤。诏放忠贤于凤阳，榜其罪示天下。寻命锦衣卫逮治，忠贤知不免，自缢死，追戮其尸。诛客氏及呈秀等。魏氏、客氏家属皆弃市。附和之徒悉加贬谪。毁三朝要典，冤陷诸臣咸与赠恤。又钦定逆案，分赞导、拥戴、颂美、谄附四目，分六等处刑。于是阉党皆尽，天下欣欣望治。而朝士朋党倾轧，贪恋富贵、不恤国事之习已成，迄不能改。

魏忠贤专横表：

一、熹宗泰昌元年八月，熹宗即位，以魏忠贤为司礼监秉笔太监。

二、光宗天启元年，魏忠贤矫诏，杀司礼太监王安。

三、天启三年，魏忠贤提督东厂，田尔耕掌锦衣卫事，许显纯为镇抚司理刑。引其党顾秉谦、魏广微入阁。

四、是年五月，忠贤杀光宗选侍赵氏，又杀裕妃张氏。

五、是年七月，矫诏杀工部郎中万燝。大学士叶向高引疾归。

六、十月，罢吏部尚书赵南星、左都御史高攀龙。

七、十一月，削吏部侍郎陈于廷、副都御史杨涟、佥都御史左光斗藉，引其党徐兆魁、乔应甲、王绍徽代之。大学士韩炉引疾归。

八、十二月，逮内阁中书汪文言下镇抚司狱，杀之；大学士朱国桢引疾归。

九、五年六月，逮前副都御史杨涟、佥都御史左光斗、给事中魏大中、御史袁化中、太仆少卿周朝瑞、陕西副使顾大章下狱，杀之。削前吏部尚书赵南星等籍。

十、八月，杀前辽东经略熊廷弼。

十一、十月，罢蓟辽经略孙承宗。

十二、十二月，榜东林党人姓名示天下。

十三、六年二月，逮前左都御史高攀龙、吏部员外郎周顺昌、苏松巡抚周起元、谕德缪昌期、御史李应升、周宗建、黄尊素下狱杀之。

十四、闰六月，建魏忠贤生祠。

十五、十月，进魏忠贤上公，从子良乡宁国公。

十六、七年二月，勒后父太康伯张国纪回籍，遣皇叔父瑞王常浩、惠王常润、桂王常瀛之藩。

十七、四月，逮前刑部侍郎王之寀下狱死。戍前礼部尚书孙慎行于宁夏。

十八、五月，祀魏忠贤于国子监。

十九、七月，遣忠贤从子良卿享南北郊，祭太庙。

二十、封忠贤从孙鹏翼安平伯，加少师；从子良栋东安侯，加太子太保；良卿加太师。

第九章　朝鲜之役

中国外患，古来皆在西北方。周之戎、狄，汉之羌、胡，晋之五胡，唐之突厥、回纥、吐蕃，宋之辽、金、西夏，明之鞑靼、瓦剌。举凡直接足以为祸于中国者，大抵皆西北民族，而东南民族不与焉。盖中国西北皆陆地，东南皆海洋。上古交通机关未发达时，陆上之交通易，海上之交通难。东南民族之不足为我患者，亦天然力有以限制之，非人力真能预防也。隋、唐之交，中国与日本曾起国际交涉。冲突之结果，中国战胜，日人远避。是非惟唐初兵力足以慑服远人，抑以日本正当帝政末年、持盈保泰、一切取保守主义、不愿撄大国之怒之所致也。有唐中叶以后，日本武人擅权，民风丕变，渐趋重侵略主义。然竞争之中心点，皆在日本内地，对于中国未遑计及。至有元初年，元世祖东征之役起，中国以狮子搏兔之力而不胜，日本以螳臂挡车之势而不改，于是日人自尊之念与轻我之心同时勃发，酿成三百年倭寇之患。倭寇二字，为日本出身之英雄或大盗、侵略中国及朝鲜沿海地方者之总名称。故广义之倭寇，则新罗时代之神功皇后、有明中叶之丰臣秀吉、中日战争时代之明治天皇，皆可包纳于其中。狭义之倭寇，则皆日本无赖游民之所为，不必一定含有政治上多大意味也。倭寇之起源地在日本九州及山阴、山阳二道。其根据地在壹岐、对马两岛。其侵略所及地方，北自朝鲜八道、辽东、山东两半岛及渤海湾沿岸起，南至江苏、福建、广东及安南之沿岸止。其发生时代，在有元初年，后高丽末年，即日本北条氏执权时代。其终止时代，在有明中叶，后朝鲜初年，即日本丰臣氏当国时代。前后继续三百余年，蹂躏十数行省，为中国、朝鲜一大患。后高丽之衰亡，实间接受其影响。至丰臣秀吉当国，遂大举兵西侵，几乎并吞朝鲜，明室竭全国之力以抵御之。幸而秀吉逝世，日人罢兵，朝鲜仅存。而中国实力已暴露于天下，遂起满洲觊觎之渐。然则明室之亡，虽谓发轫于朝鲜之役可也。兹述其事迹如下。

第一节　有明中叶以前对日本之交涉

日本自南北朝合并以后，足利氏创立室町幕府。其第一代首领尊氏自为征夷大将军，执国政，为事实上之君主。惠帝建文二年，其第三代将军义满遣使入贡，自称日本国王源道义。永乐元年，始达。成祖厚礼之。二年，对马、壹岐诸岛贼，掠滨海居民。因谕义满捕之。三年，义满发兵尽歼其众，执其魁二十人以献，且修贡。成祖益嘉与，遣使赐以九章冕服及钱钞锦绮加等，而还其人令自治。使者至宁波，尽置其人于甑，蒸杀之。四年，又遣使赍敕褒嘉厚赉，封其国山为寿安镇国之山，御制碑文立其上。六年，其子义持遣使来告哀，朝廷再遣使祭赙，赐义满谥曰恭献，封义持日本国王。时海上复以倭警告，朝廷谕义持剿捕。义持遣使谢恩，寻献所获海寇。朝廷遣使报聘，义持不礼焉。自是以后，倭寇愈炽。其后第六代将军义教当国，复称臣奉贡。顾寇掠仍不绝。已而足利氏衰，政权不能下达。倭寇复出没黄海及东海间，日本政府与明廷及朝鲜之交通中断，而其边陲之诸侯咸各自通于明廷，领信符勘合，盛营贸易。沿海诸省势豪与贵官相结，屡绐日本商民。购物不给直，商民怨怼。自嘉靖二十六年后，复结队侵掠沿海诸省。其国无赖，来者日众。奸民之缺望者复往投之，势益猖獗。扬子江下流流域诸府州积受其患。朝廷屡遣巡抚朱纨、王忬、总督张经、杨宜等，督江、浙、福建等省兵讨之。倭人南北驰骤，胜则豕突，败则鼠窜。官军疲于奔命，而卒无成功。四十二年，倭寇以全力侵福建沿海。总兵官俞大猷、副总兵戚继光等击破之于平海卫，患始浸息。然余寇犹据台湾，时出没海上。闽广一带巨寇蜑贼，争引倭为援，频犯浙闽粤东，迄万历中仍不已。其所以猖獗之原因如下：

第一、日本自南北分裂以后，人民习于战争，边境流氓，时常以侵略邻国为事。日本政府，政令不出于一途，故约束极难，且亦不以约束为务。及南朝亡后，南朝武士不愿臣服足利氏，相率流为倭寇。故倭寇之势日盛。

第二、自元世祖东征失败以后，日人藐视中国之心顿生，至于高丽，更卑之为无足道。自负心与欺人心同时勃发，故日以侵略为事。

第三、日本人借通商为口实，与中国及朝鲜竞锱铢，顾通商之利厚，不若虏掠之利尤厚。故一面通商，一面虏掠。为利心所驱使，日从事于虏掠。

第二节　丰臣秀吉之西侵与中日之冲突

足利氏衰，日本瓦解。全国分裂为数十国，群雄蜂起，互相竞争。尾张（今本洲爱知县南部）有英雄曰织田信长，崛起近畿，提倡尊王主义，号召全国，平定本洲大半。自为右大臣，专国政。万历十年，部将明智光秀作乱，杀信长。部将丰臣秀吉发兵讨乱党，悉诛之。平定各部，统一全国。自为太政大臣，专国政。先是信长当国时代，秀吉曾建议伐朝鲜，欲取道朝鲜，以侵中国。时日本内地，戎马倥偬，尚未遑也。至是遣宗义智使朝鲜，促其入贡，且使为伐明之向导。不从。又胁琉球使供粮，琉球惧，报之朝廷。朝廷下诏谘问朝鲜，朝鲜惟辩向导之诬，尚不知其谋己。万历二十年（后朝鲜宣祖二十五年），秀吉大起兵侵朝鲜。师凡十三万七千余人，水师九千余人，以加藤清正、小西行长为先锋，将舟师数百艘，由对马岛渡海。陷朝鲜之釜山，乘胜长驱。行长一军，自庆尚道涉忠清道，直逼京畿，渡临津江。清正一军，自庆尚贯京畿、江原二道，直抵咸镜北道。时朝鲜承平日久，兵不习战。日兵猝至，望风奔溃。宣祖弃王城，奔平壤，令次子珲摄国事，已复走义州，愿内属。时日兵已入王京，八道几尽没，旦暮且渡鸭绿江。请援之使，络绎于道。朝廷以朝鲜为国藩蔽，在所必争，出师援之。而日兵业抵平壤，朝鲜君臣益急，出避爱州。游击史儒等帅师至平壤，战死。副总兵祖承训统兵渡鸭绿江赴援，兵败，仅以身免。中朝震动。乃诏兵部右侍郎宋应昌经略备倭军务，李如松为防海御倭总兵官，提督东征军务，先后率兵数万援朝鲜。兵部尚书石星计无所出，议遣人侦敌。于是嘉兴人沈惟敬应募，入日军议和。行长在平壤，与惟敬约期十五日待报。如松兵渡江，会朝鲜降人为日军耳目者，为本国所缚。以故行长不知大军至，如松以诸军急薄平壤，遂克其城。行长渡大同江遁。李如柏（如松弟）复开城（属今京畿道），所失四道并复。大军既连胜，有轻敌心。朝鲜人有以"敌已弃王京遁"告者，如松信之，将轻骑趋碧蹄馆，在汉城西猝遇敌将小早川隆景、立花宗茂等大队，围之数重。如松几不免，大军丧失甚多，乃退驻开城。于是封贡议复起。二十二年，秀吉遣小西如安（本行长之侍史，有宠，冒姓为飞驿守，《明史》作小西飞以其自署小西飞驿守故）入朝，定封贡议。二十四年，朝命杨方亨等充封使，偕惟敬往。日兵退守釜山。朝使诣伏见（在今京都市东），晤秀吉。册文不当意，秀吉怒，逐使者，下令复发兵。以小早川秀秋为帅，督清正行长等，再犯朝鲜。抵釜山，列砦联舰，为久据计。惟敬迂谲，售欺中日。中外交恶之，逮问伏诛，和议乃绝。日军进入全罗，破南原，据全州，犯庆尚，逼王京。二十六年，大兵围清正于蔚山。秀秋等分道赴援，与清正等内外合击。经略杨镐狼狈先奔，诸军无主，大溃。日军斩获甚众。其后诸将分道进击，辄不利。会秀吉卒，遗令罢兵。釜山军先引回，清正等亦各收军入海。诸将追击之，互有胜负。日军卒败，脱归。宣祖始还京。朝廷仍留兵戍之。后三年，乃尽撤。时明神宗万历二十六年，日本后阳成天皇庆长三年，后朝鲜宣祖三十一年，西历纪元一五九八年也。自军兴至此，凡七年。明丧师数十万，糜饷数百万。中国与朝鲜迄无胜算，日本亦困甚。至秀吉卒，祸始熄。

参考书

《东洋史》（近古史　第五期　第十六章　第十七章）　　自著

第十章　辽东之役

朝鲜战败之结果，东北诸民族群起叛明。其中崭然露头角者，为满洲民族。满洲最古之国家曰肃慎氏。虞帝舜二十五年，曾来朝，献弓矢。成周之初，数入朝贡。其国界南至长白山，北抵黑龙江，东滨日本海，约当今吉林、黑龙江二省及俄领东海滨省南部。后汉时称满节，三国时称挹娄，后魏时称勿吉，隋唐时称靺鞨，皆同音异译也。秦汉之交，其同族有扶余国，建国于吉林西境。三国、两晋、南北朝时代，其同族分部南下，占领鸭绿江、清川江流域，略取朝鲜半岛北部、辽东半岛东部，建国号曰高句骊。复分部南下，略取朝鲜半岛西南部大同江、锦江流域，建国号曰百济。有唐初年，高句骊、百济合并于中国，其遗族据有吉林，建立渤海王国。全盛时代，奄有东三省及俄领阿穆尔省全部、东海滨省南部。唐衰，渤海亦为契丹所灭，其遗族羁縻于辽。北宋末年，辽室衰微，其遗族生女真部，复建立有金帝国。全盛时代，灭辽及北宋，占领中国领土大半。蒙古勃兴，金为所灭，其遗族羁縻于元。元衰，复羁縻于明。有明中叶以后，中国武力渐衰，势力伸张不到东三省。女真遗族时常作乱。及朝鲜之役以后，中国实力已暴露于天下，于是满洲伟人爱新觉罗・努尔哈赤遂乘隙起兵，侵略明室领土矣。兹述其事迹如下。

第一节　满洲之家世

满洲之先，本女真部属。金末时，有爱新觉罗（姓）布库里雍顺（名）者，居长白山之东、鄂谟辉（一作俄谟惠）之野、鄂多里（一作俄朵里）城（今吉林宁安县西有觉罗村，相传为其居地），建国号曰满洲。数传而衰，又数传，至孟特穆，徙居赫图阿拉（今辽宁兴京县）。明以为建州右卫都督（明之疆圉尽于开原、铁岭、辽阳、沈阳、海城盖平诸地，其东北境皆为权力所不及。永乐时仿唐羁縻州之制，分置卫所，因有建州、卫海、西卫、野人卫等之设，实皆空名也）。又四传至觉昌安，兄弟六人，筑城分居，号宁古塔（满洲语六之义）贝勒。时辽东诸部分裂，除满洲六部及长白山三部属建州卫外，又有海西卫之扈伦四部，野人卫之东海三部。中以扈伦四部为最强。苏克素护河图伦城主尼堪外兰，与明辽东总兵李成梁共攻古哷城（亦满洲诸部中之一城）。城主阿泰章京，觉昌安之孙婿也。觉昌安闻警，偕其子塔克世往救，兵败，皆为成梁所杀。塔克世子努尔哈赤奋志报仇。万历十一年（西历纪元一五八三年），以其父遗甲十三副，起兵击走尼堪外兰。尼堪外兰遁入明边，努尔哈赤遣使来索，边吏执以畀之，遂为所杀。满洲之势顿强。诏以努尔哈赤为龙虎将军，复给左都督敕。

第二节　满洲内部之统一

努尔哈赤既杀尼堪外兰，越四年，乃用兵攻哲陈及完颜诸部，环境皆服。又四年，征服长白山之鸭绿江部。扈伦四部忌其强，合蒙古科尔沁卦勒察锡伯（在黑龙江省中部）及长白之珠舍哩讷殷等九部来攻，皆为所败，诸部先后乞降。哈达者，明所恃以为南关者也，至是所为灭。继又灭乌拉辉发二部，又北略东海诸部，疆土大拓。万历四十四年，自立为汗，国号金。史称后金。建元天命，是为清太祖。

第三节　辽东之陷落

蓟辽总督蹇达疏陈东方隐忧。宜早为备，神宗乃屯重兵于开原，依叶赫为北关，以为犄角之势。努尔哈赤谋先挫明师，再图叶赫。万历四十六年，大举南侵。四月，克抚顺（今东边道抚顺县）。七月，克清河（堡名在抚顺西南）。全辽大震。诏起援朝鲜败将杨镐为兵部尚书，经略辽东。四十七年三月，镐合朝鲜、叶赫等兵，号四十七万，分四路进攻。令总兵马林出开原攻北，杜松出抚顺攻西，李如柏趋清河攻南，刘綎出宽甸（今东边道宽甸县）捣后。松欲立首功，先期深入，至萨尔浒（站名，在兴京西北），太祖合八旗全军，乘其未定，并力破之。松战死，全军尽没。林至三岔口（在今辽沈道海城县西），闻松军败，结营自固。满洲兵乘高击之。林大败，走还。杨镐闻警，急檄止如柏、綎两军勿前。而綎已深入三百里，与满洲兵遇。满洲张松旗帜以绐綎，袭破其营。綎战死，全军尽覆。明师丧气。满兵乘胜，遂破开原、铁岭（今辽沈道二县名）。

朝廷闻警，罢镐。六月，以熊廷弼为兵部侍郎，兼右佥都御史，代为经略。廷弼知兵，有胆略。到任以后，斩逃将三人、诛贪将一人、劾罢总兵李如桢以肃军纪。督军士造战车、治火器，濬濠、缮城为守御计。躬巡战地相度形势，所至招流亡、缮守具、分置士马，由是人心遂安。数月之间，守备大固。在辽一年，全辽安堵。给事中姚宗文忌廷弼，鼓其同类御史顾慥、冯元三、张修德等争劾之。廷弼上书乞罢。次年十月，罢廷弼。以袁应泰经略辽东。应泰精敏强毅，而用兵非所长。至则尽反廷弼所为，且以宽矫廷弼之严。是时蒙古诸部大饥，多入塞乞食。应泰招降之，处之辽沈二城，优其廪食，与民杂居，欲倚以为助。且议三路出师，复清河、抚顺。未行而满洲兵已至，蒙古降人为内应。次年（熹宗天启元年）三月，破沈阳。总兵贺世贤、陈策战死。遂陷辽阳。应泰自杀。辽河以东堡砦营驿大小七十余城俱下，沿海居民皆航海走山东。不能达者，栖止各岛间。廷议公推王化贞巡抚广宁（今辽沈道北镇县），起熊廷弼经略辽东。廷弼建三方布置策，广宁用马步兵，列垒三岔河（在今辽宁海城县西南，辽河合太子河处）上。天津、登莱各置舟师，设登莱巡抚如天津。而山海关特设经略，节制三方。以一事权，诏悉从之。而化贞以不用其策，屡与廷弼龃龉。兵部尚书张鹤鸣左袒化贞，请撤廷弼。帝不听。

初，袁应泰之丧师也，援辽都司毛文龙率师至皮岛（即海洋岛，在登莱大海，谓之东江。地广衍有险可恃），闻辽东已陷，乃招集逃民为兵，分布哨船，联络登州，为犄角计。至是文龙引兵取镇江（在今东边道凤城县境），化贞以为奇捷，奏发天津、登莱水师援之，且促廷弼出关进取。廷弼言兵力未集，发之太早。朝臣多附化贞，力促之。廷弼不得已，出关。三方布置之策遂败。二年正月，满洲兵破西平堡，化贞大败，弃广宁。与廷弼走入关。诏逮廷弼、化贞，并下狱论死。廷弼为权阉魏忠贤所嫉，后三年，弃市，传首九边。而化贞竟不诛。

第四节　孙承宗、袁崇焕之守辽西

先是廷弼第一次去辽时，抗疏言：“今朝堂议论，全不知兵。冬春之际，冰雪稍缓。哄然言劳老财匮，马上促战，及军败，愀然不敢复言。比收拾甫定，愀然者复哄然责战。自有辽难以来，用武将，用文吏，何莫非台省所建白，何尝有一效？疆场事当听疆吏自为之，何用拾帖括语徒乱人意哉？”朝廷不能用，至是广宁既失，东事益急，朝廷乃以孙承宗为兵部尚书，兼东阁大学士，预机务。承宗疏言：“迩来兵多不练，饷多不核。以将用兵，而以文官招练。以将临阵，而以文官指发。以将备边，而日增置文官于幕。以边任经抚，而日问战守于朝。此极弊也！今当重将权，择沉雄有气略者，授之节钺。如唐任李、郭。自辟置偏裨以下，边事小胜小败，皆不必问。要使守关无阑入，而徐为恢复计。”因列上抚西部、恤辽民、减京军、增永平大将、修蓟镇亭障、开京东屯田数事。帝嘉纳焉。

是年八月，以孙承宗经略蓟辽。承宗至边，定军制，筑城堡，练兵士，造铠仗，开屯田。使袁崇焕筑城宁远（今辽沈道兴城县）而守之。军声颇振。时满洲方营都沈阳，按兵不动。边地稍安。承宗在辽三年，以不附权阉魏忠贤，为所忌，百计诋之。承宗遂求去。五年十月，罢承宗。以高第代为经略。第恇怯无能为，以关外不可守，欲弃之。袁崇焕在宁远，誓死不去。六年，清太祖大举兵攻宁远。崇焕力战，拒却之。是年九月，太祖殂（据松井等《东洋史概说》二〇六页：太祖攻宁远，崇焕用西洋大炮击却之，太祖负重伤而殂，年六十八岁）。子皇太极立，是为太宗。朝廷罢高第，以王之臣代之。而以崇焕巡抚辽东。旋召之臣还，罢经略不设。命崇焕尽统关内外军。崇焕遣使如满洲，吊贺通讯以缓师，而以其间大兴屯田，且乘机恢复旧地。军声颇振。

明末辽东之役表：

一、明神宗万历四十四年，建州右卫都督爱新觉罗·努尔哈赤自立为后金国汗。

二、四十六年四月，后金破抚顺。闰四月，以杨镐经略辽东。七月，后金破清河堡。

三、四十七年三月，杨镐四路出师伐后金，败绩，总兵杜松、刘綎等战死。

四、六月，后金破开原。以熊廷弼经略辽东。

五、七月，后金破铁岭。九月，遣给事中姚宗文阅辽兵。次年十月，罢廷弼，以袁应泰代之。

六、熹宗天启元年三月，后金破沈阳、辽阳，应泰死之。五月，以王化贞巡抚广宁。六月，起熊廷弼经略辽东。

七、二年正月，后金破西平堡，王化贞弃广宁，与熊廷弼走入关。八月，以孙承宗经略蓟辽。

八、五年十月，罢孙承宗，以高第代为经略。六年二月，后金围宁远，参政袁崇焕拒却之。诏罢高第，以王之臣代为经略。七年二月，召之臣还，以崇焕巡抚辽东。

九、五月，后金攻宁远、锦州，崇焕拒却之。魏忠贤忌崇焕，七月，罢崇焕，以之臣代之。

第十一章　明室之衰亡

明室自孝宗以后，庸主、暴君迭出。武宗之荒淫，世宗之暴戾，神宗之放纵，直接、间接俱足以酿成明室亡国原因。益以熹宗童騃，纵用魏阉，大杀正人。朝野上下，无贵无贱，俱奴颜婢膝低首下心于权阉之下，而元气斫丧尽矣。毅宗初年，敢作敢为，颇有英明之气。天下欣欣望治。然大憝虽除，而朝士倾轧朋党、贪恋富贵、不恤国事之习，仍不能除。帝又暗于知人，所用温体仁、周延儒、杨嗣昌等，皆庸劣卑鄙，而帝尊信之。既各以事败，则谓大臣皆不可信，而复专任宦官。布列要地，举措乖方，卒以致败。又其用人也，责效太速，且易受谗言，故每不专不久。十七年之间，易相至五十人之多。袁崇焕之死，盖尤为寡恩而失计者。因其初政颇可观，后又能殉社稷，故读史者多推崇之，实则亦不得谓之贤君也。兹述其事迹如下。

第一节　流贼之蜂起

先是熹宗天启元年，四川永宁土司奢崇明反，陷川东、川南，围成都，二年，贵州水西土目安邦彦反，陷黔省西部，围贵阳。朝廷以朱燮元总督云、贵、川、湖、广西军务，大发兵讨之。历数年而后定。是为中国内地骚扰之始。魏阉盛时，其党乔应甲巡抚陕西，朱童蒙巡抚延绥，皆贪黩不恤民，民困已甚。毅宗崇祯元年，陕西大饥，流贼大起。以马贼高迎祥为最强，自称闯王。三边饥军及陕西饥民蜂起应之。帝从给事中刘懋议，裁驿站冗卒。山、陕游民仰驿糈者无所得食，皆从贼。延安、榆林之间，贼氛遍地。二年三月，以杨鹤总督三边军务，讨流贼。故事、总督大臣俱用边抚知兵者。鹤夙不娴军旅，庙堂遽用之，备御方略莫知为计。后遂一意主抚，卒以此败。三年，延安贼张献忠起，自称八大王。四年，米脂（今陕西榆林道米脂县）贼李自成（迎祥甥）起，自称闯将，与献忠等合。其余名目甚多，有十三家、七十二营之称。日以剽掠为事。

是时后金兵大举深入，侵掠内地。帝因兵食不足，骤增田赋，海内愁怨。又以廷臣不足依，遣中官监视诸边军饷，率多侵克，戎务益坏。

第二节　后金之南侵　袁崇焕之冤死

后金太宗之初即位也，遣二贝勒阿敏攻后朝鲜。后朝鲜请降，于是后顾之忧绝。天启七年（后金太宗天聪元年）五月，大举兵攻宁远、锦州。袁崇焕力战。太宗不能克，毁大小二凌河城而还。自满洲兵起，明兵望风奔溃。再却大军，自崇焕始。及论功，文武冒滥增秩赐荫者数百人，崇焕止增一秩。魏忠贤忌崇焕，使其党劾之。崇焕乞休去。崇祯元年四月，复以崇焕为兵部尚书，督师（时改经略曰督师）蓟辽。崇焕奏言：“以臣之力，制全辽有余，调众口不足。一出国门，便成万里。忌能妒功，夫岂无人。即不以权力制臣肘，亦能以意见乱臣谋。”帝起立倾听，谕以“卿勿疑虑，朕自有主持”。大学士刘鸿训等请赐崇焕上方剑，假以便宜。从之。时毛文龙总兵东江（即皮岛，在辽宁东南大海中），崇焕恐其跋扈难制，二年六月，假阅兵为名，至双岛（在今辽宁辽沈道金县西南海中），斩之。其部下健儿劲卒，不下二万。既失主帅，其心渐携。部将孔有德、耿仲明、尚可喜等，皆先后叛降满洲。东江巨镇，遂以不振。朝廷以专杀故，颇疑崇焕。崇焕之得祸自此始。

后金太宗久欲攻宁、锦以取山海关，惧崇焕作梗，乃议取道蒙古，以拊直隶之背，连合喀喇沁等部，使为向导。是年十一月，入龙井关（在今津海道遵化县北），破遵化。山海关总兵官赵率教、保定巡抚王元雅等力战死。京东州县相继失守。金兵直薄京城，是为清兵第一次深入。袁崇焕闻警，率总兵官祖大寿、副将何可刚等自山海关兼程入援，所过诸城皆留兵以守。诏命崇焕尽统督诸路勤王兵，营广渠门（北平外城东门）外。

初，崇焕常建议请和，欲借此缓师，以修理故疆。后金方有事朝鲜，亦欲假是以阻其兵，已得一意东侵，乃遣使以书相往来。已而崇焕奉旨戒谕，言路亦以为非计，事寻止。至是后金兵深入，所破隘口，皆蓟辽总督刘策所辖。崇焕千里赴援，自谓有功无罪。然都人骤遭兵，怨谤纷起，谓崇焕拥兵坐视。朝士因前通和议，诬其召兵胁和，将为城下之盟。帝颇闻之，不能无惑。后金太宗施反间计，谓与崇焕有密约，令所获宦官知之，阴纵使去。其人奔告于帝，帝信之，遂下崇焕狱。群臣复从而诬毁之。大学士成基命叩头请慎重者再，帝不听。处以极刑，籍其家，无余赀。天下冤之。起前大学士孙承宗为兵部尚书、兼大学士，代为督师，移镇山海关。后金兵攻永定门，帝趣武经略满桂出兵逆战，桂以众寡势殊，请固守以待援军。中使促之急，不得已，出兵，与总兵孙祖寿等皆战死。京师大震。三年正月，后金分兵略京东。兵部侍郎刘之纶赴援，战没于遵化，永平、滦州皆陷。后金进攻山海关。孙承宗击败之，遂集勤王之师西援京师。金兵乃取道冷口（在迁安县东北）而归。关内诸城皆为承宗所恢复（看《啸亭续录》卷二，孙文正取四城条）。太宗以大兵制胜之道在火器，乃招徕明炮工，制红夷大炮，令降将演习之。四年八月，用以攻大凌河城，且用奇兵绝明援。总兵祖大寿粮尽，请降。言者争劾承宗，承宗遂引疾归。

第三节　明廷剿抚之失机　流寇之大炽

杨鹤讨流贼，一意主抚。屡为贼所欺，贼氛愈炽。是年九月，罢杨鹤。以洪承畴总督三边军务。总兵曹文诏连击败贼。关中贼略尽。五年，高迎祥、张献忠等分道渡河，陷山西州县。文诏追讨败之。贼乃分道犯畿南、河北。六年正月，命文诏节制山、陕诸将讨贼。战比有功。河南巡按御史刘令誉嫉文诏，摭他事劾之。部议解文诏兵柄，调为大同总兵。时贼势已穷蹙，乃诡辞乞降。内臣监军者信之，为之乞抚。于是贼遂乘间渡河，陷河南、南阳诸郡，进犯湖广，谋西入川。是为官军第一次失机。七年正月，以陈奇瑜总督河南、山、陕、川、湖军务，卢象升抚治郧阳，讨流贼，屡破其兵。六月，献忠奔商雒（陕西终南山东麓）。迎祥、自成等悉遁入兴安州（今陕西汉中道安康县）之车箱峡。峡四山巉立，中亘四十里，易入难出。贼误入其中，山上居民下石击之，或投以炬火，且用石塞其口。路绝，无所得食，又大雨二旬，弓矢尽脱。马乏刍。死者过半。自成急用其党顾君恩谋，以重宝赂奇瑜左右及诸将帅，伪请降。奇瑜信之，遣之归农。贼甫出峡，即大噪肆掠而去。诏逮奇瑜下狱，以洪承畴代之。是为官军第二次失机。是年十一月，迎祥、自成等西犯巩昌、平凉，复由终南山东窜河南，皆为承畴所败。乃与献忠等合，南窜江北，陷凤阳、庐江。八年正月，诏承畴率大军出潼关讨贼，至信阳，贼见河南兵盛，复分路奔还陕西。迎祥、自成西趋归德，由河南入关。献忠亦由英、霍取道麻城，由蕲、黄入关。承畴闻警，以曹文诏领前锋，西援关中。至真宁（今泾原道庆阳县），遇伏。以众寡不敌，力战而死。文诏为当时名将，贼人惮之。至是死，官军夺气。是时贼每营数万，因粮宿饱马，一日夜驰数百里。官军馈饷不继，且马少，故不能取胜。

已而贼复出关东犯，其势蔓延半天下。出没不定，分合无常。承畴一人之力不能制。是年八月，以卢象升总理江北、河南、山东、湖广、四川军务，与承畴并力讨流贼。命承畴专办西北，象升专办东南。九年五月，象升大败贼于滁州。迎祥、自成复分道入陕。七月，陕西巡抚孙传庭击迎祥于盩厔（今陕西关中道盩厔县），擒之。贼党共推自成为闯王，其势大蹙。而后金兵入塞，象升奉诏入援，南方空虚。献忠遂复纠党自襄阳东下，骚扰安庆等处，已而复入湖广。是为官军第三次失机。十年，以熊文灿总理南畿、河南、山西、陕西、湖广、四川军务，代象升督师讨贼。兵部尚书杨嗣昌建四正六隅之策，议大举歼贼。贼颇惧。顾文灿一意主抚，诸将左良玉等又骄蹇不用命，军政益坏。是年十月，自成犯四川。承畴击败之。次年（十一年），又大破之于潼关。自成妻女俱失，从十八骑遁匿商洛山中。其党罗汝才等为孙传庭所剿，连破之于阌乡灵宝。贼窘甚。是时关中贼略尽。献忠伪降于文灿，余贼皆以次求抚。文灿信之，谓大功立成，檄止孙传庭匆妒其功，纵部下戕杀。传庭快快而还。是为官军第四次失机。俄而后金兵复入塞，卢象升拒战于钜鹿，以众寡不敌，力战而死。京师大震。承畴、传庭皆奉诏入援。献忠遂复叛，自成亦出依献忠。献忠欲图之，乃遁去。帝诛文灿，以杨嗣昌督师。嗣昌庸才，无远略，屡为贼所绐。于是贼势遂不可制。

第四节　清太宗之南侵　卢象升之战死

是时内蒙古诸部皆入于后金，惟察哈尔犹为明守。七年，后金太宗自将击察哈尔，大破之。是年八月，旋师侵宣府、大同，抵保安（今涿鹿县）而还。是为清兵第二次深入。九年四月，诸贝勒奉太宗为皇帝，建国号曰清，改元崇德。是年七月，清兵复入喜峰口，至昌平，连破畿内州县，逾月东归。是为清兵第三次深入。十一年，太宗复自将向山海关，牵制明兵。而令皇弟多尔衮由密云县北之墙子岭深入，由卢沟桥（京城西南）进趋良乡，下畿辅四十八县。前大学士高阳、孙承宗致仕在籍，阖门殉难。诏卢象升督师勤王。大学士兼兵部尚书杨嗣昌忌象升，扼之。象升拒战于钜鹿，兵单饷乏。总监中官高起潜拥重兵，相距五十里，不为应援。象升力战死，全军尽没。十二年正月，清兵自德州渡河，下山东州县十六，执德王由枢。布政使张秉文等死之。而山海关终不下，清兵终不能得志，乃班师。是为清兵第四次深入。十四年，清太宗以重兵围锦州。朝廷以洪承畴为蓟辽总督，率兵援锦州。至松山，为清兵所破。乃入城固守。清兵围之。十五年二月，城破。巡抚丘民仰、总兵曹变蛟战死。承畴降。锦州、杏山相继陷落。朝廷大震。是年十一月，清兵复由墙子岭入塞。时关内外并建二督，又设二督于昌平、保定；又有宁远、永平、顺天、保定、密云、天津六巡抚；宁远、山海、中协、西协、昌平、通州、天津、保定八总兵；星罗棋布，无地不防，而事权反不一，观望推诿。清兵至，莫知所措。清兵陷蓟州，分道而南，克顺德、河间、兖州三府。分兵东抵登莱，南及海州。复自天津经密云出塞。是役，共陷三府、十三州、六十七县，丧失人民、牲畜、财帛不可胜计。是为清兵第五次深入。

清太宗南侵表：

一、明熹宗天启七年（后金太宗天聪元年）五月，后金攻宁远、锦州，袁崇焕拒却之。

二、明毅宗崇祯二年十一月，后金破龙井关，掠京东州县，薄京城。袁崇焕入援，复京东州县，留兵以守。诏下崇焕狱，磔之。起孙承宗督师，镇山海关。三年五月，后金兵还。

三、四年八月，后金破大凌城，诏罢孙承宗。

四、闰十一月，登州游击孔有德、耿仲明等反。六年二月，官军复登州，有德、仲明走降于后金。

五、六年七月，后金破旅顺，总兵官黄龙死之，广鹿岛副将尚可喜降。

六、七年七月，后金破上方堡，侵宣府，至保定而还。

七、九年四月，后金汗皇太极称皇帝，国号清。

八、七月，后金破喜峰口，陷昌平，连破畿南州县；八月，东归。

九、十一年九月，清睿亲王多尔衮破墙子岭，连破畿辅四十八县，前大学士高阳、孙承宗死之。十二月，督师卢象升拒战于钜鹿，败绩，死之。十二年正月，清兵自德州渡河，破济南，下山东州县十六。三月，出青山口而归。

十、十四年三月，清兵围锦州。七月，蓟辽总督洪承畴赴援，次于松山。十五年二月，清兵破松山，承畴降，遂下锦州。

十一、十一月，清兵由墙子岭入塞，陷蓟州，连破畿南、山东州县。十六年四月，北还。

第五节　北京之陷　毅宗之殉国

清兵之第二次深入也，洪承畴、孙传庭皆奉诏入援。朝议移承畴总督蓟辽，帅秦兵东守。传庭言："秦兵不归，则流贼势张。且军士家在秦，久留于边，非哗则逃，无益。"帝不听，而以传庭总督保定。杨嗣昌劾传庭，逮下狱，于是陕事愈坏。熊文灿败后，朝廷逮治文灿，命嗣昌督师讨贼。嗣昌初任左良玉，奏拜平贼将军。十三年二月，良玉大破张献忠于太平（今东川道万源县），歼其渠魁十六人，擒献忠妻妾。贼势大蹙。嗣昌初许总兵贺人龙代左良玉，已而因良玉有功，不用人龙，于是两人皆不悦。良玉忧素桀骜，不为用，献忠之势复炽。是年七月，献忠与罗汝才合，连陷四川诸城。十四年正月，复东寇湖北，陷襄阳，杀襄王翊铭。李自成亦自郧均走河南，陷洛阳，杀福王常洵。嗣昌以连陷两藩，忧惧不食死。是年八月，左良玉败献忠于信阳。献忠走依自成。自成欲图之，献忠遁去。十五年五月，窜陷庐州等郡。十六年五月，陷武昌，杀楚王华奎。僭号西王，设官职。进陷湖南。十七年，寇四川，陷成都。蜀王至澍死之。

是时十三家七十二营诸大贼降死殆尽，惟自成、献忠存，而自成尤强劲。十四年十一月，陷南阳，杀唐王聿镆。十五年九月，陷开封。陕西总督傅宗龙、汪乔年相继率师援开封，皆以众寡不敌，力战死。诏起孙传庭总督陕西。传庭以陕西精兵皆尽，新募之兵不堪用，主张固守潼关。朝廷责战甚急，传庭不得已，出师。至南阳，以众寡不敌，兵败，退守潼关。十六年十月，李自成寇潼关。传庭力战，死之。自成遂陷陕西。十七年正月，僭号于西安，国号顺，改元永昌。二月，东陷太原。别遣将犯畿南，陷真定。自引兵北犯，陷代州。总兵官周遇吉拒战于宁武关，大破自成前锋。以众寡不敌，力战而死。三月，大同总兵姜瓖、宣府总兵王承允、监视太监杜勋、居庸关守将唐通、太监杜之秩皆迎降。自成遂寇京师。监视太监曹化淳开彰义门迎降，京师陷。帝自缢于煤山（今名万岁山，在旧禁城内）。时明庄烈帝崇祯十七年，清世祖顺治元年，西历纪元一六四四年也（甲申三月十九日）。

明末流贼表：

一、毅宗崇祯元年十二月，陕西饥，流贼大起。

二、二年三月，以杨鹤总督三边军务，讨流贼。鹤素不知兵，一意主抚，贼棼愈炽。

三、三年，延安贼张献忠起，自称八大王。

四、四年，米脂贼李自成起，自称闯将。

五、是年九月，罢杨鹤，以洪承畴代之。总兵曹文诏连破贼兵，关中贼略尽。五年，贼酋高迎祥、张献忠分道渡河，陷山西州县；文诏追击败之；乃分道犯畿南、河北。

六、六年七月，解文诏兵柄，调镇大同。贼请降，监军太监杨进朝信之，为之奏请于朝。贼乘间渡河，陷河南州郡，进犯湖广。

七、七年正月，以陈奇瑜总督河南、山、陕、川、湖军务，卢象升抚治郧阳，讨流贼，屡破其兵。六月，围高迎祥、李自成于车箱峡，贼窘急乞降，奇瑜纵遣之；贼出峡复叛，陷所过州县；诏逮奇瑜，以洪承畴代之。

八、是年十一月，迎祥、自成自陕西窜河南，与张献忠合，陷凤阳、庐江。

九、八年正月，诏洪承畴出潼关讨贼。贼见河南兵盛，六月，分道奔还陕西。总兵曹文诏追贼至真宁，力战，死之。

十、是年七月，贼复出关东犯。八月，以卢象升总理江北、河南、山东、湖广、四川军务，与洪承畴并力讨贼。命承畴专办西北，象升专办东南。

十一、九年正月，象升大败贼于滁州，迎祥、自成复分道入陕。

十二、是年七月，陕西巡抚孙传庭击迎祥于盩厔，擒之。贼党推自成为闯王。后金兵入塞，征卢象升入援；张献忠乘虚自襄阳东下，寇安庆。

十三、十年四月，以熊文灿总理南畿、河南、山西、陕西、湖广、四川军务，代象升讨贼。十月，李自成犯四川，洪承畴、孙传庭击败之。十一年四月，张献忠请降，熊文灿受之。

十四、是年九月，后金兵入塞，征承畴、传庭入援。十二年五月，献忠复叛，诏逮文灿，命杨嗣昌督师讨贼。

十五、十三年二月，总兵官左良玉等大破献忠于太平。七月，献忠与贼首罗汝才合，陷四川州县。

十六、是年九月，李自成自郧均走河南，十四年正月，陷洛阳，杀福王常洵。张献忠复东犯湖广，二月，陷襄阳，杀襄王翊铭。杨嗣昌自杀。

十七、是年八月，左良玉败献忠于信阳，献忠东走。

十八、九月，陕西总督傅宗龙与自成战于新蔡，败绩，死之。十一月，自成陷南阳，杀唐王聿镆。

十九、十五年二月，陕西总督汪乔年与自成战于襄城，败绩，死之。七月，左良玉兵溃于朱仙镇。九月，自成陷开封。闰十一月，陷汝宁。十二月，陷襄阳、荆州。

二十、是年五月，献忠陷庐州。

二十一、十六年正月，自成陷承天。五月，献忠陷武昌，杀楚王华奎。僭号西王。八月，陷湖南诸府。

二十二、是年十月，自成寇潼关，督师孙传庭战败，死之；遂陷西安。十一月，陷榆林。十二月，陷甘州。十七年正月，僭号顺王。二月，陷太原，进寇宁武关。总兵官周遇吉力战，死之。三月，大同总兵姜瓖、宣府总兵王承允、居庸关守将唐通皆降，自成遂陷京师，毅宗自缢于煤山。

二十三、是年正月，献忠入四川。八月，陷成都，蜀王至澍死之。

第六节　福王之绍统　马阮之弄权

先是贼近几辅，大臣疏请南迁，或请命太子视师江南，帝俱不听。京师既陷，报至南京，参赞机务兵部尚书史可法方督师勤王。次浦口，诸大臣议立新君。时福王由崧、潞王常淓俱以避贼南来。伦序当属福王，而以德则潞王贤。凤阳总督马士英利福王昏庸，与操江诚意伯刘孔昭、总兵高杰、刘泽清、黄得功、刘良佐等定策立之。送福王至仪真，连营江北，势张甚。可法不得已，奉福王即位，士英自为首相。出可法督师江北，分江北为四镇。以刘泽清辖淮海，经理山东一路。高杰辖徐泗，经理开归一路。刘良佐辖凤寿，经理陈杞一路。黄得功辖滁和，经理光固一路。进左良玉爵为宁南侯，以上流之事委之。然诸武臣各占分地，赋入不以上供，恣其所用。置封强兵事于不问，而与廷臣互分党援，干预朝政，挤排异己。士英引逆案中巨魁阮大铖为兵部尚书，相与排斥正人。吏部尚书张慎言、侍郎吕大器、大学士姜日广、高宏图、左都御史刘宗周等，皆以宿德重望在位，相继被逐。尽召逆案中杨维垣、虞廷弼等十余人布列要路。浙江巡按御史左光先者，光斗之弟，故与大铖世仇，又尝首劾士英。大铖诬以罪，逮下狱。而尽雪逆案中贾继春等。杨维垣追论三朝当局，力诋王之寀、杨涟等，而为霍维华等讼冤，乃命重颁三朝要典，宣付史馆。追恤逆案诸臣。有狂僧大悲，自称齐王，逮下诏狱。大铖欲假以诛东林及素所不合者，因造十八罗汉、五十三参之目，书史可法、高宏图等名，一时人望无不备列，纳大悲袖中，将穷治其事。士英不欲兴大狱，乃只诛大悲。诸人得免。

是时士英当国，引大铖为谋主，内则与在廷诸清流为难，外则与宁南侯左良玉构衅，朝政兵事日即腐败。福王则专以淫乐为务，征歌选色，不恤国事。识者皆知其不堪旦夕。

第七节 吴三桂之乞师 清兵之南侵 南京之陷 福王之被虏

初，北京之陷落也，总兵吴三桂拥兵在山海关。自成执其父襄令以书招之，三桂欲降，至滦州，闻爱妾陈沅为自成将刘宗敏掠去，愤甚，疾归山海关，袭破贼将，自成怒，自将攻之。三桂惧，乞师于清。时清太宗已殂，子福临即位，是为世祖。改元顺治。皇叔父睿亲王多尔衮（太祖第十四子）摄政，允三桂请，率洪承畴等赴援。是年四月，大破自成兵于山海关。自成归京师，杀吴襄，焚宫关，载辎重西走。多尔衮遂入京师，以礼改葬崇祯帝后。命肃亲王豪格（太宗长子，世祖之兄）略山东、河南。都统叶臣等定山西。世祖旋由沈阳徙都北京，是为清室南下定都之始。

自成既败，遁归西安。遣将扼潼关以守。是年十月，清廷命英亲王阿济格（太祖第十二子，多尔衮同母兄）为靖远大将军，偕吴三桂、尚可喜等由大同边外会诸蒙古兵，赴榆林、延安，以拊陕西之背。豫亲王多铎（太祖第十五子，多尔衮同母弟）为定国大将军，率孔有德等由河南夹攻潼关。自成前后受敌，乃弃陕西，自武关走湖广。众尚数十万。清廷命阿济格等追击斩之。多铎分兵下江南。时史可法方开府扬州，遣将屯田开封，为经略中原计。清兵既至，可法告急于朝，马士英置之不问。总兵许定国诱杀高杰，走降于清，于是可法兵势益弱。次年（弘光元年）三月，清兵方渡淮，而左良玉在湖北，以马士英裁其军饷，传檄远近，以清君侧为名，举兵反，列舟自汉口而下。南京戒严。诏急征可法入援。良玉至九江，病死。而清兵已破泗州。可法乃奔回扬州，固守。清兵大至，可法拒战七昼夜。城陷，死之。总兵郑鸿逵守京口，兵败入闽。清兵遂渡江，入南京。福王奔黄得功于芜湖，其总兵田雄劫以降。得功死之。江南北悉入于清。

第八节　浙闽之陷　唐王聿键之殉国

南京既陷，清廷命贝勒博洛为征南大将军，进攻浙江。马士英先遁至杭州，迎战，不利，渡钱塘江东走。潞王常淓以杭州降。浙西悉入于清。时鲁王以海（太祖十四世孙）在台州，兵部尚书张国维、定海总兵王之仁等迎王监国，尽驱钱塘江上之舟列兵江上。西取富阳（今浙江钱塘道富阳县）以扼上游，潜通太湖，为恢复计。郑鸿逵之入闽也，与南安伯郑芝龙（本海盗降明者）、礼部尚书黄道周等奉唐王聿键即位于福州（聿键为太祖九世孙，封南阳，崇祯时以倡义勤王得罪禁锢。福王时释之，徙广西至杭州。而南京陷遂入闽），改元隆武，据有福建及西南各省，恃仙霞岭为国防。于是闽、浙并立。

清兵之南下也，汉民多不服。又下落发之令，抗拒者尤众。明之降臣叛将藉清势，所至残杀，人民忧愤，于是江南义兵纷起，或通表唐王，受其封拜，或近受鲁王节制，浙、闽恃以阻清兵之南下。然民兵皆起自仓卒，未更训练，饷械又不足。清廷以贝勒勒克德浑（礼亲王代善之孙，萨哈璘之子）为平南大将军，命大学士洪承畴招抚江南总督军务，并驻江宁。贝勒博洛（太祖孙，饶余郡王阿巴泰第三子）驻杭州，击江南义师，皆破灭之。扬子江下流复入于清。

唐王好学通典故，以郑氏擅国，不能有为。芝龙、鸿逵屡荐其私人为要官，王不从。以是怀怨望，阴通款于清，受洪承畴约束。王促之出师，辄以饷绌为辞，不奉诏。道周知其不足恃，是年十二月，自将出兵江西，战于婺源（今安徽芜湖道婺源县）。败绩，死之。时何腾蛟总督湖广，杨廷麟驻兵江西，皆请王临幸，扼于芝龙，不得行。

马士英之败走也，复与阮大铖等煽乱于鲁王朝，使与诸义兵为难。唐王颁诏于鲁王，鲁王欲受之，而熊汝霖、张国维坚持不可。鲁王遣使唐王，唐王发银十万犒师。马士英唆总兵方国安纵兵劫夺之，且数唐王罪。于是闽、浙如水火。次年（隆武元年，顺治三年）五月，博洛率兵渡钱塘江。张国维战败，死之。鲁王航海走厦门。郑芝龙诡称海寇至，尽撤关隘水陆诸防，仙霞岭二百里间，空无一人。清兵遂入闽。唐王走汀州，被执。不食死。芝龙降，其子成功恸哭谏，不从。乃弃儒服，航巨舰，浮海去。于是浙、闽二省皆下。

第九节　广东之陷　唐王聿𨮁之败没

是年十一月，兵部侍郎瞿式耜等以神宗孙桂王由榔即位于肇庆，改元永历。大学士苏观生别奉唐王聿𨮁（聿键弟）称帝于广州，改元绍武。互不相下。桂王发兵攻唐王，不克。时赣州已为降将金声桓所破，杨廷麟死之，江西皆下。博洛乘机使降将李成栋自福建下惠潮，进兵广州。聿𨮁被执，与苏观生皆自杀。桂王奔梧州。次年（永历元年，顺治四年），成栋破肇庆，王奔桂林。宦官王坤用事，干涉军务，劝王避兵全州（今广西桂林道全县）。瞿式耜留守桂林。成栋进兵攻之，不克。

第十节　广西云、贵之陷　桂王之败没

是时广东义师蜂起，成栋还兵扑灭之。式耜乘机恢复广西诸郡，与湖南督师何腾蛟联络，共制清军。清廷以孔有德为定南大将军，偕尚可喜、耿仲明大举攻腾蛟。腾蛟所部故皆盗贼之余，不受约束。清军乘之，尽破湖南诸郡。腾蛟退守全州（今广西桂林道全县）。二年（顺治五年），金声桓以江西、李成栋以广东附于桂王，腾蛟遂乘间复湖南大部。

是时张献忠已为清肃亲王豪格所破，走死。其党孙可望、李定国、白文选等南走贵州。两川之地尽为清有。川中旧将及义勇据川南川东遥应桂王。王命大学士吕大器总制其军，大同总兵姜瓖亦附于王，陕甘遗臣多应之。于是桂王奄有云、贵、两广、江西、湖南、四川七省之地，声势遥及北方。鲁王之航海走也，往来于石浦（在今浙江会稽道南田县南）、厦门、南澳（闽、广交界处岛）等处，定西候张名振、兵部尚书张煌言从之，与郑成功部将郑彩等，规复闽浙沿海地。成功在厦门，奉故唐王隆武年号，亦与鲁王相犄角。二张始终为鲁王，成功始终为唐王。所奉不同，而其交甚睦，故明势颇振。

已而湖南诸将内讧。三年（顺治六年）正月，孔有德与郑亲王济尔哈朗乘之。何腾蛟战死，湖南复陷。征南大将军谭泰与尚可喜、耿仲明等破南昌，金声桓、李成栋相继败死。博洛、吴三桂等破大同，姜瓖亦败死。三桂移兵攻蜀，川中诸将陆续败没，四川皆破。鲁王部下诸将亦战败，尽失闽浙地，避居舟山，于是大势顿挫。四年（顺治七年），尚可喜、耿继茂等破广东，孔有德破桂林，瞿式耜等死之。五年（顺治八年），王奔广南（今云南蒙自道广南县）。清都统金砺等破舟山，鲁王奔金门（今福建厦门道金门县）依郑成功，去监国号，奉表于王。大势益蹙。

初，孙可望、李定国之入黔也，众推可望为主，据有云、贵之地。已

而可望与定国交恶，乃归附桂王。求封号，欲藉以服众，王不之许。至是事急，乃封为秦王，趣之出兵。六年（顺治九年），可望遣兵三千，扈王居安隆（今广西田南道西隆县）。遣李定国攻湖南，袭破桂林，杀孔有德。刘文秀攻四川，败吴三桂兵，于是明势复一振。既而定国与可望有隙，又为尚可喜所败，桂林复失。文秀亦兵败而还。于是可望兵独强，有僭逆意。王知其不足恃，封文秀安南王，定国晋王，召之入卫。十年（顺治十三年）二月，定国入安隆，奉王如云南。十一年（顺治十四年）九月，可望举兵反，攻云南。定国击败之。可望走降洪承畴，尽以虚实输之。于是承畴请于清廷，决计大举南侵。十二年（顺治十五年），清廷命承畴与大将军罗托（显祖之曾孙，舒尔哈齐之孙，塞桑武之子）由湖南，三桂由四川，将军卓布泰由广西，分兵三路南下，信郡王铎尼（豫亲王多铎第二子）为后继，大举攻云南。郑成功闻之，急引兵攻江南以图牵制。十三年六月，取镇江，围金陵。张煌言领前锋，进取徽宁。各地响应。清崇明总兵梁化凤赴援。成功兵败，大将甘辉战死。成功乃退出海。煌言兵亦溃，微服退还舟山。于是清军专力西南。李定国战败，桂王奔永昌。清兵追急，桂王走缅甸。于是云、贵二省皆为清有。

是时刘文秀已卒。李定国、白文选等均已战败相失。文选入木邦，定国入孟艮。谋迎王，缅人不与。二人共攻缅，不克。时清廷已拟罢兵，吴三桂力怂恿入缅穷追。文选拒战于锡箔，兵败，请降。缅人执王与三桂，三桂杀之，并其太子。李定国方连合诸土司谋恢复，闻王弑，皆解体。定国愤懑成病，卒于猛腊。其余从官千余人，皆崎岖散入他国，明亡。时永历十五年，清世祖顺治十八年，西历纪元一六六一年也。明凡传十九世，二百九十四年而亡。中国本部皆入于清，惟郑成功以孤军崎岖海上，犹思复明，规取台湾以为根据地，仍奉永历年号。

清世祖平定中原表：

一、世祖顺治元年四月，摄政睿亲王多尔衮与明总兵吴三桂大破李自成于山海关。五月，入京师，自成走西安。

二、是年十月，命英亲王阿济格、豫亲王多铎分道攻西安，二年九月，自成走死湖广。

三、是年三月，多铎下河南。四月，克扬州，明督师史可法死之。五月，克南京，明弘光帝奔芜湖，总兵田雄劫之以降。六月，贝勒博洛克杭州，河南、淮南、江南、浙西皆平。

四、三年六月，博洛克绍兴，明监国鲁王以海航海走厦门，浙东平。八月，克建宁，明隆武帝奔汀州，被执，不屈，死之。福建平。

五、是年十二月，降将李成栋克广州，执唐王聿𨮁，广东平。

六、肃亲王豪格克汉中，诛张献忠。

七、六年正月，成栋克肇庆，明永历帝奔桂林。二月，克平乐，永历帝奔全州，留大学士瞿式耜守桂林。成栋进兵攻之，不克。

八、是年三月，降将孔有德等克长沙、衡州，尽取湖南州郡，永历帝由柳州奔象州。全州降清，永历帝奔南宁。

九、五年正月，总兵金声桓以江西，四月，提督李成栋以广东降于明，六年，大将军谭泰克江西，声桓自杀。二月，全信丰，成栋败死。

十、七年十一月，降将尚可喜等克广州，孔有德克桂林，广东、西皆下。永历帝奔孙可望于安隆。

十一、九年五月，明将李定国等由贵州攻湖南，七月，复桂林，孔有德自杀。诏敬谨亲王尼堪征湖南，十一月，与定国战于衡州，败死；诏以贝勒屯齐代之。

十二、十年四月，李定国攻广东。六月，复高、雷、廉州。十一年十月，围新会，尚可喜告急，诏遣靖南将军朱玛喇救之。十二月，击败定国兵，定国走南宁。十三年二月，入安隆。奉永历帝如云南。

十三、十一年九月，孙可望叛永历帝，李定国击败之，可望走长沙来降。

十四、十五年正月，命信郡王铎尼等分兵三路攻云南。三月，取贵州。六月，取遵义。十二月，入云南，李定国战败，永历帝奔永昌。十六年二月，清兵克永昌，永历帝奔缅甸。十八年十二月，吴三桂入缅甸，执帝，弑之。李定国卒于猛腊，明亡。

第十二章　明代之文化

第一节　制度

一、内官制

明初，设中书省，置左右丞相，主政柄。其后太祖惩胡惟庸之变，罢中书省，以其政悉归六部。尚书握中央政柄，殿阁大学士仅备顾问而已。仁宗时，大学士杨士奇、杨荣等皆以积劳位至三孤，兼任尚书，于是其权渐重。世宗时，政务枢机，悉归内阁，大学士俨有宰相之实权。然明自太祖后，以专制为治，大权皆归独揽。世宗以后，宰相虽掌枢机，然职仅司批答。所谓入阁办事，仍有名无实也。主兵柄者曰大都督府，当宋、元枢密院之任。其后惩胡惟庸之变，分大都督府为左、右、中、前、后五军督都府。府设左右督都为长官，以同知及佥事副之。征调则隶兵部，掌监政者曰御史台。以大夫为长官，中丞副之。成祖以后，罢御史台，设都察院以掌纠察。以左右都御史为长官，左右副都御史、佥都御史佐之。其寺院各官，略同前代。

二、外官制

地方行政长官以布政、按察二司为主，或与都指挥使司并称三司。布

明代官制表

类别		名称	职掌
内官	内阁大学士	华盖殿后改中极殿	参预机务多以翰林充之，即宰相职也
		谨身殿后改建极殿	
		文华殿	
		武英殿	
		文渊阁	
		东阁	
	部	吏	掌官吏选授封勋考课之政令
		户	掌天下户口、田赋之政令
		礼	掌礼仪、祭祀、宴飨、贡举之政令
		兵	掌武卫官军选授、简练之政令
		刑	掌刑名徒隶句覆关禁之政令
		工	掌百工、山泽之政令
	院	都察	掌巡按纠察之事、其在外者有督抚、巡按等官
		翰林	掌讲读词章等事
		太医	掌医疗之法
	司	通政使	掌内外章奏、敷奏、封驳之事
	寺	大理	掌刑狱平反之事
		光禄	掌宫殿门户及膳食之事
		鸿胪	掌蕃客朝贡及吉凶吊祭之事
		太常	掌陵庙礼乐之事
		太仆	掌乘舆仪卫之事
	府	宗人	掌皇室宗谱封赏等事
		顺天	掌辇毂下民政之事
		詹事	掌东宫之属
	监	国子	掌国学诸生训导之政令
		钦天	掌天文、授时之事
		司礼	掌内廷、内官之事

类别		名称	职掌
外官	使司	都指挥	掌一省兵马之事
		布政	掌一省民政、财政
		按察	掌一省刑狱、纠察之事
		转运	掌盐政
	布政使司参政参议	提学	掌考试之事，省一人
		清军	掌整理文书参预军机，省一人
		驿传	掌驿传之事，省一人
		分巡	掌巡察之事，省一人
		协堂	掌巡道之副使，河南、浙江二省有之
		水利	掌水利之事，浙江有之
		屯田	掌开垦之事
	按察使司副使佥事	管河	掌黄河工程，河南有之
		盐法	有盐省分有之
		抚治	掌抚治之事，各省有之
		监军	掌军旅纠察之事，不常设
		招练	掌练兵之事，山东间设之
	地方官	知府	掌一府之事
		知州	掌一州之事，有直隶州属州
		知县	掌一县之事

政司设左右布政使，掌民政、财政。按察司设按察使，掌刑狱。都指挥使司设都指挥使，掌兵马。布政使下设左右参政、左右参议。按察使下设副使、佥事，分掌提学、清军、水利、屯田、盐法等事。其下有府州。府州以下有县。各设知事为亲民官。其后地方有故，命京卿巡抚。有军事则命大臣总督军务。皆临时官，事平则撤。英宗以后，各省会及冲要地方例设巡抚。陕西三边例设总制，为定员。布、按之权渐轻。惟总督则因事而设，不限地域。此外各产盐区有都转盐运使司，掌盐务。沿河地方有市舶提举司。西北沿边地方有茶马司，掌商务。

三、地方制

太祖定鼎金陵，建浙江、江西、福建、湖广、山东、山西、北平、河南、

明代地方区域表

类别	名称	领地今释
两京	京师 北直、隶	河北
	南京 南直、隶	江苏安徽二省
十二省	山东	山东
	山西	山西
	陕西	陕西及甘肃省大部
	河南	河南
	江西	江西
	湖广	湖广北、湖南二省
	四川	四川东、中二部
	浙江	浙江
	福建	福建
	广东	广东
	广西	广西
	云南	云南
	贵州	贵州
九边	辽东	辽宁省开原以南地
	蓟州	京兆蓟县以东至山海关一带
	宣府	察哈尔口北道
	太原	山西冀宁道
	大同	山西雁门道
	榆林	陕西榆林道
	宁夏	甘肃宁夏道
	固原	甘肃泾原、兰山二道
	甘肃	甘肃甘凉、安肃二道

陕西、广东、广西、四川、云南十三布政使司，边圉重地。又置行都司七：一辽东，二大宁，三万全（今口北道万全县），四大同，五甘肃，六建昌（今四川建昌道西昌县），七贵州。其地东起朝鲜，西接土鲁番（新疆土鲁番县），西南并云贵，南包安南，北括大碛。其后成祖迁都北平，名曰北京。以应天为南京，而于贵州、交趾设布政使司。扩张为十四布政使司。然大宁（今热河）、东胜（今绥远）诸地，皆弃而不守。宣宗又徙开平（东起河北古北口外，西至独石口外，为明开平卫地）于独石（今

兴和道独石县），边墙以外多弃而不守。防维单弱，遂滋边衅，而交趾之地复沦于异域。仍为十三布政使司。世宗时，又弃河套及哈密，疆土益蹙。东起辽海，西尽嘉峪关，南至琼崖，北抵云朔。如此而已。总两畿、十三司分统之府百有四十，州百九十三，县千一百三十八。又羁縻府十九，州四十七，县六。其分隶于两京都督府者，则有都指挥使司十六（万全、辽东、大宁，凡三十三布政使司各一），行都司五（山西、大同、陕西、甘肃、四川建昌、湖广郧阳、福建建宁），留守司二（中都留守司，驻凤阳；兴都留守司，驻承天；今湖北武昌县也），所属卫四百九十三。中叶以后，沿北要地称重镇者凡九。皆分统卫所关堡，环列兵戍。所谓九边者是也。

四、兵制

京师有二十六卫，及左、右、中、前、后五军都督府。卫为天子之亲军。都督府分辖地方之都司卫所。每省设一都指挥使司（简称都司），以都指挥使为长官，统督诸卫所。五千六百人为一卫，以指挥使为长官。千百二十人为一千户所，以千户为长官。百二十人为一百户所，以百户为长官。每百户设总旗二名，小旗十名。大小联比以成军。卫所之军皆屯田，自为耕作。计兵授地，以地养兵。故兵足而粮不费。其后军额渐缺，遂行召募之法。取之之途有三：一曰从征，卫所固有之军也。二曰归附，以降卒为兵也。三曰谪发，有罪者充军也，亦曰恩军，亦曰长生军，因其子孙世世执役也。又有籍选者，即所谓民兵，拔之编户者也。其出征伐也，待符信而出，受节制于兵部（明初定制兵部掌兵政，而军旅征伐则归之五军都督府。兵部有出兵之令，无统兵之权。五府有统军之权，无出兵之令，将属于五府，而兵又总于京营，皆犬牙相制之法也）。事平，将上佩印，兵归卫所。即唐府兵遗意也。然其后将受制肘之害，兵亦日即于腐败。卫所之兵，几于徒有虚籍。缓急所恃，惟民兵及诸乡兵，与四川、广西、湖广三省之土兵（即土司所统之兵）而已。京兵之制其初分为二大营：一卫宫禁，犹汉之北军；一卫京城，犹汉之南军。永乐时，置神机营，专习神枪、火箭之法，号为三大营。景泰时，卫拉特入寇。于谦以兵冗不能用，乃于诸营中选精兵十五万，分十团营。各设提督统之。宏治中，增为十二团营。正德中，集九边突骑数万人聚京师，号威武营。后因边防告急，选二万人从征，号东西二官厅，各置一都督统之。团营所余之兵，私佣于中贵之家，不复加以训练，于是兵数大减。嘉靖中，复改十二团营及二官厅名目为三大营，总于戎政府，然冗滥如故。水师之制，自广东以迄辽东，沿海节节设防。北洋利用沙船，因其底平，不能破深水之大浪也。南洋利用广福船，因其身重而底尖，可以破浪也。江南兼之。以其内小港多，而外洋复深广故也。

明代兵制表

	时代	机关名称	长官名称
京兵制	洪武	京卫指挥使司	指挥使
	永乐	五军营，神机营，三千营，称三大营	提督
	景泰	十团营	总督
	宏治	十二团营	同
	正德	东西二官厅	总兵
	嘉靖	三大营	总督戎政
地方兵制	区域	机关名称	长官名称
	全国	左右中前后五军都督府	左右都督
	一省	都指挥使司	都指挥使
	边防重	行都指挥使司	同
	卫	卫	指挥使
		千户所	千户
		百户所	百户
兵之类别	名称	性质	
	从征	卫所固有之兵	
	归附	降兵	
	谪发	罪人充军	
	籍选	民兵	

五、赋税制

明初定制，田赋十分取一。田有二：曰官田，曰民田。赋有二：曰夏税，曰秋粮。以米、麦、钱、钞、绢数者并征。其役法因赋而定。丁夫出于田亩。民年十六而成丁，成丁而役，六十而免。世宗嘉靖以后，创行一条鞭法。总括一州县之赋役，量地计丁。丁粮毕输于官。一岁之役，官为签募。力差则计其工食之费，量为增减。银差则计其交纳之费，加以增耗。凡额办、派办、京库岁需与存留供亿诸费，以及土贡方物，悉并为一条，皆计亩征银，折办于官。于是赋、役合一，立法颇为简便。然诸役冗费，名罢实存，有司追征如故，百姓苦之。万历七年，张居正当国，减均徭加派银一百三十余万，百姓称便。然其后诸役猝起，复签农氓，则一丁而两役之，民重困矣。明自太祖时，定天下田赋，轻重颇不均。苏、松、杭、嘉、湖五处最重，倍蓰于他方。江西之南昌、袁、瑞等处亦甚重。说者谓太祖恶张士诚、陈友谅，因而仇视其民也（明祖性极忮刻。既灭陈友谅，取其亲族、大臣等。共陈、钱、林、李、袁、孙、叶、许、何九姓，贬之浙江，使为渔户，永沦下贱，不得为良。其忮刻可知），而实不尽然。盖其害起于宋之官田。宋徽宗时，浙西平江诸州，积水新退，田多旷业。当时在廷计利之臣，献议募民耕种，官自收租，谓之官田。既曰纳租，则其所纳必重于民田之赋可知也。厥后籍没蔡京、王黼、韩侂胄等之田，皆并入之。于是官田浸广。沿及元世，相仍不革。张士诚既据江南，又并元妃嫔、亲王之产入焉。明太祖灭张氏，其部下官属田产遍于苏、松等处。太祖既怨张氏，又籍其田，并后所籍富民田悉照租额定赋税，其后更拟絜官田重税并于民田，于是江南之民大受其害，而贻祸至今矣。太祖时，又定有永不起科之地。如青田（今浙江瓯海道青田县）等处，则以爱重刘基而加之惠也。其后苏、松重赋，虽经臣下奏请，略有轻减，而所赋仍多。神宗万历以后，国用日匮，杂税名目逐渐繁多。闾里之穷，至于无告，而铤而走险者多矣。

六、刑制

明太祖惩元季宽纵之失，用法颇严。臣民有犯必诛，无所容贷。尤恶贪吏。其刑书有《律令直解》及《大明律》两种。《律令直解》者本李善长所撰之律令，而太祖诏周祯等为之训释者也。《大明律》者，其篇目有吏、户、礼、兵、制、工等六律凡六百六条，其后又取比年所增，以类附入而成者也。其刑名仍用笞、杖、徒、流、死五等。司刑狱之官，京师有刑部、都察院、大理寺，谓之三法司。地方人民有不服州、县、府、道及按察使之审判者，准其上控，至都察院而止。有大狱则三法司会审。成祖以篡夺得国，虑臣民不服，令中官四出侦探，始严诽谤之禁。终明之世，东、西厂、锦衣卫、镇抚司之权甚重。凡所缉者，刑部、大理寺不得过问。所用多非刑，极其惨酷。廷杖之事，亦太祖时创行，二百余年未之或改。

七、学制

明初，京师有国子监，有祭酒、司业、博士等职为之师。地方学校则府、州、县均有之，以教授、训导等职为之师。此外有宗学，为宗室子弟肄业之所。有社学，每乡社置之，令民间子弟肄业，以期教育普及。有武学，英宗时设之于两京，以教武生。国学生徒，取之于公卿之子弟者曰荫监，拔之于郡国之俊秀者，举人曰举监，生员曰贡监。其初，广为号舍以居之，厚其衣食以养之。在学十余年，始优与出身，往往仕至显宦。祭酒一职，朝廷特简大学士、尚书、侍郎领之。中叶以后，名儒辈出。如李时勉、陈敬宗等，分教南北，昼则会馔同堂，夜则灯火彻旦。如家塾之教其子弟。故成材之士多出于门。筮仕之后知礼义，重廉隅，尊主庇民，事业皆有原本。其后纳粟之例开，流品渐淆。庶民得援生员之例入监，谓之民生，亦谓之俊秀。而监生遂轻矣。郡国学生，无不廪膳于学者，谓之廪膳生。其后以多才之地，许令增广三五人。踵而渐多。宣宗时为之定额。如廪生之数，谓之增广生。其后又有军民子弟俊秀、待补、增广之名。久之乃号曰附学生，无常额，而学校自此滥矣。

八、选举制

明初荐举与科举不并行。洪武十五年，复科举之制，而荐举不废。于是荐举与科举乃并行。宣宗宣德以后，趋重科举。卿、相皆由此出。于是荐举始徒应故事矣。其科举考试之法，有乡试、会试、殿试之别。子午卯酉之年，各省试士曰乡试。丑未辰戌之年，中乡试选者至京师礼部试之，曰会试。中会试选者，天子亲试于殿中，曰殿试。分一、二、三甲，以为名第之次。一甲三名：曰状元、榜眼、探花，赐进士及第。二甲若干人，赐进士出身。三甲若干人，赐同进士出身。状元授修撰；榜眼、探花授编修。二、三甲选用庶吉士者，皆为翰林官，其他或授给事中、御史、主事、中书、行人、评事、太常博士；或授府推官、知州、知县等官。其试士之法，专取《四子书》及《易》、《诗》、《书》、《春秋》、《礼记》命题。其文略仿宋经义，体用排偶，谓之八股。通谓之制义。

明代科举制表

科目	试年	地点	及第者之名称
乡试	子午卯酉之年	各省	举人
会试	丑未辰戌之年	京师	进士
殿试	同	殿中	一甲曰状元，赐进士及第；二甲曰榜眼，赐进士出身；三甲曰探花，赐同进士出身

第二节 学术

一、儒学

成祖时，编《四书大全》、《五经大全》、《性理大全》等书，颁发各学校。故明时应试之文，多主程、朱立说。范围狭隘，无自由研究之余地。学派最著者有三：一为河东派。倡始者为山西薛瑄。其学一本程、朱，以躬行复性为主。海内宗之。次则吴与弼，以名儒被荐。其学稍出朱、陆之间。其门人最著者，曰胡居仁，曰陈献章。居仁笃践履，确守先儒正传，朱子派也；献章专以静为主，忘己为大，无欲为至，其说稍近陆子。学者称为白沙先生，号江门派（献章为广东新会县人）。其后姚江（水名，在浙江余姚县南下入流甬江）王守仁出，大倡良知之说，与朱子之学大相反对，海内翕然宗之，称为姚江派。又以其与陆子学说近，通称为陆王派。天启时，东林党魁顾宪成力阐其说。明季忠节之士，多其学说所造成。明亡，浙江余姚（今属会稽道）人朱之瑜东渡日本乞师，留居教授，以传其学说。明治维新诸志士，多其数传后之私淑弟子，至今彼邦人士犹推重焉。

明末士大夫皆阳明私淑弟子，高谈性理，汉唐注疏皆束之高阁。好干涉政治而无实际能力。明事卒以此败焉。

二、史学

明初，前起居注宋濂等奉敕撰《元史》，成书甚速，脱漏甚多。且汉人不习蒙文，于其事迹多采之传说，影响附会，舛误亦不少。柯维骐患《宋史》芜杂，撰《宋史新编》，较原书为精简，皆纪传体之史也。编年体，有薛应旂之《宋元通鉴》。事实微嫌芜杂。纪事本末体，有陈邦瞻之

《宋元二史纪事本末》。其取舍颇得要。

三、文学

古文以宋濂为首，其文富赡，有开国气象。其次有王祎、刘基等，祎文醇雅，称其为人；基文亦遒劲。濂之门下有方孝孺，亦博学能文，以笔力遒健著名。永乐宣德时，杨士奇始为台阁体。弘治时，李东阳文仿先秦，称海内词宗。主持文柄三四十年，一朝大著作多出其手。李梦阳倡为复古，假艰深以文其浅陋，文体日衰。继其后者为李攀龙、王世贞。割截古书，渐至支离灭裂。晋江（今福建厦门道晋江县）王慎中、武进（今江苏苏常道武进县）唐顺之，文主欧、曾，然不能抗其势。昆山（今江苏苏常道昆山县）归有光后出，规矩谨严。一标准于唐宋，为一代文宗。通俗文字中之小说传奇，甚为发达。《西游记》、《牡丹亭》等，其著名者也。此外又有时文，一名八股文。始于宋王安石之经义，代古人语气为之。体用排偶。明代用其制以取士。初尚浑噩，一变尚体格，再变尚机调，三变尚才情。天顺以前，其体裁格式，尚无一定，成化以后乃有八股。至天启、崇祯时，金声、陈子龙、黄淳耀、项煜等出，所造益精矣。以诗名者，明初有刘基，高启继之，长于七古、七律，与徐贲、张羽共称四杰。其后杨士奇之台阁体出而渐衰。李东阳、李梦阳力摹盛唐，以矫其失，诗道始复振。其余若杨慎之才华，薛蕙之雅正，皆诗学大家。钟惺、谭元春等以幽深孤峭为主，为诗之别派。

此外尚有最关于文化之大著作一种，亦于明初编成者，即《永乐大典》是也。成祖即位之初，命翰林学士解缙等纂集历来经、史、子、集百家以及天文、地志、阴阳、医、卜、僧、道、技艺之言为一书，悉采各书所载事物类聚之而统之以韵。二年十一月，书成，赐名《文献大成》。既而上览所进书尚多未备，遂命重修，命姚广孝与侍郎刘季篪及缙总之。五年十一月，书成。凡二万二千九百三十七卷，一万一千九十五册，赐名《永乐大典》。是为有史以来最大之类书，收容明清以来绝版之书不少。（看御纂《资治通鉴》纲目三编卷五，永乐六年冬十一月修《永乐大典》书成条下）

明代文学家表

姓名	家数	优劣点	时代
宋濂	古文学家	富赡	明初
王祎	同	醇雅	同
刘基	同	遒劲	同
方孝孺	同	笔力遒健	建文时
杨士奇	台阁体	古文渐衰	永乐宣德时
李东阳	古文学家	文仿先秦，称海内词宗	弘治时
李梦阳	同	倡为复古，假艰深以文其浅陋	中叶以后
李攀龙	同	割截古书，支离灭裂	
王世贞	同	同	
王慎中	同	文主欧、曾	
唐顺之	同	同	
归有光	同	规矩谨严，标准于唐宋	明末
金声	时文学家		明末
陈子龙	同		同
黄淳耀	同		同
项煜	同		同
刘基	诗家	长于七古七律	明初
高启	同	同	同
徐贲	同		同
张羽	同		同
杨士奇	台阁体	诗学渐衰	永乐宣德时
李东阳	诗家	力摹盛唐，诗学复振	弘治正德时
李梦阳	同	同	同
杨慎	同	才华	正德以后
薛蕙	同	雅正	同
钟惺	同	幽深孤峭	同
谭元春	同	同	同

四、书法

最著者前有解缙，后有文征明，最后为董其昌。缙书尽用正锋，不免恶札之讥。征明时出偏锋，弥增妩媚。其昌为江苏南汇人，号香光居士。其书自谓过于赵孟頫。清圣祖喜习其书，广事搜罗，故益为世所珍。

明代书家表

姓名	书名	时代
解缙	尽用正锋	初年
文征明	时用偏锋	中叶
董其昌	过于赵孟頫	末年

五、画法

明初王冕、王履之徒，均以画著名。后沈周出，尤称高手。世号周为石田先生。山水花卉、鸟兽虫鱼各极其妙。同时有唐寅、文征明等。寅字伯虎，亦号六如。工诗善画，其画沉郁奇峭。征明工书善画，世称其画能兼赵孟頫、倪瓒、黄公望各体。陈献章为理学名儒，画笔亦遒劲可喜。关思以山水著名。董其昌画学宋人，自谓与文征明各有短长，精工不如征明，而古秀胜之。其山水树石等，称明末之冠。

明代画家表

姓名	作品	画风
王履		
王冕		
沈周	山水花卉鸟兽虫鱼	精妙
唐寅		沉郁奇峭
文征明		兼赵孟頫、倪瓒、黄公望各体。

姓名	作品	画风
陈献章		遒劲
关思	山水	
董其昌	山水树石	古秀

六、天文学及历学

明初用大统历，刘基所进也。其后太祖以西域人推测天象至精密，诏译其书，置回回司天监。神宗时，意大里亚人利玛窦东来，著乾坤体仪及天学初函等书。李之藻从之受学，力荐之，于是西法始萌芽。崇祯初，礼部侍郎徐光启（上海县人，亦利玛窦弟子）依西法，推算日食甚验，而大统、回回二历皆不合，于是开局修改，命光启督之。光启引欧人龙华民、邓玉函、熊三拔、阳玛诺等从事改订，熊三拔著有简平仪说，阳玛诺著有天问略，龙华民与光启合撰新法算书，均能发明新理。后邓玉函卒，光启又征汤若望（德意志人）、罗雅谷等，译崇祯历书百余卷，即以崇祯元年戊辰历为历元。光启寻卒，后值国变，未及施行。然迄今言甄明西学者，必祖光启焉。

明代西学家表

姓名	原名	著作
利玛窦	Matto Ricci	乾坤体仪，天学初函。合著几何原本，职方外纪
李之藻		
徐光启		
徐光启		合撰新法算书
龙华民	Nicolaus Langobardi	
邓玉函	Joannes Terrenz	
熊三拔	Sabtbathims de Uris	简平仪说
阳玛诺	Emnianualdiaz Junior	天问略
汤若望	Joannes Adam Schall von Bell	合译崇祯历书
罗雅谷		

七、医学

明初，承元代重医学之后，故著名者甚众。若吕复、王履、戴思恭等，于医术多有发明。神宗时，有李时珍者，病本草之烦杂，穷搜博采，别成一书，名曰《本草纲目》，为医学之大观。神宗命刊其书于天下，后世医家多宗之。

八、术数

明初有周颠者，太祖伐陈友谅时，有所咨询，其言皆奇中。太祖颇尊信颠，尝亲撰《颠仙传》以纪其事云。刘基料事如神，世称其有阴阳风角（角隅也，候四隅之风以占吉凶）之术。又有袁珙者，善相人。相成祖年逾四十，必登大宝。见藩邸诸校卒，皆许以公侯将帅，其言皆验。子忠彻亦能传父术，与皇甫仲和从成祖北征，并以占卜知名。英宗北狩，仲和亦预知之云。

第三节　风俗

自金元入主中国，以武力压抑，民气大衰。明太祖又以专制之法行之。其最甚者有二端：一曰廷杖。东汉明帝自起撞郎，犹未免失人君之度；明代诸臣一言不合意，则杖随之，有至死者。而诸臣非惟不以为耻，反以为乐。朝被箠楚，夕仍尸位。虽有忠直之气，未免污辱之诮。其不足取一也；一曰跪对。古者三公坐而论道，入朝则君为之起，去则临轩送之。宋太祖时，始废坐论之礼，然尚立对也。君坐臣跪，制始于明。膝行而前，叩头跪俟。诸如此类，见于史传者甚多。虽曰大臣，何殊奴隶。其不足取二也。君既以奴隶待其臣，臣亦即以奴隶自居。望其以廉耻自励，精心谋国，难矣。且文字狱兴，士大夫皆依附以求媚，箝口避祸，无所谓气节。宦寺横行，厂使四出。胁肩谄笑罔识廉耻者，历代踵接，而魏阉当国时为尤甚。是真亡国之现象也。加以其时贪吏横行，矿税肆扰，民亦惕息鲜生趣。政治之腐败，风俗之陵夷，至此而极。东林诸君子，固守姚江派学说，颇能振作士气，然皆空虚无学问，浅薄无常识，狭隘无度量，幼稚无经验，组疏无手腕，而皆有极刻露之锋芒，极固执之主张，所言论与实际政治相隔太远。其余若非东林党（如宣昆党、齐党、楚党、浙党等）、阉党等，又皆顽钝无耻之八股先生所组合，除去闱墨、律诗、律赋、小楷及《四书大全》、《五经大全》、《性理大全》外一无所知。明室卒断送于此辈之手。相传李自成陷京师时，营中接得送礼四摺帖一扣，上面写"谨具大明江山一座，奉申献敬"，下面写"文八股顿手拜"。其言虽笑谈，然亦恰合实际也。

第四节　宗教

一、道教

太祖以道士张正常为真人，授二品之秩，其僚佐有赞教、掌书等名。世宗尤尊信之，建殿宫中，斋醮无虚日。道士陶仲文、邵元节等，并加优礼。元节仕至礼部尚书，卒谥文康荣靖。仲文仕至礼部尚书，累加少保、少傅、少师，封恭诚伯。方士麕集都中，符咒《烧炼》扶乩之术盛行。一时士大夫，至有借以干进者。穆宗即位，痛加裁抑，乃渐不振。

二、佛教

明太祖重佛，高后崩，诸王奔丧。将还，帝命各以僧与之，令诵经修佛事。吴僧道衍归燕府，数以奇谋进，成祖甚信任之。靖难兵起，道衍为主谋，后拜太子少师。卒后追封荣国公。然其人阴险狠辣，殊不足取也。成祖既即位，诏南北两京刻经。武宗于佛经梵语，无不通晓，自称大庆法王，西天觉道圆明自在大定慧佛，命所司铸金印以进。世宗信道，毁禁中大善佛殿（元时所造）及金银诸佛像、器物等，凡一百九十六座。佛教以此不振。

三、喇嘛教

先是有元初年，帕克巴为法王，主藏务。其后世居后藏札什伦布附近，称萨迦胡图克图（萨迦者，释迦之音转胡图克图译言，再世也）。不禁娶妻，子孙递相承袭。其服饰本印度袈裟旧式，衣冠皆赤。明时以其地旷俗悍，利用宗教力以羁縻之。礼之优于元代。喇嘛等叠承两朝优遇，流于侈惰。又专恃密咒，吞刀吐火，炫诸幻术，尽失佛教本旨。成祖时，有宗喀巴者，生于西宁卫，学经于札什伦布之萨迦庙。知其腐败，谋改革之。入雪山苦修。道既成，为蕃众所信仰。遂别立一派，排幻术，禁娶妻。自服黄衣冠以示别，谓之黄教。而名旧教曰红教。其徒皆通大乘，尚苦修，学行卓然，出红教徒上。旋盛行于前藏，势与法王相匹。宪宗时示寂。其大弟子有二：一曰达赖喇嘛（达赖者大海之义），一曰班禅喇嘛（班禅者尊贵教师之义，亦称班禅额尔德尼，光显之义也）。遗嘱二人，世世以化身转世，至五世而止（宗喀巴既禁娶妻，故别创一嗣续法，达赖、班禅将死时，辄预言其所托生之地，使其徒迎而奉之，谓之呼毕尔罕，即化身转世之义也）。第一世达赖曰敦根珠巴，故吐蕃王室之裔，世为藏王，舍位出家，传宗喀巴衣钵，黄教徒遂兼有西藏之政治权。第二世达赖曰敦根坚错，始置第巴等官以摄理政事。武宗遣中官刘允如藏迎活佛（即达赖），活佛匿不见。世宗时，第三世达赖锁南坚错立，有高德，红教诸王皆俯首称弟子。势力渐行于蒙古诸部，得其尊信，谙达及其从孙黄台吉等入藏迎之，至青海及漠南说教。第四世达赖曰云丹坚错，为谙达之曾孙。其势力亦益蔓延于漠北及伊犁等地。而漠北诸部，以所处避远，不得亲承达赖，乃迎宗喀巴第三弟子哲布尊丹巴胡图克图后身为教主，处之库伦，以总理蒙古教务，其位与班禅相亚。即今外蒙古活佛之肇始也。

明代黄教表

位置	姓名	籍贯及出身	功德及设施
教祖	宗喀巴	西宁卫人，学经于札什伦布之萨迦庙	排幻术。禁娶妻。其徒皆通大乘，尚苦修，学行卓然
第一世达赖	敦根珠巴	吐蕃王室之裔	舍位出家，兼握西藏政权
第二世达赖	敦根坚错		置第巴等官，代理国政
第三世达赖	锁南坚错		有高德，红教诸法王皆称弟子，谙达迎至青海、漠南说教
第四世达赖	云丹坚错	鞑靼汗谙答之曾孙	势力蔓延至漠北及伊犁

四、回教

帖木儿帝国全盛时代，四方回教学士，争集其国都撒马尔罕。教祖穆罕默德之后裔，有和卓木（译言圣裔也）者，得其尊信。其后逾葱岭，传布其教于天山南路，延及陕甘之地。其教徒甚亲睦，不与他教徒通婚姻云。

五、基督教

基督教自元亡后，几乎中绝。其后欧洲新旧两教之争甚烈。旧教徒既失之西欧，欲收之东亚，陆续东游。就中坚忍不挠者，为耶稣会派之教徒。明孝宗宏治十三年（一五〇〇年），始随葡人至印度。世宗嘉靖十八年（一五三九年），葡据卧亚（Go），传播浸盛。其中尤著者，为基督教会东洋布

第四编　近世史　西力东渐时代史

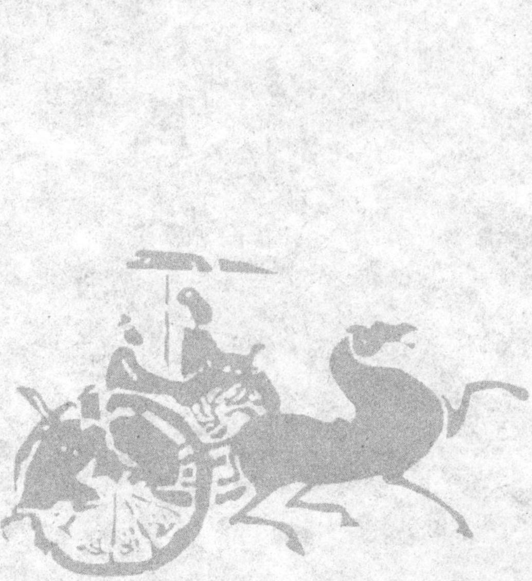

第一期　清室勃兴时代

梁序　清代政治与学术之交互的影响

人类的进化是由于两种势力交互进行而成功的，一种是人类的心理，一种是环境。这两种势力到底哪一种大呢？这是不能断定的。主张心理的势力大的是唯心派。完全用心理作主是无其事的；如果完全为环境支配的时候，人类便永远在一个地方不能活动。人类的心理受气候、土地的支配，是不能避免的，但是常有少数人，他们的心理能冲出环境，制造文明，如释迦，孔子，都是这样伟大心理的人物。人类的历史便因这种冲出环境的心理而进步。但是心理无论如何伟人，总有限度，而环境的牵制也有限度，所以社会便一步一步地前进。人类总有一个最高的理想悬在高处，但是立刻达到目的是不可能的，这样时代思潮便发生了。因为有伟大的心理，所以有思潮；因为有环境的限制，所以成为时代思潮。各国各时代都是这样的。

风俗、习惯等等，都归入环境范围以内的，但与思想最有关系的便是政治，所以政治是环境中最重要的一种东西。

讲清代学术，我们当然要研究为什么造出这种学术来？评价怎么样？这样不得不研究当时所处的环境，所以要讲政治了。

因为要说明这一时代的学术，不能不顾到前一时代的状况。这样我们便不能不说到明朝天启、崇祯年间的事了。清代的学术便是对于明朝学术的一种反动。明朝的唯一学派便是阳明学派，一个创于最伟大的人物王阳明先生的伟大的学派。虽然有许多人批评这个学派，但是要把王阳明本身，王学与王学的末流分别看待。晚明三十年与阳明先生已相隔百余年，那时阳明学派变做阳明学阀，王学的人与佛教的禅宗几乎混而为一了。禅宗不尚问答思辨，以为这样越讲越支离，所以在人讲说的时候，便有吓与打的方法把人吓住。因为这样，所以不学无术的人很可以作伪。王学末流的人终日谈天说性，如果论到条理方法，便以为支离；所以人都是束书高阁，不学无术。这是明末三十年的情形。

晚明的学士很欢喜干政，（很像现在的学生，）在造成舆论的方面是很好而可恭维的，不过太无常识，所言论的与实际政治相隔太远。流寇遍地，有人主剿，有人主抚；满洲来侵，纷纷主战；但是无论如何，一讲到方法上便目之为支离了。所以是一无实际。

崇祯皇帝是一位鞠躬尽瘁的贤君，但是知人不明，所以十七年间换了五十三个宰相，其中好人坏人都有。固然魏忠贤与当时的阉人及奔走宦门的无耻官僚，是亡国的罪人，但是一班士大夫不能不分一部分责任。

当时反对阳明学派的共有三派，（一）事功派，（二）文学派，（三）魏忠贤派。

事功派以张居正为代表，专讲实际，看不起这一班与实际无关的讲学先生。

文学派以王世贞一班人为代表。他们看书很多，而且很有历史的研究，也觉得王学过于空虚。

魏忠贤一派阉党，是专与正人君子为难的。这样也就与讲学先生为难了。

这三派与阳明学派为难，于是阳明派便与这三派对峙。当时王学的团体有东林、复社。东松纯是讲学团体，因为受反对党的迫害，于是也固结团体对抗。复社本有政治意味，规模大而且人杂。他们欢喜政治活动固然很好，但是只能说空话，这是缺点。

当时除东林派是真的阳明派，其余无论复社与附和魏忠贤的阉党，都是一班八股先生在那里活动，他们除《五经大全》、《四书大全》等书之外一无所知，所以明末的最后的一幕戏，便是这两派旗帜不同的八股先生的奋斗。

明末的士风这样，所以为清初学者的晚明遗老都有一种觉悟。顾亭林便是其中之一个，他的《日知录》说：

古之清谈谈老庄，今之清谈谈孔孟。

又说：

今之君子……聚宾客门人……与之言心言性，舍“多学而识”以求“一贯”之方，置“四海之困穷”不言，而终日讲“危微精一”之说……我弗敢知也。

颜习斋也说：

……高者谈性天，撰语录，卑者疲精死神于举业，不惟圣道之礼乐兵农不务，即当世之刑名钱谷，亦懵然罔识，而搦管呻吟，自矜有学……中国嚼笔吮毫之一日，即外夷秣马厉兵之一日；卒之盗贼蜂起，大命遂倾，而天乃以二帝三王相传之天下，授之塞外。

当时满洲的来侵，流寇张献忠、李自成的磨刀杀人，促成学者的觉悟，这便是学术与政治的交互的影响。

西历一六四四年三月十九日以前是崇祯十七年，五月初十日以后是顺治元年。明清的交替使人受很大的刺激，（一）由于非我族类的满洲入关太侥幸，（二）由于热心任事的崇祯皇帝吊死煤山，所以当时学者（永远是少数学者代表社会的）起很大的自觉，以为国亡是他们的责任。所以一班东林、复社的阳明学者都出来反抗满洲，推出鲁王、唐王、桂王、福王，在浙江、福建、广东、云南一带组织政府，直到顺治十六年缅甸人把桂王交给吴三桂为止。这都是一班无权无勇的阳明学者鼓动出来的事业。

这一班学者死的很多，黄黎洲便是拼九死获一生的，（满洲政府把他的像挂在城门上，无可逃的时候便卧在沙上，以沙掩身，一夜死去，明日救醒。）这一种与外族奋斗的悲惨政治生活，便是阳明的真价值。当时一般学者经过这一番大变动，也就如春蚕变蛾，蜕化出一种新生命。以为明亡是明学的耻辱，于是抛弃空谈，专讲实用了。

清初学者的讲学，并不是为学术而讲学的，实在是为政治而讲学的。他们以为“外夷无五百年统治中国者”，于是梦想把满洲驱走后当如何建设。一面为反抗的活动，一面为将来建设的预备。放射了最后的一颗子弹，只好抛弃悲惨政治生活，而为学者的生活了。他们梦想的经济致用之学晚年知道不能实行了，才想改良学风。黄梨洲、朱舜水便是这一派之代表人物。

关于政治的环境，满洲征服中国，先易后难，顺治元年四月得北京，二年三月得南京，黄河与长江的流域指挥约定；但是小小的南方的地方，直到顺治十七年郑成功抛弃福建，经营台湾才平定。顺治的十七年中无日不在奋斗之中。最使满洲政府寒心的是顺治十六年郑成功、张煌言二人的会师北伐，江南一带地方绅士都把满洲兵驱走，反正过来。

到了永历被擒，郑成功逃走，顺治也就死了。康熙初年中国表面上才平定。但是强将吴三桂、耿精忠、尚之信还统带云南、广东、福建兵，成了尾大不掉的形势。三藩跋扈，康熙十二年造反，二十一年才平定。统计满洲入关，四十天得的燕京，完全得中国是四十年。这四十年的经验，满洲对于统治中国的方法更进步了，觉得用武力与中国的兵交战是没有困难的，最难统治的是这一班读书人的领袖。他们虽然没有兵，但是他们的心力很强而能得群众的随从，所以四十年间政策共有三变。

（一）顺治元年至十年为利用政策

（二）顺治十一二年至康熙十年为高压政策

（三）康熙十一二年至康熙末年为怀柔政策

第一期的时候，睿亲王多尔衮摄政，满洲仓猝入关，梦中没有想到来做中国的皇帝，所以必须要许多为虎作伥的人出来帮助。因此年年开科取士，也有一部分的无耻而热衷的人为其网罗，如陈之遴、陈名夏、龚鼎孳、孙承泽，都是些八股家能做诗文的浮华的滥名士。多尔衮摄政的时代，都是利用这些人来收拢人心的。

顺治七年，多尔衮死了。顺治亲政，非常厉害。陈之遴说看见顺治的冷酷面孔，满朝的人都战栗。顺治非常有本领，因多尔衮的利用政策而产出高压政策。陈之遴、陈名夏一班人都被残害。顺治十三、十四、十五年，因为科场乡试买官的事情，忽然大发雷霆，把总裁、主考、新进士一齐入狱，许多才子名士都死了，充军的很多。这种坑儒的科举案，是专对待穿长衣服的人而造成专制事业的。

顺治把中流以下的人都压倒，然后对于长江南北示威。凡有欠钱粮一文钱者即将功名革去，并且收监。有一位无聊的文人叶方霭，一面中进士，点探花，一面将举人底子革去，于是有“探花不值一文钱”之谚。当时得罪名者共有一万三千家之多，大凡江南名家都被陷害了。

后来经验更增加了，看出这班八股先生无甚用处，最利害的是不膺科举的山林学者。所以顺治末年便兴文字狱。康熙二年庄廷鑨的明史文字狱，七十余人都被杀。三年，孙夏峰入狱；五年，顾亭林入狱；六年，黄梨洲也入狱。但是这种行为，只增加学者的反抗。

康熙亲政的时候，三藩之乱已经将起了，所以就改用了怀柔政策。康熙是一位宽宏大度的人，也是中国历史上的一个大人物。他的怀柔政策分三步实行。

康熙十二年征全国山林隐逸，自然多少无关重要的人都出来冒充遗老了。当时有诗讥诮说：“圣朝特旨试贤良，一队夷齐下首阳，（中略）非是一朝忽改节，西山薇蕨吃精光。”但是真的山林隐逸有力量反抗政府的人是一个不出来，所以这一举措不得不认为失败了。

第二着，康熙十七年荐举博学鸿儒。黄梨洲等大儒的门生有被举入的了，但是这些天师仍然不来。顾亭林说是刀绳俱在，不惧一死。李二曲病辞不得，槛车进贤；李七天不食，拔刀自刺，才容他去的。这一招比较可以缓和一部分的人心。

康熙十八年开明史馆，当时学者固然不肯合作，但是对于故国文献仍然依恋不舍，而注意国史之编辑。虽然顾、黄都不到，他们的弟子潘来、万斯同都是顾问编辑，而建议的很多。这是最高明的一招。

康熙这一招把许多有名的学者唤来，他自己又是个好皇帝，政治修明，这一班学者事实上不能再反抗，又因明史馆的关系，因之缓和了许多。这与清朝学术大有关系。

清初的第一期的政策是完全无效的，第二期的政策的结果是使学者不敢说话，第三期政策的结果是缓和学者的感情，使他们专心提倡学术。

此外明清之交有一件很重要的事，即是天主教之耶稣会的入中国。欧洲马丁·路德创立新教，旧教摇动，旧教中热心的人，经了教皇的承认，出来组织耶稣会，他们有三种特色：

（一）比较最重科学。

（二）把目的地放在海外的中国与美洲。明末利玛窦到中国来传教，便是看了中国士大夫不能专心信仰，而打起提倡学术的招牌的。徐光启、李之藻都因为研究学问而信了天主教。徐光启译的《几何原本》，字字精妙，他们的学问都是很好的。

（三）交结贵族。在中国便交结士大夫，而不与下等社会接近。徐光启是崇祯的五十三相之一。有一部分学者很受他们的影响。

天主教人看满洲不能有为，乃向汉人运动。永历皇帝上罗马教皇求上帝的威灵帮助匡复的表，现今还在意大利。

明末产生历法改革问题，徐光启主张用西法，清朝的钦天监兼用耶稣会的人。康熙受中国文化，又欢迎西方文化。他的南书房里，中国人有三分之二，西洋人有三分之一。每日必有中国人经筵进讲，隔几天一次请西洋人讲测量学，生理学，等等。所以当时的南书房的翰林是政治中心。当时梅文鼎著了许多数学书，其中最难而有些自己还不能解决的是数学难题，康熙改了几条，梅根佩服。

康熙在文化事业上有几件不朽的事业：

（一）著作《康熙永年历》，数理精问，历象考证及制造观象台上的仪器，即是《凡赛尔和约》使德国退还的仪器，乃是三百年前最好的仪器。

（二）用三十四年的工夫测量内外蒙古，十八省，成了皇舆一览图，大臣各赐一幅，康熙都告诉他们自己制造这图的苦心，（现在的内府地图是康熙的底本。）

康熙很欢喜美术，三王的画虽然本质好，然而也不能不说是他提倡起来的。他也欢喜西洋美术，焦秉贞（西洋美术家）是一个很得意的内廷供奉。理学对于程朱派很有研究，历史欢喜看《资治通鉴》，日日不离。也能赏鉴中国文学，所以他的思想便影响到全国了。

综合前面所讲顺治、康熙时代之内幕与康熙本人的性格，就中几件重要事实，可以了解清初学术之来历。从顺治元年到康熙十二年，全学术界尽为前明遗老所支配。他们对于阳明学派或大倡革命，或加以修正，总其旨归，皆趋于经世致用一途。他们只用大刀阔斧把学问门径劈开，至其详细条理，精密结构，皆以俟诸后人。其中代表人物之最伟大者，为黄梨洲、顾亭林、王船山、朱舜水等几位先生。

一、黄梨洲　梨洲是王学之继承者，也是王学之修正者。他生长余姚，为阳明的胞同乡。阳明之后传其学者有刘蕺山，而梨洲是刘的高足弟子。他与阳明之关系既深，于王学的根底甚厚，对于王学一面继承，一面修正，而使王学竟得以善终。王学末流，逼近禅宗，一般学者束书不观，游谈无根，以静坐明心见性为其护符，自己之品格毫不置顾，放荡猖狂，空谈高调，甚至如李卓吾所说，“酒色财气，不碍菩提路”者。王学之末流，弊至于斯，在刘蕺山当时已有修正，到了梨洲，矫正更多。（他品格严正，读书极富，）所以与其说梨洲为王学的继承人，毋宁说他是王学的修正者。

梨洲于修正王学外，更擅长史学，清代江苏、安徽两省多出考证学家，而两省之派别也不同。江西多文学家，惟浙江则多出史学家，这是地理的关系使然。浙江所出的史学家，尤以浙东为最显，其原因或者是人的关系。梨洲之父遵素，为魏忠贤诬害而死，临死前，嘱子致力史学，梨洲时年十四五岁，受刺激至为深痛，所以对于史学终身不懈。他有明史案三百余卷，可惜已佚，又有《宋史稿》也未完成。现存最重要的大著作为《明儒学案》、《宋元学案》，两书体裁系统，皆极周密。他的门生万季野（斯同）史学最优，现在二十四史，除前四史外，最好的要数《明史》，而《明史》之材料，则出于万。原来现在之《明史》题名“横云山人”者，即系王鸿绪，王以不学之人，主撰《明史》，其中十之八九皆窃自万。历来独立作成一史者，太史公、班孟坚之后，要算万季野了。梨洲再传为全谢山（祖望），又传而为章实斋（学诚），都是浙东人，现在章太炎也应属于此派，他的根本学问，以我说很受些梨洲的影响。不过这也奇怪，他只恭维顾亭林，而不敬重黄梨洲。总之，浙东派论史卓见，确是梨洲开其端。

梨洲是阳明学派之结局人物，也是清代史学之开山大师。

二、顾亭林　清代各学派的门径，皆自他开端，论有清一代学术分上，他要算“太祖高皇帝”了，所以任何学派皆不能对他有微词的。他的品格极方严，他虽是江苏昆山人，而却嫌南人文弱轻浮，所以后半生的生涯，尽在北方。他全生涯的方向，受他母亲的感化很大。他幼承祖父命出继堂叔为子，他的母亲王氏十六岁未婚守节，抚育他成人。他一生学问，一部分得自祖父，一部分得之母教。昆山为清兵陷后，母饿二十七日而死

（母时年五十六），死时，遗命其子不得事满洲。他本是一位最富于血性的人，又受其母亲的感化与最后热烈的刺激，故其终身人格和全生涯之方向，遂确定不移地从此立住。他初时只肯把母亲浅殡，立意要等北京恢复，崇祯奉安后，再举行葬礼；过了两年，觉这种希望很杳茫，才勉强把母亲先行安葬了。当时隆武（唐王）在福建遥授他职方司主事，他以东南悍将惰卒不足以成事，且又地利不宜于进取，于是决计弃家北游。他想通观国内地理形势，阴结豪杰，以图光复。旅行多年，赖他善于理财，始于不曾困乏。他每到一地，认为有注意价值者，便暂住从事垦田，垦好了交给朋友或门生经理，又往他处。河南淮河一带，山东登莱一带，奉天辽阳，山西大同等处，他俱到过，他到处皆作政治活动，而皆带着秘密性质。他以为南方人力上不足图光复，地理上又难占优胜，故其足迹所至，皆限于北方。他的光阴，一半都消磨在旅途中。他每出游，照例用两匹马换着骑，两匹骡驮带应用书籍，到一关塞险要地方，即寻老兵退卒，野人村夫问长问短，一有不合，便即开书对勘。他的最大目的，只是调查地形险要，一切社会情形和风俗及考古，并不十分注意，不过是附带的记载一点罢了。他往还河北诸关塞者十几年，实际上皆作政治之活动，但以余力从事学问而已。

故老相传他有一件轶事：前清三百年中，在山西有握金融界枢纽之“票号”者，其组织极为奇离，无论多少家总是一样组织法，而号规之谨严亦大略相同。有人说这就是顾先生干的事。他的资本据说是李自成逃至山西留下的。这种票号从清初继续到清末，握有中国金融实权，入民国才算更易。究竟这种事真假不敢说。总之，他的为人是很奇异的，他的天才既极高，他的事迹，自然也绝非书痴子一流所能作。

他为人方正严肃，不稍假借，无论如何，绝不作敷衍事，不讲门面语。他素日早起早睡，任何人请他吃饭，日将落即去，如请其稍为逗留，俟篝灯送行，他便说：“天下除私奔、盗窃两种人，焉有正人君子而夜行者?”从此可见他的为人。

他据论语“行己有耻”、“博学于文”两句为做人与做学问的标准。他深憾当时廉节扫地，学术空腐，极力标出耻字以提撕警醒。他最痛心的话是“士大夫之无耻谓之国耻!”他的书中像这样针针见血的话，讲得很多。他的人格感化力，到了清末，如章太炎和我，皆受了极大影响。他一生提倡学术人格交相并重，他对于阳明大胆地举起叛旗，他以为只有经学，无所谓理学，经学即理学。这话对不对是另一问题，不过清代的一班学者，则视此语为一种信条。他对于朱子很恭维，因为朱子的即物穷理，与他的主张大致相同。他对于阳明则力持挑战态度，大肆攻击，他以为晋之亡也以王衍之清谈，宋之亡也以王安石之新法，明之亡也有王伯安之致良知，相提并论，同事排斥。这种说法，我本人不大赞同，因为我对于荆公、阳明皆极佩服，不过于此处很可看出他事实求是，反对空谈。他如果看见现在青年高谈“马克思”，晨报附刊之无味的吵嚷的学风，恐怕他又要讨厌反对了。

他讲考证学的范围，并不像后来那样窄。他既不喜当时空疏无据之空谈，所以立言总以找出实在证据为准则。《日知录》一书很可表现他这种精神。他主张“博学于文”的“文”字非指文章及书籍中的文字。他说：“自身而至于家国天下，制之为度数，发之为音容，莫非文也。”《论语》：“尧舜焕乎其有文章”，“文王既没，文不在兹乎!”就是他所主张的“文”字的大意。就各种学问而研究其条理，即是“博学于文”的实事。他的精力绝人，学问上开出很多的方面，《日知录》序潘次耕说他：“综贯百家，上下千载，详考其得失之故，而断之于心，笔之于书；朝章国典，民风土俗，原原本本无不洞悉。其术足以匡时，其言足以救世。”所以清代的学问，如经学，史学，音韵学，金石学，考证学等皆顾先生开其端。

黄、顾二先生相较，黄修正王学之功，于明清两代学术，算来只作一个过渡；顾则处处开清学之先，算是一个开创者。

三、王船山　他生在地域较为偏僻，文化比着稍低的湖南，死后二百年，大家才知道他。所以他对于后学发生的影响也很晚：他当时很少与人往来，又不肯开讲，所以没有什么相识和门生，不像黄、顾两位先生之声气那样广。清初，下令汉人剃发，不从就要下狱破家，一班遗老如黄梨洲、顾亭林等既不肯削发去当和尚，又不甘心做满洲奴，但是没有方法解免，只好剃发拖带那条猪尾。船山住在衡山，抵死不肯剃发，只得躲在深山中，足迹不敢到城市。他著书极多，道光、咸丰间，邓湘皋（显鹤）从事搜集，编成一张书目，同治时，曾沅圃（国荃）刻成船山遗书七十七种，二百一十五卷，此外不曾刻的和佚去的还很多。他的遗书中最通行的《读通鉴论》、《宋论》两种，在清末为考策论的蓝本，这两种书内提倡种族主义的话很多，他自己政治上的意见，也常常借着批评史事来发表。他论史的眼光很特别，他的论断也很多翻前人的案，这两书在史学界上，总算有很大的威权和功绩。对于政治上就是清代后来的政治改革，也多少有受这两种书的影响的地方。

他对于宋儒很佩服张横渠一人；但他比着横渠却更有深刻的研究。他委实想独创一派哲学，他对于性的见解，和前人都不相同。以前有的说性是善的，有的说性是恶的，有的说性是善恶混的，却只在形而上的地方发高论。他以为先不要问性是什么东西，先要问我们怎么知。他有《知性论》一篇把这种主张提出。他说：

言性者皆曰：吾知性也。折之曰：性弗然也，犹将曰性胡弗然也。故必正告之曰：尔所言性者非性也。今吾勿问其性，且问其知。知实而不知名，知名而不知实，皆不知也。……目击而遇之，有其成象，而不能为之名。如是者于体非茫然也，而不给于用。无以名之，斯无以用之也。……知名而不知实，以为既知之矣，则终始于名，两惝恍以测其影，斯问而益疑，学而益僻，思而益甚其狂惑，以其名加诸回异之体，枝辞口兴，愈离其本。……夫言性者则皆有名之可执，有用之可见，而终不知何者之为

性，盖不知何如之为“知”，而以“知”名当之。……故可直折之曰：其所云性者非性，其所自谓知者非知。……《姜斋文集》卷一

他这种哲学出发的方向，很与西洋哲学趋势，有些相似。西方哲学家前此惟高谈本体，后来渐渐觉得不辨明知识之来源，则本体论等于瞎说，从此认识论，论理学就成了哲学的主要部分。中国最初所讲的哲学，大抵不问知识的来源和本质，所以船山的这种见地，在学术史上总算有极大的贡献，我对于船山的学问，未得深加研究，所以即刻难把他具体讲出，以后如有人能致力于此，我相信总要有很多发明罢。船山学术，二百多年没有传人，到咸、同间，罗泽南、曾文正等始稍受其影响。晚清之末，三四十年间，立宪、革命两派主要的人物，如我的朋友谭嗣同，他就是最得力于船山的。

四、朱舜水　他在国内几乎没有人知道；然而却在外国发生莫大的影响。他也是浙江余姚人，而为阳明、梨洲的胞同乡。我们研究他的传记，知道他曾在舟山和梨洲同事一年；但他俩却是不曾相识，说来总算奇怪了。我们推测这种原因：当时梨洲才华很好，早有声名，而舜水韬光匿名，不事表暴，而且他又不喜阳明学派，因此两人遂相隔阂。梨洲不知舜水，舜水亦复看不起梨洲，也未可知。梨洲晚年曾有过记两异人的一篇文章，其中一个就是朱舜水；但他把“朱”误记为“诸”，姓就记错了。舜水在遗老中，最为激烈，最初阮大铖和军人方国安想收罗舜水，他就逃跑到舟山，随后又逃到日本。福王失败，鲁王以郑成功力支撑十五年，十余年中，舜水时而跑到日本，跑到安南，跑到暹罗，时而返回国内，来往舟山、厦门各地，天天奔走国事。他曾和张苍水（煌言）在舟山共事，他曾入四明山助王完勋（翊）练寨兵，他又曾随郑成功入长江北伐。他想联络安南、暹罗、日本那些华侨，以图恢复，中间所历艰难危险，多到不可名状。有一次安南王莫氏想攻黎氏，听说舜水的学问文章很好，将召之去做他的“秘书”官，教他拜礼，他不干；当时曾杀了好多人来当面威吓他，

他仍然不少屈。他的坚强卓绝，可想而知了。

到了最后，明事百无可为，他又抵死不肯剃发，只得亡命日本以终老。当时日本排斥外人，不许居住，有几位民间志士，很敬重舜水，设法破例留他住在长崎。他自食其力，种菜为生。后来因为他的人格的高尚，学问的渊博，渐为人所知。在长崎住了七年，日本宰相德川光国迎他到东京，待以宾师之礼。德川光国亲自受业为弟子，其余藩侯请业的也很多。这很像我们中国春秋时代诸侯延聘客卿的样子。光国对于舜水真是恭敬极了，他每经过舜水门前，便弃轿步行，时或问疾，也是柔声下气，不敢惊动。舜水对他们随便讲说，间或笔谈，现在舜水遗书，即系德川光国为之收集刊刻。舜水以极光明俊伟的人格，平实淹贯的学问，和肫诚和蔼的感情，给日本全国人以莫大的感化。日本史家盛称的"德川二百余年太平之治，"其最大功绩就在舜水。后来德川光国著一部大日本史，专标"尊王一统"之义，五十年前，德川庆喜归政，废藩置县，成明治维新之业，光国这部书功劳最多，而实在也就是舜水的影响。前年日本为舜水做三百年纪念，举国若狂，所有的出版物新闻杂志之类，皆标着"舜水号"，可见他感人之深了。他后来死在日本，就葬在日本现在的茨城县太田驿附近水户藩主德川氏墓兆内，（现在日本第一高等学校校址，即系德川光国为舜水所置之住宅。）辛亥那年革命之后，我们主张把他老先生的骸骨迁运回国，日人大为反对，此次日本地震，我很怕他的住宅遭了不测，后来还好，听说没有什么，而且地震的时候，还有许多中国留学生，在此处避难的，以我想这些留学生于患难之中，得瞻仰这位老先生的遗迹，对于他那蒙难坚贞的精神，应受不少的感化罢！

舜水一生学问，在中国没人知道，而跑到日本发生这样大影响，他可说是我们中国学界之哥伦布。

晚明遗老，于旧学风站不住的时候，而东冲西突，各自努力去创造一种新学派的人很多；不过其所成就，都比上述四位先生较小。大概从顺治元年起，直到康熙二十年，学术界的状况，都是这种创造的学风，结果只算于学术上开了多方面的门径，实际条理和细密的地方，都是不曾作得成功。

康熙二十年后，形势渐变，遗老大师，都已凋谢，后起的人，对于满洲政府，不似先前那样之激烈反抗的态度。先辈所讲的“经世致用”之学，原是想推翻满洲的，到这满洲政府基础巩固的时候，再想建设一种理想的政治，已是不可能了。本来讲论政治，要当根据现代政治的状况。那时政府既不能与谈自己之理想和主张，而经世致用之学离却了现在，又都成了空话。梨洲、亭林当时还勉强不算为空话者，他们希望有些人能够行其主张，已经知道主张没人行了，那么，与其发为政治的空论，到不如单讲学术之为愈。康熙中年以后，经世致用的学风，一变而为考证之学，这是学风转变的第一种原因。

清初经过文字狱的险恶时代，大家一开口便罹奇祸，无论如何不畏强御，皆不能不为缄口。当时遗老也就没人敢再轻谈政治，而只得寄精神于考证一途。这是学风转变的第二种原因。

康熙平三藩后，社会安宁，一般人都很安心作学问；但是要谈心性的学问呢，不高兴做；要谈经世致用的学问呢，却又不能做。一个人的聪明才力，没有发泄的地方，遂不能不转一个新方向来治他种学问。这是学风转变的第三种原因。

康熙帝对于学术很努力，而对于各种文化，又都有兴味，声气所拨，大家也都受些影响。这是学风转变的第四种原因。

有了上边四种原因，所以从康熙二十年后的学术，讲到波澜壮阔，气象宏大，皆不及前；但是条理的精密和切实处，则远非以前所能有。历来学术史上有种公例，就是在社会乱离的时候，人的力量只能顾到创造一方面，等到社会安定之后，乃把以前之所创造者，加以整理。清代学术，也逃不了这个公例。

康熙中年以后，学术上重要的潮流有五支：

（一）阎百诗（若璩）、胡东樵（渭）一派，承接顾亭林，乾嘉以后之经学，皆其所开。

（二）万季野（斯同）、顾景范（祖禹）一派，承接黄梨洲，开后来之史学。

（三）梅定九（文鼎）、王寅旭（锡阐）一派，努力于天文历学——自然科学，承接晚明耶稣会的利玛窦一派，而开后来之科学。

（四）陆桴亭（世仪）、陆稼书（陇其）、张杨园（履祥）、张稷若（尔岐）一派，承阳明学派之反动，而宗程朱。

（五）颜习斋（元）、李恕谷（塨）、王昆绳（源）一派，他们对于从汉以来之二千余年的学术，都持反抗态度，他们那种大胆的破坏，前此真没有人能及。他们的学术特色，在排斥一切空谈静坐的枯寂学问，和一切记诵考证的支离学问，而提倡实用和"习动"。他们以为静坐空谈学问，必至厌事，废事，柔脆无用。他们以为谈天说性都是不相干，应该是"振起精神，寻事去做"。像他们这样很具有近代精神的人，我们如果不师其迹，而师其意，在今日还是很适用的。

此外派别很多，不过这五派算其大者罢了。

过此以后，就到了满清全盛时代，——乾嘉时代，各学派皆就停滞，只有考证一派学问盛行。说到这里，就发生了两个问题。

第一，科学一派，既经康熙的提倡，学者的研究，为什么后来忽然中止？

第二，以前学派如此之多，何以后来全就消灭，只留考证和训诂一派？

现在先回答第一问：

科学主要源头为耶稣会，晚明之际，耶稣会的传教士，如利玛窦、阳玛诺、汤若望等到中国来，中国学者如徐光启、李凉庵等都和他们往来。

徐、李以学者而兼高位，到清康熙帝又加意提倡，“上有好者，下必有甚焉”，一时风气大开。但到后来发生两个波折，一是关于耶稣会的自身，一是关于中国的内政，科学一派却又中断了。

耶稣会传教的方法，总算巧妙，他们以为初到中国来，急着传教，怕引反感，所以先拿科学的介绍做先导，等到得了信仰，再传他的教，就容易了。他们又徇中国人的习惯，以为中国人拜祖宗，祭天地，和他们教中的“不拜偶像”的宗旨是无冲突的，拜天就是敬上帝God。罗马教皇听说了这种办法，以为违犯教旨，大发雷霆，乃于一七〇四年，下教令不准耶稣会用这种态度在中国传教，并派特使多尔孟（法人）到中国监督查办。康熙四十四年，教令发布，康熙大怒，把多尔孟押解至澳门，其他各教士亦多被逐出国外。那时正当葡萄牙人与法人争教权而起恶感，适多尔孟为法人，就把多杀却了。耶稣会经了这次挫折，科学的萌芽，也遭了很大的打击，这是科学中止的一个大原因。

此外有官书未载而为故老相传之一事，与这个问题也有关系。康熙末年，第八皇子与太子争位，结果以第四皇子雍正即位。从康熙五十二年起，为着这个问题，闹了好几年，因为他们宫庭的私斗，也随着影响到学术界。原来耶稣会专好结纳那些阔人，所以早和太子结合；雍正则意在夺太子，而联结喇嘛。到后来太子失败，耶稣会也随着一败涂地。雍正元年十二月初四日，浙闽总督满保说是洋鬼子好捣乱，奏请把外国人驱逐出国，于是除在钦天监做事的几个外国人以外，其余尽被解送到澳门去了。康熙六十年来之科学修养，到此根本铲除，而此后与西洋学术界断绝来往者遂二百余年。这是科学运动停顿的第二个原因。

第二，为什么各派学术全就消灭，只余考证、训诂一派？

雍正为人，刻薄残忍，其帝位全为阴谋所得，不能不以手段来治理国家，所以即位之后，杀害兄弟，诛戮大臣，到处派侦探，监督各方面，简直是一个恐怖时代。故事相传：有他的状元王某新年在家玩牌，少了一张，过几天朝见时，雍正问他在家何作，王以实对，雍正随将其所失之一牌与之。像这样人人都谋自保还来不及，那还有力来研究别的东西？

讲到文字狱，清初很闹了几次。康熙末年，为着太子的事情，很不高兴，又有意兴文字狱。雍正二年，汪景祺一案，四年查嗣庭，七年吕留良等案，反株连了很多的人。在前文字狱还得经过告发，现在则完全由雍正自己罗织而成了。

雍正本无学问，而又好出风头，他一生有两种得意的书：（一）《拣魔辨异录》，（二）《大义觉迷录》。前者是同一个和尚开辩论的书，后者是与一个秀才开辩论的书。两书记载的，都是他的宗教政治谈。一位大皇帝同着一个穷和尚穷秀才打笔墨官司，这等事古今中外都很少见。要说为求真理起见，自然也不能限定不教皇帝加入，不过他的态度太不好了。当初法藏（禅宗）的弟子弘忍著有《五宗救》一书，雍正见了大怒，随着《拣魔辨异录》来批驳他，书成，又下了几千字的上谕，教尽焚毁《五宗救》之书，并教法藏一派的和尚返俗，这简直和罗马教皇的派子差不多了。《大义觉迷录》一书更奇怪了！湖南有个秀才名叫曾静的，受了一点民族主义的影响，天天在那里想着赶走满洲人，他上书岳钟琪说他是岳飞之后，教他造反，并数了雍正的杀戮兄弟诛灭宗族的十大罪状。钟琪将他的书原样上给雍正，雍正说他是妄人，亲自提讯曾静，面与驳难，把这种口供录集成书，名《大义觉迷录》。结果将曾静屈服了，并代作一篇归仁说附在书后。他以为曾狂愚不足怪，一面市恩令其无罪返里，一面则族其师吕留良三族。并将《大义觉迷录》一书颁发学宫，使大家当做《论语孟子》读。乾隆年间，复将此书收回焚板，遂成一种禁书，后来再想谋此书看也殊不易得。大抵其中不少自暴其丑的地方，所以不愿人见了。

雍正在位十三年，对于学术思想，乱事干涉，全国很受些束缚的影响。到了乾隆这位阔少爷，他的学识虽然有些在他祖老太爷之上，而他好慕虚荣，一面要做他的文德武功，一面又要问问各种学问，所以他的猜忌之心，与其父简直不相上下。他对于学术界，一面干涉，一面提倡，从他三十九年到四十七年的几年之中，屡次发表禁书之外，更焚毁了书籍一万三千八百六十二部之多，所谓“黄金时代”的思想之不自由有如此！在这种专制积威之下，一般人聪明才智无所可用，乃不得不攒在这种不生乱子的考据古典的一种学问里去。

记得有部小说说清宫那时演戏，动致闹乱子，演武戏，他说是诲盗，演粉戏他说是诲淫，演忠义戏，他说于种族有关系，到了无东西可演的时候，只好拿着《封神演义》和《西游记》上那些“齐天大圣”一类的虚幻飘渺的戏来演。清代的考证学，犹之乎清宫演“齐天大圣”的戏是一样。

清代学术中最重要的是考证学；考证学是清代学术的中坚。清朝一代学术最发达的时期是乾嘉。其实拿学术史的眼光来看，反是清初与晚清有新的气象，乾嘉时代倒是没有什么精彩的。大凡一种社会，进步的起伏都是如波浪的，有高起的时候，有平静的时候。乾嘉的全盛时期是平静的时候，所做的功夫完全是整理。

清学本为晚明阳明学之反动。第一步反动，反动到程朱。在这个反动中间，黄梨洲、孙夏峰是结王学之局的人，王船山、顾亭林是由王学的明学回到程朱的宋学。康熙、雍正两朝是宋学的全盛时代。乾隆时代汉学与宋学对抗，汉学打倒宋学。

宋学全盛的原因是由于最初满洲本无学，进关之后找读书人帮助；如范文程便是一位开国文臣，他是不学无术的。他们自己读性理大全，四书集注，八股，他们教皇帝也用这些东西。皇帝所知道的不外中国的朱熹。皇帝一面做政治事业，一面做道学先生。当时文人之气象好的便不与满洲合作。孙承泽、陈名夏都是清初得意的降臣，他们都是明朝的官吏，先降闯王，后又降清，清初只有这样一班人是程朱派学者，可以享很高的地位，终日屈着腰不做什么事，也不必多读书，又不似阳明学者之才气过人而无“乡愿”气，所以能投时主的心理，所以有许多人天天打着程朱的旗帜来骂阳明，这样的人康熙年最多。那时程朱猖獗是一种不好的现象，朝廷利用程朱，民间反抗程朱，结果出来三派：一派是人家越骂阳明，他们越讲阳明，如江西的李穆堂（绂），浙江的全谢山（祖望）。一派是对于二千年来的学问革命的颜习斋（元）。一派是顾亭林（炎武）、阎百诗（若璩）、胡东樵（渭）说“经学即理学”，以汉学抵程朱学。

以地方而论，北方讲程朱者多，江浙则汉学多。康雍五六十年间，都是两方对抗的。乾隆中间，汉学派占全盛，民间学风战胜了朝廷。乾隆开四库馆，动机是这样。最初李穆堂、全谢山曾看见《永乐大典》，（《永乐大典》是最笨的类书，用诗韵的第一字为纲，如“大”字下面写“大学之道……”，“大……”，它的好处是保存了许多佚书）他们看见即抄。财主如宁波范家的天一阁，扬州马家的畲经堂都是私人的图书馆，雇他们抄佚书，两家的力量集成了二三十部书。后来渐渐有人知道这些书籍宝贵，于是渐渐在北京提倡，想开一个更大的局面，到乾隆三十年，朱筠（竹君）上奏请开四库馆。朱氏是代表汉学派的人。刘统勋（谥文正）是代表宋学的，便大反对。结果是朱胜了，把四库馆开成。这是汉学的战胜宋学，江浙的学风战胜朝廷。乾隆三十八年至四十七年共十年之间，著录书三千四百五十七部，共七万九千零七十卷，分出各地方。第一部在北京禁城之文渊阁（今存），第二部在圆明园之文源阁（咸丰间毁于英法联军），第三部在奉天之文溯阁（今存），第四部在热河之文津阁（今移存北平图书馆），第五部在扬州之文汇阁，第六部在镇江之文宗阁（以上两部都毁于洪杨之乱）。第七部在杭州之文澜阁（经洪杨之乱半毁，现在补钞了许多，但是尚未钞全。）。

编四库全书的时候，内面主持事情者共有三百余人，著名学者如戴东原及各门专家都网罗在内，因之四库馆便成为汉学家的大本营了。结果编成一部《四库提要》；这部书是汉学思潮的结晶点，这部书的面子上很恭维程朱，内容都是不满意他。这是以政府的力量整理书籍的一件最大的成功。用政府的力量整理书籍固然不是从清朝开端的。如刘向校秘书的《序录》，这是政府方面整理书籍成功的著作。此外私人著述的如晁公武之《郡斋读书志》，陈振孙之《直斋书录解题》等书都是。这种著作的体裁虽似《四库提要》，但是《四库提要》的关系特别重大。因刘向所作的序录，并没有时代思潮随在后面，晁、陈的著作又是私人的，而《四库提要》乃是一时代的思潮，又加上政府的力量公布，所以这部书的力量是非常的大。《四库提要》里面每部的意见都是四库馆的公共意见；所以全部有组织，有宗旨，文章也好。借重政府的力量，力量又特别的大，所以做成功了政府反对宋学的局面。于是汉学便变为学阀了。这一点政治与学术也很有关系。

在乾嘉诸老范围之内，可以分为几派：

（一）吴派　惠周惕、惠士奇、惠栋为首领。这一派人讲学专讲好古，无论什么，都是汉朝人的最好，汉以后的便不要了。在考证学初开，一定是这样的。这一派专讲记诵的功夫，博学而以好古为目标。这一派是只有对于程朱的反动，如何组织，尚未讲到。

（二）皖派　戴东原为首领。在戴之前有江永（慎修），所以并称江戴。戴不单讲考证学，又有哲学。戴派学风是“求是”。求是与好古不同。吴派是好古，“古”即是“是”。戴不问古今，惟“是”所在。不过以为事实上的“是”古比今多罢了。这一派是真的考证学，吴派是“纯汉学”。

苏州一带宗惠，安徽江北则宗戴。惠博学而于考证上不十分注意。高邮王氏父子是江北人，所以宗戴。这两派是乾嘉学术的中坚分子。

（三）扬派　这一派发生的地点是在吴皖之间，（扬州）这一派的领袖焦循、汪中是参杂吴皖两派的，不过范围更扩大了。焦、汪又提倡诸子与经一样的看待。

（四）浙东派　浙东全谢山、章实斋是由黄梨洲传下来的史学。章说

“六经皆史”，与顾亭林之“经学即理学”一样的大胆。这一派在当时很特别。虽然当时力量不很大，但是到晚清与今日正在增进。

（五）常州派　地理上这一派与苏州很近，但是学风很不同。最初是恽皋闻（鹤生）讲颜李之学。恽初欲拜李刚主（塨）为师，未收，乃更为颜氏弟子。恽极力提倡颜李之学，后来常之读书人皆出其门下。恽是雍正与乾隆初年的人，为乾隆一朝之大学者。这一派至嘉庆时又出了很多的人。

嘉庆时又有庄方耕（存与）提倡今文学，专讲《春秋·公羊传》。以春秋为孔子的政治论，而不是“断朝烂报”。以为一切的经典都可以经世致用，而不是纪载之学。其外孙刘逢禄（申受）是今文经学大师。

又有一派文学——阳湖派古文——与桐城派对抗。这一派的领袖是张惠言、李申耆、洪亮吉，他们做出一派很畅达的文字。李又是史家，研究史地很用功。张研究经与诸子。这三派成功常州学派。

在以上这几派当中，浙东与常州是后起的，是汉学与考证本身上的脱化。浙东是另一种的考据学变成新派。常州也由考证底子而出的新派。

此外又有佛学派。在从前的时候，是先偷佛教教理，因不敢明白承认，反出而骂佛。宋、元、明都是如此的。清代的佛学是明标佛学的。这一派有彭允初（绍升）、汪大绅（缙）。在乾嘉时代，考证学是学阀。这一派反对考证，也不赞成宋明之学，以为宋明之学是仍在佛下的，何以居其实不居其名呢？他们与以前讲佛的不同，晚明是禅宗，清是净土宗。从净土宗入手，不讲高调，一切都脚踏实地，有纯洁的信仰。后来的杨仁山先生便是这样。所以乾嘉时代的重要学派只在长江流域。这一点的地方又分出江、浙、皖各派。所以在文化上是有江南、浙江垄断一切的现象。

这几派的工作如下：

1. 注解经书　一句或一字的训诂，或一件名物，都作成笔记或短篇的论文。此外每部经皆有新疏，《尚书》有三四部，《诗经》有好几部，

《公羊传》有几部，《周礼》清末出，《左传》为仪征刘氏作，《尔雅·孟子》也有新疏，都是一个一个的学者毕生精力做成的。

2. 史料之搜补与鉴别　将各朝历史补表补志，或对于前史有未充者补之，错者改之；所作的都好。又喜欢作年谱，几十个大学者大政治家的年谱都成功了。对于本人的当时的背景及后来的经历，作的都好。

3. 辨伪书　清朝学者善怀疑，阎百诗、惠定宇是在先开路的。一部书辨明是伪的，便使学者连带着怀疑其他的书，如阎考证出来古文尚书是伪书，结果是大家对于此书不生信仰，并且怀疑其他的经书。这样伪经伪子都陆续辨明了。

4. 辑佚书　散失佚亡的书籍很多，《四库全书》的做成，便是从《永乐大典》中辑佚，于是自他类书如（《太平御览》，《艺文类众》，《初学记》）中辑佚更有趣味。《竹书纪年》是东晋的时候汲郡人盗发魏襄王墓发现的，是一部很重要的历史；宋初尚未亡，清人在《太平御览文选》注唐人集子里所引，竟辑出一部分。《世本》是《史记》底本之一，清人到处寻找，终找出篇目。这样的子书与经注都找出不少。

5. 校勘　字句错，章节错的审定。最初校勘错本，如顾千里的校勘，后来又有高邮王氏父子，自上下文校勘，自他书所引校勘本文。戴东原校《水经》，先下几个例，后研究经的本文，析成经注，以求与例相合。虽近武断，但是结果，是使人不能不承认他的主张是对的。《墨经》自毕沅、张惠言后，经上、经下才放出一线的光明，使后人才可以着手研究。

6. 文字训诂　初是为注经之用，后来附庸成大国，字义字形的变迁成了一种专门学问。高邮王氏之《经传释词》，德清愈氏之《古书疑义举例》，皆字学的研究。自此发展出来，成今日的语法文法，及文字形义学。

7. 音韵学　本为小学附庸，后来才渐渐地发达。顾亭林之后，学者研究的很多，初限于三代，以后对于音韵的变迁，都有研究，不拘时代，而及于各处的方音；最后成功了注音字母。

8. 算学　清代经师无不习算。乾嘉间校书的结果，得了几部宋元的算书。李尚之（锐），汪孝婴（莱），焦里堂（循），都是在算学上有很大的发明。

9. 地理　地理与史学是否应当合而为一，抑分而为二，是一个问题。但是凡地理上带着讲一点历史的都可以发生很大的兴趣。清之地理为考古，清末专研究边疆地理，如蒙古、西藏。不过交通不便，又无外国书，所以用功虽勤，结果令人不满。

10. 金石　初为顾亭林提倡，清朝的大学者对于他都多少的有点研究，初限于碑版，后加入钟鼎，再后陶器。清末河南发现殷墟骨甲书契，新疆发现竹木汉简，金石的范围更扩大而复杂了。金石之学有一种变为古物学的趋势。再发展则与史学更有很大的关系，或者将来全部的古物发现的时候，中国的全部历史恐怕便不能与现在一样了。

11. 方志之编纂　乾嘉时代的风气，地方官不修志书者则引为大耻，所以著作出来的志书极多；新州县都有志书出来。每编一部志书的时候，都是先找大学者定出体例，然后募人编纂。当时学者的生活是修志书，修族谱，这些学者以劳力取得衣食，是一种很正当的职业。乾嘉时代的志书都好，大约每部志书都可以找出来内面总有著名的学者在内编辑。志书虽然芜杂，但是在史家搜集材料，也是觉得很宝贵的。

12. 类书之编纂　最初编纂的是梁武帝。后来的一切的佛教，经，史，差不多都是政府之力成功的。清代政府也编纂得不少，如图书集成便是一种这样的类书。也有私人编纂的，也有官署编纂的；阮元为浙江巡抚的时候，编纂出来一部《经籍纂诂》，专门的类书陆续出现。

13. 业书之校刻　刻书的事业虽然北宋时即有，但是到南宋时代刻书的事业才大大的发达起来，关于刻业书方面，明末刻汲古阁业书，但是当时在审定本子上并不注意。清代刻业书是先校善的本。业书的功用是保存小书，这些小书因字数少，难藏而容易亡佚，于是搜集起来，分类刻成业书，便保存起来了。乾嘉时代大业书都刻起了。不过咸同间因洪杨之乱，所出的都少而不好，到现今还未发达起来。

以上十三条不过大概，也不是科学的分类。但是虽然不能尽包学术的全局，而工作如何，方法如何，成绩如何，也可以看见一点了。

乾嘉时代的考证学至今并未破产，且转一方向与各种学问发生关系。不过乾嘉以后，渐渐脱变而至于衰落。原因由于政治方面。盖当时一班学者之从事考证古典，纯由于政治之压迫。有清一代，最不自由的是雍正一朝。后乾隆初年到三四十年间，束缚思想很厉害，晚年才渐渐松懈起来。当雍正时代，人民排满思想还存在，看《大义觉迷录》即可知。乾隆中叶以后，此种思想日渐消灭，汉人同化于满者已十之七八，当然用不到再极力地实行其压迫政策。满人威权至乾隆已达于最高，乾隆自谓道高五帝，德迈三王，其实末年已财穷政弊，康熙一朝培植成的元气，雍正一朝整理好的政绩，至此已扫地无余。乾隆本来和梁武帝、唐明皇有相似处，武帝、明皇后皆衰落，而乾隆能继承祖业，不过因他虚荣心太重，把皇帝所能享的快乐名誉，完全享尽，所以把清代元气也亏损尽了，大乱之机已伏于此。乾隆因为做皇帝的年代，不愿超过皇祖，所以只做了六十年的皇帝，后来又当了五年的太上皇，因为受的恭维太多，年老不能管事，所以使和珅得以专权十几年，闹到宫廷之间，贿赂公行，把康雍两朝的政绩，及他本身前四十年的好气象，到晚年完全破坏，所以大乱之根也就伏于此了。至于不能立刻就乱的原故，却是全靠康熙。康熙确是一位理想中的皇帝，培养的根底很厚，所以不致骤行破裂。乾隆死后，几乎全局尽裂，幸得嘉庆、道光两个平稳皇帝极力维持，并且把乾隆所为的改革不少，处处往收敛朴素处做，（道光时有旧衣料比新衣料贵之说）。前此剩下了一点余绩，这二人又很稳健，故大乱未发。但是各地闹匪，四十多年无一日安宁，社会在阴郁不安的状态之中，也困难得很。在这时候，学术界虽仍继续用他们的考证功夫，但有一不同之点。以前康熙至乾隆四十年止一百年间，对于政治绝口不谈，最初是不与满洲合作，后来是不敢谈，恐怕政治妨碍到自己身上。但是到了乾隆四十年以后，学者便渐渐地关心政治了。如经学家王怀祖（念孙）做御史的时候，因弹劾和珅而降官；史学家洪稚存（亮吉）新点翰林，因应诏直言，被充军到伊犁。都是很明显的例。一部明儒学案中的学者最喜干政，个个关心国事，而清康、雍、乾三朝绝无谈者，这是一般学者态度上的一个大变迁。是应当注意的。

常州学派在考证学中本是一小旁支，而到了嘉道之间，范围就扩张得很大，几乎附庸蔚为大国，恽皋闻（颜李之学）、庄方耕（经学）、张惠言李申耆（古文）、洪稚存（史地之学）四个源头汇而为一，成为常州学派。嘉道间该派代表：一为杭州龚定庵（自珍），一为湖南魏默深（源），他们的学问四源皆有，其思想上是颜习斋，讲的是古文经学，文章体裁很解放，并讲佛学。因思想新，文章好，在乾嘉考证学的基础上，发生出来一种经世致用之学。此二人之著述。在当时并没被人看重，而至光绪年间，影响于青年之思想很大。我青年的时候最喜欢读龚定庵的书，到三十岁以后，才因其浅薄而讨厌它。现在龚集差不多还可以背诵，此外魏默深的《圣武记》及《海国图志》（后一种是很奇怪的书），这都是我欢喜读的。

为什么常州派能到后来发挥光大呢？其原因有三：

（一）因考古工作大部分被前辈做完，后起者不能不走别的路，如研究文史及西北地理，如蒙古地理；不如此则无新路可走。

（二）当时政治不安，大家渐觉长此以往大不得了，自然不能不研究救济之法。

（三）雍乾两代满洲威严很强，处处干涉人民的思想。嘉道无此野心，中央政府之权威渐落，大家对于政治社会种种批评皆起。由此转头而过渡到新的局面。

在这个时代，因中央政府的威权低落而致思想解放，常州学派便因此起来，作为正统学派与后来西学输入中间的过渡期间的学问。在当时戴东原、段玉裁、王念孙一班的考证学已经成为一种学阀了。

乾隆晚年种下的毒，经嘉道两朝的弥缝，勉强支持，至咸丰、同治间乃大为爆发。咸丰十一年间和同治十三年间，要算清代最大的厄运。洪、杨之乱，大江南北闹了十几年，跟着，捻匪、回匪、苗匪大起，北方又有英法联军之乱，闹得全国之内几无一片干净土。在此状况之下，政治变动很大；单就学术论，受的恶影响亦复不少。至今杭州、南京、镇江等处尚能见洪杨之屠杀痕迹，此外如庐山千年的古迹，一炬而尽。其害实不可以胜道。人谓秦始皇之焚书，不如项羽之屠咸阳，我看洪杨之乱也赶得上这两桩祸害了。当时号称文化中心的各省受摧残特甚。所以藏书及文人的著作消灭不少，实在可惜；许多学者之生命不能维持，青年亦不得安心向学，其影响于学术界者当然不少。咸同之间，所谓乾嘉诸老已成为历史上的人了。当洪杨乱事之前后，社会思想变迁，开出三条新路：

1. 宋学的复兴　乾嘉学者门户之见颇深，比晚明还要厉害，大家看不起宋学，以学阀势力压制他种学问。汉学中的几个大师创造之力虽大，而趋炎附势者多，不得不腐败，故嘉道间之汉学，已成为熟而烂之学派了。因为后来支离破碎，不能创造，偏是气焰很高，当然要引起别人的厌恶。此时讲宋学的最重要的一人即罗罗山（泽南），在湖南乡下教书，很受王船山的影响。他的朋友江岷樵（忠源）也讲宋学。洪杨之乱，亏得这班人出来平定。彼时曾国藩丁尤在家，自出办团练，成大功。罗也是自己练兵成的功。罗罗山的好友刘霞仙（蓉），郭筠仙（嵩焘）及罗的门生李续宾、李续宜等一群无用的书生，专靠宋学的修养功夫，把人格修得极正，精神也很好，所以能统兵成功。洪杨乱起，汉学家束手无策，只等待人被杀而书被焚，而研究宋学的先生们能提刀出马，与匪相打。从此社会上对汉学的评价就变了。

2. 西学的萌芽　雍正元年把耶稣教赶出，同欧洲断绝关系。道光时鸦片之争，咸丰朝英法联军入北京，经过这两次痛苦，虽麻木不仁之中国人民，亦不能不感觉剧烈的刺激。洪杨乱后，曾国藩等极力提倡“洋务”。中国几千年来同外来民族之接触少，其原因，因为东方诸国除印度外，其他各国的文化皆远在吾民族之下，这也是地势使然。因为外来民族文化程度很低，于是更觉得中国的文化最好。耶稣教输入后，才有西学之目。当时所谓西学，除天文，算法，测量，地图外，主要者即是制大炮，所谓“红衣大将军”。明朝打满洲时，即在南边找外人制炮。康熙朝打吴三桂，征准噶尔，皆临时聘外人制炮。后来不用炮了，也就不用外国学问了。此亦西学中断之一因。咸丰以后，讲西学之动机亦由于此。自香港失后，五口通商，烧圆明园，渐渐感觉到自强之必要，又看到外人之船坚炮利，所以曾国藩在南洋，李鸿章在北洋，沈葆桢在福建，极力提倡，上海有江南制造局，福建有马尾船政厂，皆为制船炮而设。于此可见当时讲西学者之心理了。此外，因言语又与外国公使的事情太多隔阂，想说几个 Yes，no，也非要翻译不可。于是在总理衙门开同文馆，上海开方言馆。接着又挑选了些十岁上下的孩子到美国去跟了洋奶妈学话，唐绍仪就是这第一期留学的老学生。第一期的西学不过如此，当然在学术界不发生影响。但江南制造局成后，有些忠实学者，译出的科学书不少。国际公法也译出几部。在今日看那种学问，固然很普通，但确合当时之用，译的也很好，如李壬叔（善兰）、华蘅芳（若汀）的书现在还存在，比今日之志在卖钱的贩卖品的译书匠要忠实得多了。此后渐知“洋鬼子”船坚炮利之后尚有东西，观念又为之一变，但也不过少数，一般士大夫仍极力排斥。欲知当时情状，可看郭筠山（嵩焘）之《养知书屋集》。曾国藩之出山，即由于郭之致辞，曾的许多后台戏，都是郭唱的。第一任英国公使就是郭，第二任是曾纪泽，第三任是薛福成。英国方面看到中国初派的公使就是这样的了不得，他们哪里知道全国仅仅有这么一个人才呢？因他最了解外国情况，回国后，很想有所兴革，而大家群起反对，结果也站不住了，遂回到家去了，看他的书可知当时情况。

3. 排满思想的引动　洪秀全之屠杀实在不对，不过他的旗号很正大，与一部分人的心理相契合，战将甚多，文人亦不少，如钱江，王韬，都是“了不得”的人物。政治经济如李秀成，李的政治经济不下李文忠、王韬创的申报馆，他是洪秀全开科取士的状元，逃安南，随外国人走欧洲，亡命上海。我去看他，已老将死。洪的得人心，在于用驱逐胡人的旗号，他的失人心，在于造天符天书，并创造一种“四不像的基督教”，谓耶稣是他哥哥，他排行第二，杨秀清是老三，等等怪话。一方面又非常残酷，曾国藩等反抗他，即由他非“仁义之师”。虽然洪秀全是胡闹，但是他的旗号确是革命的旗号。因此，洪杨之乱不能与一般流寇同样看待，在历史上不能不认其有特别的价值。

咸丰十一年间，无时不在纷乱中。同治元年，洪秀全亡，此后十三年中，完全在继续恢复的时代，精力全消耗在这里边，当然文化无大发展。光绪即位，经过隆冬，开春发芽，此一朝之考证学又走了几条新的窄路：

一、金石学以前固有，现在更进步。

二、元史、蒙古史，西北地理的研究。

三、周秦诸子。

以上这三路便是考证学者所走的新路。当时宋学也很有些人讲它。光绪初年，国内秩序虽渐恢复，而外部压迫日紧，从六年改订《伊犁条约》起，中法、中英各种交涉相继而来，已给留心国事者不少刺激。二十年与日本战。把台湾、辽东半岛割去，兼赔偿军费；接着德、法、俄争辽东，丧失又甚钜。因此，把全国空气搅得很乱，思想界根本动摇。青年们天天想中国积弱之因及补救之法，种种问题旋转于脑中。——因政治之变迁引起思想界之变迁，互为因果，以至于今。

思想之发生因为伏有种子：将种子晒干放入瓶中，一点也不动，拿来种入地中，仍可发芽。大思想家的话不管当时发生效力与否，他也总可藏在一般人的下意识中，遇机会就可发动。清初几位大师——黄、顾、朱、王之流——的许多话，在二百年内无人理会，而光绪末年大为爆发。他们所倡的经世致用之学，其具体办法，当然因时代不同而异，但他们极力提倡此等学问，其精神实超汉宋学而上之。他们的话对汉宋学大为解放，读之可受大刺激。他们最恨的是科举，至光绪二十余年，根本妨害思想的科举已非铲除不可。他们反抗满人之言论，已经过二百年太平歌舞时代，继因满人将中国人之脸面丢尽，麻木不仁者忽然觉悟到一班大师们反抗君主专制的言论，实与人以极大的光明，（黄梨洲的《明夷待访录》对于君主专制政体很有批评），于是反抗旧政体的猛烈运动骤起。光绪三十年内，波浪一天壮阔似一天，内容一天丰富似一天。这不能不说是大师们的思想复活了。那时新思想之急先锋，即康南海先生。他从常州派经学出身，打着经世致用的旗帜，并有极奇特激烈的思想，但不大喜欢对人讲说。当他以布衣（秀才）上书时，大家都痛骂他。那时我与陈千秋正在学海堂中做学问，很好奇，听到康氏之行动，很想去见他，一见之后，异常佩服，于是从之学。因之一面从他，又一面在学海堂不时地发议论反对汉学。我们正在青年时候，得了他的激烈思想的暗示，遇事都爆发出来。

第一次群众运动是甲午战后，三月马关议和的时期。彼时正在京应试，共有万把人聚考，尚未发榜，乃联合多人反抗条约，做一种不负责任的运动，使李文忠不割台湾，不退让。南海先生做请愿书，到处找人签名，跑到都察院，号称两千人，递呈子，虽无效，却统算得起中国人民干群众运动的第一次。

后来八九月间，我们在北京组织了一个团体，——强学会——地址在后孙公园安徽会馆之旁，袁世凯也加入了，很赞成。强学会有沈子培等五六人发起，公推南海先生主讲。当时我和汪大燮还够不上发起人，只能当书记而已。袁氏因朝鲜事办坏，见李鸿章，被李鸿章用鞋底打了嘴巴，于是想利用强学会走翁同和的门路，自己捐助千元，并引出两位各捐五百元者。拿这项款子把上海所译的书搬来，买地球仪，人身图，及可看微生物之显微镜，又加上些中国书，乱七八糟，到北京来开博览会。又办报馆，当时除申报之外，统中国无铅字，政府公报用白术刻版，我们用面粉压平刻字。我自己兼主笔，访员，印刷，无人买看，即赠送于人。报上除所译香港带来半月以前之路透电，及百字的论说，即骂满洲的话，别无新闻。几个月后，闹得满城风雨，竟被封门。余洋千余元，又跑到上海办时务报，销售很多，大倡变法维新之说，以为废科举，办学校，立刻可以富强。对于那时候的学阀大事攻击。后来又讲君民共主之说，以为现代一等国为民主，如美、秘鲁等国，二等国为君民共主，如英国、德国，君主国为第三等国。我们这时候活泼泼的精神，颇有兴致。

后在湖南办了一个时务学堂，内中只有四十个学生，两班，共八十人，蔡松坡即第一班最幼者，第二班有范静生等，学生很用功，半年工夫，名誉很好。当时有许多不敢发表的话都在讲堂上说，又批学生的劄记时候大发议论。年假一个月中，学生回家，大事宣传其“大逆不道”之学说，闻者咸视为洪水猛兽，家家皆阻止学生再行前往，而学生则非来不可。湖广总督张之洞招致一班汉宋学者来反驳，遂引起学问上之争，当然又牵连到政治上去。南海先生在北京因翁同和的引荐，遂有戊戌的维新。中间打击最大者，即因湖南时务学堂的札记中“大逆不道之语”被人举发，为西太后所知，结果闹出“政变”，我们亡命日本，演成一出悲剧。

“政变”以后，不惟仇视新学，兼仇视外人。义和团的胡闹，将中国人的脸面丢尽。此后他们（清廷）也闹起变法维新来了。不过有一件在历史上非记不可的事，即是废科举。

其后清廷政治，日渐紊乱，亡命者日多，留学者日众，新思想的中心遂移到东京去，大家竭力主张革命。主要潮流有几支：

（一）我自己　继续奋斗，主张革命，改革政治，并且无限度输入外国学问，并且使固有的思想复活。

（二）章太炎　他是考证出身的浙东人。很受黄黎洲、全谢山、章实斋的影响，偏于讲民族革命。能把考证学引入新的方向。功很不小。

（三）严又陵　他是西学出身，汉学很好。译出许多代表功利主义的书籍。

（四）孙逸仙　他是社会主义。他虽然不是学者，却有很敏锐的眼光。

这四个人性情也不同，教法也不同，各向各的方面发展，全无合作之可言，但是清末七八年间，这四个人实在是思想界的重要人物。

同时尚有当注意者，范静生办的速成师范，速成法政等，影响也大得很，前后约有二万人左右。革命成功之快，这群学生之力最大，现在的教师，四五年前的议员官吏，大率都是此类人。

大概清末四十年间，考证学虽有相当的进步，不过已移到吸收外来思想方面，学阀偶像已破坏了。在这四十年内，日趋维新，气象总算很好。其不好处就在于：

（一）混杂——无计划，无组织。

（二）肤浅——不深入。

以上这两层毛病到现在还是如此的。我想这毛病是思想初解放时所不能免的，将来总希望能免去此弊。虽然这个时候做不到像清朝乾嘉时代的学问那样的条理，希望新思想输入有清初开山老祖之气象，大胆开出几条有规模的路来，给后人种下许多种子，以便将来有人去做。（但是现在真能拿自己精神从根本上做一种学问功夫者尚少）。此外再把固有的好的思想使之复活，也是很要紧的事！

上系民国十二年十一月梁任公先生在北京师范大学公开讲演之短篇论文，原题为清代“学术与政治之交互的影响”，以其文简单明了，可以通观清代大势，刊之卷首以代序文。

中华民国十七年三月八日　王桐龄自志

序　　论

第一节　近世史之参考书

近世史为有清一代之历史。有清之正史，自民国初年创立清史馆以来，迄今已逾十余载；照官修史书例，［唐宰相魏征等以七年以上（贞观三年至十年）之时间成《隋唐纪传》五十五卷。宋宰相薛居正等以一年零八个月之时间（开宝六年四月戊申至七年闰十月甲子）成《五代史》一百五十二卷。元丞相托克托等以一年之时间（至正三年四月至四年三月）成《辽史》一百十六卷，又以二年零七个月之时间（至正三年四月至五年十月）成《宋史》四百九十六卷，《金史》一百三十五卷。明学士宋濂等以七个月（洪武二年二月至八月）又加六个月（洪武三年二月至七月）之时间成《元史》二百十卷。清大学士张廷玉等以十五年（雍正二年至乾隆四年）之时间成《明史》三百三十六卷应早已脱稿。只以大总统袁世凯创立史馆意见，不为修清史，而专以笼络旧式人才；馆长一职，不畀之年富力强、淹贯国学之某文豪，而畀之年逾古稀，衰老疲癃之某遗老；多数馆员，不聘专门研究史学之宿学，而聘八股、律诗、律赋、小楷出身之前清老翰林；于各部、院、厅、署以外，添一新武衙门，专一位置二三路小名流；凡资格较老，头脑较旧，交际不甚熟炼，不能位置于总统府秘书处者，一概安插于清史馆。用豢养主义，牧畜手段，为八股先生设一啖饭处。以做官之目的，当差使之手段，来敷衍清史馆，遂至荏苒复荏苒，蹉跎复蹉跎，因循十年，迄无成效。老大国家之官僚，总不能脱苟且偷安习惯，官办事业之末路如此，可慨也！

现在欲编中国近世史，苦无正史可遵循，自不能不迁就而思其次。《东华录》一书为清朝列祖、列宗实录，当然认为一等史料；然太祖、太宗、世祖三朝实录，经乾隆朝修改，抹去事实不少，已不得称为实录矣。有清初年，私人著述之野史甚多；康、雍、乾三朝，大兴文字狱，销毁（焚其书之全部）或抽毁（焚其书一部分）之书亦不少；凡关于清初掌故，有不堪发表者，一概删去，而惟留其可以公开者；阅禁书总目（凡数千种），可以知其大凡也。然焚书之举，难于彻底实行，乡间之老师、宿儒，外国之汉学家，当然有保存其一部分者；清末至民国初年，陆续发表，若上海广智书局出版之《近世中国秘史》，商务印书馆出版之《明季稗史》，广益书局出版之《满清稗史》等；皆其中之一部分也。日本汉学家稻叶岩吉，研究清朝掌故十余年，采集书类数百种，民国三年，发表《清朝全史》一书。其中持平之论固多，稍偏之论亦间有；特殊之见解固多，考证不充分而有待于订正增补之处亦不少；英人濮兰德、白克好司所著之《清室外纪》亦然。外人代表之中国史，固不能一一适合于我国之国情也。汪荣宝之《清史讲义》，叙述颇详明，然政治史料多，文化史料少；其政治史之取材，关于军事及外交方面者多，其他方面均少。此书脱稿于光绪末年，其时多数史料尚未发表，无从搜集，不得不从阙略也。萧一山之《清代通史》，内容极为丰富，取材亦颇精密；然卷帙太繁，宜于做参考书，不适于做教科书也。商务印书馆编辑之《清史纲要》，藻思堂出版之《清鉴易知录》，文明书局出版之《清代通鉴辑览》，为编年体史书；进步书局出版之《清史纪事本末》，为纪事本末体史书；条理颇不谨严，叙事间有错误、挂漏、重复之处。会文堂出版之《清代史论》，为史评体史书，亦嫌其琐碎而不能得要领。本编以《东华录》及皇朝三通为根据，参以清朝一代各种野史及近人著作，与外国史学家关于中国之著作，删繁就简，择取人人注意之一代大事与人人不甚注意之时代背景，用统括的形式，指点说明，期于简单明了；其中疏漏错误之处想当不少，大雅君子有以教正之，幸甚！

第二节　近世史之特殊局面

外族之入主中国者，前有五胡十六国及后魏、北齐、北周，后有辽、金、元。五胡皆短命帝国，不足论矣；魏、齐、周、辽、金奄有中国之半，传世亦较久。然南方尚有汉族创立之帝国，号称正统，此数国者，不能不被屏诸僭国之列也。有元混一华夏，且跨越欧亚矣；然传祚太短，不能与汉、唐、宋、明比隆也。清室以满洲民族，崛起东北，入主中国；传十世，二百六十八年，西北二方面拓地各数万里，创前此外族入主中国者未有之局面。及其衰也，东南方面藩篱尽撤，门户洞开，凡欧美日本壤地不相接之乡，瀛海从古未通之国，莫不高掌远蹠，联袂偕来；较周之猃狁，汉之匈奴，唐之突厥、吐蕃，宋之契丹、女真、蒙古、明之鞑靼、瓦剌等文化程度高逾倍蓰，因应之难亦增加数倍；卒以因应失宜，由外患引起内乱，遂以亡国，亦前此未有之现象也。本编据事直书，对于清之盛世，不以其为外族而故加贬辞；对于清之衰世，亦不因其代表中国而曲加讳饰。

第三节　清室兴亡之原因

清室之统一，大半由于侥幸，非清之实力能以亡明，明室君主之庸暗、宦官之恣横、大臣之泄沓、学者之迂阔，有以自取灭亡之道也。清室之衰亡，大半由于自取；非外人之力，亦非民党之力，能以亡清，清室君民之隔阂，上下之蒙蔽，满汉之倾轧，国家全体之麻木不仁，有以促成清室之亡也。

吾尝闻昔日山西富人之家庭教育矣，恐其子弟之沾染嗜好也，则为之早婚以防其嫖，劝之吸鸦片以防其赌，禁之不使出里门，不使入学校，不使求新知识，不使与外人交际，以防其沾染外边习气；其为防弊计则得矣，而子弟一无所知，一无所能，身体惰弱，脑筋愚昧；日用饮食起居之事，委之管家，经理财产之事，委之掌柜；自己安富尊荣，毫不过问，除去饮食男女，满足其生活欲及生殖欲之外，无所事事；终至大权旁落，太阿倒持，譬之婴儿，绝其哺乳，立可饿死；破家荡产概由于此。清室以东北一小部落，崛起龙飞，入主中夏；以数十万之客族，驭数万万之主民，其不能无彼我之见存者，势使然也。自吴、耿、尚三藩，以降将开府闽、粤、滇南，成尾大不掉之势；竭全国之力，仅乃荡平之，而后威权始统于一。加以准噶尔之跋扈，和硕特之猖獗，回教徒之反覆，西北边无宁宇，使清廷为之旰食。故清室列祖、列宗政策，专注意于防家贼；以科举笼络汉人，以宗教愚弄蒙藏，其终也国民脑力日趋于愚昧，体力日趋于惰弱；

假使闭关自守，犹可多敷衍几时；而环境所迫，强之使不得自安于固陋；维新诏下，涂饰中外人耳目，私冀苟且偷安于一时；而大势所趋，固不许尔尔；国民之发愤求自强者，起而议改革，清廷复不能因势利导之，遂起内争，清室因以不祀。可慨也！民国成立，仍百般泄沓，毫无进步。除去军阀内讧，复演汉末之州牧、郡守，唐末之藩镇一段故事以外，一切仍循前清故辙。解放与改造，呼吁多年，丝毫无效果。谁生厉阶，至今为梗，清室之压制政策，自误兼以误人，读史者不能不叹息痛恨于清初佞臣之作俑也！

清室政治腐败之原因，说者皆指为吏，隶，例。吏与隶无官之责，有官之权；官或自顾考成，彼等则惟知谋利，依草附木，怙势作威。宫廷宦官，亦隶之一种，其弊尤甚，妨贤乱政，蠹国病民，清室之亡，实与有力。清室敬祖，凡事必则古称先；老师宿儒、猾胥劣吏辄持例以挟制君主长官，而当局者不敢与抗。同一事也，得贿则引相似之例以促其成，不得贿则引相反之例以促其败；有利于己，则引相似之例以促其成，无利于己，则引相反之例以促其败。朝廷偶有举措，祖宗无此例，虽良法美意而不敢遽从；祖宗有此例，虽恶习陋规而不敢遽革；变更之难如此；德宗维新之失败，孝钦变法之粉饰，盖莫不由于此也。

民国十五年十二月八日脱稿

本　　论

第一章　清初之外征

第一节　朝鲜之征服

先是明神宗万历四十七年，经略杨镐四路出帅攻满洲之时，后朝鲜光海君晖在位，遣其将姜功烈等，引兵二万，会明将刘倧兵，由东南路深入；战败，功烈以余兵五千降清。太祖归其部将十余人，遗书光海君，令自审去就；不报。其后清兵攻东海之瓦尔喀部（在今吉林延吉道东部），朝鲜兵复出境拒战；太祖崩，亦不遣使吊问；明总兵毛文龙率辽东遗民数万，守鸭绿江口外之皮岛，与朝鲜犄角；屡出师袭沿海城寨，牵制清兵；于是清廷对于朝鲜恶感日深。天聪元年（明熹宗天启七年，西历纪元一六二七年）正月，清太宗遣二贝勒阿敏（显祖之孙，庄亲王舒尔哈齐之子，太宗之侄）伐朝鲜，败毛文龙子铁山（在今朝鲜义州南），文龙走还皮岛，遂克义州、定州及郭山城。进渡清川江，克安州及平壤。进渡大同江，驻中和；遣使致书令引咎请和，期留军五日待之，朝鲜不答。二月，进克黄州，朝鲜大震。时国王仁祖綎在位，留兵守京城，自携妻子走江华岛，遣使诣清军谢罪请和。清军进驻平山，遣副将刘兴祚等航海至江华岛议和。仁祖遣族弟原昌君觉诣平山，献布帛皮币各若干。三月，和议成，定议春秋输岁币，互市于鸭绿江畔，约为兄弟之国。

已而袁崇焕杀毛文龙，诸岛无主，太宗将乘机攻之，征舟师于朝鲜，仁祖不应。孔有德等以舟师自登州来降，复遣使征粮，亦不与。又加筑京畿、黄海、平安三道十二城。及大军平察哈尔，得传国玺，内外诸王贝勒议上尊号；太宗遣使谘于朝鲜，朝鲜群臣争言不可，且以兵劫使臣；仁祖复谕边将戒严，阴备决绝。崇德元年（明庄烈帝崇祯九年，西历纪元一六三六年）十一月，太宗自将伐朝鲜，留郑亲王济尔哈朗（庄亲王舒尔哈齐之子，太祖之侄，二贝勒阿敏之弟）居守；命睿亲王多尔衮等，统左翼兵，自宽甸入长山口；豫亲王多铎统先锋兵，径捣其国都。清兵渡临津江，前队马塔福等以三百骑潜袭京城，败其精兵数千。仁祖急徙其妻子于江华岛，而自率亲兵渡汉江，保南汉山城。清兵入京城，合军渡江围南汉山城，凡三破其外援，再败其守兵。复分兵破江华岛，虏王妃、王子及宗室、大臣家口。仁祖不得已，请和，出城诣清营请罪，献明室所给敕印，以二子为质，约岁时贡献表贺一如明制，有征伐则调兵扈从，并量献犒师之物。太宗还其君臣家属于京城，敛兵而归。自是以后，直至光绪二十年中日战争以前，后朝鲜为清属国，历二百余年相安无事。

第二节　内蒙古之征服

自后朝鲜服，而后辽东沿海无牵制之忧；自内蒙古平，而后长城以北无道梗之患；二者皆于明清兴亡有重要关系，故特依次述之。自有明中叶以后，蒙古部落大别为四：曰漠南内蒙古，曰漠北外蒙古，曰漠西厄鲁特蒙古，曰青海蒙古。厄鲁特蒙古僻在今新疆，与清廷发生关系最晚，外蒙古僻在漠北，青海蒙古僻在青海，与中国交涉亦甚稀。内蒙古近在长城北，分为二大部落：东部在今热河北部，辽宁西北部，统于科尔沁；西部在今察哈尔，统于察哈尔。此等部落皆在漠南，距辽宁、河北、山西密迩，有连鸡不同栖之势。时或联结扈伦，东略满洲诸部；时或出没塞上，南侵明室北鄙；此兴彼仆，转徙无常。及清室勃兴，统一满洲诸部，奄有辽河流域；乃首臣科尔沁，继平察哈尔，于是内蒙古东西诸部落咸隶版图，世为外藩，直至有清末年无改。兹略述诸部落源流及其归附之次序如下，以供参考：

一、科尔沁之降附

先是有明初年，成吉思汗弟哈布图哈萨尔后裔阿噜台为鞑靼布尼雅锡哩汗大臣，拥众擅国。宣宗宣德九年，为卫拉特酋长脱欢所袭杀，其部众窜居嫩江流域，建科尔沁部，其疆域北界黑龙江，南抵奉天边墙。其后部族繁衍，有分居各地者，若札赉特、杜尔伯特、郭尔罗斯等，皆其支裔也。科尔沁既雄视东方，逼处辽沈，对于清室之勃兴，有卧榻之侧不容他人鼾睡之势；明神宗万历二十一年（西历纪元一五九三年），与叶赫、哈达等九部，合兵攻兴京，为清太祖所败。越数年，太祖自将攻乌拉，科尔沁以兵来援，复为太祖所败；科尔沁惧，与东方诸部陆续遣使清廷修好。是时察哈尔酋长林丹汗士马强盛，横行漠南，破东蒙古之喀喇沁部，灭土默特部，东西驰逐，所至掠夺。诸部不堪其虐，其北走者渡瀚海依外蒙古喀尔喀部，其东走者则依科尔沁。林丹汗既恶科尔沁与清廷交通，又恶其为漠南诸部逋逃薮，乃悉众攻之；科尔沁兵不能拒，清太祖天命九年（明熹宗天启四年，西历纪元一六二四年），其酋长奥巴遂率其昆弟附于清。太宗崇德改元，科尔沁率漠南诸部合词上尊号，礼成册功，诏设札萨克旗长五人，赐亲王、郡王、镇国公等爵。自后清廷有大征讨，科尔沁必以兵从，世为清室懿亲，休戚相共。直至有清末年，科尔沁诸王岁俸，犹居内蒙古二十四部之上云。

二、察哈尔之降附

先是鞑靼达延汗在位，统一漠南漠北，以其地广难治，乃举漠南领土，分封诸子图鲁、巴尔苏、阿尔楚、鄂尔齐，而独留其季子格埒森札赉尔居漠北。达延在位七十四年，以明世宗嘉靖二十二年（西历纪元一五四三年）殂，年八十岁；长子图鲁已先卒，孙博迪立，专辖漠南蒙古，以其近长城故，称为察哈尔。察哈尔者，近接之义也。图鲁之后，又别为浩齐特、苏尼特、乌珠穆沁、敖汉、奈曼诸部；巴尔苏之后，别为鄂尔多斯、土默特二部；阿尔楚之后，为札噜特、巴林二部；鄂尔齐之后为克什克腾部，而察哈尔独为诸部长。自博迪四传至林丹，称胡土克图可汗。天命四年（明神宗万历四十七年，西历纪元一六一九年），林丹汗致书于清太祖，自称"统领四十万众蒙古国主巴图鲁成吉思汗"，而称太祖曰"水滨三万众满洲国主"，语多骄慢。会土默特部有宗族继承之争，旷岁无主，盗贼并起。林丹汗乘机掠夺其土地，势益张，冯陵诸部，于是敖汉、奈曼、札噜特、喀喇沁等先后遣使至清廷通款，乞发兵救护。而明方困守辽西，欲利用察哈尔抵制清，乃岁赂以巨帑，使侵辽东。天聪初年，太宗数遣师袭其边境，俘获无算；以辽西事急，未暇犁其庭；然林丹汗竟以部众解体，威棱日衰。六年（明庄烈帝崇祯五年，西历纪元一六三二年）四月，太宗自将大军，会漠南诸部之归附者征察哈尔。时辽河涨溢，清兵昼夜冒潦，出其不意，逾内兴安岭一千三百里，至其庭。林丹汗谋拒战，而所部皆不为用，乃徙其人畜十余万，自归化城渡黄河西奔，沿途离散其什七八，清兵追至归化城，收其部落数万而还。八年（崇祯七年，一六三四年）林丹汗病痘，殂于青海附近；子额哲率所部奉传国玺来降，太宗以额哲为元室嫡系，封亲王，位冠四十九旗贝勒之上；其众编旗安置义州，内蒙古大部悉平。额哲卒，其弟袭爵；传至布尔尼，当康熙十四年（一六七五年）吴三桂之变，征其兵不至；旋煽奈曼等部拥众同叛。朝廷遣信郡王鄂札（豫亲王多铎之孙，信郡王多尼第二子），大学士图海，率兵征破之，布尔尼走死。乃收其故地置牧厂，隶内务府及太仆寺；移其部众于宣化（今口北道）、大同（今雁门道）边外，分为八旗、二翼，辖以都统等官，号内属游牧部；官不得世袭，事不得自专，与各札萨克君国子民者不同。其故地袤延千余里，在今独石口、张家口边外。

参考书

《圣武记》（卷六 国初征抚朝鲜记，卷三 国朝绥服蒙古记一）　魏源

第二章 清初之内治

第一节 入关后之设施

清室以外族入主中国，入关后之内政，自当以收拾民心为第一义；故其所设施，俱不外乎减轻担负，俯顺舆情之笼络术。多尔衮入北京，首先下令禁兵士入民家，百姓安堵，秋毫不犯。又为明崇祯帝后发丧，令官民等服丧三日，谕礼部、太常寺以礼改葬。旋命设明长陵（成祖陵）以下十四陵司香内使各官。葬殉难太监王承恩于思陵旁，给香火地六十亩，建立碑额以旌其忠。又令在京内阁、六部、都察院衙门官员，俱以原官同满官一体办事，其印信俱并铸满汉字。旋命文臣衣冠暂从明制。其被斥官吏非犯赃者，及士为清望所归，与隐居山林而才德而称者，皆征辟录用。兵丁愿从军或愿归农者，皆分别留遣。其大兵经过地方，免钱粮一半；未经过者，免三分之一。鳏寡孤独，谋生无计及乞丐街市者，给与钱粮收养。世祖迁都北京以后，颁诏中外，尽除明季加派，如辽饷、练饷、剿饷诸名目与厂卫诸弊政，除贯耳、穿鼻、割脚筋等酷刑。又诏直省府、州、县学生员，各选文行兼优者，大学二名，小学一名，送入国子监肄业。又命举行武会试。三年正月，诏广本年会试中式额数至四百名，房考官二十员，后不为例。旋诏本年八月再行乡试，来年二月再行会试，其未附地方生员举人来投诚者，准一体应试。五年二月，诏许满汉通婚。于是内外臣民俱服。

清初入关时内治表：

一、禁兵士入民家。

二、为崇祯帝后发丧。

三、设长陵以下十四陵司香内使各官。

四、葬殉难太监王承恩于思陵旁以旌其忠。

五、命在京各官员俱以原官同满官一体办事。

六、命文臣衣冠暂从明制。

七、录用废员，征辟名士。

八、兵士愿从军或归农各从其便。

九、减免大兵经过地方钱粮。

十、收养穷民无告者。

十一、免除明季苛税。

十二、免除明季酷刑。

十三、选各省、府、州、县学生员之文行兼优者入太学肄业。

十四、举行武会试。

十五、广会试中式额数。

十六、增加乡试会试次数，其未附地方生员举人来投试者，准其一体应试。

十七、许满汉通婚。

第二节　清初诸王之内治

初，太祖之起兵也，皇次子代善，皇五子莽古尔泰，皇八子太宗，皇侄阿敏，济尔哈朗（皆太祖弟舒尔哈齐之子），皆以近亲拥重兵，屡经战阵，多负勤劳，威名甚重。太祖建国改元，以代善、阿敏、莽古尔泰及太宗并为和硕贝勒，国中称代善为大贝勒，阿敏为二贝勒，莽古尔泰为三贝勒，太宗为四贝勒；四人威名相等，有各不相下之势。太祖有子十五人，元妃佟佳氏生褚英及代善，继妃富察氏生莽古尔泰及德格类，孝慈皇后叶赫纳喇氏生太宗。孝慈殂后，立乌拉纳喇氏为大福金（福金一作福晋，汉语夫人之转音元妃之意也），生子三：长阿济格，次多尔衮，次多铎。乌拉纳喇氏美仪有心计，太祖爱之，欲立其子。太祖崩时，褚英先以罪诛，代善年四十五，莽古尔泰年三十九，太宗年三十四，阿敏年四十二，济尔哈朗年三十一；而多尔衮年甫十四，多铎年甫十二，阿济格年岁稍长于多尔衮，当亦不过十余岁。太祖病笃，遗命代善嗣位，俟多尔衮年长授之。太祖殂后，代善让位于太宗，太宗忌大福金乌拉纳喇氏，假太祖遗命，逼之使殉死。太宗即位，代善、阿敏、莽古尔泰俱以兄行列座同受朝拜，名为君主独裁政治，事实上亦不过四大贝勒之合议政治而已。代善戆直，不足以统御诸弟，故不敢遽摄大位；而阿敏、莽古尔泰皆以粗豪为太宗所忌。天聪四年，（崇祯三年），阿敏自永平败归，坐罪幽禁死。六年（崇祯五年），莽古尔泰卒；九年，德格类卒；从臣冷僧机首告莽古尔泰与德格类生前谋大逆，案验有状，籍二人家，废莽古尔泰子六人为庶人。于是事权始统一。多尔衮巧猾，善于逢迎，不为太宗所忌。崇德改元，封代善礼亲王，济尔哈朗郑亲王，多尔衮睿亲王，多铎豫亲王，皇长子豪格肃亲王，阿济格武英郡王；而多尔衮最蒙宠任。崇德八年（崇祯六年），太宗殂，代善主张立皇长子；豪格知实力不敌多尔衮，力辞；诸将皆欲立太宗子，代善与阿济格不欲干朝政，即起而去；多铎亦无言，多尔衮欲避虚名，收实利，遂倡议立皇九子福临，是为世祖，年甫六岁，不能亲政；多尔衮举郑亲王济尔哈朗为左辅政，自为右辅政，分掌朝政；济尔哈朗专掌兵事，刑赏除拜等大政皆属多尔衮。代善之孙郡王阿达礼（代善第三子，颖亲王萨哈廉长子）心不平，与其伯父贝子硕托（代善次子）密议，欲有所推戴；多尔衮捕而缢杀之，并杀阿达礼之母及硕托之妻。阿济格心以立稚儿为非，托病不朝，多尔衮使人告之曰："汝虽患病，皇帝丧事，不可不来也。"阿济格恐，扶病入朝。济尔哈朗朴强，不能有所发舒，于是大权遂入于多尔衮。入关之役，多尔衮为首功，加封为皇叔父摄政王，旋尊为皇父摄政王；改号济尔哈朗为信义辅政叔王，收其兵权属于同母弟多铎，进封德豫亲王；旋夺济尔哈朗职，封多铎为辅政叔德豫亲王。

多尔衮自以元辅懿亲，与国同体，君臣之间，不复更存形迹。凡批答章奏，即用皇父摄政王之旨；而大臣启奏，亦必另有副本上于摄政王。又以信符向贮大内，每有调发，奏请不便，悉收入府中。一切政令皆出其手。凡元旦佳节，满汉诸臣朝贺毕，即往朝皇父；群僚臣庶亦惟摄政之意旨是承。出入宫禁，略无避讳；时与帝及皇太后博尔济吉特氏居处，如家人父子。内外臣民无敢斥言其非者。五年三月，贝子屯齐（显祖之曾孙，庄亲王舒尔哈齐之孙，贝勒图伦之子）等讦告济尔哈朗与豪格罪状，多尔衮乘机陷害，夺豪格爵，幽杀之；降济尔哈朗爵为郡王。六年十二月，多尔衮元妃卒，纳肃亲王福晋博尔济锦氏为妃；旋请皇太后下嫁，群臣上贺表，恩诏誊黄，宣示天下。张煌言作满洲宫词，有云："上寿称为合卺樽，慈宁宫里烂盈门，春官昨进新仪注，大礼恭逢太后婚"者，即指此也。七年十二月，多尔衮卒，年三十九岁；诏追尊为义皇帝，庙号成宗，祔于太庙，丧仪悉用帝礼。旋以近侍苏克萨哈等首告其私制御服，藏匿御用珠宝，指为潜图不轨；郑亲王济尔哈朗、端重亲王博洛（太祖孙，饶余亲王阿巴泰第三子）、敬谨亲王尼堪（褚英第三子）、巽亲王满达海（代善第七子）等合词证成其狱，且及其逼死肃亲王豪格遂纳其妃之罪；于是撤去庙享，其母妻封典悉行追夺，籍没家产，嗣子多尔博（多铎第五子）停袭爵。是时多铎已卒，亦降封为郡王；大学士刚林、祁充格俱以阿附多尔衮置重典；其党何洛会、吴拜、苏拜等俱抵罪，大学士范文程亦革职，追复肃亲王豪格爵，封其子富寿为显亲王。乾隆四十三年，诏雪多尔衮冤，追复睿亲王爵，谥曰忠。命

其子孙世袭罔替。（看《啸亭杂录》卷一，雪睿王冤条）

第三节 清初对汉民之高压政策

初，摄政睿亲王之入关也，对于降臣取利用主义，对于汉民用怀柔政策，故文臣衣冠仍从明制，民间剃发与否，悉听其自便。顺治二年六月，始下剃发之令，限旬日以内悉剃发，有仍存明制者杀无赦。陕西河西道孔文镖请免孔氏子孙剃发，奉旨切责，革职为民。于是汉人除僧、尼、道士、妇女外，俱辫发胡服。初入关时，圈近畿民田、民房拨与旗人营业；旋以给事中向玉轩奏，凡民间坟墓，有在满洲圈占地内者，许其子孙随时祭扫。又因御史傅景星奏，凡民房应给旗下者，宽以限期，俟其搬移。四年正月，谕户部："圈拨田屋，著永行业止"；八年正月，谕户部"行文地方官，将原圈地土，尽数退还原主"；于是民间不动产始有保障，民困稍苏。初入关时，汉民游手无赖之人，多投充旗下为奴，借家主势力，夺人之田，攘人之稼。其被攘夺者，愤不甘心，亦投旗下，争讼无已。四年正月，谕户部："投充一事，著永行停止"；于是恶人无处托庇，民间倾轧报复之风稍息。初至京时，明崇祯帝故太子慈烺尚在，朝廷捕得下狱，诬以假冒，杀之；臣民有代太子辩护者皆弃市，内侍杨玉，承审官刑部主事钱凤览以下死者十五人。（参观钱轵《甲申传信录》）初入关时，下令："朱氏诸王有来归者，照旧恩养，不加改削。"二年九月，杀明新昌王；三年五月，杀明鲁王等十一人；十年五月，杀明福清王嫡子由杞；十一月，杀明宗室由极及其党二十九人；于是故明宗室皆潜伏不敢动。初入关时，重用明室降臣，冯铨、洪承畴、李建泰、陈名夏、陈之遴、刘正宗、金之俊、高尔俨、党崇雅、王永吉、胡世安、卫周祚等相继入阁；而洪承畴与降将吴三桂、孔有德、耿仲明、尚可喜等皆为统兵大帅。多尔衮卒后，世祖亲政，中国内地各省逐渐削平，不需要为虎作伥之人，始用严厉手段，对付一般降臣。七年五月，李建泰以谋反诛；十一年正月，杀陈名夏；十三年二月，安置陈之遴于盛京（今辽宁沈阳县），卒于配所；十六年正月，革刘正宗职，籍家产一半入官，归入旗下，不许回山东原籍；于是一班希荣固宠，见利忘义，卖国求荣之汉族蟊贼始知内惧。高宗乾隆四十一年，诏于国史内增立贰臣传，凡明末被诱奸之降臣皆列入其中，于是降人子孙始内愧矣。顺治八年，御史匡兰兆奏朝祭宜复用衮冕，得旨："一代自有一代制度，朝廷惟在敬天爱民，治安天下，何必在用衮冕。"因衮冕为汉制，与剃发易服令抵触故也。十年，少詹事李呈祥以部院衙门重用满人，障碍甚多，奏请专用汉人。上大怒，革呈祥职，徙之盛京。

是时明室遗民反抗清廷者，多系学者倡导，一班书生附和之；江浙为人文渊薮，故抵抗最力。剃发令下，江、皖、浙三省举义兵抗清者，其首领皆系文人学士；拥立鲁王之张国维、钱乐、张煌言，拥立唐王之黄道周，拥立桂王之瞿式耜、陈子壮、张家玉等，皆学者也，故世祖深恶文人，尤不满意于当时学者，思欲借事加以惩创。顺治九年会试，大举士范文程弹劾第一名进士南海程可则"文理荒谬，首篇尤悖戾经注"。有旨可则除名，主考学士胡统虞降三级，成克巩降一级，同考官左敬祖等夺俸有差。十四年十月，御史任克溥上书，纠本年北闱（即顺天乡试科场）多通关节。诏下同考官张我朴、李振邺、蔡元禧、陆贻吉、项绍芳、举人田耜、邬作霖等于狱，杀之，家产籍没，父母兄弟妻子流徙尚阳堡（在今奉天开原县），牵连被祸者数百人，皆南士也。给事中阴应节希旨，参奏江南主考方犹、钱开宗等舞弊，诏逮犹与开宗，处斩，同考官叶楚槐等十八人处绞，妻子家产籍没入官。举人方域等十四人文理不通，俱革去举人。举人方章钺等八人俱革去举人，责四十板，家产籍没入官，父母兄弟妻子并流徙尚阳堡。刑部审复稽延，尚书以下俱降级。十五年二月，礼部磨勘丁酉科（即十四年八月）乡试朱卷，劾奏违式各官，逮河南、山东、山西考官治罪。又以御史不弹劾为失职，俱下狱，免死，流徙尚阳堡。

十七年正月，给事中杨雍建以江南之苏、松，浙江之杭、嘉、湖士人多立社名，纠集盟誓，奏请申禁，从之；下诏严禁集会结社。其投刺往来，亦不许用同社同盟字样，违者治罪；于是天下士大夫皆钳口结舌。十八年（西历纪元一六六一年）正月初七日，帝崩；遗诏命第三子玄烨即位，是为圣祖。

清初高压政策表：

一、下剃发令，有不从者杀无赦。

二、圈近畿民田、民房，拨与旗人营业。

三、杀明崇祯帝故太子慈烺，臣民有代辩护者皆弃市。

四、杀明室诸王及宗室。

五、杀明降臣李建泰、陈名夏等。

六、兴科场诸狱，大杀文士。

七、严禁集会结社。

八、江南奏销案。

第四节 鳌拜之专权与圣祖初年之高压政策

圣祖即位时，年甫八岁，不能亲政；内大臣索尼，领侍卫内大臣苏克萨哈、遏必隆、鳌拜受遗诏辅政。鳌拜阴贼险狠，喜杀戮，对于汉人厉行高压政策；于是大狱迭起。有名之文字狱亦开始于此时矣。

一、江南奏销案

是月二十九日，谕吏部、户部："钱粮系军国急需，今后经管钱粮各官，不论大小，凡有拖欠参罚，俱一体停其升转。尔等即会同各部寺酌立年限，勒令完解。如限内钱粮不完，或应革职，或应降级处分，确议具奏。”三月，定各省官吏征收钱粮未完数处分例。是时江南赋役百倍于他省，而苏、松、常镇尤重，正赋之外有杂项名目二十余种，大约旧赋未清，新饷已近。积欠常数十万。巡抚朱国治强愎自用，造欠册达部，号曰抗粮；凡绅士一万三千五百十七人，衙役二百四十人，敕部察议。部议现任官降二级调用，衿士褫革，衙役照赃治罪。于是两江士绅纷纷发本处枷责，得全者无几；有乡试中式而生员已革，有会试中试而举人已革，昆山探花叶方霭以欠折银一厘谪官，其具疏有云：“所欠一厘，准制钱一文也”；民间有“探花不值一文钱”之谣。歙县廪生方光琛中式后被革，亡命至滇，入吴三桂幕府，为之谋主；后撤藩议起，卒劝三桂反，累官至伪大学士。

二、金人瑞哭庙狱

是时江苏吴县知县任维初滥用非刑，贪贿浮征，道路侧目。诸生金人瑞、倪用宾等十八人，于世祖遗诏到苏，巡抚等官哭临之时，聚众千余人，哭于文庙，并至府堂进揭帖。巡抚朱国治等指为震惊先帝之灵，聚众倡乱，摇动人心，请严加法处。诏侍郎叶尼等往勘，皆定为不分首从处斩。

三、庄廷钺明史狱

初，明大学士归安（今浙江吴兴县）朱国桢尝著《明史》，已刊行于世，未刊者为列朝诸臣传。国变后，朱氏家中落，以藁本质千金于湖州（今吴兴县治）庄廷钺。廷钺家故富，因窜名己作，刻之；补崇祯一朝事，中多指斥满洲语。康熙二年，归安知县吴之荣罢官，谋以告讦为功，借此作起复地。因白其事于将军松魁，魁移巡抚朱昌祚，朱牒督学胡尚衡，廷钺并纳重赂以免。乃稍易指斥语，重刊之。之荣计不行，特购得初刊本，上之法司。事闻，遣刑部侍郎出谳狱。时廷铑已卒，戮其尸，杀其弟廷钺。原任礼部侍郎李令哲曾作序，并杀之，及其四子。序中称旧史朱氏而不名，之荣素怨南浔富人朱佑明，遂嫁祸于佑明，且指其姓名以证；并杀之，及其五子。逮松魁及其幕客程维藩赴京，援八议例，松魁削官，维藩处斩。昌祚、尚衡贿谳者，委罪于初申复之学官；归安、乌程（今并入吴兴县）两学官并处斩，二人免议。湖州知府谭希闵莅官甫半月，事发，与推官李焕皆以隐匿罪，处绞。其余参与校书者、刻书者、鬻书者、买书者、判书价者皆处死刑。吴江名士吴炎（字赤溟）、潘柽章（字力田）等皆与其难。死者七十余人，妇女并给边。而之荣竟以此起用，并以所籍朱佑明之产给之。后仕至右佥都御史而卒。

四、沈天甫等诗集狱

康熙六年四月，江南人沈天甫、吕中、夏麟奇等撰诗二卷，语多忌讳，诡称黄尊素（明御史，后七君子之一，梨洲父也）等百七十人作，陈济生编集，故明大学士吴甡等六人为之序。天甫使麟奇携是书诣吴甡之子中书吴元莱所，诈索财物。元莱察其书非父手迹，控巡城御史以闻。因下所司鞫讯，天甫等皆弃市，其被诬者不问。

五、苏克萨哈等之冤狱

是时四大臣辅政，鳌拜骄恣专权，遏必隆附和之。内大臣飞扬古与鳌拜有隙，鳌拜诬以罪，矫诏杀之，并其诸子，籍其家。又倡议使镶黄、正白二旗地更换，大学士户部尚书苏纳海、直隶总督朱昌祚、巡抚王登联等交章言其不便，鳌拜怒，矫诏杀之。苏克萨哈与之争，鳌拜诬以罪，并杀之，夷其族。索尼年老多病，不能有为，六年五月，郁郁成疾卒。七月，帝始亲政。鳌拜结党擅权，骄恣日甚。八年五月，帝与索尼之子内大臣索额图密谋，执鳌拜，并其子黜之，籍其家。诛其弟、侄并其党大学士班希尔善等，并免遏必隆官。雪苏克萨哈、苏纳海等冤，并追复原官，予谥，赐祭葬。

参考书

《清史纪事本末》(卷七　卷二十)　黄鸿寿

《清代通史》(第三篇　第十五章)　萧一山

《清稗类钞》(第八册　狱讼上)　商务印书馆

第三章　三藩之乱

第一节　三藩之起源

初，世祖之定鼎北京也，东南半壁尚为明室所有；朝廷命大学士洪承畴经略湖广、云、贵、两广，而以定南王孔有德徇广西，平南王尚可喜、靖南王耿仲明徇广东，平西王吴三桂徇四川及云南；皆以明朝降将，领所部绿旗兵，外借其招徕，内以补八旗旅之不逮。顺治六年，耿仲明卒，子继茂嗣。九年，孔有德战死于桂林，无子，朝廷以其部将钱国安为广西将军，管定南王藩下官兵；养其女四贞于宫中，食郡主俸，遥执兵柄。及南方略定，洪承畴偕八旗诸将还京；朝廷留吴三桂镇云南，尚可喜、耿继茂镇广东，一府两藩，民疲于供亿，旋移继茂镇福建。康熙五年，钱国安请老，诏以孔四贞之婿孙延龄为广西将军，管定南王藩下官兵。十年，耿继茂卒，子精忠嗣，是为三藩并建之始。耿、尚二藩所属各十五佐领，绿旗兵各六七千，丁口各二万；三桂藩属五十三佐领，绿旗兵万有二千，丁口数万。三藩中，三桂功最高，兵最强，朝廷恩礼亦最侈。破流寇，定陕，定川，定滇，执桂王于缅甸，又平水西土司安氏，四方精兵猛将多归其部下。方其入滇之始，军书旁午，朝廷假以便宜，云贵督抚咸受节制；用人，吏、兵二部不得制肘；用财，户部不得稽迟；其所除受号曰西选，西选之官遍天下。顺治十七年，部臣奏计：云南省俸饷岁九百余万，除召还满兵外，议裁绿营兵五分之二。三桂谓边疆未靖，兵力难减，于是倡缅甸、水西各役以自固。加以闽、粤二藩，运饷岁需二千余万，近省挽输不给，一切仰诸江南；绌则连章入告，赢则不复请稽核，天下财赋半耗于三藩。御史郝浴、杨素蕴，庆阳知府傅宏烈先后奏劾其不法，朝廷欲怀之以恩，晋封三桂亲王，子应熊尚公主，授爵三等子，加少保兼太子太保，留京师。康熙六年，三桂以目疾疏辞总管，罢其除吏之权，而兵饷尚不赀。又自以功高，朝廷终不夺其分地，益固根蒂为不可拔。踞桂王五华山旧宫为藩府，增崇侈丽，尽括沐氏旧庄七百顷为藩庄。通使达赖喇嘛，奏互市茶马于北胜州（土州名，在今云南腾越道永北县东北），于是西番蒙古之马由西藏入滇者岁千万匹。假浚渠筑城为名，广征关市，榷盐井，开矿鼓铸，潜积硝磺；重敛土司金币，厚自封殖。择诸将子弟及四方宾客颖敏者，授以战术，以备将帅之选，散财结士，人人得其死力。专制滇中十余年，日练士马，利器械；水陆冲要，遍置私人；各省提镇多其心腹。子应熊居京师，朝政纤悉，旦夕飞报。挟边防以自重，朝廷渐不能制。

第二节　撤藩议

是时尚可喜老病，康熙十年，奏请以兵事属其子之信。之信酗酒嗜杀，所为多不道，既掌兵柄，即营别宅，擅威福，可喜不得出一令。十二年夏，可喜用其客金光计，疏请归老辽东，留子镇粤，冀得见上自陈。部议言藩镇无乞休子袭之例，应令尽撤藩兵六千，丁口二万余回籍。吴三桂、耿精忠闻之不自安，亦于是年七月疏请撤兵以探朝旨。朝议以撤藩劳费，不如勿徙；惟户部尚书米思翰、兵部尚书明珠、刑部尚书莫洛力请撤藩。是时圣祖亲政数载，春秋日富，习知中外利害与前代方镇得失。以三桂蓄谋已久，不早除之，且为巨患。况其势已成，撤亦兵，不撤亦反，不若先发制之。又三桂子，精忠诸弟皆宿卫京师，冀其不至为变。遂允其请，徙藩山海关外。

第三节　吴藩之变

三桂初意朝廷下诏慰留，如明沐英世守云南故事；移镇命下，全藩震动，反谋益急。谅中朝诸将无足当己者，惟难于举兵之名；欲立明后以号召天下，则缅甸之役，无可自解。欲行至中原，据腹心始举事，又恐日久谋泄。巡抚朱国治促之急，三桂不能堪，遂以十二年（一六七三年）十一月二十一日举兵反。杀国治，移檄远近，自称天下都招讨兵马大元帅，以明年为周元年，蓄发易衣冠，旗帜皆白。贵州巡抚曹申吉、提督李本深、云南提督张国柱皆从贼。云贵总督甘文焜闻变，以贵阳不能守，欲移驻镇远（今贵州镇远县），为贼党所遮，自杀。经理移藩事务郎中党务礼等，自贵州疾驰十二日，诣阙告变，举朝震动。大学士索额图请诛诸臣之建议撤藩者，上不许；惟驰诏止闽、粤两藩勿撤，削三桂官爵，下其子应熊及家属于狱。命都统巴尔布等，自荆州驰守常德，珠满自武昌赴守岳州，阻其东犯湖广之师。命西安将军瓦尔喀进兵四川，阻其北犯四川之师。命大学士莫洛经略陕西军事，以固西北后路。而以顺承郡王勒尔锦（礼亲王代善之曾孙、贝勒萨哈璘之孙、顺承郡王勒克德浑之子）为宁南靖寇大将军，统兵至荆州，为诸将后援。

三桂既据有云贵，乃遣部将王屏藩攻四川，马宝等自贵州出湖南，十二年除夕，陷沅州；十三年正月，三桂自称周王；遣部将吴应麟、夏国相、张国柱等分陷湖南诸郡，湖南提督桑额自澧州走夷陵，巡抚卢震弃长沙奔窜，官军之屯湖北者皆畏葸不敢前。三桂广布劄书，四出煽动；于是襄阳总兵杨嘉来、副将洪福以襄阳应贼；广西将军孙延龄、提督马雄以桂林应贼；四川巡抚罗森、提督郑蛟麟、总兵谭洪、吴之茂以四川应贼；耿精忠亦于是年三月举兵反，数月之间，云、贵、广西、四川、湖南、福建六省皆陷。惟尚可喜在广东，尚为朝廷固守。三桂驱土司苗猓助军锋，采集四川、湖南之米充军饷，以云南之铜铸钱，文曰利用通宝，伐黔楚大木，造楼船巨舰。自赴常澧督战，使其将吴应麒守岳州，扼洞庭峡口，以当江北官军；而澧州、石首、华容、松滋皆布重兵为犄角；大兵云集荆襄，莫敢渡江撄其锋。三桂部将有谓宜疾渡江，全师北进者；有谓宜直下南京，扼守运河，以绝南北粮道者；有谓宜出巴蜀，据关中，塞淆函自固者；三桂以子孙皆质京师，冀免其诛；又年老更事，欲出万全，不肯轻弃云贵根据；又觊觎朝廷裂土议和，画江为国；故不从其请。初得湖南，即下令诸将，毋得渡江北进；而使达赖喇嘛，奏请裂土罢兵，圣祖知三桂狡诈，不欲苟且息兵，是年四月，杀吴应熊及其长子世霖，以绝三桂之望；而以贝勒尚善（舒尔哈齐之孙，费扬武之子）为安远靖寇大将军，助勒尔锦攻岳州。

第四节　王辅臣之变

三桂以湖北大兵云集，乃避难就易，分兵为二路：一由长沙窥江西，一由四川窥陕西。其江西之兵，入袁州，陷萍乡、安福、上高，与耿精忠兵合，陷三十余城。朝廷命安亲王岳乐（太祖之孙，饶余亲王阿巴泰第四子）为定远平寇大将军，由江西攻湖南；贝勒洞鄂（豫亲王多铎第七子）为定西大将军，与经略莫洛联合，由陕西攻四川；简亲王喇布（郑亲王济尔哈朗孙，简亲王济度子）为扬威大将军，镇江南。

是时瓦尔喀进抵保宁（今四川嘉陵道阆中县），与贼将王屏藩相持，屏藩断官军粮道，瓦尔喀退至广元；官军缺饷，总兵王怀忠部兵哗溃；陕西提督王辅臣阴怀异志，以索饷为名，攻莫洛于宁羌（今汉中道县名），杀之，引兵还据平凉。三桂闻变，急给辅臣犒师银二十万两，授以平远大将军印，而令王屏藩、吴之茂由汉中出陇西，为辅臣应援；遍布檄书，要约党附，所在响应，陕城诸郡多陷。

第五节 耿藩之变

先是十三年春，吴三桂陷湖南全省时，耿精忠亦举兵作乱，执福建总督范承谟，使藩下都统马九玉，总兵曾养性、白显忠分道北犯。养性出东路，寇浙江之温、台、处；九玉出中路，由仙霞岭，寇浙江之金华、衢州；显忠出西路，寇江西之广信、建昌、饶州；沿海震动。又约台湾郑经进兵西渡，诱潮州总兵刘进忠叛，内外夹攻广东；围海澄公黄芳度于漳，执续顺公沈瑞于潮，声援甚盛。浙江总督李之襄闻变，疾驰扼衢州，分兵守常山要路。朝廷闻警，以康亲王杰书（礼亲王代善之孙，镇国公祜塞之子）为奉命大将军，贝子傅喇塔（舒尔哈齐之孙，费扬武之子，尚善之弟）为宁海将军，赴浙进讨。贼围宁都（今江西赣南道县名），势张甚；赣州屯田都督许贞以屯田卒四百人，举义兵赴援，连破贼兵，解宁都围，恢复赣州、抚州所属各县。安亲王岳乐亦遣将击败白显忠，复建昌、广信、饶州；留许贞守建昌，自引大兵西上，窥长沙。是年秋，曾养性窥衢州，李之芳击败之，乘胜复金华属下诸县；十四年，康亲王杰书破养性于金华城外，复处州；傅喇塔复黄岩（台州属县），养性走保温州，浚濠增陴固守。环温皆水，官军不能陆攻，久不下。马九玉踞江山、常山、开化三县，连结数十寨，负山阻水，与李之芳相持。

已而郑经与精忠交恶，取其漳州、泉州、汀州、邵武诸府，精忠撤北犯之兵还救。大军乘之，击败马九玉兵，复江山，常山、长驱入仙霞岭；白显忠势孤，请降。大军至延平，精忠亦降。曾养性闻之，亦以温州归顺。十六年，大军逐郑经回厦门，尽复漳、泉诸府，刘进忠亦以潮州降，福建略定。

第六节　尚藩之变

吴三桂、耿精忠相继作乱，尚可喜在广东终无二志，十二年冬，执三桂使，奏其逆书；十三年，遣次子之孝讨刘进忠于潮州，诏授之孝平南大将军；十四年，晋封可喜平南亲王，广东督抚以下咸受节制。是时广东土寇蜂起，可喜遣兵扑灭之，而刘进忠与郑经联合，掠潮州，惠州；高州镇总兵祖泽清叛，据高州、雷州；三桂使马雄逼肇庆，广东十府失其四，可喜东西受敌，力渐不支，上书乞援。诏将军舒恕，副都统莽依图自江西赴广东，甫至而尚之信从逆，受三桂招讨大将军号，易帜改服，杀可喜谋主金光，幽可喜，移檄广东所属郡县使纳款；总督金光祖，巡抚佟养钜，藩属总兵孙楷宗，水师副将赵天元、谢厥扶等皆叛降于三桂，尚之孝势孤，解兵柄还广州；之信击败舒恕兵，舒恕与莽依图走还赣（音感，水名，发源旧赣州府，穿江西全省下游入江）州，于是广东全省皆陷。十五年春，可喜以忧愤卒，三桂封之信辅德亲王，趣其出师，索其助饷；又以董重民为广东总督，冯苏为巡抚，分守冲要；之信、光祖皆复悔，密通款于江西大军。十六年六月，唆督标兵噪饷，执重民，率军民反正。七月，三桂遣马宝、胡国柱出韶州（今广东岭南道曲江县）攻之；会江西大军已复吉安（今江西庐陵道吉安县）、南安（今赣南道大庾县），莽依图遂逾大庾岭援韶州。韶居五岭脊，为江西、广东咽喉，贼志在必得，尽锐攻之，列营莲花峰，俯瞰发炮，女墙尽坏。会江宁将军额楚来援，与城中兵夹击贼兵，破之，贼退走，复追击破之于乐昌（今岭南道乐昌县）；于是叛镇佟国卿以琼州降，祖泽清以高、雷、廉三州降，广东亦略定。

第七节　陕甘之平定

先是宁羌变后，定西大将军贝勒洞鄂走西安，是时援兵尽集西安，诏分千人赴守兰州，千人赴守延安，洞鄂及总督哈占皆留不遣，于是陕甘诸郡相继陷；惟甘肃提督张勇，凉州总兵孙思克，西宁总兵王进宝，宁夏总兵陈福，各斩贼招降之使，举兵拒敌，故河西及陕西未全陷。十四年，洞鄂督诸将复秦州，张勇分遣部将复兰州、延安、巩昌；自守巩昌、秦州，以断蜀贼陇贼之交通路。洞鄂进攻平凉，与王辅臣相持一年，不下。辅臣又煽惑宁夏标兵作乱，杀陈福；诏遣天津总兵赵良栋驰驿赴宁夏代统其军，捕斩首恶数人，余不问，军始定。十五年二月，以大学士图海为抚远大将军，总辖陕西全省，洞鄂以下咸受节制。五月，大破辅臣兵于平凉城北，辅臣降；张勇、王进宝等屡破贼兵，王屏藩、吴之茂遁还汉中，关陇略定。

第八节　广西之平定

初，孙延龄之叛也，其妻孔四贞以世受国恩，不愿从贼；前庆阳知府傅宏烈时谪戍梧州（今广西苍梧道苍梧县），因乘机说延龄反正，延龄然之；命宏烈往南宁（今南宁道邕宁县），联合交趾，接应大兵，以图反正；宏烈因募兵于思州、泗城、广南、富川诸土司及交趾界，得义勇兵五千人；遂移檄讨贼，通款于赣州大军。十六年，迎大军于韶，诏授宏烈广西巡抚、抚蛮灭寇将军，使增募义兵，便宜行事；命莽依图以兵八千人，尚之信分藩兵三千人，助宏烈经略广西。之信不遣兵，又不为莽依图具舟舰，师久不集；而叛将马雄方与延龄交恶，治兵相攻；宏烈遂独领所部兵万余乘机先进，克梧州、浔州（今苍梧道桂平县）、郁林（今苍梧道郁林县），所向皆捷。惟新兵皆无马与大炮，屡借于尚之信，不应。十七年二月，莽依图军至，始合兵围平乐（今桂林道平乐县），距桂林百余里，则桂林已为贼将马宝、吴世琮所陷，孙延龄被害，贼兵水陆数万来援平乐，先犯宏烈营，莽依图阻于水，不能救，宏烈兵溃，退保梧州，所复郡县复陷于贼。诏尚之信出兵援广西，又诏将军舒恕自赣州，额楚自肇庆兼程赴援，十八年正月，宏烈合诸军大破贼兵于梧州城外，乘胜长驱复桂林，复破之于南宁城外，吴世琮负重伤，仅以数十骑遁，广西略定。十九年，降将马承荫复据南宁谋叛，诱执宏烈送贵阳，宏烈骂贼死；莽依图合诸军攻承荫，执送京师，诛之；广西复定。

第九节　川、湖、云、贵之平定

先是宁羌变后，吴三桂欲由秦蜀入犯，乃亲至松滋督师，布船于虎渡口（澧水入江之口，在今湖北荆南道公安县）上游，截荆岳大兵咽喉；遣将联合杨来嘉、洪福，掠谷城、郧阳（今郧县）、均州（今均县）、南漳，欲以通兴安汉中之贼。朝廷命安亲王岳乐由袁州趋长沙，袭三桂后路；简亲王喇布移军江西，为岳乐后援。岳乐使奇兵袭破袁州，连克萍乡、醴陵，进攻长沙，湖南震动。三桂回军援长沙，诏勒尔锦、尚善渡江夹攻，二将迁延不敢进。三桂使部将高大节等出醴陵、萍乡，陷吉安（今江西庐陵道吉安县），断安亲王军后路；诏简亲王喇布由南昌赴援。喇布与贼将韩大任相持于吉安，久不下；会耿精忠、尚之信相继反正，大任走福建降，江西略定。十七年，安亲王岳乐复浏阳、平江，招降湘潭；将军穆占拔永兴、茶陵等十二城，诏简亲王喇布进守茶陵。

是时三桂年已六十七岁，失陕西、闽、粤三大援，又失江西，大兵云集湖南湘间，疆宇日蹙，且军兴调发，财用耗竭，川湖赋税不足以供兵饷，恐四方见轻，情竭势绌，乃思窃帝号自娱。以衡州当兵冲，自长沙徙都之。是年三月，三桂僭号，以永兴为衡州门户，相距仅百余里，尽锐攻之；都统伊里布、副都统哈克山相继战没，前锋统领硕岱等入城死守，贼三面环攻，昼夜不息，简亲王喇布屯茶陵，不敢救；穆占自郴州遣兵来援，亦不敢进；城坏于炮，囊土补之，且筑且战，凡二十日，濒危者数矣，八月二十一日忽拔营去，则三桂已死，诸贼将皆召赴衡州。十月，立其孙世璠。十八年正月，大兵复岳州，连下湖南诸郡，征安亲王岳乐还京，以贝子彰泰（太祖之曾孙，饶余郡王阿巴泰之孙，贝子博和托之子）代为定远平寇大将军，湖广总督蔡毓荣为绥远将军，由湖南攻贵州；都统赉塔为平南大将军，由广西攻云南。

是时赵良栋、王进宝等由陕西分兵四路攻四川，恢复汉中、保宁、成都等郡，王屏藩自杀，吴之茂被擒。诏王进宝留镇四川，赵良栋以勇路将军，兼云贵总督，由四川攻云南。诸将连破贼兵，十九年十月，复贵阳，吴世璠走云南；二十年十一月，克云南，世璠自杀，党羽皆伏诛，三藩之乱平，首尾凡九年（一六七三至一六八一）。

三藩之乱表

藩名	首祸者	根据地	进兵路
平西	吴三桂	云贵	命部将王屏藩由云南攻四川，马宝等由贵州攻湖南。复命将由湖南窥江西，由四川窥陕西
定南	孙延龄	广西	桂林
靖南	耿精忠	福建	命部将马九玉出仙霞岭，攻金华、衢州，曾养性攻温、台、处州，白显忠攻广信、建昌、饶州
平南	尚之信	广东	

清室自开国至削平三藩，中间凡数十年，凡领兵大将及议政大臣，例以宗室诸王当其选，兹列诸王表于下以供参考。

清初开国诸王表

布库里雍顺——范察……都督孟特穆—充善—锡宝齐篇古—都督福满—觉昌安—

- 塔克世
  - 太祖努儿哈赤
    - 广略贝勒褚英——敬谨庄亲王尼堪
    - 大贝勒和硕礼烈亲王代善
      - 克勤郡王岳托——衍禧介郡王罗洛浑
        - 平比郡王罗科铎
          - 讷尔图
          - 平悼郡王讷尔福
            - 讷尔苏　平敏郡王福彭
      - 贝子硕托
      - 颖毅亲王萨哈璘
        - 郡王阿达礼
        - 顺承恭惠郡王勒克德浑——勒尔锦—锡保
      - 谦郡克王瓦达
      - 巽亲王满达海
      - 镇国公祜塞——康良亲王杰书
    - 三贝勒莽古尔泰
    - 饶余敏郡王阿巴泰
      - 温良贝子博和托—贝子彰泰
      - 端重定亲王博洛
      - 安和亲王岳乐
    - 四贝勒太宗皇太极
      - 肃武亲王豪格—温良郡王猛峨—延信
      - 承泽裕亲王硕塞—庄恪亲王允禄
      - 世祖福临
        - 裕宪亲王福全
        - 圣祖玄烨
        - 恭亲王常宁
    - 英亲王阿济格
    - 睿忠亲王多尔衮
    - 豫通亲王多铎
      - 信宣和郡王多尼—信郡王鄂札
      - 信郡王洞鄂
      - 贝勒多尔博—出嗣睿亲王
      - 辅国恪僖公察尼

- 庄亲王舒尔哈齐
  - 二贝勒阿敏
  - 恪僖贝勒图伦 —— 三等镇国公品极屯齐
  - 和惠贝勒寨桑武 —— 一等镇国将军洛托
  - 郑献亲王济尔哈朗
    - 简纯亲王济度
      - 简亲王喇布
      - 简亲修王雅布
    - 辅国武襄公巴尔堪 —— 辅国襄愍公巴赛
  - 靖定贝勒费扬武
    - 贝勒尚善
    - 惠献贝子傅喇塔

第四章　台湾之内属

第一节　台湾开辟小史

台湾亘闽海中，袤二千八百里，横五百里，与福建故福州、兴化、泉州、漳州四府相对，距彭湖约二百里，厦门约五百里。其山北起鸡笼，南尽沙马埼，千里有奇，形如鱼脊。山东西两面皆沃野，自海至山，浅阔相均，约各百里，大于琉球，亚于吕宋。旧为马来人分布地，蜀汉后主建兴八年（吴大帝权黄龙二年，西历纪元二三〇年），吴大帝权使将军卫温、诸葛直等将甲士万人浮海求之，得其民数千人而还，是为中国与台湾交通之始，史书称之曰夷洲（据《三国志》孙权传，《后汉书》东夷传注引沈莹临海水土志）。隋炀帝大业初，遣使招抚之，不从。大业六年（西历纪元六一〇年），遣虎贲郎将陈棱、朝请大夫张镇州，率兵自义安（今广东潮安县，即故潮州府）浮海击之，斩其王渴刺兜，虏其民数千人而还，是为中国与台湾第一次接触，史书上称之曰流求（据隋书《炀帝本纪》及《陈棱传》、《流求传》）。元末，设巡检司于彭湖，隶福建泉州府同安县，是为彭湖设行政机关之始。明太祖洪武五年（西历纪元一三七二年）命汤和巡海上，徙彭湖民于漳、泉二府，废巡检司，空其地。宣宗宣德五年（一四三〇年），宦官郑和率舟师航南洋诸岛，遇风漂着于台湾，携药草以归，献于皇帝，是为台湾第三次与中国接触。世宗嘉靖四十二年（一五六三年），海贼林道乾引倭寇掠福建，总兵官俞大猷、副总兵戚继光连破之于海上，追至彭湖，道乾遁台湾。大猷以海上险远，留兵屯彭湖而还，道乾逃之占城，乃召还彭湖守兵（据《台湾记事》）。明神宗万历四十四年（一六一六年）以后，倭寇推颜思齐为首领，占据台湾（据《方舆纪略》）。熹宗天启二年（一六二二年），荷兰人既据南洋诸岛为根据地，欲求商港于中国，乃谋以兵舰十七艘犯澳门。时澳门已为葡萄牙人极东贸易根据地，与中国合兵拒荷人，荷人不得志，退入彭湖，筑城以居，侵掠福建沿海，要求租借地如澳门例；旋为明兵所逐，土人复起攻之，乃以天启四年（一六二四年）退据台湾，筑安平城（Fort Zealandia）及赤嵌城（Fort Provintia）（皆在今台南）以居。逐倭人于海外。六年（一六二六年），西班牙人占领鸡笼（今基萨厅），荷人屡与冲突，卒降其众，于是台湾全岛皆归荷有；乃改革行政，传布基督教，授土人以荷语，成绩渐著。是时中国内地多故，避地海外者日多，于是台湾境内中国移民逐渐繁衍，卒以大英雄郑成功之力驱逐荷人，恢复其地为中国领土。

第二节　郑成功小传

郑成功者，福建泉州府南安县（今属厦门道）人，明南安伯芝龙之子，其母田川氏，故日本肥前平户（今九州长崎县北松浦郡平户岛）人也。初为南安县学生员，唐王即位，成功年二十二，以材武得幸，赐国姓，封忠孝伯，恩宠日盛，世谓之国姓爷。清兵下福州，唐王走汀州，被执不屈死。清兵下泉州，田川氏抗节死，芝龙迎降，成功恸哭谏，不从；乃慨然弃儒服，招集忠义，航海走南澳（岛名，在今广东潮循道澄海县东南大海中）；遥奉桂王年号。清廷数以芝龙书招之，成功不屈，以舟师出没闽海，与定西侯张名振舟山之师相犄角。顺治七年，徙屯厦门（今福建厦门道思明县），遣使朝桂王于湖南，桂王封为延平郡公。十年，清廷封芝龙同安侯，成功海澄公，芝龙之弟鸿逵奉化伯，授芝豹左都督以招来之，成功不受命，屡下福建、浙江沿海各郡。十四年，桂王遣使航海授为招讨大将军，进爵延平郡王，便宜封拜。成功益治兵谋大举，戈船之士十七万，以五万习水战，五万习骑射，五万习步击，万人来往策应，万人披铁甲，当前锋，专砍马足，矢统不能入。是时张名振已卒，兵部尚书张煌言代领其军为向导，攻浙江，下温州、台州二府；会遇飓风，水起立，碎巨舰数十，漂流士卒数千，成功乃还守厦门。十五年，清廷大发兵分三路攻桂王于云南，成功闻之，急引兵攻江南以图牵制。十六年六月，由崇明入江，时沿江要害皆置重兵，设大炮，横铁索，防守甚严；张煌言令人泅水断铁索，遂乘风潮以十七舟径进，破瓜洲，攻镇江，大破诸路援兵于镇江城下，遂克镇江。成功留五日，引兵而西，部将甘辉请北取扬州，断山东之师，南据镇江，绝两浙之漕，严扼咽喉，号召各部，南畿可不战自困；成功不听。七月，抵江宁。谒孝陵；煌言别率所部，由芜湖进取徽宁；太平、宁国、池州、徽州、广德、无为、和州等四府三州二十四县望风纳款，东南大震。两江总督郎廷佐佯使人请和以缓攻，成功信之，按兵仪凤门（今江宁城西面最北之门赴下关之通路也）外。崇明总兵梁化凤赴援，乘成功无备，大破其兵，杀甘辉，成功走还厦门。张煌言兵亦溃，走徽宁山中，出钱塘江入海。成功崎岖海上十余年，屡谋恢复，不能成功，乃议取台湾为根据地。

第三节　郑氏之兴亡

郑芝龙初为海盗，附颜思齐，家于台湾，思齐败去，芝龙以其人众舟楫横于海。明庄烈帝崇祯中，巡抚沈犹龙招降之。会福建大旱，芝龙言于巡抚熊文灿，以舶徙饥民数万至台湾，人给三金一牛，使垦岛荒，渐成邑聚。其后郑氏去台湾，惟荷兰人二千居城中，中国移民数万散居城外，荷兰专治商舶，不敛田赋，与移民耦居无猜。鸿荒甫辟，土壤膏腴，一岁三熟，厥田惟上上，漳、泉之人赴之如归市。

顺治十七年，成功还自江宁，使其子经留守厦门，自引舰队向台湾。是时荷人哥依德（Coyet）守台湾，怒岛人与成功相通，下令捕治，中国移民皆不服。会其部下财政官亏帑钜万，恐发觉无以偿，乃走报成功，请为向导。十八年六月，成功自安平附近上陆，断安平与赤嵌之交通路，赤嵌城先下，哥依德告急于荷兰东方根据地之巴达维亚（Batavja 今爪哇岛首府）。巴达维亚总督遣兵舰七艘、兵七百人来援。会清朝大吏致书哥依德，请合兵先逐成功偏师之扰大陆沿海者，然后攻其本营，荷人乃分兵舰五艘应之；成功乘机尽锐攻安平，断其水道，安平被围九阅月，兵士死者千六百余人，哥依德势不支，以城降。自天启四年荷人占领台湾以来，至是凡三十七年，台湾复入于中国人之手。

成功既取台湾，聘处士陈永华为谋主，辟屯垦，修战械，制法律，定职官，兴学校，起池馆以居明宗室遗臣之渡海来归者。以赤嵌城为承天府，招徕漳、泉、惠、潮之民，汗莱日辟。又派兵守金门（今福建厦门道金门县）、厦门二岛与相犄角，通使菲律宾群岛，结好于西班牙驻斐总督，欲以得海上之应援。清廷知成功终不可致，乃杀其父芝龙及其诸弟之在北京者，徙福建沿海三十里内之居民于内地，禁渔舟商船出海，将以坚壁清野法困之；于是沿海各县商民多流离失业。康熙元年，吴三桂入缅甸，执桂王而弑之，杀其从臣百余人；成功发愤成病而卒，长子经袭职。靖南王耿继茂、福建总督李率泰贻书招经。经请如琉球、朝鲜例，不登岸，不剃发易衣冠。不报。三年，继茂、率泰与降将海澄公黄梧、福建水师提督施琅，联合荷兰夹板船合攻厦门、金门二岛，克之；南澳守将亦降，经走还台湾，犹奉桂王永历年号。

三藩之乱，耿精忠据福建，乞援于郑氏，许以漳、泉二府酬之；经引兵西渡海，与耿氏合纵。既而精忠背约，不肯割漳、泉，经遂与精忠冲突。福建故多郑氏旧部曲，海澄镇总兵赵得胜与其属刘国轩、广东潮洲镇总兵刘进忠皆降于经，经遂取漳、泉、潮州；复乘精忠与清兵相持，尾其后取汀州、邵武、兴化等府。精忠前后受敌，势不能支，乃请降于清。康熙十六年，引康亲王杰书、贝子傅喇塔兵攻经，复漳、泉、邵武、兴化；刘进忠以潮州降，经退守厦门。十七年，复遣刘国轩等攻沿海诸郡。十八年六月，克海澄，围漳、泉，杰书屯兵福州不敢救。福建巡抚吴兴祚、将军赖塔，出安溪间道，解泉州围；总督姚启圣、提督扬捷，连破国轩兵，解漳州围；国轩还据海澄，固守一年不下。是时吴三桂已卒，岳州已复，清廷分湖南水师二百艘，使水师提督万正色率之，由海赴闽，与启圣、兴祚等合攻海澄；十九年三月，克之。经遂弃厦门，归台湾，使国轩守彭湖。赖塔与经书曰："自海上用兵以来，朝廷屡下招抚之令，而议终不成；皆由封疆诸臣执泥削发登岸，彼此龃龉。台湾本非中国版籍，足下父子自辟荆榛；且眷怀胜国，未常如吴三桂之僭妄；本朝亦何惜海外一弹丸地，不听田横壮士逍遥其间乎！今三藩殄灭，中外一家，豪杰识时，必不复思嘘已灰之焰，毒疮痍之民；若能保境息兵，则从此不必登岸，不必剃发，不必易衣冠，称臣入贡可也！不称臣不入贡亦可也！以台湾为箕子之朝鲜，为徐福之日本，于世无患，与人无争，而沿海生灵永息涂炭，惟足下图之。"经报书请如约，惟欲留海澄为互市公所，姚启圣持不可，议遂寝。启圣以灭郑氏为己任，屡遣刺客谋暗杀经，皆无效。康熙二十年，经卒，王位继承之争起，郑氏遂败。

先是郑经连年用兵在外，用陈永华言，以长子克壍监国。克壍长而才，然乳婢出也，成功在时已有构之者，谓克壍孽贱，不当为世孙辱国。及克壍监国，礼贤恤下，谨法令，物望归之，而群小惮其明察，不利其立；侍卫冯锡范先以计罢永华兵柄，永华郁郁死，克壍失助。成功妃董氏复入闲言，袭杀克壍，而立其次弟克塽，年幼不能亲政，事皆决于锡范，人心益失。姚启圣闻其内乱，奏请遣水师提督施琅攻台湾。二十二年六月，以战舰三百，水师二万先攻彭湖，破刘国轩兵，克彭湖，进泊鹿耳门（在今台南西岸海中），台人大震；八月，国轩、锡范奉克塽出降，郑氏亡。自顺治十八年成功入台湾起，凡传三世，二十三年（一六六三至一六八四）；自顺治三年成功举义起，共传三十八年（一六四六至一六八四）。

台彭与外界接触表：

一、蜀汉后主建兴八年，吴大帝权遣将军卫温、诸葛直浮海求夷洲，得其民数千人而还。

二、隋炀帝大业六年，遣虎贲郎将陈棱浮海击流求，斩其王渴剌兜，虏其民数千人而还。

三、元末，设巡检司于彭湖。

四、明太祖洪武五年，徙彭湖民于漳、泉二府，废巡检司。

五、明宣宗宣德五年，宦官郑和航南洋诸岛，遇风漂着于台湾，携药草以归，献于帝。

六、明世宗嘉靖四十二年，总兵俞大猷追海贼林道乾至彭湖，道乾遁台湾。

七、明神宗万历四十四年，倭寇推颜思齐为首领，据台湾。

八、明熹宗天启二年，荷兰人据彭湖。

九、天启四年，荷兰人弃彭湖，据台湾，逐倭寇于海外。

十、清世祖顺治十八年，郑成功取台湾。

十一、清圣祖康熙二十二年，福建水师提督施琅克台湾，灭郑氏。

第四节　朱一贵之乱

台湾既平，廷议以其孤悬海外，易薮贼，欲弃之，专守彭湖。施琅以为："中国东南形势，在海而不在陆，陆之为患有形，海之薮奸莫测，台湾虽一岛，实腹地数省之屏蔽；弃之则不归番，不归贼，而必归于荷兰。彼恃其戈船火器，又据形胜膏沃为巢穴，是藉寇兵而资盗镶。且彭湖不毛之地，无台湾则彭湖亦不能守。”乃置台湾一府，诸罗、台湾、凤山三县，彭湖一厅，设兵备道统民政，设台湾总兵，彭湖副将，统兵万人镇守其地。

其后承平日久，守土者恬熙，不以吏治民生为意，防范疏阔。康熙六十年，台湾知府王珍税敛苛虐，滥捕结会及私伐山木者二百余人处以死刑；凤山县民黄殿等因人心不平，遂谋作乱，奉朱一贵为首领，称明裔以号召，不逞之徒争趋附之。总兵欧阳凯因应失机，贼遂大炽，是年五月，先陷凤山，继陷府城，凡七日而全台皆陷，凯遇害，兵备道梁文煊及王珍弃城渡海西遁。六月，水师提督施世骠、南澳镇总兵蓝廷珍，先后自厦门渡海，会于彭湖。时台中闽人、粤人互争雄长，各地乡兵义勇争起拒战，官军乘之，直捣鹿耳门，进克安平，遂复府城；执一贵及其党羽，槛送京师，诛之；台湾平。

第五节　林爽文之乱

一贵之乱既平，朝廷以诸罗地方辽阔，割其北境置彰化县，又北置淡水厅；特命满汉御史各一员，岁巡台湾，察民疾苦；地大物博，漳、泉、惠、潮之民赴之如归市，寄籍分党，蘖芽其间，守土官又日朘削之，于是民轻视吏。及其树帜械斗，人数动以万计，将士不能弹治，惟以虚声胁之，于是民轻视兵。近山土沃，民垦日广，巡抚杨景素立界限之，将界外良田尽畀生番，生番不知耕，仍为内地游民偷垦，地既化外，易薮奸宄；又狱有不能结者，辄诱杀生番以归狱；于是既敺民以归番，又敺番以党贼。有林爽文者，居彰化之大理杙，地险族强，豪猾挥霍，聚群不逞之徒，结秘密社，号曰天地会，横行数十年，将吏务为覆蔽，不之问，其党日盛。高宗乾隆五十一年，总兵柴大纪使知府孙景燧、彰化知县俞峻等率兵捕之，驻营五里外之大墩，勒村民擒献，先焚邻近无辜数小村以怵之；

爽文因众怒，举兵反。十一月二十七日，陷彰化；十二月六日，陷诸罗；凤山民庄大田举兵应爽文，陷凤山；遂围府城。五十二年正月，大纪累战破贼，解府城围，复诸罗而守之。是时正当漳、泉二府人械斗之后，爽文本漳籍，故泉人不从乱；福建水师提督海澄公黄仕简、陆路提督任承恩，浙闽总督常青、福州将军恒瑞先后引兵渡海来援，惮贼强，不敢进；贼得以暇蚕食各村，威胁泉人使从乱，其势日炽。诸罗为府城北障，贼众数万人尽锐攻之，志在必得。大纪善战，以兵四千人与城民固守，相持半年不下。诏改诸罗为嘉义县以旌大纪之忠，解仕简、承恩、常青、恒瑞职，以福康安为将军、海兰察为参赞，率师援大纪。是年十一月，海兰察破贼兵，解嘉义围；十二月，进攻大里杙，执爽文及其党羽，皆诛之；台湾平。福康安嫉大纪功名，谮之于帝，逮至京，杀之；而对于拥兵逗遛不进诸大帅皆从轻典，仕简、承恩皆免死夺职，恒瑞谪戍伊犁，常青无罪；赏罚失当如此，清廷之政衰矣。（看《啸亭杂录》卷三，台湾之役条）

参考书

《圣武记》（卷八　康熙戡定台湾记　康熙重定台湾记　乾隆三定台湾记）　魏源

《东洋学报》（第八卷　第一号　唐以前之福建与台湾）　市村瓒次郎先生

《雪堂业刻》（岛夷志略校注　彭湖流求条下）　藤田丰八

《东洋近世史》（第一编　第八章　台湾之征服）　中村久四郎先生

第五章　西力东渐之嚆矢

第一节　葡人之东渐

明清之交，中国历史上渐开一亘古未有之变局，即西力之东渐是也。东西交通之嚆矢，始于东汉初年，定远侯班超平定西域，遣掾甘英使罗马，至安息，为所阻，未至而还，是为中国试行与欧洲交通之始。汉桓帝延熹九年（西历纪元一六六年），大秦王安敦，即罗马皇帝 Marcus Anrelius Antoninus 遣使自日南徼外，献象牙、犀角、玳瑁（《后汉书·西域传》）；吴大帝黄武正年（二二七年），大秦贾人字秦论至交趾（《梁书·诸夷传》）；晋武帝大康五年（二八四年），大秦遣使贡献（《晋书·西夷传》）；是为罗马与中国交通之始。然交通之地点仅至现在法领越南北部，尚未至中国内地也。元初，威尼斯（Venice）商人尼哥罗博罗（Nicolopalo）、马哥博罗（Marco polo）父子来中国，马哥博罗留仕元室，淹居中土几二十年，其所著之游记，一时颇耸动欧人耳目；然此不过艰苦卓绝之旅行家，旷代一至，于国际上无甚关系也。东西交通之就绪，实在印度航路发见以后。而发见此航路者，为葡萄牙政府之力，故交通中国者，亦以葡萄牙人为最先。

古代东西交通表：

一、东汉初年，西域都护班超遣甘英使罗马，至安息而还。

二、汉桓帝延熹九年，大秦王安敦遣使自日南徼外，献象牙、犀角、玳瑁。

三、吴大帝黄武五年，大秦贾人字秦论至交趾。

四、晋武帝太康五年，大秦遣使贡献。

五、元初，威尼斯商人尼哥罗博罗、马哥博罗至中国，马哥博罗留仕元廷。

先是欧洲中古时代，威尼斯、热内亚（Genoa）商人之往来印度者，其航行之路有三：一由地中海东岸，溯 Orontes 河，至 Antiochia（在亚尔美尼亚南，西临地中海）；陆路经过欧夫拉底士、底格里士两河间之谷地，至报达；沿底格里士河，顺流出波斯湾；海路赴印度。二由黑海东南岸之 Trebizond 港登岸，经过小亚细亚、亚尔美尼亚、美索波达米亚，沿底格里士河，顺流出波斯湾，海路赴印度。三由埃及之亚力山大港，通过运河二百海里至改罗，溯尼罗河上流，过沙漠，至红海之亚丁，海路赴印度。东罗马亡后，地中海、红海、黑海之通路为土耳其人所扼，欧人之经营东方商业者不得不更觅他途。是时航海之术日精，欧洲各国政府亦多以奖励航海为事；葡萄牙王约翰一世，王第五子显理尤极力提倡。自一四一六年以后，屡次派人探险非洲西岸，一四八六年，其臣 Bartholomew Diaz 始达非洲南端，其时严寒凛烈，风涛怒吼，遂转舵北归，命名曰大浪山；归国复命，国王约翰二世喜甚，更名曰喜望峰。一四九八年，其臣 Vasco da Cama 通过喜望峰，至南印度马拉巴尔海岸之 Calicut，是为欧亚两洲直接由海路交通之始。

自此以后，葡王以马努利一世东略之志益锐。弘治正德间，遂县卧亚（Goa），略马剌加（Malacca），置印度总督以掌贸易拓殖之务，置主教以综理东洋布教之事，势力及于苏门答腊、爪哇诸岛。明武宗正德十一年（一五一六年），葡人 Rafael Perestrello 附帆船至中国，是为欧洲船舶内渡之始。十二年，印度总督 Albuquerque 遣使臣比勒斯至广东，求与明廷缔约；

遣卧亚市长 Ferdinand Andrade 至广东，测量中国港湾；地方官颇欢迎之，使碇泊上川岛（Shangchan 即欧人所谓圣约翰岛 St. John´s Island）。十三年，Ferdinand 之弟 Simon Andrade 至，有暴行，大为吏民所恶；武宗怒，下比勒斯于狱，坐以间谍；十六年（一五二一年），下令放逐葡人于境外。未几，令弛，葡人来者益多。嘉靖中，广东附近有葡人居留地三：一上川岛（在今粤海道台山县南大海中），二电白（Lambacao）（在今高雷道电白县南海边），三澳门（Macao）（在今粤海道香山县南境）。最初十余年间，电白贸易为诸港之冠，葡商寄居者常达五六百人，及澳门兴盛，遂驾电白而上之。福建之泉州，浙江之宁波，亦多葡商出入。居宁波之葡商，或结党四出，诱掠妇孺；居民大愤，争起复仇。嘉靖二十四年（一五四五年），屠教徒万有二千，焚葡船三十七艘；而泉州之葡人，亦于二十八年（一五四九年）为吏民所逐；于是澳门遂为葡人极东经商之要港。澳门互市之起源盖在嘉靖十四年（一五三五年），是时都指挥黄庆者，得葡人巨贿，为请于上官，始以濠境（澳门本名）为通商地，年科地租二万金。三十二年（一五五三年），葡船有遭风涛之害者，以贡品被水为辞，请于海道副使汪柏，乞地暴之；自是展境益广。三十六年，葡政府初在澳门设官以理侨民。神宗万历九年（一五七三年），中国政府始于澳门附近筑境壁为区划。葡人屡要求减租，十年，规定每年地租五百金，至清宣宗道光间仍旧云。

葡人东渐表：

一、一四八六年，葡人 Bartholomew Diaz 发见大浪山。更名曰喜望峰。

二、一四九八年，葡人 Vasco da Cama 通过喜望峰，至南印度马拉巴尔海岸之 Calicut。

三、明弘治正德间，葡人县卧亚，略马剌加，置印度总督，掌商务及殖民事务。

四、明武宗正德十一年，葡人 Rafael Pezestrello 附帆船至中国。

五、十二年，印度总督遣使臣至广东，求与明廷缔约。又遣使臣测量中国港湾，使臣之弟有暴行，武宗怒，下令驱逐葡人于境外。

六、嘉靖中，葡人寄居广东者有三处：一上川岛，二电白，三澳门；而澳门最盛。

第二节　西人之东渐

当葡人开辟印度航路，垄断东洋贸易权时，西班牙政府亦发见美洲，取墨西哥为殖民地。正德十四年（一五一九年），其臣麦哲伦（Magellan）始率舰队航大西洋，通过南美洲南端之麦哲伦海峡，进达太平洋；凡航行三十三阅月，至马来群岛之息布（Cepu），是为大西洋、太平洋间航路开通之始。麦哲伦为土人所杀，部将亦多遇害，仅余残卒十八人，以嘉靖元年（一五二二年），越印度洋喜望峰归国，是为环游世界之始。西王加罗一世以太子非利布之名，名麦哲伦所至群岛为菲律宾。终加罗之世，西班牙舰队凡至菲律宾者三。嘉靖三十五年（一五五六年），非利布即位；四十四年（一五六五年），使其将 Legaspi 占领菲律宾群岛，以马尼剌为首府。是时中国商人往来南洋，获利甚钜；沿海无业游民或以武力恣其暴取；及西班牙人至，菲律宾群岛遂为两国国民冲突之场。有李马奔者，泉州人，故海贼渠魁，数出没远近，从事劫夺。会海上有帆船来自马尼剌者，为马奔所掠，马奔即以捕虏为向导，率武装帆船六十二艘，水陆兵各二千，妇女千有五百，进攻菲律宾。万历二年冬（一五七四年十一月二十九日），至马尼剌湾，使部将日本人庄公将兵六百先入。时暴风起，舟多覆，溺杀几二百人；庄公以残兵薄马尼剌城外，破西班牙兵，杀其副将，西人走保 Satiago。会援军至，庄公引退，与李马奔合，阳历十二月三日，复引兵千五百人登岸，纵火市街，围其堡垒，而舰队自港外发炮助攻；西军殊死战，庄公阵殁，马奔复发兵五百继之，终无功而退。乃收余众航吕宋岛西岸，数日，至 Agno 河口，降服土人，得河上四里地，筑城以居；西人复来攻，马奔知不敌，乃留兵城中牵制敌军，而乘间出海遁。其留者走匿深山中，至今菲律宾有Igorrots-Chinese者，其苗裔也。

当时福建总督闻李马奔势盛，发舰队侦察其踪迹；西班牙人闻中国舰队至，欲乘机与订通商条约，乃邀舰员至马尼剌，谒其知事。以宣教师马丁拉达等为使，赍书翰赠品，附闽舰内渡，求缔商约，是为西班牙遣使中国之始。万历八年（一五八〇年），西班牙王非利布复遣Martin Ignatius来申前请，而先后并为葡人所间，不得要领。惟中国商船往来菲律宾者甚多，于是马尼剌遂为两国之市场。

西人东渐表：

一、明武宗正德十四年，西班牙人麦哲伦率舰队航行大西洋，通过南美洲南端之麦哲伦海峡，进太平洋，至马来群岛之息布，为土人所杀。

二、明世宗嘉靖四十四年，西班牙王非利布使其将Legaspi略取菲律宾群岛，以马尼剌为首府。

三、明神宗万历初年，马尼剌知事遣马丁拉达附闽舰内渡，求通商。八年，非利布复遣Martin Ignatius来申前请，俱不得要领而还。

第三节　荷人之东渐

是时东洋商利为葡萄牙人所独擅，其经营拓殖专以暴力制胜，及拓地既广，国力不足以维系之，故不久即衰，荷兰人、英人代之而起。荷兰旧为西班牙领土，以宗教纷争之故，于万历九年（一五八一年）宣告独立。是时葡国京城里斯本为东洋百货所萃，荷商就其地为稗贩之业，西班牙王非利布兼王葡国，禁止荷人出入里斯本；荷人不得已，始欲自辟商路，直接与东方诸国贸易。万历二十三年（一五九五年），亚摩斯德登诸商始创私立东印度会社，从事探险。是年，Cornelius Houtman 率舰队通过喜望峰，经苏门答腊，至爪哇西岸，巡览而归，自是荷船东渡者不绝。万历三十年（一六〇二年），东印度会社得政府允许，有于殖民地置兵除吏及与所在国君主宣战媾和之权；遂逐葡人，略取苏门答腊、爪哇、摩鹿加诸岛。万历四十七年（一六一九年），建巴达维亚府于爪哇，以为东洋贸易根据地。于是西自印度之马拉巴尔海岸。东至日本之长崎，其商港相接，海上权力为当时诸国冠。

是时中国南部商业为葡人所独占，清世祖顺治十三年（一六五六年），巴达维亚政府遣使至北京，请通商。廷议许荷船八年一至，船数以四艘为限，他所请皆不得行。其后郑氏取台湾，荷人数遣舰队助清兵攻金厦，削郑氏势力。圣祖康熙三年（一六六四年），复遣使至北京议约，终无所得而返。

荷人东渐表：

一、万历二十三年，亚摩斯德登诸商始创私立东印度会社。

二、是年，Cornelius Houtman 率舰队通过喜望峰，经苏门答腊，至爪哇而还。

三、万历三十年，东印度会社逐葡人，略取苏门答腊、爪哇、摩鹿加诸岛。

四、四十七年，建巴达维亚府于爪哇，为东洋贸易根据地。

五、明熹宗天启二年，荷兰人犯澳门，据彭湖，为明兵所逐。四年，移据台湾。

六、清世祖顺治十三年，巴达维亚政府遣使至北京，请通商。

七、十七年，郑成功克台湾，荷兰守将降。

八、圣祖康熙三年，荷兰复遣使至北京议约，终无所得而返。

第四节　英人之东渐

英人从事东方探险，殆与荷人同时，万历七年（一五七九年），Thomas Stephens 始至印度，英人得自其通信中知商务之概况。万历十六年（一五八八年），西班牙之无敌舰队为英军所灭，英人海上之势力骤增；而是时西葡合并，葡人之东洋商利为西班牙财赋所从出，故英人欲乘战胜之威，夺取东洋贸易权。会荷兰勃兴，南洋贸易为所把持，其商品之销行欧洲者价腾至倍蓰，英人益不平。万历二十七年（一五九九年），伦敦商人组织东印度公司与荷兰竞争，资本金仅七万镑，经营东洋贸易；在南洋群岛始终受荷人排斥，不能得志；在印度大陆所在成功，势力远出他国之上。

万历二十四年（一五九六年），英女王伊利萨伯始遣使来明廷修好，舟行遇飓风，遂中止。其后英人经略印度，屡与葡人冲突，连破其兵；葡人不得已，与英人议和，允许英船有出入澳门之权利。崇祯十年（一六三七年），英人 Wedell 率舰队至澳门，葡人拒不纳，Weddell 乃思与广东大吏直接交涉，葡人复从中挑拨；英舰至虎门（地名，在广东东莞县西南海中，有炮台当珠江入海之口），守者发炮击之，英人攻破炮台，遣使奉还中国以求通商，许之，会明亡，乃止。康熙三年（一六六四年），东印度公司遣商船一艘至厦门，无功而还。郑经在台湾，与英人订约，以安平及厦门为通商地，台湾无物产，安平贸易不久即废，惟厦门独盛。

英人东渐表：

一、万历七年，Thomas Stephens 始至印度。

二、二十七年，伦敦商人组织东印度公司，经营东洋贸易。

三、思宗崇祯十年，英人 Weddell 率舰队至澳门，旋攻破虎门炮台以求通商。

四、清圣祖康熙三年，东印度公司遣商船一艘至厦门。

第五节 基督教之输入

基督教之初入中国，在唐太宗贞观十年（一六三六年），波斯人阿罗本（Olopen）赍其经典来长安，太宗优遇之，为建波斯寺，玄宗天宝四年，改号大秦寺，称其教曰景教，是为 Nestorian 派入中国之始。武宗会昌五年（八四五年），禁止一切外教，景教亦同归于尽。蒙古勃兴，欧洲基督教各国颇欲联络蒙古，以压回教徒势力。宋理宗淳祐五年（一二四五年），罗马教皇 Innocent 四世遣柏朗嘉宾（Plano Carpini）东谒定宗。世祖即位，遣使西谒教皇，请派教士来中国。至元二十七年（一二九〇年），John of Monte Corvino 航海东来，得元廷许可，建教会堂于大都，宣布圣教，是为罗马加特力派入中国之始。

元亡以后，中国境内之布教事业亦衰。东西航路既通，欧人东渡者日众，商业所及，宗教随之。是时欧洲新旧两教之争甚烈，旧教徒在欧洲失败，乃谋扩张势力于东洋，于是耶稣会（Jesuit 派）之教徒相继东渡。嘉靖二十一年（一五二四年），耶稣会东洋布教总长 Francis Xavier 至卧亚；后六年，赴日本传教，留四年而归；三十一年（一五五二年），赴中国，至上川岛而卒。万历八年（一五八〇年），意大利人利玛窦（Matteo Ricci）至广东，留肇庆府，服僧人衣，学华语以说教。已而道广州，经南昌，诣南京，以儒服谒留都士大夫，士大夫咸重其人。二十八年（一六〇〇年），与其友庞迪我（Didacus de Pantoja）至北京，献方物，神宗优礼之，准其在京师内外建教堂。朝廷大臣徐光启、李之藻等咸服其说，利玛窦与光启、之藻译著《几何原本》、《职方外纪》等书，泰西科学传入中国自此始。利玛窦善属文，其生平传教一徇中国旧俗，故信从者众。三十八年（一六一〇年），利玛窦卒，朝议颇非难天主教徒，四十四年（一六一六年），神宗下逐客令，光启上书争之，天启二年（一六二二年），遂弛禁。是时传教师留京者，有庞迪我、熊三拔（Sabbathinus de Ursis）、龙华民（NicolausLongobardi）、阳玛诺（Emmanuel Diaz）、邓玉函（Joannes Terrenz）等，而德国人汤若望（Joannes Adam Schall Von Bell）又以后至能继其业，诸传教师多通天文、历法及各种制造，能纠正钦天监之误，朝廷遂以传教师掌钦天监，又命铸造火器以佐军用，故其传教事业亦因之少所阻害。崇祯末年，信徒达数千人，上自宫庭、宦寺、宗室、达官皆与焉。

清兴，汤若望以历学受世祖知，掌钦天监事。康熙四年（一六六五年），回回教徒新安人杨光先上书攻击汤若望，免官，其徒皆连坐禁锢。圣祖亲政，诸连坐者皆以大赦被释，于是南怀仁（Ferdir an dus Veriest）复疏论钦天监推算乖谬状，八年（一六六九年），以南怀仁为钦天监监副，凡教堂毁者概行修筑，凡外交通译及测量境土之事，皆委之诸传教师；诸传教师亦谨守利玛窦遗规，不强中国信徒尽变中国习俗礼式；以故康熙初年，天主教盛极一时，全国信徒不下数十万人云。

基督教输入中国表：

一、唐太宗贞观十年，波斯人阿罗本赍景教经典来长安，朝廷为建波斯寺，后改大秦寺。

二、宋理宗淳祐五年，罗马教皇 Innocent 四世遣柏朗嘉宾东谒蒙古定宗。

三、元世祖至元二十七年，John of Monte-Corvino 航海东来，建教会堂于大都，宣布旧教。

四、明世宗嘉靖三十一年，耶稣会东洋布教总长 Francis Xavier 赴中国，至上川岛而卒。

五、明神宗万历八年，意大利人利玛窦至广东。二十八年，至北京，建教堂传教。

六、清兴，以传教师汤若望掌钦天监事。康熙八年，以南怀仁为钦天监副。

参考书

《东洋史》（中古史　第四期　第十三章　第三节　近古史　第五期　第十八章　第三节）　自著

《中国历史教科书》（清朝史　第一编　第十章）　汪荣宝

《西洋商业史》（第四章　第五章　第七章　第八章）　村上直次郎

第六章　清初对俄之交涉

第一节　清俄接触之始

俄罗斯为北方大国，包拓亚、欧二洲北部，其都城在欧洲波罗的海滨，而其东部领土直抵比令海峡，包围中国满洲、蒙古、新疆北境。清兴，黑龙江畔满蒙混血族之索伦、达瑚尔（皆契丹苗裔）等部悉来归附，而俄罗斯之远征军亦越外兴安岭东下，直抵鄂霍次克海岸，南与外蒙古之车臣汗、土谢图汗二部为邻，时与蒙人贸易。崇祯十一年（一六四三年），俄国属部可萨克人 Poyarkoff 自雅库次克省南下，历阿勒丹、精奇里诸河流域，至黑龙江下游，周览其山川部落，三载而归，具以所见报告雅库次克省政府，请派兵往经略。顺治七年（一六五〇年），富商 Khabaroff 募义勇兵数百人，至黑龙江北岸之雅克萨，击败索伦兵，筑城于雅克萨河口，名曰阿勒巴金（Albajin 即雅克萨城）。复引兵东略黑龙江下流流域，至乌苏里江口，有部落曰阿枪者请救兵于中国，宁古塔都统使章京海色以兵二千赴援，无功而还。

俄政府闻 Khabaroff 兵纪律不整，顺治十一年（一六五四年），征 Khabaroff 还，以 stepanoff 代领其众；是年五月，复沿黑龙江东下，剽掠各部落。都统明安达礼击破之于松花江口，Stepanoff 退守哈马喇河。

是时叶尼赛斯克长官 Parkkoff 发兵侵略贝加尔湖东岸，顺治十年（一六五三年)，略取什尔喀河流域，筑城于尼布楚河口，名曰 Nerchinsk。十五年(一六五八年)，自将屯尼布楚为后继，命 stepanoff 当前敌。stepanoff 以所部可萨克兵五百人出松花江，抄掠村落，宁古塔都统沙尔呼达率舰队四十七艘，拒战于松花江与瑚尔哈河间，Stepanoff 败死，残兵遁入雅库次克，退还尼布楚者仅十七人而已。

俄人远东侵略表：

一、明思宗崇祯十一年，可萨克人 Poyarkoff 至黑龙江下游探险。

二、清世祖顺治七年，俄商 Khabaroff 募义勇兵东下，击败索伦兵，筑城于雅克萨。复东略黑龙江下流流域，至乌苏里江口。

三、十年，叶克长官 Pakkoff 侵略什尔喀河流域，筑城于尼布楚。

四、十一年，俄将 Stepanoff 东侵，都统明安达礼击破之于松花江口。

五、十五年，Stepanoff 出松花江，宁古塔都统沙尔呼达击斩之。

六、康熙二十二年，俄将模里尼克至爱珲，黑龙江将军萨布素击擒之。

第二节　清俄之交际及其冲突

顺治十一二年间，俄人两次遣使臣赍方物，上书以请互市为名，至北京觇虚实。康熙九年(一六七〇年)，朝廷以俄纳我逃人，又连年寇边，乃遣使至莫斯科，责令还我逃人，且禁止侵掠。莫斯科人无能解我国书者，乃遣使偕中国使臣同来北京，欲与中国订界约，开贸易，交换俘虏。政府宣言：非还我逃人，则所请皆无庸置议，议卒不成。俄人筑塞精奇里上流，将席卷黑龙江东北数千里之地；圣祖以其地近陪都，不可滋蔓，康熙二十一年(一六八二年)，命副都统郎坦以行猎为名，渡黑龙江侦察雅克萨城形势，郎坦归言俄兵少不足虑，圣祖乃决议北伐：筑墨尔根(今黑河道爱珲县)、齐齐哈尔(今龙江道龙江县)二城，置十驿，通饷运；以萨布素为黑龙江将军，驻爱珲；命车臣汗绝俄贸易。二十二年（一六八三年），俄将模里尼克以可萨克兵六十余人，自雅克萨移营黑龙江下流，至爱珲附近，萨布素遣兵要击之，虏其全军。二十三年，遣使至雅克萨谕降，不从。二十四年（一六八五年），命都统彭春率陆军万人，携巨炮二百门，水师五千人，舰百艘，攻雅克萨城，俄将 Alexei Tolbusin 以四百五十人固守，六月，彭春攻破之，毁其城而还；Tolbusin 奔尼布楚。会俄将 Perton 率可萨克兵百人来援，乃与合军而东，至雅克萨旧址，筑土垒以守。二十五年（一六八八年）八月，萨布素引兵八千，载大炮四百门，复围雅克萨，相持二月，Tolbusin 中流弹死，Perton 代之坚守，逾年不下，俄兵存者仅六十余人，城旦夕且下，会两国和议成，乃罢兵。

第三节　尼布楚条约

是时俄皇大彼得即位，年幼不能亲政，其姊 Sofia 摄政；以战地距国悬远，应援不及，亟欲与中国和。圣祖初平三藩，疮痍未复，亦不愿劳师于外。康熙二十五年，因荷兰人致书俄皇论曲直，俄皇复书言："前者中国数赠书本国，无能通解者，今已知边人构衅之罪，即遣使臣诣边定界，请先释雅克萨之围。"朝廷许之。二十六年（一六八七年），俄全权公使费要多罗（Feodor Colovin）至色楞格斯克，遣使至京师告至，约以是地为两国使臣会议所。二十七年五月，诏以内大臣索额图、都统一等公佟国纲等为钦差大臣，会俄使议约；以耶稣会传教师张诚（Gerllon）、徐日升（Pereiva）为通译，随带精骑万余，军容甚盛。至外蒙古界，会土谢图方与准噶尔构兵，道阻不得前，乃更议以尼布楚为会场。命都统郎坦发兵一万，自爱珲水陆并进，为使臣后援。

二十八年八月二十四日，两国使臣会于尼布楚，张幕城外为会场，俄使发议：欲划黑龙江为国界，江南归中国，江北归俄国。索额图谓："黑龙江一带原属中国领土，自俄人东侵，始被蚕食；今宜东自雅克萨，西至尼布楚、色楞格斯克，凡俄领黑龙江及后贝加尔殖民地，尽以还我。”议遂梗。次日，复会，索额图请以尼布楚为分界，俄使难之，议复梗。张诚、徐日升周旋两使间，执调停之役，往复数次，索额图始议北以格尔必齐河及外兴安岭，南以额尔古纳河为界，俄使仍不允，索额图遂停议，表示决裂；八月晦，拔营向尼布楚城，旦夕且宣战；俄使不得已，应命。九月九日，两国公使各以国文约书相交换，而副之以拉丁语译文，约书文义彼此有出入者，以拉丁译文为标准，兹录其概略于下以供参考：

一、自黑龙江支流格尔必齐河，沿外兴安岭以至于海，凡岭南诸川注入黑龙江者属中国，岭北属俄国。

二、西以额尔古纳河为界，河南属中国，河北属俄国。

三、毁雅克萨城，雅克萨居民及物用听迁入俄境。

四、两国猎户人等毋许擅越国界，违者送所司惩罚。

五、两国彼此不得容留逃人。

六、两国彼此境内现住之他一国人民，仍得居住原处。

七、两国商旅持有护照者，得自由在他一国经商。

约成，用满、汉、蒙古、拉丁及俄罗斯五体文字，勒碑于格尔必齐河东及额尔古纳河南为界标，又派兵屯田于精奇里河口。自此以后，俄人对中国专以平和为旨，数遣留学生至北京，学官话，或派商队至沿边贸易，直至咸丰八年（一八五八年），两国界约如故云。

第四节 恰克图条约

尼布楚条约成立以后，喀尔喀三汗相继内附，于是俄蒙交界一变而为中蒙交界。俄人故与喀尔喀土谢图部通商，至是喀尔喀之主权为中国所操，于是中俄通商之问题起。康熙五十八年（西历纪元一七一九年），俄皇彼得第一遣正使义斯麻伊儿 Ismailoff、副使兰给 DeLange 赍国书来京师，请改订商约，朝廷依违不答。义斯麻伊儿不得已，归国；留兰给驻北京，委以改正商约事，是为俄使驻华之始。

兰给数以议约为请，朝廷未允。雍正三年（一七二五年），彼得第一殂，皇后加他邻 Catharina 第一即位。五年，遣使臣拉克青斯奇来申前请，且欲会议蒙古与西伯利亚之疆界。诏遣副将军喀尔喀郡王额驸策棱、内大臣四格、理藩院侍郎图理琛与俄使议约，以后贝加尔省布拉河地方为两国使臣会议所；各遣勘查委员审定边境，以是年八月议定恰克图条约，兹录其概略于下以供参考：

一、两国边吏当互查彼此逃人，捕送本国。但逃亡在订约以前者勿论。

二、以恰克图为两国通商埠，自额尔古纳河岸至齐克达奇兰以楚库河为界；自此以西，以博木沙奈岭为界；各立界标志之。

三、以乌特河地方为两国中立地，彼此不得侵占。

四、俄国商人得三年一至北京通商。员数以二百人为限，留京不得过八十日，往来当由官定之路径，不得迂道他往；违者没收货物。

五、京师俄罗斯馆听嗣后俄人来京者居住。俄国使臣欲于京师建会堂，中国当予以补助，听俄国教徒居住。教徒得依本国例规，于堂内读经礼拜。

六、递送公文者来往当由恰克图。

七、两国边界各置长官，秉公办理一切。

约成以后，两国国书往返均不用皇帝名，中国用理藩院，俄国用萨那特衙门名义，代表两国政府。内地商民以烟叶、茶叶、缎布、杂货，往库伦及恰克图贸易者日多；高宗乾隆二年（一七三七年），准监督俄罗斯馆御史赫庆之条奏，停止俄人在北京贸易，令统归恰克图；于是其地百货云集，市肆喧阗，繁盛甲于漠北。朝廷常命土谢图部亲王台吉等监理其事，二十七年，设库伦办事大臣二人，一由在京满蒙大员内简放，一由外蒙古札萨克内特派，以埋边务。凡中俄往复公文，必经办事大臣之手。

第五节　恰克图增订商约

恰克图通商以后，两国彼此均不榷税，已而俄国违约，私收货税。又两国边民互失马匹，其数不可稽，而俄人辄以少报多，移文责偿。乾隆二十九年，诏命闭恰克图埠，与俄绝市；然办事大臣等乘间无弊，仍私与交易。三十年，削土谢图亲王桑齐多尔济爵，诛办事大臣丑达，厉行闭关策。三十三年，办事大臣庆桂以俄人恭顺情形入奏，遂通商如初。四十四年，以俄国边吏庇护罪犯、不即会审之故，复闭关绝市；逾年得解。五十年，俄属市哩雅特种人入边行劫，诏复绝市。五十七年，俄人悔过乞恩，乃增订商约五款，严禁俄商负债，发生纠葛及俄人入边行劫诸不法事，由库伦办事大臣松筠、普福等与俄官色勒裴特在恰克图中俄交界处互换。自是以后，两国通商如故。

清俄交涉表：

一、顺治十一二年间，俄人两次遣使臣至北京觇虚实。

二、康熙九年，朝廷遣使至莫斯科，责令还我逃人，禁止侵掠；俄遣使报聘至北京，欲与中国订界约，开贸易，交换俘虏；双方俱不得要领而还。

三、二十一年，命副都统郎坦渡黑龙江，侦察雅克萨城虚实。

四、二十四年，命都统彭春攻雅克萨，毁其城而还。

五、二十五年，黑龙江将军萨布素复围雅克萨。

六、二十八年九月，内大臣索额图与俄使费要多罗结尼布楚条约。

七、雍正五年，副将军额驸策棱与俄使拉克青斯奇结恰克图条约。

八、乾隆五十七年，库伦办事大臣松筠与俄官色勒裴特增订恰克图商约。

参考书

《圣武记》（卷六　国朝俄罗斯盟聘记）　魏　源

《中俄界记》　邹代钧

《中国历史教科书》（清朝史　第二编　第十一章　第十六章　第二十章）　汪荣宝

第七章　准噶尔之役

第一节　准噶尔之起源

准噶尔亦蒙古也，元亡，蒙古分为三大部，曰漠南内蒙古，曰漠北喀尔喀蒙古，皆元室后裔；曰厄鲁特蒙古，在喀尔喀以西，天山以北，其地故元代牧场，分驼马牛羊四部，称为四卫拉特。卫拉特者，译言大部；元衰，其强臣猛可帖木儿据有其地，明代谓之瓦剌，即卫拉特之音转也。正统中，瓦剌极强，其酋长也先数寇北边，为明室巨患。也先死后，瓦剌中衰，其地复分为四部：曰绰罗斯，牧伊犁（今伊犁道）；曰都尔伯特，牧额尔齐斯河流域（今塔城道北部）；曰土尔扈特，牧塔尔巴哈台（今塔城道）；曰和硕特，牧乌鲁木齐（今迪化道）；是为厄鲁特四大部。和硕特为元太祖弟哈布图哈萨尔后裔，绰罗斯、土尔扈特、杜尔伯特皆元太师脱欢之后。明末，和硕特部固始汗袭据青海，又以兵入藏，灭藏巴汗，略取其东部喀木地（今西康省）。绰罗斯部长巴尔图浑台吉游牧阿尔泰，恃强凌胁诸部，土尔扈特部酋长和鄂尔勒克恶之，挈其族西走，越哈萨克，投俄罗斯，屯牧窝瓦河滨，绰罗斯地遂与喀尔喀邻，势俱张甚。康熙初，巴尔图浑台吉死，子僧格立，异母兄车臣、卓特巴巴图尔争属产，与僧格有隙，劫杀之。僧格同母弟噶尔丹时方在西藏为喇嘛，康熙十二年（一六七三年），归国举兵，讨杀车臣、卓特巴巴图尔，并杀僧格之子索诺木阿拉布坦，自立为准噶尔汗。

旋娶青海和硕特车臣汗鄂齐尔图女，而袭杀车臣汗；复南攻天山南路回部城郭诸国，皆下之，威令行至卫（今前藏）、藏（今后藏），又欲兼并喀尔喀，乃自伊犁徙居阿尔泰山麓，使都尔伯特部屯田，且耕且牧以峙其食。

厄鲁特四大部表

部名	牧地	今地	祖宗
绰罗斯	伊犁	伊犁道	脱欢
都尔伯特	额尔齐斯河流域	塔城道北部	同
土尔扈特	塔尔巴哈台	塔城道	同
和硕特	乌鲁木齐	迪化道	哈布图哈萨尔

第二节　喀尔喀之内属　准噶尔之东侵

喀尔喀在今外蒙古，有明中叶，元太祖十五世孙达延汗游牧其地。明世宗嘉靖中，达延汗徙幕辽东，其季子格呼森札赉尔留居故土，析众万余，分授七子为七旗，是为喀尔喀各部之祖。其孙阿巴岱赴西藏，谒达赖喇嘛，请藏经归漠北，部众尊信之，奉以为汗，是为土谢图汗之始。土谢图汗部据土拉河流域，而其东西又别为两部，东为车臣汗部，位于克鲁伦河流域；西为札萨克图汗部，位于杭爱山麓；其地东界黑龙江，西界厄鲁特，南尽瀚海，北界俄罗斯。太宗崇德元年（一六三六年），大兵征服漠南察哈尔部，遣使宣捷于喀尔喀，喀尔喀遣使来修好，岁献白驼一，白马八，号为九白之贡。顺治初年，曾与中国冲突；十二年，三汗各遣子弟来乞盟，诏赐盟宗人府。

康熙二十三年（一六八四年），土谢图汗执杀札萨克图汗而夺其妾，三部内讧；朝廷遣使及西藏达赖喇嘛之使和解之，噶尔丹使其族人随而觇焉，故使谩骂土谢图汗以激其怒，土谢图汗执而杀之；噶尔丹遂藉词报复，扬言借俄罗斯兵且至，土谢图探之，无其事，守备懈；噶尔丹潜遣喇嘛千人游牧其地，土谢图亦不以为意。初，喀尔喀世雄漠北，及中叶以后，专佞喇嘛，习梵呗，懈武事；又部族嗜酒，自相陵蔑，遂为准噶尔所觊觎。康熙二十七年（一六八八年）夏，噶尔丹率劲骑三万，逾杭爱山，突袭其帐，游牧喇嘛从中应之，土谢图汗仓卒拒战，败绩，悉众东走。噶尔丹击破车臣汗及札萨克图汗兵，又劫其大喇嘛哲卜尊丹巴胡土克图之帐，三汗部落数十万众，尽弃牲畜帐幕，投漠南请降；诏发仓储并赐茶布牲畜十余万以赈之，暂借内蒙古科尔沁部水草地使游牧，于是噶尔丹尽据外蒙古。

第三节　乌兰布通之战

噶尔丹既并喀尔喀，遣使以入贡为名，要求清廷执送土谢图汗。圣祖知两部构兵，曲在土谢图，然以其穷蹙来归，势不可令失所。二十八年，遣使谕噶尔丹罢兵，返喀尔喀侵地，且约达赖喇嘛亦遣使调停之。噶尔丹不奉诏，驻兵克鲁伦河流域，窥伺漠南。二十九年（一六九〇年），以追讨三部为名，侵略内蒙古，尚书阿尔尼以蒙古兵要击之，战不利，噶尔丹深入乌珠穆沁（内蒙古锡林郭勒盟五部之一，在古北口东九百二十三里）境。是时朝廷已平三藩，收台湾，和俄罗斯，境内无事；圣祖以噶尔丹势炽，其志不在小；是年六月，下诏亲征，以皇兄裕亲王福全（世祖第二子）为抚远大将军，皇长子禔副之，出古北口；皇弟恭亲王常宁（世祖第五子）为安北大将军，简亲王雅布、信郡王鄂札副之，出喜峰口；车驾亲幸边外以节制之。常宁遇敌于乌珠穆沁境，战不利，噶尔丹遂长驱而南，深入乌兰布通（山名，在热河赤峰县治东南），距京师七百里。是时裕亲王福全屯乌兰布通三十里外，诏常宁引兵会之。八月朔，进军乌兰布通，大军火器精利，敌用驼万余，缚足卧地，背加箱垛，蒙以湿毡，环列如栅以为障蔽，自晡至暮，敌死伤甚众，噶尔丹乘夜遁。

第四节　昭莫多之战

是年，噶尔丹联合厄鲁特诸台吉与达赖喇嘛，请上尊号。三十一年，又遣使至归化城，声言入贡，男女接踵至者几二千人。诏并却之。三十三年，诏约噶尔丹来会盟，不报，而遣兵侵掠喀尔喀；又阴诱内蒙古诸部使叛归己，科尔沁、土谢图亲王以闻，上密令复书伪许内应，而预调士马刍粮以待。三十四年（一六九五年），噶尔丹率骑三万入寇，沿克鲁伦河东下，侵掠至巴颜乌兰（驿名，在外蒙古车臣汗西部右翼中前旗），自秋徂冬，踞之不去。三十五年春，诏黑龙江将军萨布素率东三省兵出东路，遏其前；抚远大将军费扬古、振武将军孙思克率陕甘兵出宁夏西路，邀其归；上亲统禁旅，由独石口出中路，度漠。抵克鲁伦河，遣使告知噶尔丹；噶尔丹登高望见御营，大惊，拔营宵遁；上自将追之，不及而返。费扬古、孙思克邀击之于昭莫多（蒙古语大树林也，即明成祖破阿鲁台地，在肯特岭之南，图拉河之北，汗山之东，平旷饶水草，回望大岭，千仞如屏，为自古漠北战场），时敌军至者仅万人，然皆百战之余；费扬古兵循翁金河而来，沿路草地皆为敌所焚，大军迂道秣马，粮运阻雨，士卒饥疲，马僵其半，士多徒步。费扬古等议马力不能驰击，非反客为主，以逸待劳不可。距敌三十里即止营，据形胜地列阵以待；先遣前锋诱敌，佯败以致之；自日中至暮，两军激战胜负未决；费扬古出奇兵绕出阵后，袭敌辎重；敌军溃，杀其可敦阿奴，噶尔丹以数十骑遁。

第五节　噶尔丹之末路

噶尔丹之篡位也，僧格次子策妄阿布坦与其父旧臣七人逃居吐鲁番，遣使来请降，圣祖受之，使协防噶尔丹。噶尔丹连年东侵，策妄阴谋恢复父业，潜回伊犁，收集散亡，都尔伯特诸台吉从之，辟地至额尔齐斯河，遂有准部大半。昭莫多败后，噶尔丹精锐牲畜亡失殆尽，回部青海皆乘机叛去。噶尔丹窜居塔米尔河（鄂尔坤河之西支流）畔，欲西归伊犁，则畏策妄阿布坦之逼；欲南投西藏，则道阻不能至；欲北投俄罗斯，而俄罗斯拒不受；闻翁金河畔有费扬古军余粮，乃遣兵数千自山谷中突出掠之，为护粮兵所败；欲掠喀尔喀之出边游牧者，闻有备亦不敢犯；所属部落从者或仅千人，或数百人，皆老羸，自相盗羊马，势日益蹙。圣祖幸归化城，遣使招噶尔丹来降，许以待喀尔喀之礼待之，卒倔强不至。

三十六年（一六九七年），二月，圣祖幸宁夏，诏费扬古等两路进兵，追讨噶尔丹。噶丹遣子征粮哈密，为回人所擒献；所猎之地，野兽已尽；左右亲信相率引去，或密附大军，请为向导；策妄阿布坦拥劲兵，伏阿尔泰山间，将擒以献功；噶尔丹进退无路，乃以闰三月十三日饮药自杀，所部皆降，于是自阿尔泰山以东皆隶版图，拓喀尔喀西境千余里，返土谢图等三汗于漠北，增编其部属为五十五旗，漠北平。

第六节 阿拉善蒙古之内属

贺兰山厄鲁特者，俗所称阿拉山蒙古也。阿拉山即贺兰山，亦讹为阿拉善，皆语音之转。其地在河套以西，东宁夏，西甘州，南凉州，北瀚海，袤延七百余里，山阳为内地，山阴为蒙古游牧。汉武威张掖西北境，唐吐蕃，宋西夏，明为边外地。清初，青海和硕特固始汗兄子车臣汗鄂齐尔图游牧其地，固始汗季子巴延阿玉什生子十六人，其四人居青海，其和罗理等十二人亦牧套西，是为二部分地之始。顺治初，鄂齐尔图遣使入贡。康熙十六年，噶尔丹娶鄂齐尔图女；旋以兵袭杀鄂齐尔图，破其都；和罗理族避居大草滩，求达赖喇嘛表，请游牧阿拉山，以距边六十里为界；诏许之。三十一年，给札萨克印，编一旗，封郡王一，镇国公二，自是永为不侵不叛之臣。

参考书

《圣武记》（卷三　国朝绥服蒙古记　二国朝绥服蒙古记　三康熙亲征准噶尔记）魏源

《中国历史教科书》（清朝史　第二编　第十二章）　汪荣宝

第八章　西藏之内属

第一节　黄教之起源

西藏古吐蕃地，元明为乌斯藏，其地分三部：曰康，今西康省，为前藏，亦曰喀木。曰卫，即布达拉（译言孤山，亦作普陀，在西藏拉萨之北，孤峰特起，五里有奇，高万余尺，因山筑楼十三层，金碧辉煌，为达赖坐床之所，寺内喇嘛二万人）及大招寺（在布达拉山东五里之拉萨城，唐文成公主所建，高楼四重，殿宇栏杆皆铜鎏金。左廊有吐蕃赞普弃宗弄赞，文成公主及白布国王安塑像，正殿供释迦牟尼佛像，系公主自唐请来者；殿门外有唐穆宗长庆中唐蕃会盟碑，旧为驻藏大臣与诸贝子及大喇嘛议公事之所），本吐蕃赞普建牙之所，今达赖居之，为中藏。曰藏，即札什伦布（译言吉祥山，距布达拉寺七百余里，倚山面江，气势雄阔），本藏巴汗所治，今班禅居之，为后藏。又并极西之阿里则称四部云。自唐太宗以文成公主下嫁吐蕃赞普弃宗弄赞，好佛，立寺庙，西藏始通于中国。元世祖封西番高僧八思巴为帝师，大宝法王以领其地，后嗣世袭其号，称萨迦胡土克图。萨迦者，释迦之音转；胡土克图者，译言再世也。其教先娶妻生子，有后则不入室，始登法座。其服饰本印度袈裟旧式，衣冠皆赤，后世称为红教。明初，以西番地旷人稀，欲利用宗教之力以羁縻之，凡元代法王国师后人来朝贡者，辄因其故俗，许其世袭；对法王者八，授西天佛子者二，灌顶大国师者九，灌顶国师者十有八。法王等死，其徒辄自相承袭，岁一朝贡，略与土司等；嗜茶贪贡市，冀保世职，故终明世无西番患。其后红教徒专持密咒，流弊至以吞刀吐火炫俗，尽失戒定慧宗旨，不能厌人民之欲望。有宗喀巴者，蒙古人，一名罗卜藏札克巴；明成祖永乐十五年（一四一七年），生于西宁卫（今甘肃西宁道）；八岁（一四二四年）出家；二十四岁（一四四〇年）赴西藏；三十四岁（一四五〇年）得道于甘丹寺，即会众自黄其衣冠，后世称为黄教。成化十四年（一四七八年），年六十二岁，示寂；遗嘱二大弟子达赖喇嘛（译言无上），班禅额尔德尼（译言光显），世世以呼毕勒罕（译言化身）转生，演大乘教。其教皆重见性度生，斥声闻小乘及幻术下乘。当有明中叶，势力已远出红教上，未尝受封于中国，中国亦莫之知。达赖一世敦根珠巴，即吐蕃赞普之裔，世为番王者；舍位出家，始以法王兼藏王事。二世根敦嘉穆错，生于后藏；自置第巴（译言政务官）等代理兵刑赋税，其弟子称胡土克图，分掌教化。三世锁南嘉穆错，生于前藏；名益著，青海、河套诸蒙古罔不向服，顺义王谙达曾亲入藏，迎往青海，顶礼膜拜；于是红教诸法王皆俯首称弟子。改从黄教。化行诸部，东西数万里，诸番王徒拥虚位，不复能施号令。四世云丹嘉穆错，生于蒙古图古隆汗族，早卒，迹不甚著。然河套青海诸部守其戒，稀犯明边。漠北喀尔喀诸部以所处僻远，不得亲承达赖命，乃自奉宗喀巴第三弟子哲卜尊丹巴为大胡土克图，居之库伦，总理外蒙古教务，位与班禅相亚。五世罗卜藏嘉穆错，生于前藏，适与清太宗同时。崇德二年，太宗因卫拉特使贻之书，于是达赖、班禅及札什伦布藏巴汗，青海固始汗先后遣使通贡，绕塞外数万里，以七年达盛京。次年，清廷报使，存问达赖、班禅，称为金刚大士。是为清与西藏及青海交通之始。世祖顺治初年，清自关外入主中国，达赖、班禅及固始汗复各遣使表贡。三年，诏赉以甲胄弓矢皮币，并遣使迎达赖。九年冬，至京，世祖厚礼之，并加册封（授金册封西天大善自在佛，领天下释教普通鄂济达赖喇嘛）。命亲王以八旗兵送之归。

第二节　第巴桑结之挑衅

达赖、班禅世居拉萨，故其教盛行于前藏；而札什伦布以西，自元代以来，向为红教根据地；其西境之拉达克酋长藏巴汗为之护法，势力尚足与黄教相颉颃。罗卜藏嘉穆错用其近亲桑结为第巴，桑结恶藏巴汗与黄教反对，乃以达赖五世之命，招致厄鲁特蒙古以逐之。于是和硕特部固始汗引兵入后藏，击杀藏巴汗，以其地居班禅，与达赖分主二藏。尽逐红帽花帽诸法王，皆南遁不丹、尼泊尔境，于是红教益微。

桑结既借和硕特兵力驱除红教，又恶和硕特干涉藏事，阴结准噶尔汗噶尔丹，嗾其袭破青海，以杀和硕特部势力，于是藏事一决于桑结。康熙二十一年，达赖五世卒，桑结秘不发丧，矫其命以行事，威震全藏。噶尔丹曾入藏为喇嘛，与桑结相昵，归篡其国，自称受达赖封为准噶尔博硕克图汗。喀尔喀部土谢图汗与札萨克图汗内讧，桑结嗾噶尔丹乘机侵外蒙古，大破喀尔喀诸部兵。及喀尔喀部三汗内附，圣祖复命达赖遣使准噶尔谕令罢兵；而桑结所遣之使僧济隆，反阴嗾噶尔丹使南侵。乌兰布通之役，噶尔丹几不免；而济隆代为讲款，误中国追师。圣祖固疑达赖若存，不当出此，屡遣京师喇嘛入藏觇之；以事无左证，不能穷也。三十三年，桑结矫达赖命入贡，因言已年迈，国事决第巴，乞锡之封爵，诏封桑结为图伯特国王。三十五年，圣祖亲征噶尔丹，至克鲁伦河，俘厄鲁特部众；具得桑结发纵指示及达赖脱缁已久、桑结矫命状。赐书诘责，令执济隆来献，并召班禅入朝，词甚峻厉。桑结奏言："众生不幸，第五世达赖于壬戌年示寂，转生静体今又十五岁矣，前恐唐古特人民生变，故未发丧，今当以丑年十月二十五日出定坐床，乞大皇帝勿宣泄。班禅因未出痘，不敢至京。济隆当竭力致之京师，乞全其身命戒体。"圣祖允其所请，姑待至十月宣示内外。是时策妄阿布坦已奉诏出师，协擒噶尔丹，而桑结乃遣使要诸途，宣言达赖已厌世，尔部落毋得妄行，策妄哭而归。噶尔丹旋以穷蹙自杀，于是桑结失外援，和硕特部之势复振。

先是和硕特部固始汗既击杀藏巴汗，割西藏东部喀木之地为其领土，以长子达延鄂齐尔汗留镇拉萨，次子达赉巴图尔台吉佐之，垄断西藏政权。顺治十三年，固始汗卒，康熙九年，鄂齐尔汗卒，达赉巴图尔嗣位，内为桑结，外为准部所挟制，威望坠地。三十六年，达赉巴图尔卒，固始汗之孙拉藏汗嗣位，以议立新达赖六世事，与桑结交恶。四十四年，桑结谋毒杀拉藏汗，不遂，欲以兵逐之。拉藏集众讨诛桑结，因奏废桑结所立之假达赖，而立巴达克山之伊西嘉穆错为第六世达赖；青海诸蒙古复不信之，而别奉里塘（在打箭炉西六百八十里，今西康理化县）之噶尔藏嘉穆错为真达赖，迎至青海。请赐册印，与藏中所奏互相是非。圣祖虑两部构衅，诏噶尔藏嘉穆错暂居西宁之塔尔寺（在西宁城西南四十里宗喀巴瘗胞衣处，黄教神圣地）以调停之。海藏争议未决，而策妄阿布坦扰藏之事起。

第三节　策妄阿布坦之扰藏

先是噶尔丹灭后，策妄生聚未盛，中国方乘屡胜之势，若骤进大军，收其部落，涣其羽翼，戍以偏师，立可郡县其地；圣祖以其旷莽辽隔，费转输，而策妄方表示恭顺，遂划阿尔泰山以西至伊犁河流域捐俾游牧，复成西域大部落。策妄既有准部，思有结婚政策，并吞四卫拉特。先娶土耳扈特阿玉奇汗女，乃离间阿玉奇子散札布台吉，使之携众万五千户至而没入之；旋阻其贡道，禁其入藏熬茶，阿玉奇遂全部投俄罗斯。又娶和硕特拉藏汗之姊，而赘其子丹衷于伊犁，不令归。上以厄鲁特狙诈，敕拉藏毋恃亲疏防，拉藏耄而嗜酒，不以为意。布达拉西北三百里有腾格里海，译言天湖，有铁索桥天险，为由准赴拉萨必由之路，拉藏亦不之守。五十五年十月，策妄遣台吉大策零敦多布，引精兵六千，自伊犁西南行绕大戈壁，逾和阗南境之昆仑山，涉险冒瘴，昼伏夜行，五十六年七月，由腾格里海突入，击破拉藏汗兵，诱其众为内应，遂陷拉萨，杀拉藏汗，幽伊西嘉穆错。圣祖以西藏屏蔽青海、四川、云南，苟准夷盗据，将边无宁日。五十七年，以皇十四子允禵为抚远大将军，出屯青海；富宁安为靖逆将军，出巴里坤；傅尔丹为振武将军，出阿尔泰山，威胁准夷后路；延信为平逆将军，出青海；噶尔弼为定西将军，出四川，两路捣藏。西藏人民以达赖法座久虚，又遭准部蹂躏，意颇厌乱；乃合词请于朝，承认西宁之新达赖为真实呼毕勒罕，乞中国兵护之入藏。噶尔弼以副将岳钟琪领前锋，用以番攻番计，招川边诸土司为前驱，击破准部偏师，遂入拉萨。大策零敦多布时方与延信相持于青海，闻警，兵溃，走还伊犁。延信遂以九月八日送噶尔藏嘉穆错入拉萨，即六世达赖位；诛厄鲁特喇嘛之助逆者，留蒙古兵二千镇之，以拉藏汗旧臣贝子康济鼐掌前藏，台吉颇罗鼐掌后藏，于是西藏始直隶于中国政府。世宗雍正初年，青海罗卜藏丹津作乱，青海诸大寺喇嘛多从逆，藏中噶布伦（统理兵马刑名之官）三人聚兵杀康济鼐，谋降准部，颇罗鼐起兵讨诛之，诏以颇罗鼐为贝子，总藏事；留大臣正副二人，领川陕兵二千，分驻前后藏以镇抚之；是为大臣驻藏之始。五年冬，策妄阿布坦卒，子噶尔丹策零立，请赴藏煎茶，又声言欲送还所虏拉藏二子；诏严兵备之，收前藏东西之巴塘（今西康巴安县）、里塘归四川，设宣抚土司治之；其中甸（今云南腾越道中甸县）、维西（今云南腾越道维西县）隶云南，设二厅治之；惟察木多（今西康昌都县）以外各土司仍隶西藏。高宗乾隆十五年，颇罗鼐子朱尔墨特谋叛，驻藏大臣傅清、拉布敦诛之；旋为逆党所害，达赖六世举兵靖内乱，擒逆党以闻。至是西藏始不封汗王贝子，以四噶布伦分其权，而总于达赖。

参考书

《圣武记》（卷五　国朝抚绥西藏记）　魏源

第九章 康熙时代之内治

第一节 学术之提倡

一、圣祖之勤学

圣祖好学出于天性，年十七八岁时，读书过劳，至于咯血，而不肯少休。康熙十六年，以近侍内无博学善书者，特于翰林内选择二员，常侍左右，讲究文义；因设南书房，命侍讲学士张英供奉内庭，加高士奇内阁中书衔，在内书写。先是日讲之始，隔日一开；圣祖以人主临御天下，未有不以讲学明理为先务者，遂令学士日日进讲，即避居瀛台亦未尝间断。及三藩乱起，翰林院议奏："机务繁重，请隔日进讲。"圣祖不听。康熙二十三年，帝南巡，泊舟燕子矶，夜至三鼓，犹不废读；侍讲学士高士奇请稍节养，亦不听。临摹法帖多至万余，写寺庙匾额多至千余，每与大学士李光地谈易至子夜，诸侍从多枕戈以待；孜孜求学之心，自幼至老不倦；康熙六十年之郅治，皆此种精神所酿成者也。

二、学者之奖励

康熙初年，海内新定，明室遗臣多有存者；士大夫或以逸民自居，著书立论，常慨然有故国之思。圣祖欲以恩礼罗致之。康熙十七年，诏举博学鸿儒，备顾问著作之选。令在京三品以上及科道官员，在外督抚布按及学政，各就所知学行兼优，文辞卓越之人，不论已仕未仕，举荐送部，户部月给俸廪。次年三月，集诸被举者一百四十三人于体仁阁，试以赋诗，取中一等二十名（朱彝尊、汪琬、汤斌、汪霦在内），二等三十名（毛奇龄、施闰章、尤侗在内），俱授为翰林院官，纂修《明史》。翰林学士徐元文奏征耆儒黄宗羲，不至；诏浙江巡抚录其书有关史事者以进。康熙二十一年，三藩既平，圣祖以天下稍安，召内阁翰林等官九十三员宴于乾清宫。特敕笑语无禁，畅饮极欢，有沾醉者，令内官扶掖以行，名曰升平嘉宴，仿汉柏梁体作诗纪之。寻避暑瀛台，召诸臣侍游钓，故一时儒臣皆以为荣。三十三年，命大学士举长于文章、学问超卓者来京修书。四十二年，巡阅河工，值五十诞辰，诸臣献鞍马等物。上不受，曰："朕素嗜文学，诸臣有以诗文献者，朕当留览焉。"对于纂修《明史》极为注意，若材料之搜集，体例之更正，屡有所言，以补史臣之阙。五十年，编修桐城戴名世南山集之狱起，同邑进士方苞亦罹祸。一日，上谓大学士李光地曰："汪霦死，无能古文者。"光地以"惟戴名世案内方苞能"对。上即赦出苞，召入南书房，旋命编校乐律历算等书，遂以文臣起家至卿贰。

又欲博采群书，以统一天下思想。二十五年，谕礼部翰林院购求遗书，因谕："自古经史书籍，所重发明心性，裨益政治，必精览详求，始成内圣外王之学。朕披阅载籍，研究义理，凡厥指归，务期于正。诸子百家泛滥奇诡，有乖经术。今搜访藏书善本，惟以经学史乘，实有关修齐治平，助成德化者，方为有用。其他异端稗说概不准录。"于是宏奖理学，表章程朱，御著几暇余篇，阐明性理。尝出理学真伪论以试词林，又刊定性理大全，朱子全书等以广流传，五十一年，特命以朱子配祀十哲之列。居常讲论，以朱子之学为正宗。当时廷臣，如大学士李光地、尚书汤斌等，皆以宋学家跻身清要。一时朝野之人，无不以宋学相砥砺云。

三、书籍之编纂与学术之进步

圣祖好学性成，上自天文、地理、历算、音乐、法律、战术，下至骑射、医药、蒙古西域拉丁文字无一不习。当时御纂诸书，种类甚多。

当时学术发展，其特可记述者为数学及地理知识之进步。先是宋元以来，中国以天元为最高之算法，至明而失其传。圣祖幼习算术，常于内廷教授诸大臣。时西洋代数学已输入中国，上先学其术，译曰借根方。尝以是术授梅瑴成，谓："西人名此为 Algebra，译言东来法也。"瑴成通其术，疑与天元相似，复取天元各书读之，乃涣然冰释，知两法名异而实同；于是天元一术，遂因借根方而复明于世。又前此中国地图皆不施经纬度线，记里多误。圣祖费三十余年之力，制皇舆全览图；分命西洋客卿中之测绘学者测量极度，极高差一度，为地距二百里；故当时舆图精密远过前代。又于山脉河流能穷其原委，而加以系统的研究；是实科学思想渐次发达之一征也。

康熙御纂书籍表（录《清代通史》卷上之二原稿）

书名	卷数	编纂年代	主撰者	内容提要
周易折中	二二	康熙五四	李光地等	参考群言，务求至当实，不偏主一家
书经传说汇纂	二四	六〇	王顼龄等	于集传择其可从者，其不可从者必附录旧说以明古义
诗经传说汇纂	二〇序二	六〇	王鸿绪等	于小序集传斟酌持平，凡旧说合理者必附录其文
春秋传说汇纂	三八	三八	王掞等	对于胡传随事驳正足，破陋儒门户之私
孝经衍义	一〇〇	二一	张英等	分八大纲，五十六子目，凡征事考言皆引经据典
性理精义	二一	五六	李光地等	就胡广性理大全删繁举要
朱子全书	六六	五二	李光地等	分类排缵，厘为一十九门，就异说而存真削伪
律吕正义	五	五二		凡三编，上编二卷，曰正律审音。下编二卷，曰和声定乐。续编一卷，取西洋律吕证以古法
康熙字典	四二	五五	张玉书等	凡十二集，一百十九部，每字详其声音训诂

书名	卷数	编纂年代	主撰者	内容提要
音韵阐微	一八	五四	李光地等	部分一如官韵，惟文部别出殷字为子部，存广韵之旧
平定朔漠方略	四八	三五	温达等	纪征噶尔丹之始末
历代事纪年表	一〇〇	五一	王之枢等	上起帝尧下讫元末，编年系月条列其大事
历象考成	四二	五二	胤禄等	上编十六卷，曰揆天察纪。下编十卷曰明时正度。又表十六卷以致用
数理精蕴	五三	五二		上编五卷，以立纲明体；下编四十卷，以分条致用。又表八卷别为四
星历考原	六	五二	李光地等	因曹振圭历事考原重加厘定
佩文斋书画谱	一〇〇	四七	孙岳颁等	首论书论画次帝王书画，次书画，家传等
渊鉴类函	四五〇	四九	张英等	本俞安期唐类书而博采诸书益以诗文事迹，实古今类书渊海
骈字类编	二四〇	五八		所采诸书词藻凡一千六百有四字，分隶十三门
分类字锦	六四	六〇	何焯等	亦类书之一，与前书皆称巨制

书名	卷数	编纂年代	主撰者	内容提要
子史精华	一六〇	六〇	吴士玉等	撷子史之精华别类分门，以大书挈纲领细书具始末
佩文韵府	四四三	四三	张玉书、陈廷敬等	以韵府群玉五车韵瑞所已载者列前，而博征典籍补所未备列于后
古文渊鉴	六四	二四	徐乾学等	所录上起左传，下讫宋人，以有关风化有益世用者为主
历代赋汇	一四〇	四五	陈元龙等	分三十类，凡有关于经济学问者皆以次登载，尚有外集逸句补遗，共四十六卷。洪纤毕具，为赋家大观
全唐诗	九〇〇	四六	曹寅等	就唐音统签而删补之所采二千二百余家，得诗四万八千余首
咏物诗选	四八二	二四五		分四百八十六类，计一万四千六百九十首，条分件系，各极摹形绘状之工
历代题画诗	一二〇	四六	陈邦彦等	仿声画集例增分三十类，州居部列各有条理
四朝诗	三一二	四八	张豫章等	凡宋诗七十八卷，金诗二十五卷，元诗八十一卷，明诗一百二十八卷

书名	卷数	编纂年代	主撰者	内容提要
全金诗	七四	五〇		就郭元钎稿本增修，较中州集诗多一倍
唐诗	三二附三	五二		总括四唐，权衡六义，别体正声，以立风雅之轨范
历代诗余	一二〇	四六	沈辰垣等	自唐及明词凡千五百四十调，九千余首，为百卷；又人名爵里十卷，词话十卷
词谱	四〇	五四	王奕清等	凡八百二十余调，二千三百余体，均以字数多寡为序
曲谱	一四	五四	王奕清等	首载诸家论说，次北曲谱，次南曲谱，次以失宫犯调诸曲别为一卷

第二节　治河之绩与南巡北巡西巡之典

河道之变，古今凡六次；然至元以前，河自为河，治之尚易；至元以后，河即兼运，治之较难。清初，河淮同流，淤沙渐积，淮水入海之路壅塞，黄河淮水横流四溃。康熙十六年，以靳辅为河道总督，专任治水之事。辅创蓄清敌黄束水攻沙之法，挑清江浦以下，历云梯关（在江苏山阳县东北二百里大河北岸，为黄河入海故道即淮水入海之口）至海口一带河身之土，筑两岸之堤，所谓“寓浚于筑，一举两得”者也。辅本此意见，在任十年，进行不懈；后辅坐事免官，继其后者若张鹏翮、陈鹏年等皆宗辅遗规，于是河患稍息。

帝以黄河屡决，久为居害，欲亲至其地，相度形势，察视堤工；又以东南民情未洽，故国之思潜萌，思有以震慑之；又欲周知地方风俗，小民生计，故屡举南巡之典。康熙二十三年十月，幸山东，登泰山；南至宿迁，阅黄河北岸堤，命靳辅增修堤防。由扬州至镇江，乘沙船（江中战船）顺流东下，抵苏州；还至江宁，祭明太祖陵；还至淮安，阅高家堰（在今淮安县西南四十里洪泽湖东北，后汉陈登筑，明陈瑄重修）堤工；遂幸曲阜，谒孔林，赐衍圣公以下书籍裘服有差；是为第一次南巡。二十七年正月，溯运河而南；二月，至杭州，渡钱塘江，谒禹陵；三月，回京；是为第二次南巡。是时黄河连年溃决，圣祖念水之不治，由于洪泽湖水势太大，又加黄运合并，故益不可制；因欲导河稍北，使不得侵入淮水；再疏泄洪泽湖以杀其势。三十八年二月，复奉皇太后南巡。三月，渡河，相地高下，指示方略；谕河道总督于成龙测量水土，绘图以进。车驾至杭州而还，命截留漕粮，宽免江浙各省积欠以纾民困；是为第三次南巡。四十二年，复南巡，至杭州而还；遍阅高家堰、徐家湾（在今江苏宿迁县境）、翟家坝（在洪泽湖东岸，扼淮水使不得溃入宝应湖）各处堤工，命蠲免山东去年被灾各县钱粮，并以漕米二万石运赴兖、济平粜；是为第四次南巡。四十四年，复南巡，至济宁；浙抚疏请幸两浙，许之；是为第五次南巡。四十六年正月，复南巡，阅视溜淮套（在今安徽泗县西）。四月，自杭州还；是为第六次南巡。往返供亿悉发内帑，沿途行宫不施采绩，每处所费不过一二万金云。

圣祖除六次南巡而外，尚有巡幸五台山与塞外之举：康熙二十二年，奉太皇太后幸五台；二十三年，幸口外；三十年、三十一年，复幸边外；三十七年，四十一年，复幸五台；四十二年，复幸边外，西巡至太原洪洞等处而还；凡幸五台三次，边外四次。先是世祖升遐，俗传为避世五台；圣祖三幸五台，俗传为定省世祖；其巡幸边外，则经略蒙古也。

第三节　大臣之植党

康熙初年，辅政大臣鳌拜专权；鳌拜黜后，索额图以元辅之子，皇室懿亲（索额图从女为圣祖皇后，生皇太子胤礽），又有黜鳌拜之功，八年八月，入阁。惟倨傲贪黩，广树党羽，朝士非暗自结持，宦不得达。凡会闱榜出，索择名下士，遣私人喻意，令拜门下；强项者抑之下第。常与其党额库礼、江潢等私议国事。十八年七月，京师地连震，左都御史魏象枢入对，涕泣劾索额图、明珠植党专权，排忠良，引佥壬以剥烝黎之罪。会索家人告发，经查搜江潢家，得与索往来密书甚多，乃罢其政柄，改授内大臣。四十二年，以索额图党于皇太子，命免官交宗人府拘禁，卒于幽所。

索额图罢政后，明珠益用事。明珠初为尚书，以撤藩议结主知，康熙十六年七月入阁，久在政府，招权纳贿，大学士勒德洪、余国柱、李之芳，尚书佛伦等皆附之。凡会议会推，佛伦把持，余国柱为之囊橐；阁中票拟，皆明珠指挥，轻重任意，他阁臣皆承其风旨。督抚藩臬缺出，余国柱等辗转贩卖，必满欲而后已。甚至学道期满应升者，亦往往议价；九卿公然希旨，派缺预定。御史李时谦屡疏称旨，吴震方颇有论劾，明珠借事诬陷之。江南蠲租起，国柱时为户部尚书，以部费为名，索金四十万；巡抚汤斌不与，国柱衔之。比大计，外吏輂金于明珠门者不绝，而斌属吏独无。明珠有宠仆出京，所至自大府监司以下皆郊迎。过苏，谒斌，斌令门卒为主人，具酒食享之。仆以为大辱，归诉之明珠，明珠欲倾斌，念在外无从得事端，会皇太子出阁讲学，乃荐斌掌詹事府。屡与廷臣摭拾蜚语劾斌。上素重斌，不罪也；而斌竟郁郁无以自明以卒。勇略将军赵良栋平滇功第一，以弹劾明珠从子、将军吴丹救建昌失律故，为明珠所排挤，免官不得叙爵。二十七年，御史郭琇疏劾明珠，诏改授明珠内大臣，罢其政柄。其党修怨，二十九年，诬琇以罪，免其官，并夺其父封典。

汉大臣中若尚书徐乾学、少詹事高士奇、左都御史王鸿绪、侍讲学士王顼龄等，皆以文学结主知，自负博雅，互相标榜，猎取声誉，而以乾学为之魁。屡与明珠党龃龉，互相抨击，时有南北党之目。乾学轻财好客，为士类所归向，交游太广，其家人门客时夤缘为奸利。其弟大学士元文，右中允秉义，皆鼎甲出身，以文学负盛名。元文久任左都御史，敢于言事，群臣侧目。郭琇劾明珠，乾学实阴讽之，明珠罢相，其党修怨，二十九年，谮免乾学官，予元文休致，秉义亦乞假归。郭琇劾高士奇、王鸿绪等植党营私，诏予士奇休致。

第四节　诸王之倾轧与储位之废立

圣祖享国之久，为秦汉以来中国历史上所仅见，子孙曾孙同时及见者百五十余人，然其晚年有一极拂意之事，则储位之废立是也。圣祖诸子中胤禔最长，然非嫡出，孝诚仁皇后赫舍里氏生皇次子胤礽（音仍，福也），康熙十四年，立为皇太子，命大学士张英、李光地、熊赐履等教之，凡南北巡狩，未尝不令从行。三十七年三月，封皇长子胤禔、三子胤祉为郡王，四子胤禛、五子胤祺、七子胤祐、八子胤禩（古祀字）为贝勒；由是诸皇子各自开府。希图非分，内则要结亲贵以侦探消息，外则招纳门客以弋取声誉，植党暗争甚剧。皇太子性疏直，率易任情，无矫饰；于至尊前礼节颇多疏忽。尝侍上疾，无忧色；闻皇十八子胤祄疾笃，无戚容；又尝殴挞大臣，渐失帝欢。四十七年九月，有为蜚语闻于上者，谓皇太子昵比匪人，诏废胤礽，幽禁之；并诛窜其近臣。旋以胤禩营谋为皇太子甚力，并黜其爵。已而诚郡王胤祉发喇嘛巴汉隆为直郡王胤礽用魇术压胤禔事，上命夺胤禔爵，幽于第；召胤礽入见，使居咸安宫。四十八年正月，复立为皇太子。五十一年十月，复废允礽，锢之咸安宫。自此以后，群臣有请立太子者，辄被严谴。六十一年（西历纪元一七二二年）十一月，帝崩，皇四子雍亲王胤禛即位，是为世宗。雍正二年，胤礽卒，追封为理亲王。以奉使口北，迁延不行罪名，革皇十弟敦郡王胤䄉爵，禁锢宗人府。四年，以结党营私罪名，削皇八弟廉亲王胤禩籍，改名阿其那（满语狗也），交宗人府幽杀之；夺皇九弟贝子胤禟爵，幽之西宁；旋更名为塞思黑（满语猪也），幽杀之于保定；夺皇十四弟抚远大将军郡王胤禵官爵，幽之马兰峪；六年，降皇三兄诚亲王胤祉为郡王，禁锢其子弘晟。八年，革胤祉王爵，禁锢景山永安亭。十二年，胤禔卒于幽所。于是圣祖晚年以来结党倾轧之诸王皆罹祸，宗室王公及大臣牵连被害者甚众。

圣祖末年诸王倾轧表

太祖努儿哈赤　　太宗皇太极　　世祖福临　　圣祖玄烨

- 皇长子贝子品级允禔（初封直郡王，后以罪废）
- 皇次子理密亲王允礽（初立为皇太子，后废）
- 皇三子诚隐郡王允祉（初封诚亲王，世宗时降）
- 皇四子世宗胤禛（初封雍亲王，后袭帝位）
- 皇八子允禩（初封贝勒，世宗即位进封廉亲王，后夺爵，改名阿其那，幽杀之于宗人府）
- 皇九子允禟（初封贝子，世宗时夺爵，改名塞思黑，幽杀之丁保定）
- 皇十子辅国公允䄉（初封敦郡王，世宗时夺爵，高宗即位封辅国公）
- 皇十四子恂隐郡王允禵（初封贝子，世宗时夺爵，高宗即位封恂郡王）

第五节　康熙时代之文字狱

康熙初年，有庄廷鑨明史狱，沈天甫诗集狱，其时当国者为辅政大臣鳌拜，其人残暴苛刻，故二狱株连者颇多，然故非圣祖之意也。圣祖仁厚矜察，简刑省罚，然文字狱为有清一代特色，虽圣祖时亦有一二案点缀，兹略述其事迹于下。

一、朱方旦秘书狱

朱方旦，湖北汉阳人，号尔枚，又号二眉道人；自诩前知，与人决休咎，朱道人之名噪于遐迩。顺承郡王勒尔锦以大将军驻节荆州，方旦出入其军，甚见尊宠；勒尔锦榜其堂曰圣人堂，里曰至人里。湖广巡抚张朝珍赠以匾额，颜曰圣教帝师。后方旦游江浙，翰林院侍讲王鸿绪得其所著《中质秘书》，康熙二十一年，上疏劾之曰："朱方旦自号二眉道人，阳托修炼之名，阴挟欺世之术，广招党羽，秘刻密书。其书有曰：'古号为圣贤者安知中道？中道在我山根之上，两眉之间。'其徒互相标榜，有顾齐宏者，曰：'古之尼山，今之眉山也。'陆光旭则曰：'孔子后二千二百余年，而有吾师眉山夫子。程朱精理而不精术，大儒之用小；老庄言道而不言功，神仙之术虚'等语，皆刊书流布，蛊惑庸愚：乞正典刑以维世道。"乃诏九卿会议，方旦立斩，齐宏等监候，朝珍已死，革其世职；勒尔锦见在羁禁，勿问。

二、戴名世南山集狱

方旦以左道惑众，罪止杀身，圣祖可谓宽厚矣；其文字狱中之较为复杂者，则为戴名世南山集狱。名世，安徽桐城人，好读《左氏传》及《太史公书》，留心有明一代掌故，时访明季遗老考求故事，兼访求明季野史参互考订，以冀成一家言。邑人方孝标，尝以科第起家，官至学士。后因族人方猷主顺治丁酉（十四年）江南试，得罪牵连去官遣戍，遇赦归。吴三桂反，孝标入滇，为翰林承旨。三桂败，孝标先迎降，得免死。所著《纯斋文集》、《滇黔纪闻》，多述明末清初事。名世购得其书，与门人舒城、余湛考其异同，采用其说，作《南山集》。康熙四十一年，门人尤云鄂为刊版行世。四十四年，名世应顺天乡试，中式；四十八年，复举会试，以殿试一甲二名进士授翰林院编修，于是《南山集》流传于都下。五十年，左都御史赵申乔据以弹劾，下九卿议，牵连至数百人；时方孝标已死，并议戮其尸。上不以为然，因诏“戴名世从宽处斩，方孝标之子登嶧，孙世樵等俱免死，并妻子充发黑龙江，其余案内干连人犯，俱宽免治罪，著入旗”。于是得全活者三百余人，时康熙五十二年二月也。

参考书

《清史纪事本末》（卷十二　卷十七　卷十八　卷二十　卷二十四）　黄鸿寿

《中国历史教科书》（清朝史　第二编　第十四章）　汪荣宝

《清代通史》（卷上　第五篇　第二十五章　第二十九章）　萧一山

《清稗类抄》（第八册　狱讼上）　商务印书馆

第十章 青海之内属

第一节 青海和硕特之起源

青海，古西海郡，在西宁县西三百余里。其水周七百余里，群山绕之，潴而不流。中有二岛，不通舟楫，惟冰合时可通。环海而居者皆藏族，分左右二境，下界海岸，上界湟水。其地西回疆，南卫藏，北玉关，袤延二千余里。本汉时鲜水诸羌也，唐以前为吐谷浑所属，唐初并入吐蕃，于是崇佛成俗，始隶于卫藏。明置西宁、河州诸卫，领以番酋，授以国师、禅师之号，不相统属，以涣其势。其后一并于套酋俺答，再并于和硕特部固始汗，于是始变为蒙古。和硕特为元太祖次弟哈布图哈萨尔后裔，与内蒙古科尔沁等八部同族，十九传至固始汗，自西域入据青海。分部众为二翼，子十人领之，除分附察哈尔一旗及分牧阿拉善山一旗外，余八家皆为青海和硕特蒙古。清太宗崇德中，固始汗强盛，击灭唐古特藏巴汗，遣使自塞外通贡，并请发币存问达赖喇嘛，是为青海与清室交际之始。顺治初，又导达赖入觐，诏封遵文行义敏慧固始汗，赐金册、金印、弓矢、甲胄，是为青海汗入朝之始。顺治十三年，固始汗卒，其苗裔分二支：在藏者为拉藏汗，在青海及河套者为车臣汗，阿拉善王。康熙五年，六年，十四年，青海和硕特诸部屡谋入寇，皆奉达赖檄谕而止，献驼马牛羊谢罪，盖于中国尚仅羁縻也。十六年，准部噶尔丹袭杀西套车臣汗鄂齐尔图，青海诸台吉惧，挈帐避居大草滩，渐为内附之始。二十九年，大军击败噶尔丹于乌兰布通，青海诸台吉附达赖喇嘛表上尊号，却之。三十六年，大军殄灭噶尔丹，青海诸台吉入朝京师，诏封固始汗子达什巴图为和硕亲王，余授贝勒、贝子、公爵有差，于是青海始为近藩。五十五年，准部酋长大策零敦多布袭破前藏，朝廷发兵四路讨之，命青海蒙古兵从平逆将军延信深入，击破准部兵，奉新第六世达赖入藏。

第二节　罗卜藏丹津之叛

是时达什巴图已卒，子罗卜藏丹津立，从大军入藏归，以青海西藏皆和硕特部属，而已为固始汗嫡孙，阴觊复先人霸业，总长诸部。世宗雍正元年，诱诸部盟于察罕托罗海（青海海中岛名），令各仍故号，不得复称王贝勒公等爵，而自号达赖浑台吉以统之。亲王察罕丹津、郡王额尔德尼等不从，挈众内奔河州关外。朝廷遣驻西宁之侍郎常寿往谕丹津，反为丹津所执。初，青海有大喇嘛曰察罕诺们汗，出自西藏，世居西宁之塔尔寺，为青海黄教徒宗，威望等于外蒙古之哲卜尊丹巴。丹津诱使从己，于是远近风靡，游牧番子喇嘛等同时骚动，西宁戒严。是年十月，诏以川陕总督年羹尧为抚远大将军，驻西宁；四川提督岳钟琪参赞军务。羹尧分兵北扼布隆吉尔河（在青海北部），防其内犯；南守巴塘、里塘，断其入藏之路；又请敕驻巴里坤将军富宁安屯吐鲁番及噶斯泊（在罗布泊东），断其通准部之路；复遣诸将分攻各堡，溃其党羽；各部贝勒贝子公台吉多自拔来归，丹津惧，归常寿请罪，不许。

二年正月，羹尧集兵二万余，分四路进攻，期以四月草生时前进。钟琪以为“青海广漠，番众尚不下十万，我军深入，贼若散而诱我，击此失彼，四面受敌，此危道也。不如乘春草未生，以精兵五千，马倍之，兼程捣其不备”。廷议以为然，诏授钟琪奋威将军，专任西征事。二月，出师，沿途歼敌侦骑，蓐食衔枚宵进，直抵敌帐，敌军惊溃，罗卜藏丹津遁，虏其母弟及妹。大军恐其入藏，自河源西南穷追至桑骆海，在河源西七百余里不及而返；而丹津则已自噶尔逊河在布隆吉尔河之北横越戈壁，北投准噶尔矣。自出师至贼巢凡十五日，往返两月，献俘京师，诏封羹尧一等公，钟琪三等公。青海悉定，分其地赐诸部之不从逆者；不设盟长，置西宁办事大臣以统辖之。

青海和硕特蒙古对清廷关系表：

一、清太宗崇德中，青海固始汗遣使自塞外通贡。

二、世祖顺治初，导达赖入觐。

三、康熙五年，六年，十四年，青海诸部屡谋入寇，皆奉达赖檄谕而止，献驼马牛羊谢罪。

四、二十九年，大军击败噶尔丹，青海诸台吉表上尊号，却之。

五、三十六年，大军殄灭噶尔丹，青海诸台吉入朝，诏封王公世爵有差。

六、五十五年，大军救西藏，青海蒙古兵从将军延信深入，击破准噶尔兵。

七、雍正元年，青海和硕亲王罗卜藏丹津叛，二年二月，奋威将军岳钟琪击破之；罗卜藏丹津奔准噶尔。

参考书

《圣武记》（卷三　国朝绥服蒙古记三　雍正两征厄鲁特记）　魏源

第十一章 西南夷改土 归流之役

第一节 西南各省土司之由来

川湖云贵之交，为苗族分布地，唐虞以前之九黎，唐虞时代之三苗，周之荆蛮，战国末年之百越，汉之西南夷，唐之南诏，后五代时之天兴、义宁，皆此族创立之国；四川境内之獠，僰（步劾切音菔“炎徼纪闻”；僰人在汉为犍、为郡，在唐为于矢部，盖南诏东鄙也，或称摆夷），贵州境内之苗，湖南、广西境内之瑶、侗，云南境内之猓猓、野人，广东境内之黎、蜑（音但，一作蛋。“后山业谈”；二广居山谷间不隶州县谓之瑶人，舟居谓之蜑人；岛上谓之黎人），皆此族之后裔也。在宋为羁縻州，在元为宣慰、宣抚、招讨、安抚、长官等土司，而元明赏功授地之土知府、土知州、土知县亦错出其间。明代麓川思氏、田州岑氏、播州杨氏、永宁奢氏、水西安氏之乱，皆动大军数十万，殚天下之力而后铲平之，故云贵川广恒视土司为治乱。清初，因袭明制，分设土官，属平西定南诸藩镇抚之。三藩之乱，诸土司颇为吴三桂利用；及乱平，朝廷亦放任之，无暇深究。至雍正初年，始有改土归流之役。

历代苗族创立之国家表

国名	时代	区域
九黎	唐虞以前	
三苗	唐虞	两湖及江西
荆蛮	周	同
百越	战国末年	江南浙东
西南夷	汉	川南贵西云南
南诏	唐	云南
天兴	后五代	同
义宁	同	同

当代苗族杂居地及其种族名表

杂居地	族名
四川	獠，僰
贵州	苗
湖南，广西	瑶，侗
云南	猓猓，野人
广东	黎，蜑

第二节 鄂尔泰改土归流议

先是明太祖洪武中，未下滇，先平蜀，招服诸蛮，故乌蒙（今云南滇中道昭通县东二十里）、乌撒（今云南滇中道镇雄县、贵州贵西道威宁县）、东川（今云南滇中道东川县）、芒部（故城在今云南镇雄县西南）四军民府，旧属云南者，皆改隶四川。然诸土司皆去川远，去滇黔近；滇黔有可制之势而无其权，四川有可制之权而无其势。土人不耕作，专以劫杀为生，边民世受荼毒。疆吏屡请改隶，而枢臣动诿勘报，弥年无成画。雍正四年春，以鄂尔泰巡抚云南，兼总督事。鄂尔泰奏言："云贵大患无如苗蛮，欲安民必先制夷，欲制夷必改土归流；而苗疆多与邻省犬牙相错，又必归并事权，始可一劳永逸。东川乌蒙镇雄皆四川土府，东川至滇省城四百余里，距四川成都千有八百里；乌蒙至滇省城亦仅六百余里。自康熙五十三年，土官禄鼎乾不法，钦差督抚会审毕节（今贵州贵西道毕节县），以流官交质始出，益无忌惮。其钱粮不过三百余两，而取于下者百倍；一年四小派，三年一大派，小派计钱，大派计两。土司一娶子妇，则土民三载不敢婚。土民有罪被杀，其亲族尚出垫刀数十金，终身无见天日之期。东川虽已改流三十载，仍为土目盘踞，文武长寓省城，膏腴四百里无人敢垦。若东川、乌蒙、镇雄改隶云南，俾臣得相机改流，可设三府一镇。此事连四川者也。广西土府州县峒寨等司五十余员，分隶南宁（今南宁道邕宁县）、太平（今镇南道崇善县）、思恩（今南宁道武鸣县）、庆远（今柳江道宜山县）四府，多狄青征侬智高，王守仁征田州（今南宁道武鸣县）时所留设。除泗城上府（今田南道凌云县））外，余皆土目横于土司。黔粤向以牂牁江为界，而粤之西隆州（今田南道西隆县）与黔之普安州（今贵西道普安县）逾江互相斗入，苗寨辽阔，文武动辄推诿，应以江北归黔，江南归粤。此事连广西者也。滇边西南界以澜沧江，江外为车里（今英领缅甸澜沧东诸地）、缅甸（今英领甸中部）、老挝（今法领印度支那西北部）诸土司，其江内之镇沅（今云南普洱道镇沅县）、元江（今普洱道元江县）、新平（今普洱道新平县）、普洱（今普洱道宁洱县）、茶山（在今云南腾越道腾卫县北，高黎贡山之西）诸夷，巢穴深邃，无事近患腹心，有事远通外国，自元迨明代为边害。论者谓：江外宜土不宜流，江内宜流不宜土。此云南宜治之边夷也。贵州土司向无钳束群苗之责，苗患甚于土司，而苗疆四周几三千余里，千有三百余寨，古州（今贵州镇远道榕江县）踞其中，群砦环其外，右有清江（一名清水江，源出贵州都匀县西之云雾山名。马尾屈曲东流为清水江，由镇远入湖南境为沅水可北达楚，右有都江源出都匀县境之苗岭山脉，东南流经都江、榕江二县境，合古州江入广西为柳江）可南通粤，皆为顽苗所据，梗隔三省，遂成化外。如欲开江路以通黔粤，非勒兵深入，遍加剿抚不可。此贵州宜治之边夷也。臣思前明流土之分，原因烟瘴新疆，未习风土，故因地制宜，使之乡导弹压。今历数百载，相沿以夷制夷，遂至以盗治盗，苗猓无追赃抵命之忧，土司无革职削地之罚；直至事大上闻，行贿详结，上司亦不深求，以为镇静；边民无所控诉。若不铲蔓塞源，纵兵刑财赋事事整饬，皆治标而非治本。其改流之法：计擒为上，兵剿次之；令其自首为上，勒献次之。惟制夷必先练兵，练兵必先选将，诚能赏罚严明，将士用命，先治内，后攘外，必能所向奏效，实云贵边防百世之利。"世宗以为然，即诏以东川、乌蒙、镇雄三土府改隶云南。旋以鄂尔泰为云贵广西总督，命实行改土归流策。鄂尔泰使游击哈元生经略东川、乌蒙，镇雄，改设二府、一州，使总兵石礼哈搜讨贵州广顺州（今黔中道广顺县）之长寨（今黔中道长寨县），招服黔边东西南三面生苗二千余寨。用知府张广泗招抚古州，辟苗疆二三千里，几当贵州全省之半。先后劾黜云南霑益土州（今滇中道霑益县）安氏，镇沅土府刁氏及赭乐长官司，威远州，广南府（今蒙自道广南县）各土目，悉定澜沧江以东地。永昌（今腾越道保山县）边外之孟连土司献银厂，维西（今腾越道维西县）边外之怒江野夷输皮币，老挝（即南掌）、景迈（即八百媳妇国，今入于暹罗）皆来朝，威震缅甸。广西诸土司自泗城土府岑映宸以下，亦先后缴敕印，纳军器二万余。自雍正四年至九年，三省土司大部分改流，苗民归化，鄂尔泰以功封襄勤伯。

第三节 台拱之变

苗疆之初勘定也，贵州诸郡县防兵率移戍其地，内地守备颇疏。雍正九年冬，征鄂尔泰为保和殿大学士，十年，以张广泗为宁远副将军，出镇巴里坤；以元展成巡抚贵州，尹继善总督云贵。先是鄂尔泰用兵招抚，只及古州、清江（今镇远道剑河县），未及台拱（今镇远道台拱县）之九股苗，有司辄称台拱愿内属，展成易视苗事，遽于十年设营驻兵；九股苗皆叛，围大营。十三年春，苗疆以征粮不善，远近各寨蜂起，聚集清江、台拱间，袭陷黄平（今镇远道黄平县）以东诸城，焚掠及于镇远（今镇远道镇远县）、思州（今镇远道思县）。诏以哈元生为扬威将军，湖广提督董芳副之，发滇、蜀、楚、粤六省兵会剿。又命刑部尚书张照为抚定苗疆大臣，副都御史德希寿副之，察其利害。副将冯茂贪功，诱杀降苗六百余，头目三十余，苗人抵抗之志益坚，或手刃妻女而后出战，蔓延不可复制。董芳专主招抚，与哈元生龃龉；张照又密奏改流非策，首倡弃地之议；以故大兵云集数月，旷久无功，贼势益炽。张广泗、鄂尔泰先后上书引咎辞职，中外畏事者争咎前此苗疆之不常辟，目前苗疆之不可守；全局几尽变。十四年八月，世宗崩，高宗即位；授张广泗七省经略，节制诸军；逮张照、哈元生、董芳、元展成治罪。广泗分兵攻台拱之九股苗，而自将攻清江下流各寨，是年冬，刻期并举，所向克捷。乾隆元年春，复增兵分八路，尽破诸寨，其逋逃者尽窜牛皮大箐。箐居苗巢之中，为一大森林，盘亘数百里，北丹江（今黔中道丹江县），南古州，西都匀（今黔中道都匀、平舟二县），八寨（今黔中道八寨县），东清江，台拱。危岩切云，老樾蔽天，雾雨濛濛，泥潦蛇虺所国，虽近地苗蛮，亦无悉其幽邃，穷其荒阻者；故首逆诸苗咸蛰伏其中，俟官军退复图出没。广泗檄诸军分扼箐口以坐困之，自四月至五月，诸将冒险搜捕，斩获万计。六月，后乘兵威搜剿附逆熟苗，先后毁除一千二百二十四寨，赦免三百八十八寨，斩首捕虏四万余人，得兵仗无算，苗疆平。诏书豁免新疆钱粮，永不征收，以杜官胥之扰；其苗讼仍从苗俗处分，不拘律例。自是西南夷不复反。

参考书

《圣武记》（卷七　雍正西南夷改流记）　魏源

第十二章　雍正时代之内治

第一节　庶政之革新

一、储立密建法

康熙末年，诸皇子觊觎皇太子位置，各树朋党，互相倾轧。世宗即位，深知储位不定，不足以维系国本；而明立太子，又不免陷本人于骄矜失德之地。且左右逢迎，奸宄谗构，皆为历代纷乱之源；乃创储位密建法。雍正元年八月，召王公大臣及文武诸臣，谕以“诸子尚幼，建储一事，必须详加审慎。今朕特将此事亲写密封，藏于匣内，置之乾清宫正中‘正大光明’匾额之后，以备不虞。又别书密旨一道，藏诸内府，为异日勘对之资”。自是以后，此制遂为清朝家法。

二、军机处之设立

清初因明旧官制，通政司受内外章奏，有敷奏封驳之权；内阁票拟批答，为承旨立法之府；其有军国重务，不由阁臣票发者，则由议政大臣组织之会议裁决之。世宗以通政司职权太重，扼中外庶政之要，主之者不得其人，或与政府因缘为奸；乃别设奏事处，命内外诸臣，有机密事，改用摺奏，直达御前；自是通政司为闲曹（看《啸亭杂录》卷二摺子条）。又以议政诸大臣皆贵族世爵，不谙国务；而内阁在太和门外，入直者或有漏泄机密之弊；雍正七年，于隆宗门内设军机房，十年，改称军机处。简阁部院大臣及亲贵中热谙政体者兼摄其职，名曰军机大臣；又选内阁侍读、中书及部曹为僚属，名曰军机章京；赞理机务，票拟谕旨。凡谕旨之明发者，皆下内阁，以次及于部科。其有指授兵略、诰诫臣下及查核刑政之失当者，则密封交兵部驰递，谓之廷寄。自军机处设立，内阁之权遂轻，议政之制亦革；犹留议政大臣之名为满大臣兼衔，乾隆中，遂废（看《啸亭杂录》卷二军机大臣条及议政大臣条）。

三、旗制之改革

清初八旗之制，皇帝亲将者三：一镶黄，二正黄，三正白，名曰上三旗。诸王分将者五：一镶白，二正红，三镶红，四正蓝，五镶蓝，名曰下五旗。下五旗户籍皆为王公僚属，其关系若奴隶之于主人。承平日久，诸王习于骄侈，御下多不法，如两广总督杨琳故敦郡王胤䄉属下，王遣近侍赴广州，据署搜索。世宗习知其弊，即位以后，禁宗藩与外吏交通，非廷见不得私谒。其王府属下，惟护卫诸官得由本府迁擢，余悉改隶有司；以所属值宿护军撤归营伍。自是诸王皆懔然奉法（看《啸亭杂录》卷一禁抑宗藩条，卷二王府属下条）。当时宗室八旗子弟往往挟亲贵之势，恣为威福。诏特设学校以教育之：二年闰四月，设宗学二，觉罗学八，以教宗室子弟。成安宫、景山官学各一，八旗官学八，以教八旗子弟。皆简大臣综其事，以进士、举人为之教习。于是宗室八旗中彬彬然多文学之士（看《啸亭杂录》卷二八旗官学条）。

四、朋党之戒饬

明季亡于朋党。圣祖末年，诸皇子各树朋党，互相残害。世宗深知其弊，即位以后，诰诫群臣数百言，皆以朋党为戒。御制朋党论，驳欧阳修“君子有朋”之说，颁示满汉诸臣；大意谓舆论当以朝廷之赏罚为是非，而人臣尤当以君心之好恶为好恶；极而言之，则人臣不当以已意为好恶，而当以君心为是非；此言可谓极专制之能事，然其措词颇工巧。又以明季大臣，往往要结言官，反对朝旨；而六科给事中，以自为一曹，无所隶属故，益得纵情自恣；故对于言官之陈白特为注意，又命六科给事中改隶都察院以抑其权；于是言路党争之弊绝。

五、吏治之整顿

世宗久居藩邸，人情世态无不洞悉。康熙末年，圣祖以省事为政，故不免失之宽大，疆吏州县玩忽者多。世宗御极之初，颁谕旨十一道，训饬督抚、提镇以下文武各官，词旨严厉，以勤求吏治，严绝贿赂为主。又以各省督抚事繁任重，势必延聘幕客；但幕客有不肖之徒，勾通内外，肆行作弊，败本官之清节，彼则饱囊而去，应即严行查察；而纵容书吏差役，狐假虎威，无恶不作者，亦饬令督抚痛自革除。当时各部皆有陋规，名曰部费，凡各省题奏事件，不讲部费不能结案，盈千累万，遂小人无厌之求；下诏严行禁止。又以各部书吏惯于作弊，已经满秩者，改换姓名，窜入别部。甚至有一种缺主名称，握一司之事，盘结其中，居然世业。乃诏各部堂官，于各本部书吏五年考满，勒令回籍候选；如有前项情事，立行驱逐。于是政治肃清，官吏懔然奉法。

六、贱民阶级之革除

雍正年间，建设之政甚多；而尤为有清一代特色，开人道主义之先路者，为贱民阶级之革除。先是明建文鼎革之际，山西、陕西志士不附燕兵，成祖恶之，即位以后，均贬入教坊乐籍，使世执贱业，不得与平民为伍。雍正元年四月，诏各属禁革，使改业为良。浙江绍兴府有惰民籍，或言系宋将焦光瓒部属，以叛宋投金故被斥，元人谓之怯怜户，明太祖定户籍，贬其户曰丐户。或言系陈友谅将士苗裔，为明太祖所贬。其执业与乐籍无异。雍正元年九月，诏令削除。江南徽州府有伴当，宁国府有世仆，本地呼为细民，其执业与乐户、惰民同。甚至有两姓丁户村庄相等，而此姓为彼姓服役，有如奴隶。究其主仆关系起自何时，则茫然无考。五年四月，诏一律免为良民，革除世仆等名目。广东有蜑户，以船为家，捕鱼为生，生齿繁多，粤民视为卑贱之流，不容登岸居住。七年，诏蜑户准于近水村庄居住，与齐民一同编列甲户，不得欺凌驱逐。苏州府常熟、昭文二县（今并为常熟县）旧有丐户，与惰民无异。八年五月，从江苏巡抚尹继善请，削除其籍。此外若江西、浙江、福建所属山县内之棚民，世以冶铁、造纸为业，亦先后列入保甲，视为编氓。高宗乾隆三十六年，诏广东之蜑户，浙江之九姓渔户（九姓渔船惟浙东有之，人有谓为陈友谅部曲之子孙者。凡九姓，不与齐民结婚，始以渔为业。继而饰女应客使为妓，仍居舟中间，有购自良家者。盖友谅败于鄱阳，其部曲九姓悉远窜至严州之建德，而拿丹往来于杭州、严州、金华、衢州也）及各省凡有似此者，一律免为良民。于是中国之奴隶制度革除殆尽矣。

七、江浙浮粮之蠲免

先是南宋末年，贾似道倡议买公田，浙西所得独多。明太祖灭张士诚，恶浙西人民为士诚固守，籍诸富民田以为官田而收其租，故江南之苏州、松江，浙江之嘉兴、湖州四府，租税之重甲于天下。明宣宗以后，屡次酌减，然仍为各省冠。雍正三年三月，吴民以为请，命酌减苏州正额银三十万两，松江十五万两。五年十月，减嘉兴、湖州额征银各十分之一，共八万七千二百两有奇。于是浙西民困稍苏。

八、直隶水利之兴治

直隶水道庞杂，时有泛溢之患，永定河自高原下流，尤为难治。三年九月，命怡亲王胤祥、大学士朱轼往查勘。胤祥等绘图陈奏，请于滦、蓟等处各设营田，得旨允行。于是近畿水利兴而河患渐减。

第二节　年羹尧之狱与隆科多之狱

初，胤初之为皇太子也，诸皇子之希冀非分者，或为秘密运动以倾陷之；就中运动最力者为胤禩，而胤禔、胤禟、胤䄉附之；圣祖之意似颇眷注允禵，故此五人皆为世宗所嫉；雍正改元以后，相继被祸。世宗性情苛察，相传其得国不以正（世传圣祖弥留时，手书遗诏，传位十四子；世宗时侍疾，密盗之，潜改十字为于字；故深疾胤禵），理藩院尚书隆科多、川陕总督年羹尧实左右之，故即位以后，优遇二人备至。命隆科多以吏部尚书总理事务，袭一等公，旋加一等阿达哈哈番，以其长子岳兴阿袭；而以年羹尧为抚远大将军。雍正元年，授羹尧二等阿达哈哈番，加其父遐龄尚书衔，又加隆科多与羹尧太保。二年二月，青海平定，进羹尧爵一等公，别授精奇尼哈番，令其子斌袭；封遐龄一等公，加太傅。十月，羹尧入朝，加一阿达哈哈番，令其子富袭；又与隆科多同赐双眼孔雀翎，四团龙补服，黄带，紫缰。羹尧才气凌厉，师出屡有功，颇骄纵；行文诸督抚，书官斥姓名；请发侍卫从军，使为前后导引，执鞭坠镫；入觐，令直隶山西督抚跪道送迎；至京师，行绝驰道，王公大臣郊迎不为礼；在边，蒙古诸王公见必跪，额附阿宝入谒，亦如之；以故怨之者众。羹尧常劾四川巡抚蔡珽，上逮珽诣京师，召见，备言羹尧贪暴诬陷状。上特宥珽罪，而摘羹尧奏疏中，将朝乾夕惕字书作夕惕朝乾，认为有意倒置，三年四月，降补杭州将军。寻下吏部议处，议应罢任留爵，上以隆科多有意徇庇，削太保衔及一等阿达哈哈番世职，谪往阿兰善等处修城垦地；十二月，革羹尧职，逮至京，赐死；夺遐龄及羹尧兄希尧官爵，杀羹尧子富，诸子年十五岁以上皆戍极边。罢隆科多尚书，谪往阿尔泰料理边务；复召还，夺爵禁锢，六年，卒于禁所。

第三节　雍正时代之文字狱

年羹尧、隆科多及诸王胤禩、胤禟、胤䄉、胤禵等相继获罪，其门客党羽散布中外，流言四起；甚或藉文章著述，发为不平之鸣，诽谤朝政，指斥君王。世宗苛察，当然不能相容，遂小题大做，藉端以兴大狱。兹略述其事迹如下。

一、汪景祺西征随笔狱

汪景祺，浙江杭州举人，年羹尧西征时，景祺为记室；常将口所见闻及一时对政治之感想笔之于书，是为西征随笔。羹尧败后，议政大臣等题参羹尧大逆罪中，有“见汪景祺西征随笔不行参奏”语，世宗以西征随笔中有“皇帝挥毫不值钱”诗讥讪圣祖，又有“功臣不可为”论挑拨年羹尧，乃杀景祺，其妻子发往黑龙江，给与穷披甲之人为奴；其期服之亲兄弟侄，俱革职发遣宁古塔；五服以内之族人俱革职，令本籍地方官约束不许出境。时雍正三年十二月也。

二、钱名世诗狱

钱名世，江苏武进人，康熙进士，官至翰林院侍讲学士。年羹尧败后，世宗因名世作诗称颂羹尧平藏功德，亲书“名教罪人”匾额，令地方官张挂其居宅。又令朝士赋刺恶诗，并谕旨一道，交名世刊刻进呈，凡直省学校所在各颁一部。时雍正四年四月也。

三、查嗣庭试题狱

查嗣庭，浙江海宁人，名儒查慎行初白先生弟也。康熙中，第进士，见知于隆科多，累官内阁学士，礼部侍郎。雍正四年，典江西试，以“维民所止”、“君子不以言举人”二句，“山径之蹊间”一节命题。言官讦参：谓维止二字，系取雍正字去其首。时当行保举，世宗又谓末二题为讽刺时事；遣人搜其寓，得日记二册，其中批评康、雍朝政，触忌讳之处甚多。世宗以嗣庭为隆科多党，嫉之，乃毙嗣庭于狱，戮其尸；长子上克下狱死，次子澐处斩，幼子及亲兄弟侄等俱流三千里，家产充公。江西巡抚汪漋、布政使丁士一、副考官俞鸿图俱获罪，贬窜有差。浙东诸家桥镇有关羽庙，老学究某作一联榜其门曰：“荒村古庙犹留汉，野店浮桥独姓诸。”为嗣庭采入笔记中，案发，坐死。世宗以景祺、嗣庭皆浙人，遂谓浙江风俗浇漓，嗣庭尤心行虚狡，有辱科名，诏停浙江乡会试，以光禄寺卿王国栋为浙江观风整俗使以化导之。时雍正五年五月也。

四、邹汝鲁河清颂狱

四年十二月，河道总督齐苏勒奏睢宁（今江苏徐海道睢宁县）黄河清。王大臣等请御殿受贺，不许，而普加文武官一级。太常寺卿邹汝鲁进河清颂，内有“旧染维新，风移俗易”语，世宗以书经有“旧染污俗，咸与维新”句，不当引用，指为悖谬讥讪，发往荆州府沿江堤工处效力赎罪。时雍正五年正月也。

五、陆生楠通鉴论与谢济世大学注狱

陆生楠，广西举人，以军功选知江苏吴县，改工部主事。谢济世狱

兴，世宗以生楠与济世同乡，疑其为党，夺职遣戍。谢济世，广西全州人，康熙壬辰进士，雍正四年改御史。以弹劾河南巡抚田文镜不法事，世宗疑为党，夺职，令往阿尔泰军前效力。七年六七月间，振武将军顺承郡王锡保先后奏报：济世注释大学，毁谤程朱，于见贤而不能举两节，有抒写怨望之词。生楠细书通鉴论十七篇，中有论封建、立储、兵制等事，多抗愤不平语。廷议以为诽谤朝政，是年十二月，杀生楠，罚济世充当军中苦差。

六、徐骏诗集狱

翰林院庶吉士徐骏上书言事，于陛下之陛字误书作狴，帝怒其粗率，斥职放归。检其诗集，内有“清风不识字，何得乱翻书”之句，帝指为讥讪，八年十月，命正法。

七、吕留良遗集狱

吕留良，浙江石门（今钱塘道崇德县）人，善属文，顺治间，应试为诸生。补廪后，始坚持民族主义，绝意仕进。后讲学乡里，学者称晚村先生。尝以博学鸿儒及山林隐逸荐，誓死不就，剃发为僧。著书立论，排斥满洲不遗余力，有论夷夏之防及井田、封建等篇，又有“清风虽细难吹我，明月何尝不照人”之句。康熙二十年卒，弟子严鸿逵、再传弟子沈在宽等祖述其学说，发为词章议论，种族之见益深。

湖南永兴（今衡阳永兴县）诸生曾静应试州城，得见留良遗书，深为倾倒。遣弟子衡州（今衡阳县）张熙至留良家，求其遗著，留良次子毅中悉以父遗书授之，静读之益倾服，遂与鸿逵、在宽等往来投契，常赋诗相赠答。年羹尧死后，岳钟琪为川陕总督，谣传钟琪为南宋鄂忠武王飞后，两次请陛见，诏不允行，钟琪深自危疑云云。七年五月，静遂遣熙至陕，投书钟琪，劝其举事；钟琪大惊，具以闻。诏逮静、熙及毅中、鸿逵、在宽等至京廷讯，毙鸿逵于狱，十年十二月，诏以留良罪大恶极，与其长子葆中及鸿逵俱戮尸，毅中、在宽处斩，子孙发往宁古塔，给披甲人为奴，妇女入官。案内自称私淑门人之黄补庵，刊刻吕氏书籍之车鼎丰、车鼎贲，私藏吕氏书籍之孙用克、周敬舆，设祠奉祀留良之广东连州知州朱振基，学正王奇勋等俱坐死，父母祖孙兄弟妻女坐发给为奴者二十三家。以静、熙为乡僻陋儒，惑于邪说，免罪释放还家。录静等口供及历次所降谕旨，刊为《大义觉迷录》，颁行天下。十三年，高宗即位，逮静、熙，磔于市；收回《大义觉迷录》，于是此案始告一结束。

第四节　世宗侦察之严密

世宗性情苛察，尝密设缇骑，四出侦探，凡闾阎细故无不上闻；又好为微行，里巷之间，间有皇帝踪迹。相传有引见官某欲买新冠，路逢人问其处，次日入朝，免冠谢恩，世宗笑曰："慎勿污汝新帽也。"某年元旦早朝后，修撰王云锦归邸舍，约友人作叶子戏，已数局矣，忽失一叶，遍觅不获，遂罢而饮。一日蒙召封，上问以元日何事，具以实告，上笑曰："不欺暗室，真状元也。"因袖中出一叶与之，即云锦所失者也。按察使王士俊将赴任，大学士张廷玉荐一健仆，供役甚谨。后数年，王将入都陛见，仆豫辞去，士俊问故，仆曰："汝数年无大咎，吾亦入京面圣，为汝先容地。"始知为侍卫某也。（看《啸亭杂录》卷一察下情条）天津周人骥，雍正丁未进士，以礼部主事视学四川三年，操守洁，无苛且。先是本部堂官荐一仆，甚勤敏；至任满，数请先行。人骥曰："我即日回京复命，汝当随往。"其人曰："我亦欲回京复命耳。"惊询之，乃曰："某实侍卫某也，特来伺公，公考试好，某将先期奏闻矣。"人骥归，果蒙优旨。内阁供事蓝某，富阳（今浙江钱塘道富阳县）人，在阁当差有年，颇勤慎。雍正六年元夕，同事者皆归家，蓝独留阁中，对月自酌。忽来一伟丈夫，冠服丽都。蓝疑为内廷值宿官，急起迎，捧觞致敬。其人欣然就坐，笑问曰：“君何官？”曰：“非官，供事耳。”问何姓名？具以对。问何职掌？曰：“收发文牍。”问同事若干人？曰：“四十余人。”问皆何往？曰：“今日令节，皆假归矣。”问君何独留？曰：“朝廷公事綦重，若人人自便，万一事起意外，咎将谁归。”问当此差有何好处？曰：“将来差满，冀注选一小官。”问小官乐乎？曰：“若运好，得选广东一河泊所官，则大乐矣。”问河泊所官何以独乐？曰：“以其近海，舟楫往来，多有馈送耳。”其人笑颔之。又饮数杯，别去。次日，上视朝，召诸大臣问曰：“广东有河泊所官乎？”曰：“有。”曰：“可以内阁供事蓝某补授是缺。”诸大臣领旨出，方共骇诧间，一内监密白昨夜上微行事，乃共往内阁宣旨。蓝某闻命，瞪目咋舌久之。

尝密取刑部大门之匾额，藏之。次日，问刑部堂官，大门有无匾额？皆以有对。世宗命出匾额示之，曰：“是额在此已久，汝辈皆不知，平素出入时之疏忽可知。”因大加诘责。凡此诸事，世宗时屡见，当时朝野上下大小臣工，皆有洋洋乎如在其上，如在其左右之恐惧，故多勤于职事，谨于操守。虽颇伤繁琐，然亦可谓明察矣。

世宗在位十三年，勤于为政，精严综核，披阅章奏，或秉烛至午夜；所批动辄万言，洞中窍要，万里之外如在目前。坊间所刻朱批谕旨，书三百六十卷，人二百二十三，尚不过十中之三四；其余未刻者尚堆积保和殿东西庑中。（看《啸亭杂录》卷一朱批谕旨条）雍正十三年（西历纪元一七三五年），帝暴崩（世传帝为吕留良女孙某女侠所刺），皇四子宝亲王弘历即位，是为高宗。

参考书

《清史纪事本末》（卷二十　卷二十三）　黄鸿寿

《皇朝文献通考》　嵇璜等

《中国文化史》(社会组织篇　第六章　阶级下)　梁启超

《中国历史教科书》(清朝史　第二编　第十六章)　汪荣宝

《清代历史》(卷上之二　第二十八章)　萧一山

《掌故业编》(第五辑　第六辑　西征随笔)　故宫博物院

《清朝野史大观》(卷一　清宫遗闻)　中华书局

《清代轶闻》(第二册　宫闱秘史)　裘毓麇

《春冰室野乘》(雍乾遗事条)　李岳瑞

《清稗类钞》(第八册　狱讼上　第十四册　种族)　商务印书馆

第十三章　天山北路之内属

第一节　雍正时代西方之用兵

一、科舍图岭之役

噶尔丹策零立后，狡黠好兵，屡侵喀尔喀诸部。雍正七年（西历纪元一七二九年），诏以傅尔丹为靖边大将军，屯阿尔泰山，自北路进；岳钟琪为宁远大将军，屯巴里坤，自西路进；期以明年会攻伊犁。八年五月，策零遣使来请和，谕傅尔丹、岳钟琪暂缓出师，来京会议方略；以副将军巴赛、参赞军务四川提督纪成斌分摄两路军事。时西路牲畜屯牧科舍图岭（在哈密巴里坤中间，南至哈密，北至巴里坤，各三台，蒙古谓碑为科舍图，因岭上有唐裴行俭西征碑也），当贼来路，距大营远；守将副参领查廪不设备。是年冬，策零遣兵一万袭劫牲畜，查廪弃军逃；总兵樊廷、副将冶大雄以兵二千拒战，总兵张元佐来援，转战七昼夜。击退敌兵，夺回驼马大半。（看《啸亭杂录》卷五岳威信获罪始末条）

二、和通泊之败

九年四月，傅尔丹进屯科布多（雍正八年筑城在科布多河南，哈喇乌苏湖西），策零知西路牲畜缺乏，不能进击，遣其将大策零敦多布、小策零敦多布以兵三万犯北路，至科布多西博克托岭（阿尔泰山之东干），先遣谍佯为我获，诡言“厄鲁特大队未至，其前队千余，驼马二万，在博克托岭，距我军三日程”。傅尔丹勇而寡谋，即以兵万余往袭，诸将交谏，不听。六月二日，与敌前军遇，转战一日，杀伤相当。次日，进至和通泊（在科布多西二百里），前锋四千人为敌伏兵所围，傅尔丹以后军往援，以众寡不敌，败绩，副将军巴赛、查纳弼以下皆战死，傅尔丹走还科布多。（看《啸亭杂录》卷三记辛亥败兵事）

三、鄂登楚勒河之战　赛音诺颜部之成立

朝廷闻警，降傅尔丹振武将军，仍驻科布多；以顺承郡王锡保代为靖边大将军，屯察罕庾尔（在今外蒙古札萨克图部中右翼末旗境内，察罕泊旁，在科布多东南三百余里，康熙年间筑城）。是年九月，大小策零敦多布谋乘胜东犯喀尔喀，以科布多察罕庾尔均有备，乃取道阿尔泰山南深入，进至赛音诺颜境。郡王额驸策凌伏兵拒战于鄂登楚勒河，大破其兵，大小策零敦多布走还。时土谢图汗滋生至三十八旗，赛音诺颜仍隶土谢图汗，至是诏晋封策凌亲王，授大札萨克，分土谢图汗二十旗隶赛音诺颜部，与车臣汗、土谢图汗、札萨克图汗对立，于是外蒙古分为四大部。

四、额尔德尼昭之战

朝议以察罕庾尔大营偏北，而敌每绕山南路东犯，乃于推河、翁金河、拜达里克河三处各筑城（三河并在赛音诺颜境内，推河在鄂尔坤河西二百里，拜达里克河在推河西二百里，翁金河在推河东二百里），与察罕庾尔大营犄角；以马尔赛为抚远将军，守拜达里克城，以扼山南之冲。十年七月，噶尔丹策零亲率大众入寇，绕避科布多、察罕庾尔大营，取道山南，潜至鄂得尔河源（在乌里雅

苏台东北)，锡保檄策凌拒之于本博图山（在乌里雅苏台东南）。噶尔丹零策侦知策凌西出，袭击其帐于塔密尔河（下流流入鄂尔坤河），尽掠子女牲畜。策凌闻警，告急锡保，请兵夹攻；急调蒙古兵三万人还救，乘夜由间道绕出山后，黎明自山顶驰下，袭破准兵；追至喀喇森齐泊，大战二日，准兵大败，而锡保援兵不至；沿途转战十余次，追至额尔德尼昭（汉名光显寺），其地右阻杭爱山，左阻鄂尔坤河，道狭不容大众，又横亘以大寺，准兵无走路，逼入河中死者大半，噶尔丹策零乘夜突围绕山遁推河。策凌急檄马尔赛于拜达里克河邀其归路，时拜达里克城中有兵万三千，诸将整兵待发，而马尔赛主张闭门不出，噶尔丹策零遂遁归。事闻，赐策凌号超勇亲王，锡黄带；以牧地被掠，赐马二千、牛千、羊五千、白金五万，赈所属失业者；并命城塔密尔，建第居之，诛马尔赛，免锡保官，夺爵；以平郡王福彭代为靖边大将军，驻乌里雅苏台；策凌为定边左副将军，屯科布多，十二年，移屯察罕庾尔。是年，准噶尔上书乞和，诏策凌来京与议，使命往返二载，至高宗乾隆二年，始议定以阿尔泰山为界，厄鲁特游牧不得过界东，尽罢西北两路兵。计自康熙五十六年备边以来，旋罢旋调，先后糜饷七千余万，劳师十余载，至是始勉就和平之绪。（看《啸亭杂录》卷三 书光显寺战事条）

第二节 准噶尔之内乱

乾隆十年，噶尔丹策零卒，次子策妄多尔济那木札尔以母贵嗣汗位，童昏无行，同母女兄乌兰巴雅尔稍约束之，稍长遂以谗幽其女兄，屡杀大将。十五年，女兄之夫赛音伯勒克与诸台吉攻杀之，立其庶兄剌麻达尔札，故外妇出也。部众不服。

大小策零敦多布皆准部同族台吉，以谋勇为策妄父子两世将兵，南破卫藏，东摧蒙古，国人畏服。至是大策零之孙达瓦齐，小策零之子达什达瓦谋立噶尔丹策零少子策妄达什，剌麻达尔札觉之，杀策妄达什与达什达瓦，达什达瓦部将萨喇尔率千余户来降。达瓦齐与其党阿睦尔撒纳奔哈萨克（国名，今俄领乞而吉思荒原）。

阿睦尔撒纳者，故西藏拉藏汗之孙，丹衷之子，而策妄那布坦之外孙也。策妄以女赘丹衷于伊犁而杀之，丹衷之妻先生子班珠尔，丹衷死后，复有遗腹，改适辉特部（姓伊克明安，本都尔伯特属部）长，生阿睦尔撒纳。长而狠戾阴狙，见准部内乱，欲构使内讧，而已乘其衅。至是剌麻达尔札遣兵三万追捕达瓦齐与阿睦尔撒纳，阿睦尔撒纳遁回旧游牧地，潜简精锐千五百人，由山僻小路，裹粮昼伏夜行，突入伊犁，杀剌麻达尔札，迎立达瓦齐为汗。达瓦齐族贵而无能，小策零之孙济噶尔与争位，击走达瓦齐，二人各征兵于诸部，诸部莫知适从，国内大乱。阿睦尔撒纳诱杀济噶尔，迎达瓦齐还伊犁，恃功益跋扈。

是时阿睦尔撒纳为辉特部台吉，居塔尔巴哈台（今新疆伊犁道塔城县）；其同母兄班珠尔为和硕特台吉，居库尔乌苏（今新疆伊犁道乌苏县）；又胁降都尔伯特台吉纳默库，而徙帐于额尔齐斯河（回语遵鬃之谓言其水流湍急也，在阿尔泰山之南二百里，科布多之西三百余里，塔尔巴哈台之东，乌鲁木齐之北，各八百余里）；令行三部，遂侵掠伊犁边境，达瓦齐三遣兵讨之，皆不克；乃自将精兵三万，压额尔齐斯河，使骁将玛木特将乌梁海兵八千东西夹攻。阿睦尔撒纳知势不敌，乃与班珠尔、纳默库率所部兵二千，口二万东奔，十九年秋，款关内附。上素知其为部众所畏服，可驱策向导；乃诏安置其部众于赛音诺颜部之札卜堪河（即匝盆河，在赛音诺颜西北境），而征三人入朝。阿睦尔撒纳备言伊犁可取状，上大喜，封亲王；班珠尔、纳默库并封郡王。玛木特见诸台吉先后内附，必召大兵，知准噶尔事不可为，达瓦齐不可辅，亦脱身来归；于是准部爪牙腹心皆至中国。

第三节　伊犁之平定

乾隆二十年（西历纪元一七五五年）二月，两路出师，以班第为定北将军，出北路；阿睦尔撒纳副之，科尔沁亲王额驸色布腾巴尔珠尔、内大臣玛木特等为参赞。永常为定西将军，出西路；领侍卫内大臣萨喇尔副之，班珠尔、内大臣鄂容安等为参赞。两副将军皆准部酋长，各领三千人为前锋，将军参赞继之。西路出巴里坤，北路出乌里雅苏台，所至准部各部落皆望风降附，师行数千里，无一人抗颜行者。是年五月，大兵入伊犁，达瓦齐走保格登山（在伊犁西北一百八十里）。降将阿玉锡率二十余骑先驱，乘夜直薄其营，搴纛大呼，敌众崩溃，达瓦齐宵遁，余众皆降。达瓦齐逾天山，南走回疆，以百余骑投乌什城（今阿克苏道乌什县），城主霍吉斯执之以献，天山北路悉定。

第四节　阿睦尔撒纳之叛

高宗用兵伊犁，初非欲郡县其地；将俟准部戡定后，仍厄鲁特四卫拉特之旧，设都尔伯特、和硕特部如故，设辉特部以补土尔扈特，设绰罗斯部以代准噶尔，各以降人为之汗，令如喀尔喀四部例，长为外藩。伊犁既平，班第、鄂容安与阿睦尔撒纳、萨喇尔留办善后，色布腾巴尔珠尔随凯旋兵还朝。诏阿睦尔撒纳以九月赴热河行宫行饮至礼，偕诸部台吉受封；而阿睦尔撒纳必欲总长四部，专制西域；特欲出自朝命则无后患，自昵于色布腾，私以己意乞代奏，期七月下旬俟命。隐以总汗自处，擅诛杀虏掠，擅调兵，不服赐衣翎顶，不用副将军印。自用浑台吉菊形篆印，移檄各部落讳其降，言“统领满汉蒙古兵来平此地”；又阴使哈萨克、布鲁特

（国名，今俄领七河省及费尔干等省）流言，非“己总四部，边不得安”。班第、鄂容安密以其事奏闻，诏即军中诛之；而是时大兵已撤，留屯者仅五百人，余皆厄鲁特降人，班第等遂不敢发；惟趣之入朝，欲就内地执之，令喀尔喀亲王额林沁多尔济与之偕行。阿睦尔撒纳沿路逗留，俟色布腾代为之请，而色布腾不敢奏。至八月中旬尚无后命，疑事中变，反谋始决。十九日，行至乌伦古河（在科布多南境），距札卜堪河游牧地不远，诡言暂归治装，以副将军印交额林沁使先行，而自由额尔齐斯河（在乌伦古河北下流入俄领托穆斯克省斋桑淖尔湖）间道北逸。遣使至札卜堪河迎妻子，则上已密谕乌里雅苏台军营，并其兄班珠尔收之。伊犁诸喇嘛、宰桑（管事官）闻阿睦尔萨纳脱走，蜂起作乱；是时阿睦尔撒纳部下从逆者仅二千余人，屯伊犁东北之博罗塔拉河（距伊犁三百里）。而定西将军永常屯乌鲁木齐（今迪化县），有兵数千人，附近台吉、宰桑皆来投效，可以驱策奔走，兼程援伊犁。永常反迟疑，退屯巴里坤；故北路无声援，贼益猖獗。班第、鄂容安、萨喇尔率五百兵，由伊犁且战且退，走二百余里，至崆吉斯河，为贼所围，萨喇尔先遁，军溃，班第、鄂容安自杀，伊犁复陷。玛木特以疾留伊犁，被执，不屈，见害。（看《啸亭杂录》卷六信勇公条）

朝廷闻警，革色布腾爵，赐额林沁自尽，逮永常治罪，以策楞代之，玉保、富德、达尔党阿为参赞，率师进讨。沿路击败乱党，二十一年正月，长驱至特勒克河（在伊犁道南境，源出天山下游，入伊犁河），距阿睦尔撒纳所在仅一日程，玉保领前锋，为贼谍所绐，纵之远飏。二月，大兵至伊犁，阿睦尔撒纳奔哈萨克。五月，褫策楞、玉保职，以达尔党阿为定西将军，富德副之，追捕阿睦尔撒纳，以兆惠为定边右副将军，率师为后援。达尔党阿击败哈萨克兵，阿睦尔撒纳易服潜遁；达尔党阿屯兵哈萨克边境，交涉数月，不得要领。

是时喀尔喀车臣汗部郡王青滚杂布作乱，撤所部驿站，朝廷与西师消息中断。诸从征降人见达尔党阿可欺，又闻外蒙有警，蜂起作乱，诱杀都统和起。阿睦尔撒纳闻之，亦自哈萨克归，会诸部于博罗塔拉河，欲自立为汗，准部复大扰乱。朝廷闻警，以赛音诺颜部亲王成衮札布（策凌子）为定边左副将军，讨青衮杂布，诛之。逮达尔党阿，使侍卫图伦楚率巴里坤兵二千，由间道援兆惠。

是时兆惠驻防伊犁，有兵一千五百人，诸部叛后，伊犁陷入重围，是年十一月，兆惠拔营转战而东，沿途且战且退，杀贼数千人。二十二年正月，至乌鲁木齐，诸贼皆会，军食且尽，连日数十百战，无不一当百。二十二日，至特讷格（今迪化道阜康县），会大风雪，驿传声息格不相闻，乃结营自固。三十日，图伦楚兵来援，围乃解。是年三月，命成衮札布出北路，兆惠出西路，讨叛党。会诸部内乱，自相吞噬，痘疫流行，死亡相望；兆惠兵长驱至，各乌合贼皆散走，逆酋先后授首，阿睦尔撒纳复奔哈萨克。兆惠追至哈萨克东部，其汗阿布赉遣使入贡，誓擒阿睦尔撒纳。阿睦尔撒纳走入俄罗斯边界，患痘死，天山北路复定。诏成衮札布归镇乌里雅苏台，命兆惠与参赞大臣富德留军度冬。

是时阿睦尔撒纳余党尚分四支，每支各一二千，伺间出没，袭击官军，始终无降服之意。而迎降之各部落，过辄复叛，并诱杀都统满福。朝廷不得已，命兆惠、富德分兵两路，痛剿之。次年，兆惠、富德南征回疆，以赛音诺颜亲王车布登札布（策凌子，成衮札布弟）为定边右副将军，继之。次年，车布登札布佐兆惠攻叶尔羌，以参赞大臣舒赫德、阿桂等继之。自二十三年至二十五年，大军先后合围纵杀，搜山网谷，狝薙不遗。计准部二十余万户，六十余万口中，先痘死者十之四，继窜入俄罗斯与哈萨克者十之二，卒歼于大军者十之三，是为厄鲁特一大劫。朝廷于伊犁、乌鲁木齐及塔尔巴哈台，分派满兵驻防，汉兵屯种，置伊犁将军以统辖之，内地商民移住者日众，遂成西北一重镇。（看《啸亭杂录》卷三西域用兵始末，萨赖尔之败二条）

清廷与准噶尔冲突表：

一、康熙二十七年，噶尔丹击并喀尔喀，遣使入贡清廷，要求执送土谢图汗，诏不许。

二、二十八年，遣使谕噶尔丹罢兵，返喀尔喀侵地；不奉诏。

三、二十九年，噶尔丹侵略内蒙古，安北大将军恭亲王常宁与战乌珠穆沁，不利。抚远大将军裕亲王福全与战于乌兰布通，大破之。噶尔丹北遁。

四、三十四年，噶尔丹复东侵，至巴颜乌兰。三十五年春，上自将征之，噶尔丹西遁；抚远大将军费扬古邀击之于昭莫多，大破之，杀其可敦阿奴；噶尔丹走死。

五、五十五年十月，策妄阿布坦遣大策零敦多布袭西藏。五十六年七月，陷拉萨。五十七年，朝廷大发兵分四路讨之。副将岳钟琪击破其兵，复拉萨。大策零敦多布走还伊犁。

六、雍正七年，诏大将军傅尔丹出北路，岳钟琪出西路，会攻伊犁。

七、八年五月，噶尔丹策零遣兵袭西路兵于科舍图岭，虏其牲畜而还。

八、九年四月，傅尔丹与准噶尔将大、小策零敦多布战于和通泊，败绩。

九、九月，大、小策零敦多布侵喀尔喀，赛音诺颜郡王额驸策凌拒战于鄂登楚勒河，大破之；大、小策零敦多布走还。

十、十年七月，噶尔丹策零自将袭塔尔密河，虏赛音诺颜部子女、牲畜。策凌引兵还救，败其兵于喀喇森齐泊，追至额尔德尼昭，大破之。噶尔丹策零遁还。

十一、乾隆十年，准噶尔将萨喇尔来降。

十二、十九年秋，准噶尔将阿睦尔撒纳、玛木特来降。

十三、二十年二月，以班第为定北将军，出北路；永常为定西将军，出西路；会攻伊犁。五月，入伊犁，执其可汗达瓦齐。

十四、是年八月，降将阿睦尔撒纳反，陷伊犁，将军班第，参赞大臣玛木特、鄂容安死之。

十五、以策楞为定西将军，玉保为参赞大臣，讨阿睦尔撒纳。二十一年正月，击败其兵，阿睦尔撒纳奔哈萨克。

十六、是年五月，喀尔喀车臣汗部郡王青滚杂布作乱，阿睦尔撒纳复入寇。诏遣定边左副将军成衮札布讨青滚杂布，诛之。右副将军兆惠讨阿睦尔撒纳，阿睦尔撒纳走死。

第五节　乌梁海之内属

乌梁海为蒙古别部，其人容貌类突厥民族，而其言语、风俗、宗教则全与蒙古无异，自称曰嘶瓦，分布于乌鲁克穆河、贝克穆河流域及库苏古尔湖之周围。其住民之大多数以捕鱼为业，间有从事畜牧或耕作者，则仅十分之二而已。其知识程度在蒙古诸部以上，然役属于喀尔喀及准噶尔，常应兵役，纳赋税。策妄阿布坦跋扈，颇利用乌梁海人以牵制中国。康熙五十四年，喀尔喀札萨克博贝建议征乌梁海以分准噶尔之势，自是以后，北路大军控扼要冲，以渐剿抚，降附者日众。准部平后，其所属之乌梁海尽入版图，分其众为唐努乌梁海、阿尔泰乌梁海、阿尔泰淖尔乌梁海三部，各与酋长以官职，使统治所部，隶于定边左副将军及科布多参赞大臣。唐努乌梁海最大，其余二部仅占有科布多之一部分而已。

第六节　土尔扈特之归化

土尔扈特者，故四卫拉特之一，元臣翁罕之后。八传至和鄂尔勒克，居塔尔巴哈台。值准噶尔强盛，和鄂尔勒克畏其逼，明庄烈帝崇祯三年（一六三〇年），率其子书岱青等，引部众二十余万人，移入俄罗斯境，经过乞而吉思荒原北，占领窝瓦河流域，进掠 Astrakhan，Saratof 等地，又东侵西伯利亚，掠 Tobolsk 府。是时俄国方与波兰构兵，无暇东顾，和鄂尔勒克益骚扰不休，卒以战死。顺治十一年（一六五四年），书岱青等始附属于俄，然仍遣使朝贡中国。书岱青之孙阿玉奇在位，以女妻准噶尔汗策妄阿布坦，策妄离间其子散札布台吉，使率所部万五千户至伊犁，尽没入之，而逐散札布归俄罗斯；又绝其贡道与赴藏熬茶之路。康熙五十一年（一七一二年），阿玉奇遣使假道俄境，来贡方物。圣祖欲察其国情，遣内阁侍读图理琛赍敕往报。图理琛取道蒙古、西伯利亚而至其国，往返经三载，因述其所经之道路山川民风物产，为《异域录》二卷，是为清初西北纪行之名著。

乾隆中叶，土尔扈特杂居俄国已久，休养生息百余载，户口繁盛，窝瓦河两岸广漠，饶水草，土尔扈特以河东岸为王庭，而居其台吉鄂托克（汗之部属）等于河西。土尔扈特游牧国，与俄罗斯之居国不同；俄罗斯与欧洲诸国构兵，屡征土尔扈特兵助战，死伤甚众；又欲强迫其信希腊教，阿玉奇之孙乌锡巴即位，俄政府久不行册命；土尔扈特人滋不悦。乾隆二十二三年，王师克定伊犁，各部厄鲁特之逸入俄境者，皆安置于乌锡巴部下，是为新土尔扈特。附牧伊犁之土尔扈特台吉舍楞亦往投之，盛言伊犁空虚可取状，新投之人多附和之，乌锡巴为所惑，遂与台吉喇嘛定议，传谕河南河北各部戒严，俟冰合时同渡东徙。适冬暖，冰久不合，乌锡巴不能待，乾隆三十六年十一月，率南岸十六万口启行，沿途破俄国边城四，俄出兵追之，不及。途中假道哈萨克，哈萨克倾国力战拒之；改道布鲁特，布鲁特人千百为群，环攻其辎重牲畜；土尔扈特进退无路，不得已，改道各国边界戈壁之地，绝水草旬日，皆饮牛马血，人畜死亡大半。三十七年六月，始抵伊犁，仅存七万余口，荏羸无人形。伊犁将军舒赫德严兵备边，遣人迎诘之，乌锡巴与其台吉等计议数日，始以慕化归附为词。事闻，廷议以降人中有舍楞，前曾诳害我副都统，疑其有诈；且我受俄国叛藩，恐启衅。高宗以舍楞前窜俄时，我固再檄索之，而俄人不与，是我理直有词。土尔扈特既背其上国而来，傥复犯我，彼将焉往。且数万乏食之人既至近界，驱之使去，将有他变。乃决计受降，给马牛羊二十六万，供畜牧；发茶、米、麦、裘、布、毡、棉等各数万以赈之，共费帑金二十万有奇，封乌锡巴为汗，以所部为旧土尔扈特部；舍楞为郡王，以所部为新土尔扈特部。于是蒙古民族皆入于中国。

参考书

《圣武记》（卷二　雍正西征厄鲁特记　卷四　乾隆荡平准部记）　魏源

《中国历史教科书》（清朝史　第二编　第十五章　第十七章）　汪荣宝

《清代通史》（卷上之二　第五编　第二十六章　卷中之一　第一篇　第二章　第三章）　萧一山

第十四章　天山南路之内属

第一节　天山南北路之形势

阿睦尔撒纳窜死，天山北路入于中国，而南路诸回城，故隶准噶尔势力之下，至是因准噶尔已灭，又度中国方以全力经营伊犁，未暇南进；乃思乘新旧势力交代之际，集兵守险，为独立运动；于是中国复有回疆之师。回疆即天山南路，天山为葱岭正干，袤数千里，抵哈密。其左右为准、回两部，回部即《汉书》城郭三十六国，非北路诸行国比。南北分路于哈密：其由巴里坤逾山，或吐鲁番逾山，经乌鲁木齐，赴伊犁者为孔道；其由乌什、阿克苏，逾冰岭，赴伊犁者为捷道。雪山之阳，冬夏涌流数十川，贯穿于南路各城，而汇于蒲昌海（今罗布淖尔）。其间大小回城数十，回庄小堡千计；汉书西域诸小国，或仅数百户、千余户，胜兵或数十人、数百人。康熙中上谕所称：准噶尔攻取回子千余城，皆并回庄回堡数之也。由甘肃酒泉县西行，出万里长城最西之嘉峪关，经过安西县之古玉门关，敦煌县之古阳关，而入新疆境。西行至哈密，为古伊吾。避白龙堆大戈壁之险，西行至鄯善，为古楼兰。又西北行至吐鲁番，为古车师前部，汉戍己校尉所治，唐西州，明火州治皆在焉。又西北行至迪化，为古车师后部。唐北庭都护府，元别失八里元帅府皆在焉。又西北行经过昌吉、绥来、乌苏、精河，而至绥定，为旧伊犁府附郭首县，汉乌孙王庭，元阿力麻里元帅府皆在焉。是为天山北路形势。由吐鲁番县西南行，至焉耆，为古危须、焉耆二国故地，唐焉耆都督府在焉。又西南至车尔楚军台，为汉乌垒城，都护治焉。又西至轮台，为汉兵屯田地。又西南至库车，为古龟兹，唐安西都护府，龟兹都督府皆在焉。又西北经赛里木城，至拜城，为汉姑墨国。又西南至阿克苏，为汉温宿国。自此分为三道：一西行至乌什，为汉尉头国。一西稍偏南行，经过巴楚，至喀什噶尔（今疏勒县），为古疏勒国，东汉班超为西域将兵长史时驻扎地，唐疏勒都督府在焉。一由巴楚西南行至叶尔羌（今莎车县），为古莎车国。自此南渡玉河（今叶尔羌河），东南行，经过叶城，至皮山，为古皮山国。又东南行至和阗，为古于阗国，唐丁阗都督府在焉。是为大山南路形势。此外《汉书》所载西北各小国：若休循、捐毒、盘陀等，大抵皆今环回疆之布鲁特各部；无君长，不比数。其南各小国：若渠勒，精绝，戎卢，小宛等，今并淹没无踪，意沦入瀚海矣。

新疆地名简表

今名	旧名	汉名	唐名	元名	明名
哈密县	哈密厅	伊吾庐	伊州		哈密卫
鄯善县		楼兰国			柳城
吐鲁番县	吐鲁番厅	车师前王庭	西州		火州
迪化县	迪化府	车师后王庭	北庭都护府	别失八里元帅府	
绥定县	伊犁府	乌孙王庭		阿力麻里元帅府	
马耆县	焉耆府	危须，焉耆二国。	焉耆都督府		
车尔楚军台		乌垒城，都护治所			

今名	旧名	汉名	唐名	元名	明名
轮台县。		轮台，屯田地			
库车县	库车州	龟兹国	安西都护府 龟兹都督府		
拜城县		姑墨国			
阿克苏县	温宿府	温宿国			
乌什县	乌什厅	尉头国			
疏勒县	喀什噶尔	疏勒国，长史治所	疏勒都督府		
莎车县	叶尔羌	莎车国			
皮山县		皮山国			
和阗县	和阗州	于阗国	于阗都督府		

第二节　回教徒之东渐　和卓木之建国

回疆东西二千余里，南北千余里，西南北皆大山界之，唐以前皆佛教，其以回教著者，则萌芽于唐而盛于元以后。元太祖创立蒙古帝国，封次子察合台于中亚，天山南路隶于察合台。有元末年，察合台汗国内乱，国分为二，天山南路隶于东部之喀什噶尔汗国。有明初年，帖木儿帝国勃兴，并吞西部之汗国，喀什噶尔汗国附庸于帖木儿。帖木儿帝国全盛时代，西方回教徒之文人学士，争集其国都撒马尔罕，教祖穆罕默德后裔有称为和卓木者（译吉圣裔），尤得尊信。有明中叶，和卓木子加利宴、伊撒克兄弟，始自撒马儿罕移居喀什噶尔，各集弟子说教，自汗以下咸崇奉之。明世宗嘉靖中，喀什噶尔汗撒伊特数用兵东向，悉定天山南路地，回教势力随之增长。加利宴之门徒称白山宗，伊撒克之门徒称黑山宗，各习师说相标榜。顺治初，喀什噶尔汗伊思麦鲁崇奉黑山宗，排斥白山宗，白山首领和卓木亚巴克亡入西藏，欲藉喇嘛之援恢复势力。康熙十七年，噶尔丹遂以五世达赖之命，举兵入喀什噶尔，立亚巴克为汗，而迁故汗于伊犁，于是和卓木之裔始以教主兼君主。

是时天山南路尚分裂为若干小国，喀什噶尔主权虽已入于回族之手，而其东叶尔羌、吐鲁番、哈密诸城皆为蒙族所分据。顺治初，哈密有巴拜汗，叶尔羌有阿布都汗，吐鲁番有苏勒檀汗，并入贡中国，自称成吉思汗裔。中国以其久习回教，遂以宗教之名名之，称其城曰回城，汗曰回酋。及准噶尔强盛，并吞天山南路，康熙中，哈密内附中国；雍正初，吐鲁番徙居嘉峪关外古瓜州（在今安西县南），其余各国陆续为回族所有，间接以服属于准噶尔；天山南路蒙族之势力遂完全消灭矣。

清初新疆境内主权者表

顺治初	家世	康熙中	家世	雍正初
哈密巴拜汗	元裔	内附中国		
叶尔羌阿布都汗	同			
吐鲁番苏勒坦汗	同			后居古瓜州
喀什噶尔伊思麦鲁汗	同	亚巴克汗	和卓木	

第三节　大小和卓木之变

噶尔丹征服天山南路以后，以回族为保护国，征租税，课徭役，干涉其宗教上之纷争，质其酋长阿布都里实特及其子玛罕木特于伊犁。噶尔丹败后，阿布都里实特父子自拔来归，圣祖优遇之，遣人护至哈密，送还叶尔羌。策妄阿布坦在位，排斥白山党，执玛罕木特，幽之伊犁；羁其二子博罗尼都、霍集占，即所谓大小和卓木者，使率回民数千垦地输赋。达瓦齐在位，准噶尔有内乱；天山南路诸黑山党闻之，企图独立，求援于葱岭以西诸回教国，尽逐准噶尔驻防兵。

乾隆二十年夏，大军定伊犁。阿睦尔撒纳欲利用白山党，以买回教徒欢心；释博罗尼都，与以兵，使归定天山南路；留霍集占居伊犁，使统率天山北路之回教徒。博罗尼都南归，喀什噶尔、叶尔羌诸黑山党，联兵拒战于乌什，博罗尼都击败之，悉定天山南路地。霍集占率天山北路之回教徒，助阿睦尔撒纳与勤王之台吉宰桑战。二十一年，王师再定伊犁，欲藉战胜之余威，羁縻南路；遣侍卫托伦泰往定贡赋，未得要领。同时霍集占自北路遁归，与其兄共商事大与独立之利害。博罗尼都欲集所部受中国约束，霍集占谓强敌已灭，中国在伊犁势力尚未巩固；不以此时自立，而长为他人奴仆，非计。博罗尼都以为然，乃召集部众，自立为巴图汗；传檄各城，使集士马，峙糗粮器械以待；回户数十万从风而靡。惟库车、拜城、阿克苏之城主鄂对等不从，相率奔伊犁。定边将军兆惠遣副都统伊敏图招抚回部，命鄂对等偕行。中途鄂对等闻亲族被戮，各城响应，库车守备已具，请急归待大军而后进。伊敏图不从，以满兵百人驰入库车，被害；鄂对等皆驰还。

第四节　黑水营之战

是时兆惠正引兵搜剿厄鲁特余党，无暇兼顾回疆；乃以雅尔哈善为靖逆将军，二十三年五月，自吐鲁番进攻库车。博罗尼都兄弟引兵来援，领队大臣爱隆阿等连破其兵，博罗尼都等敛余兵入保城。鄂对请于城外险要处伏兵，防其遁走；雅尔哈善不以为意。博罗尼都等开西门夜遁，守西门之副都统顺德讷不追；提督马得胜使绿营兵穴地攻城，为敌人所觉，战死者六百余人。八月，守城之回酋复突围夜遁，余众开门降。诏以诸将屡失机，诛雅尔哈善、顺德讷，马得胜以徇。

是时阿克苏、乌什城主皆闭城拒博罗尼都兄弟，博罗尼都乃走据喀什噶尔，霍集占走据叶尔羌，东西犄角，为背城一战之计。朝廷使兆惠移军而南，时兵皆未集，惟引步骑四千先行，留副将军富德剿余贼，沿途招抚阿克苏、乌什以下诸城，使鄂对招抚和阗。转战至叶尔羌城东，击败敌兵，以兵少不能攻城，营于城东叶尔羌河畔。叶尔羌河蒙古语谓之哈喇乌苏，译言黑水，故当时称之为黑水营。兆惠部兵既寡，敌以大兵数万尽锐攻之，兆惠力战，相持三月不下。富德在北路，闻兆惠被围，急率所部兵三千余人冒雪赴援。二十四年正月，至呼尔璊（在叶尔羌城东北三百七十里），击败敌兵，转战四昼夜，得渡叶尔羌河，距黑水营尚三百里，敌愈众，不能进，于是富德亦被困。

是时爱隆阿奉兆惠檄，赴阿克苏催援军，途遇参赞大臣阿里衮，有兵六百人，马三千匹，驼七百匹，而爱隆阿部下有兵千余人，遂合军西行。乘夜张两翼薄敌军，大呼奋击，声尘合沓，敌军惊溃，遂解富德之围；乘胜追逐，复解兆惠之围；合军还屯阿克苏。二十五年四月，诸军渐集，凡三万人，分为二路，兆惠由乌什取喀什噶尔，富德由和阗取叶尔羌，博罗尼都兄弟不敢战，弃城西走巴达克山，富德追之急，巴达克山素尔坦沙执杀之以降，天山南路平。（看《啸亭杂录》卷三平定回部始末条）

第五节　乌什之变

回部既平，朝廷设参赞大臣，驻喀什噶尔，统辖天山南路，受伊犁将军节制。诸城大者设办事大臣，小者设领队大臣，治军事；皆以满员任之。各城皆设阿奇木伯克（回部官名），治民事，刑事；以回人任之。自三品至六品，各随年班入觐，不得专生杀。租税二十分取一，视准噶尔征额大减。然地既边远，又当新附之后，办事大臣等往往借战胜之威，奴隶所属；而伯克等又助之为奸。故征服未几而有乌什之变。乌什为回疆大都会，居民数万。大军初定伊犁，其伯克霍吉斯擒达瓦齐以献，受封为郡王。大小和卓木之变，霍集斯颇持两端，朝廷虑其反复，召入京，而以哈密伯克阿布都拉代之。阿布都拉暴戾，其所役之哈密回众，又以客民鱼肉土著。办事大臣苏成纵酒好色，愦愦不治事，回民愤怨无所诉。乾隆二十九年二月，聚众作乱，杀苏成、阿布都拉以下官吏。阿克苏办事大臣卞塔海，库车大臣鄂宝先后赴援，皆战败。喀什噶尔参赞大臣纳世通、伊犁将军明瑞各以兵赴援，合围乌什，七月，贼内溃，尽缚首逆以降。官军入城，诛其党羽，徙老弱万余口于伊犁，而徙他城回户以实之。

第六节　张格尔之乱

乌什之变以后，朝廷常慎选边臣，回民赖以休息。其后保举渐弛，多用侍卫及口外驻防，视换防为利薮，以瓜期为传舍。所属司员章京，益乘之与各城伯克因缘为奸。朝廷岁征钱粮土贡，不过数十取一，而官吏辄于正供之外，需索百端；又广渔回女，奴使兽畜，回民滋怨。博罗尼都死后，其子萨木克奔浩罕，有三子。次子张格尔以诵经祈福为名，传食诸部落，诸部落多崇奉之。仁宗嘉庆二十五年，参赞大臣斌静荒淫失众心，张格尔乘机纠布鲁特流民数百寇边。头目苏兰奇入边报警，章京绥善叱逐之，苏兰奇怒，走出塞从贼。斌静以苏兰奇交通逆裔聚众滋事入奏，诏命伊犁将军庆祥往勘，得斌静罪状，褫职逮问。宣宗道光二年，以永芹代之。张格尔屡寇边，内地回民多为其耳目，官兵往捕辄遁。五年九月，领队大臣色彦图以兵二百人，出塞四百里掩之，不遇；乃纵杀游牧布鲁特妇孺百余人而还。其酋汰列克愤甚，引所部二千人，追覆官兵于山谷。西四城回民闻之，皆变，贼遂猖獗。朝廷乃以大学士长龄为伊犁将军，而以庆祥为喀什噶尔参赞大臣。张格尔乞援浩罕，得其兵二三千人，以为亲兵。六年八月二十日，攻陷喀什噶尔，庆祥战死；英吉沙（今英吉沙县）、叶尔羌、和阗三城同时俱陷，群回响应。

朝廷闻警，以长龄为扬威将军，陕甘总督杨遇春、山东巡抚武隆阿为参赞大臣，发兵会阿克苏进讨。军未集而西四城已陷，贼兵进攻阿克苏，乌什、库车戒严。办事大臣长清拒战于浑巴什河（距阿克苏城四十里），击败敌之前锋；库车、哈拉沙（即喀喇沙尔，今焉耆县）守将各引兵来援，东四城始无恐。七年二月六日，长龄率师一万九千人进讨，留兵一万一千五百人，分屯库车、阿克苏、乌什、巴尔楚等处以防后路，并护运道。连破敌兵，三月一日，复喀什噶尔；五日，复英吉沙；十六日，复叶尔羌及和阗；张格尔走出塞。六月，诏杨遇春引兵九千人凯旋以省粮运，以杨芳代为参赞，留兵八千人防喀城。十二月，杨芳击擒张格尔于喀尔铁盖山（在塞外），回疆平。

第七节　玉素普之乱

回疆平后，征长龄还京，以那彦成为钦差大臣，代筹善后。严定各办事，领队大臣岁终考核之制，俾互相纠察，又总考核于伊犁将军及喀什噶尔参赞大臣；并增其廉俸，许具携眷，定其役使。印房章京由京简派以重其选。严贿补伯克之弊，定其资格，慎其保举，制其回避。绝浩罕互市，严禁茶叶大黄出卡，以窘其生计，尽逐内地流夷以断其耳目，收抚各布鲁特以翦其羽翼，回疆粗安。而安集延流寓各夷被逐出卡，愤怨思报复；道光九年秋，奉张格尔之兄玉素普为和卓木，纠党数千人入寇，击败南路参赞大臣札隆阿兵，围喀什噶尔、叶尔羌二城，大掠附近回庄回堡。伊犁参赞大臣容安引兵四千五百赴援，逗留不进；诏逮容安，以哈丰阿代领其众。十一月，破贼兵，贼饱掠出塞，城围始解。浩罕乞援于俄，俄人不允；玉素普慈善，不欲为浩罕所利用；浩罕不得已，乃请和，送还被虏兵民，诏仍许互市如故。

第八节　七和卓木之乱

浩罕与中国和后，连年与布哈尔构兵，国内大乱。道光二十七年，国内悍徒奉和卓木族加他汉等七人，募集同志，联合布鲁特人寇边。驻喀什噶尔之浩罕贸易事务官那墨特，复为煽动内地回民，使起内应。回民屡遭浩罕虏掠，惩于往事，不愿附和。加他汉等侵掠喀、叶二城附近，不能得志；十一月，伊犁兵赴援，遂不战而遁，是为七和卓木之乱。

回疆变乱表

时代	首领	侵略范围地	讨平之将帅
乾隆二十一年	博罗尼都，霍集占。	天山南路	兆惠，富德
二十九年	张格尔	乌什	明瑞，纳世通
道光五年	张格尔	西四城	长龄，杨遇春，杨芳
九年	玉素普	喀什噶尔，叶尔羌	哈丰阿
二十七年	加他汉等七人	同	

同参考书

《圣武记》（卷四　乾隆戡定回疆记　乾隆新疆后事记　道光重定回疆记　道光回疆善后记）　魏源

《中国历史教科书》（本朝史　第二编　第十八章　第三编　第二十二章）　汪荣宝

《清史稿》（属国传四）　清史馆

第十五章　葱岭以西诸国之内属

天山南路既平，中国余威震于殊俗，于是葱岭以西各国陆续内属。新疆内地以天山为纲，南为回部，北为准部；外地以葱岭为纲，东为新疆，西为属国。属国中复有二：由天山北路而西北，为哈萨克，为东布鲁特，由天山南路而西南，为西布鲁特，皆游牧之国。再西为浩罕，西南为巴达克山，再西南为爱乌罕，皆城郭之国。准、回两路平后，先后称臣入贡，兹分述其事迹如下。

一、哈萨克

东北界科布多所辖之乌梁海，东南界塔尔巴哈台及伊犁，南界布鲁特、塔什干，西北界俄罗斯，即今俄领乞而吉思荒原地。旧分三部：左部曰鄂尔图玉斯，在伊犁西北，汉为康居国王冬治乐（音洛）越匿地到卑阗城，南北朝时为结契与者舌接壤地，唐为黠戛斯，元为乞儿吉思。右二部曰齐齐玉斯、乌拉玉斯，亦称中部、西部，在左部之西稍偏南，汉为康居小王窳匿城等地，南北朝时为者舌、粟特境，唐为石国及突厥可萨部地，元为康里、乞儿吉思及察赤（即塔什干）等地，明为月即别部所役属。左部西北境有伊尔吉自河（即额尔齐斯河），地苦寒，其汗盛夏居之，余时逐水草游牧。乾隆二十年，准部荡平，阿睦尔撒纳奔哈萨克左部，诱其汗阿布赉合兵拒战，为王师所破，乃请降，中西两部亦相继纳款，皆授王公台吉世爵。三年一贡，岁一市，以马牛羊易缎布，而税其百分之一。哈萨克为行国，逐水草游牧，与准部同俗，奉回教。右二部有城郭。右二部之北，别有部曰北哈萨克，以冠钞为俗，后俱为俄国所征服。

二、布鲁特

东接新疆，西界浩罕，西南界巴达克山，北邻哈萨克，跨葱岭立国，分东西部。东部在天山北，准部西南，近葱岭。在汉为乌孙西鄙，故塞种休循、捐毒二国，北魏为波路。西部在山南，回部喀城西北，在汉为乌秅、西夜、蒲犁等国，北魏为权于摩、朱俱波、竭槃陀、钵卢勒等国，唐为大小勃律。每部皆以鄂拓克为名，部长称比。东部五，旧游牧特穆图泊（今伊斯色克库里湖，一作色穆尔图淖尔。在俄领七河省上承吹河水）左右，为准部所逼，西迁寓浩罕东部之安集延。王师定伊犁，始复故地。乾隆二十三年，兆惠追厄鲁特至其地，东部各比率众归附。西部十有五，乾隆二十四年，大军追回党至其地，各部皆降，设二品至七品头目。布鲁特为游牧之国，奉回教，人贫而悍，轻生重利，喜虏掠，乾隆以后，边吏抚驭失宜，往往生变。道光四年张格尔之乱，同治三年金相印之乱，布鲁特屡出兵援之。后俱为俄国所征服。

三、浩罕

东接布鲁特，东南邻巴达克山，西南二面俱邻布哈尔，北邻哈萨克。凡八城，城各有伯克，而浩罕城伯克额尔德尼为之长。其东八十里为那木干，又东八十里为玛尔噶朗，又东一百八十里为安集延，东南为窝什，西南为霍占，西为科拉普，西北为塔什干，全境皆在锡尔河流域平原。在汉为大宛，后分裂。元魏时，浩罕城为东安国王所治之汗城。唐高宗显庆中，以暍汗为木鹿州，拜其王为刺史。那木干古渠搜国，元魏时为破洛那，唐为拔汗那，居西鞬城。太宗贞观中，移渴塞城。高宗显庆三年，以渴塞城为休循州，授其王刺史。玄宗开元二十七年，册拜奉化王。天宝三载，改其国号宁远。窝什，汉贰师城故地，唐为东曹国。霍占，唐为俱战提，元为苦盏城。塔什干与可萨克西部毗连，汉为大宛西北鄙，与康居接界，后隶康居。元魏时为者舌，隋为石国，唐高宗显庆三年，以为大宛都督府，拜其王都督。乾隆二十四年，大军追霍集占，霍集占欲投安集延，安集延不纳。其王额尔德尼旋奉表入贡。其后霍集占兄弟为巴达克山所歼，博罗尼都次子萨木克逃赴浩罕，浩罕藉其和卓木之名，居为奇货。安集延人长于心计，好贾远游，新疆南北各城皆有其足迹。性贪而狠，子女玉帛之所在，刻刻垂涎。至道光初年，遂拥张格尔、玉素普弟兄相继作乱，攻掠天山南路西部诸城。光绪二十九年，为俄国所灭，置费尔干及锡尔达利亚省。

四、巴达克山

东北至喷赤河（发源葱岭下流入阿母河），南至痕都古士山，西南界阿富汗，西北界布哈尔。汉为乌秅，唐为竭粲陀，元为巴达哈伤，明为巴答黑商。乾隆二十四年，博罗尼都兄弟奔巴达克山，其王素尔坦沙诱杀之以降，遣使入贡。其地有城郭，负山抱河，田地肥美，户十余万，耕而兼牧猎。后为阿富汗所灭。

五、博罗尔

在巴达克山东，东接葱岭，西界喷赤河，南界痕都古士山，北接葱岭。有城郭，户三万余。乾隆二十四年，与巴达克山同内附。人皆高鼻深目，浓髭绕喙，男多女少，恒兄弟四五人共一妻，生子女次第分认，无兄弟者与戚里共之。土半沙卤，故苦贫。称其酋曰比，以人口为赋税，生子女，纳其半，卖于各回城为奴婢。后亦为阿富汗所并。

六、爱乌罕

即阿富汗，东界印度，西界波斯，南界俾路芝，北界布哈尔，回部大国也。汉为大月氏，隋为吐火罗，唐时属波斯，后隶东大食，宋时属花剌子模，元属伊儿汗国，明属莫卧儿帝国，清初，独立为王国。乾隆二十七年，入贡。分七大部，西境有沙碛，余皆沃壤，物产丰富，人皆土著，其人勇猛朴诚出天性，屡受英、俄胁迫，卒不为所屈，至今犹为独立国。

七、布哈尔

东界巴达克山，东南界印度之克什米尔，南界阿富汗，西南界波斯，西至咸海，北界浩罕及锡尔河，回部大国也。汉属康居、大月氏，晋属康居、粟弋，南北朝时属𠿕哒、粟特，唐为何、曹、康、米、安、史、挹怛等国地，南宋时属西辽及花剌子模，元为阿母河行省，明初为帖木儿帝国发祥地，明末建布哈拉汗国，乾隆二十九年，因巴达克山内附。其地东境多山，西界有大戈壁，有城郭而兼游牧，户口不繁。气候多炎，冬无大雪，俗长骑射。后为俄国所并。

参考书

《圣武记》（卷四　乾隆绥服西属国记）　魏源

《东洋史要》（卷四　第二篇　大清经略塞外）　桑原骘藏

《瀛寰志略》（卷三）　徐继畬

第十六章　缅甸之役

第一节　缅衅之起源

天山南北路平后，高宗狃于屡胜，边将又思乘衅侥幸邀功，遂兴缅甸之役。缅甸在中国西南，蛮部大国也；其地北界西康，东北界云南，东界暹罗，西南二面临孟加拉海湾，西北连东印度。其都城曰阿瓦，距云南省三十八程。怒江（一名潞江，一名大金沙江）、伊拉瓦底江自云南来，贯穿于其国中，流入 Martaban 海湾。为南北交通孔路。其地古为朱波，汉通西南夷后谓之掸，唐谓之骠，宋、元谓之缅，元世祖至元中，前后三次遣兵征之，俱未能得志。明为缅甸宣慰司，与大古剌、底马撒、靖定、平缅、木邦、孟养、八百、车里、老挝九宣慰司，并称西南十慰。世宗嘉靖中，宣慰使莽瑞体英武，并吞大古剌（在缅甸南境伊拉瓦底江下流，一名白古）；万历中，复并吞孟养、本邦；遂倔强于西南。其子应裹嗣位，自称西南金楼白象王，侵略滇边诸土司，尽取其地。十二年，窥云南，陷顺宁（旧顺宁府，今腾越道顺宁县），逼姚关（在湾甸土州北怒江东岸）。腾冲游击刘綎以兵捣阿瓦，击破之；巡抚陈用宾又约暹罗夹攻，屡破之；缅始不敢内犯。明亡，桂王由榔奔缅甸，其遗臣李定国遣使约古剌（时大古剌复独立）、暹罗夹攻之；未及举兵，吴三桂已入缅，执王而还，定国忧愤成疾而卒，二国之兵失望而返。雍正九年，缅与景迈（在缅甸东户十万，即明八百宣慰司，与缅为世仇）交哄，景迈畏缅之逼，欲通中国以自重，遣使至普洱（今普洱道宁洱县）求入贡，云贵总督鄂尔泰疑而却之，是为中国第一次失机。木邦、孟艮之间有独立部曰卡瓦，地饶矿产。乾隆初，云南石屏州（今蒙自道石屏县）民吴尚贤得部长蜂筑之许可，设厂开采，聚众至数十万，多材勇，有警，辄率众出御，一时茂隆银厂之声势倾动诸部。尚贤说蜂筑内属，朝廷许之；复遣使说缅甸内属，十八年，缅王莽达拉（一作麻哈祖）称臣入贡。云贵总督硕色嫉尚贤功名，捕下狱，诬以罪，毙之；茂隆银厂为解散，滇边失一重镇，是为中国第二次失机。

次年，白古部长撒翁破阿瓦，杀奔达拉。木梳（在伊拉瓦底江中流，阿瓦北方）部长雍藉牙起兵击走白古，据阿瓦，征服各部；桂家部长宫里雁不服，与木邦连兵拒之，兵败，奔近边之孟连土司，谋内附中国。桂家者，故从桂王入缅甸官吏家属之后裔，世据波龙（在龙川江之南，孟密土司之东南）银厂，雄于赀；云贵总督吴达善艳其富，索重贿，宫里雁不与，乃下令放逐之。孟连土司刀派春复乘机没收其兵器，虏掠其财货，又欲占有其妻囊占，囊占怒，乘夜袭杀刀派春，奔孟养。吴达善诱执宫里雁，布政使姚永泰谓："宫里雁为缅甸所嫉，今代敌戮仇，不可。"达善不听，杀之。木邦部长罕奔底势孤，亦为缅甸所败，走死。于是缅甸坐大，滇边诸土司皆为所胁服。是时雍藉牙已卒，子莽纪觉立，囊占自孟养转徙至缅甸，怨吴达善杀其夫，欲藉缅甸力复仇，乃改嫁莽纪觉弟孟驳，阴伺隙劝之与中国构衅，是为中国第三次失机。

先是滇边诸土司之近缅者，皆于缅私有岁弊；及雍藉牙自立，诸土司以其故等夷，不复馈献，缅人以兵力勒索之，于是滇边多故。缅初意本在责诸土司岁弊，初无意与中国为难；边吏贪功轻敌，遂开衅于缅甸，代土司受祸；是为中国第四次失机。乾隆三十年，莽纪觉卒，孟驳立，并吞西南结些、白古诸部落，遂一意专力东北；屡发兵侵略九龙江（普洱府境内澜沧江之称）方面诸土司，官军防战，三路皆败。三十一年正月，云贵总督刘藻忧惧自杀，诏以杨应琚代之。

应琚至边，会瘴疠大作，缅兵渐退，官军得以其间收复车里、孟艮、整欠诸地。腾越副将赵宏榜希应琚旨，首言："缅甸新造、木邦、蛮莫诸部皆愿内附，缅酋势孤易取。"边吏附和之，遣人诱各部长献土，或招致其子弟及所属小土司代献；皆言所属地一二千里，户十数万；应琚悉据以入奏。其实土地户口皆悬在缅地，中国不能有也。应琚恐空言不足以塞责，欲实行一二以自解。是年八月，移驻永昌，移檄缅甸；言天兵数十万陈境上，不降即进讨。又遣赵宏榜进据蛮莫之新街（今八募）。新街扼大盈江（伊拉瓦底江上流）水口，为缅与中国互市处，据阿瓦上游，为缅必争之地。缅以舟师溯江而上，抵新街；宏榜兵少，不敢战，烧器械辎重，走还铜壁关（在腾越县西南大盈江上游）。缅兵数万尾而入，提督李时升调兵分路出边，缅佯遣人议款，而分兵绕入万仞关（在铜壁关北），围永昌，腾越各边营泛，应琚不以上闻。三十二年正月，敌兵围猛卯，侍卫傅灵安前奉诏赴滇视应琚疾，具以敌军入塞，官军败退之状入奏，上怒，逮应琚，赐死；以明瑞为将军，兼总督，额尔景额为参赞大臣，发兵二万余人进讨。

第二节 第一次缅征之役

是年九月，分兵二路：明瑞由宛顶向木邦攻东路，额尔景额由虎踞关向孟密，出新街水路，两军约会于阿瓦。额尔景额卒于军，诏以额尔登额代之。十一月，明瑞至木邦，守将望风先遁，获其粮，留参赞珠鲁额以兵五千守之，通饷道。自将兵一万二千渡锡箔江，至蛮结，击破缅兵，大获粮械。缅人烧村寨，敛积贮，坚壁清野以抗王师。道途险远，牛马乏刍，多死；野无所掠，军粮垂竭。进至象孔，迷失道；度不能至阿瓦，乃旋师向孟笼以迎北路军，且因其地之屯粮。

是时大军深入已二千余里，会岁除，北路之师无消息；谍报大山、波龙多积谷，乃议取道大山土司，向木邦以归。缅人知我粮尽，悉众来追；

官军且战且退，每日先以一军拒战，即以一军退至数里外成列以待，比拒战之军退至其处，则成列者复迎战；明瑞与领队大臣观音保、总兵哈国兴更番殿后，步步为营。每日行不过三十里。至蛮化，官军营于山巅，敌军营于山半，次日凌晨，明瑞令官军吹波伦者三（起营口号），而尽出营伏箐中以待；敌军闻波伦声，悉起来追，官军逆击，敌军大败，死者甚众；自是每夜遥屯二十余里外，不敢近。

是时敌别将已攻破木邦，杀珠鲁讷，断明瑞归路。额尔登额进至老官屯，为敌兵所阻，不能进。上以明瑞久绝军报，促额尔登额移兵援之，额尔登额迂道回铜壁关，于是老官屯之敌亦萃于明瑞军。明瑞行至小猛育，距宛顶粮台二百里，敌军猬集数万，而额尔登额援军不至。明瑞令军士乘夜趋宛顶，而自与诸领队大臣及巴图鲁侍卫数十人，率亲兵数百断后；凌晨，血战万贼中，无不一当百，敌军死伤甚众；以众寡不敌，力战而死，亲军歼焉。时三十三年二月十日也。

第三节　第二次征缅之役

事闻，上震怒，诛额尔登额，以大学士傅恒为经略，协办大学士阿里衮、尚书阿桂为副将军，大发兵伐缅。傅恒、阿里衮将大军由伊拉瓦底江上游之戛鸠江（一曰兰鸠江，一曰槟榔江）西岸进，经孟拱、孟养两土司地，陆行直捣阿瓦；阿桂率偏师，由东岸夹江而下，进取孟密；而造舟于蛮暮，以通两军声势。傅恒急于出师，谓："师劳则气懈，不如及其锐用之，且出缅不备。"遂以三十四年七月二十日启行。时缅方秋成刈获；未暇集兵，又孟拱、孟养非其腹地；故历二千里皆不血刃；而士马触暑雨，已多僵病，阿里衮亦病，乃议两军并归一路；由蛮暮出伊拉瓦底江。十月，大破敌军于江口，而傅恒亦病；乃议不向阿瓦，姑取老官屯以报命。老官屯临伊拉瓦底江，敌军夹江为营，官军以全力攻其东寨，不克；而阿里衮卒，士卒染疫死者过半，水陆军三万一千，仅存一万三千。傅恒以闻，乃诏罢兵，征傅恒还，至京而卒，留阿桂驻云南，时三十五年二月也。

三十六年，缅与暹罗构兵，相持甚急，阿桂请乘机大举，上怒，免其官，是为中国第五次失机。四十一年，两金川平，缅惧，始请入贡。是时孟驳已卒，嗣王赘角牙立；四十三年以后，与暹罗构兵，屡为暹罗所败。四十六年，暹罗遣使来入贡献捷。四十七年，孟驳之弟孟鲁弑赘角牙而自立；国人又杀孟鲁，而立雍藉牙季子孟云；内乱屡作，国势渐衰。五十一年，朝廷册封暹罗嗣君郑华为国王；于是缅益惧。五十三年，遣使款关求入贡。五十五年，遣使贺高宗八旬万寿，乞赐封，并乞开关市，许之。敕封孟云为国王，定十年一贡。

明与缅甸关系表：

一、万历十二年，缅甸寇云南，陷顺宁，腾冲游击刘綎以兵捣阿瓦，破之。

二、明亡，桂王由榔奔缅甸；吴三桂引清兵入缅，执王而还。

清对缅甸失机表：

一、雍正九年，缅与景迈构兵，景迈遣使入贡，却之。

二、乾隆初，云南人吴尚贤创茂隆银厂，在卡瓦开矿，云贵总督硕色嫉尚贤，杀之。

三、乾隆十九年，缅甸与木邦及桂家构兵，桂家部长宫里雁求内附，云贵总督吴达善诱而杀之；木邦部长罕莽底败死，于是缅甸坐大。

四、缅人以兵责诸土司岁币，边吏贪功轻敌，遂代土司受祸。乾隆三十年，缅侵九龙江方面诸土司，官军败绩，云贵总督刘藻自杀。

五、三十一年八月，云贵总督杨应琚信副将赵宏榜言，出兵新街，欲招来缅甸境内诸土司纳土。缅人入寇，围永昌、腾越各边营泛。应琚不以上闻，上怒，赐应琚死。

六、三十二年九月，明瑞、额尔登额两路出师，伐缅。明瑞深入至象孔，粮尽，引还；至小猛育，战死。额尔登额进至老官屯，为敌所阻，不能进，引还铜壁关；诏诛之。

七、三十四年七月，傅恒、阿里衮、阿桂大发兵伐缅，途中触暑雨，士卒疫死者过半，阿里衮卒于军，傅恒以病引还，留阿桂镇云南。

八、三十六年，缅与暹罗构兵，阿桂请大举兵征之，上怒，免其官。

第四节 暹罗之内属

缅甸之请和，由于暹罗内属；暹罗者，南方大国，其地东界越南，南临暹罗海湾，西南连马来半岛所属各小国，西界缅甸，西北界南掌（即老挝，本中国属国，今入于法）。其都城曰盘谷，傍湄南河，水深阔，容海舶出入，沿河一带极富庶。其国古称扶南，隋唐时代为赤土，后分暹与罗斛二国；北部曰暹，地多山，土瘠不宜耕种；南部曰罗斛，地平衍肥沃而多稼；暹乃合并于罗斛，称暹罗国。明代屡入贡中国，与缅甸世仇。清初，屡入贡。乾隆三十六年，与缅甸构兵，败绩，王被杀。四十三年，暹罗遗臣郑昭（中国广东潮州府人）举义兵拒敌，连破缅甸，恢复旧日领土；国人推昭为君主。四十六年，遣使入贡。四十七年，卒，女婿养子华策格里嗣位，改名郑华，屡破缅兵，缅势益衰。五十一年，入贡，册封暹罗国王，终有清一代，为不侵不叛之臣，与中国相安无事。

缅甸、暹罗地理简表

国名	都城	河流	四至	历代国名
缅甸	阿瓦	伊拉瓦底江	北界西康，东北界云南，东界暹罗，西南二面临孟加拉海湾，西北连东印度	古为朱波，汉谓之掸，唐谓之骠，宋元谓之缅，明为缅甸宣慰司
暹罗	盘谷	湄南河	东界越南，南邻暹罗海湾，西南连马来半岛所属各小国，西界缅甸，西北界南掌	古称扶南，隋唐称赤土，后分暹与罗斛，复合并为暹罗

参考书

《圣武记》（卷六　乾隆征缅甸记）　魏源

《瀛寰志略》（卷一　南洋滨海诸国）　徐继畬

《中国历史教科书》（本朝史　第二编　第十九章）　汪荣宝

第十七章　金川之役

第一节　金川之形势　大小金川之起源

金川在今四川西川道西南境，大渡河之上游也。其源有二：一曰大金川，源出松潘县西北境之巴细土司；一曰小金川，源出理番县西境之雪山；二水合流于懋功县崇化屯，下流为大渡河；因临河皆有金矿，故名金川。汉为冉駹外徼地，隋置金川县，唐隶维州（因姜维始筑城得名），明隶杂谷安抚司。其地万山业矗，中绕汹溪，皮船笮桥，曲通一线，深寒多雨雪，惟产青稞、荞麦。番居皆石碉，与绰斯甲布、革布什札、巴旺、丹坝、沃日、瓦寺、明正、木坪等土司接壤，俗信喇嘛教。明时其部人有哈伊拉木者，为金川寺方丈，敕封演化禅师，世领金川流域。后分为二部：其居大金川流域者曰促浸，居小金川流域者曰攒拉；促浸者，译言大河滨；攒拉者，小河滨也。顺治七年，小金川土司卜儿吉细归诚，授原职；康熙五年，大金川酋嘉勒巴归诚，授演化禅师；俾分领其众。

金川地理简表

川名	发源地	部落名	历代地名	首领清封之始受
大金川	松潘县西北境之巴细土司	促浸	汉为冉駹外徼地，隋置金川县	卜儿吉细
小金川	理番县西境之雪山	攒拉	唐隶维州，明隶杂谷安抚司	嘉勒巴

第二节　第一次金川之役

康熙五十九年，嘉勒巴庶孙莎罗奔从岳钟琪征西藏羊峒番，有功，奏授安抚司，居大金川；而旧土司泽旺居小金川。莎罗奔势强，谋并吞邻近各部落，以女阿扣妻泽旺。乾隆十一年，劫泽旺归，夺其印，四川总督檄谕之，始还泽旺于故地。十二年，又攻革布什札（在大金川西南）及明正（在小金川西南），巡抚纪山遣副将率兵弹治，莎罗奔不受约束，反伤官军。诏以张广泗为四川总督，相机剿治；是年六月，广泗进屯小金川之美诺（今懋功县），以泽旺弟良尔吉为向导，锐意灭贼。

是时莎罗奔居勒乌围（在大金川河东岸偏北，距噶尔崖一百二十里），其兄子郎卡居噶尔崖（一名刮耳崖，在大金川河东岸偏南），皆西滨大金川，东阻雪山，地势险阻。土人长于防御工事，能以石筑垒，高于中土之塔，名曰战碉，大小林立，皆当要路，难攻易守。广泗调兵三万，分攻河东河西，专用以卡逼卡、以碉攻碉之法，得一碉辄伤数十百人，相持经年，卒无效果。

十三年春，诏以大学士讷亲为经略，起岳钟琪为四川提督。讷亲至军，下令限三日取噶尔崖，总兵任举、参将贾国良战死。举，良将也；官军夺气。广泗与讷亲不协，故以军事诿之，将相不和，士皆解体。广泗所用之向导良尔吉，专为沙罗奔耳目，官军动静辄密报贼，使预为之备；钟琪密奏请诛之，而广泗信汉奸王秋言，坚任之不疑。自是年五月至八月，未得寸进。诏以大学士傅恒为经略，逮广泗至京，杀之；赐讷亲死。十二月，傅恒至军，诛良尔吉、王秋以绝间谍，撤各处围碉兵，为直捣中坚之计，留少数兵围碉以护饷道，自将由卡撒（在小金川西噶尔崖东）攻噶尔崖，使钟琪由党坝（即丹霸，在大金川北，距勒乌围五十余里）攻勒乌围。守碉番兵闻官军深入，各怀内顾，人无固志，相继溃散；两路兵连克碉卡，军声大振。莎罗奔惧，乞降于钟琪，钟琪轻骑诣其巢，次日，携莎罗奔父子诣傅恒大营投降，金川平。时乾隆十四年正月也。（看《啸亭杂录》卷三金川之战条）

第三节　第二次金川之役

莎罗奔降后，归土司侵地，献凶酋，纳军械，归兵民，供徭役，川边稍安。已而伊犁军事起，朝廷专力西北；莎罗奔老，郎卡掌金川事，复乘机生衅。二十三年，逐泽旺及革布什札土司（在大金川西南），总督开泰檄谕，郎卡不听。三十一年，诏总督阿尔泰檄九土司环攻之。九土司中：巴旺、丹坝（皆在大金川北），皆弹丸，非金川敌；瓦寺（在理番县南）、明正（在小金川西南），亦形势阻隔；其兵力堪敌金川，而地相逼者，只有绰斯甲布（在大金川西）与小金川（在大金川东）。阿尔泰姑息，谕郎卡返诸土司侵地，即以安抚司印给之；且许其与绰斯甲布结姻，而以女妻泽旺之子僧格桑；由是两金川狼狈为奸，诸小土司皆不敢抗，而边事急矣。时泽旺老病不知事，郎卡亦旋卒，郎卡之子索诺木与僧格桑分主两金川事，连兵侵沃日（一作鄂克什，在小金川东南）。三十六年，索诺木诱杀革布什札土官，僧格桑复攻沃日，官军往援，僧格桑遂与官军战。上以阿尔泰历载养痈，至是又按兵打箭炉（今西康康定县），半载不进，罢其职，赐死。命大学士温福由汶川（今西川道汶川县）攻其东，以桂林为川督，由打箭炉攻其西南。索诺木潜遣兵助逆，三十七年五月，桂林前锋薛琮以兵三千，裹五日粮深入，敌截其归路，桂林不赴援，败没，全军歼焉。诏罢桂林，以阿桂为参赞大臣，出南路。是年十二月，阿桂克复小金川，擒泽旺，僧格桑奔大金川；官军檄索诺木缚献，不应。诏以温福为定边将军，阿桂、丰伸额为副将军，分兵三路攻大金川。温福刚愎，屯兵木果木（大金川东境），袭张广泗以碉攻碉之故智，修筑千计，所将兵二万余，大半数于各卡，每逾数日当奏事，即派兵扑碉，不计地势之难易，得不偿失，士心解体。三十八年六月，索诺木阴使小金川头目煽动降番，则潜兵袭破木果木大营，杀温福，各守卡官军皆溃，小金川复陷。（看《啸亭杂录》卷三，木果木之败条）

阿桂闻警，全军退屯翁古尔垄。诏授阿桂定西将军，丰伸额、明亮为副将军；阿桂由沃日攻其东，明亮由玛尔里入，攻其南，连战克捷，十月，克复小金川；乃分兵三路，进攻大金川：一军由小金川攻其东，阿桂督之；一军自党坝渡大金川上流攻其西北，丰伸额、明亮先后督之；一军渡大金川下流，自革布什札攻其西南，参赞大臣富德督之。自三十九年正月至七月，阿桂屡克要塞，距勒乌围渐近；索诺木惧瞑，鸩杀僧格桑，献其尸及其妻妾头目至军，乞赦己罪，阿桂不应。十月，进克墨格山，距勒乌围可二十余里；而雨雪载途，军不能进。四十年四月，始与明亮西北路军联络。八月，攻破勒乌围，莎罗奔、索诺木已先期奔噶尔崖。是时土兵尚分道拒战，河西两军颇为所苦；及阿桂近逼噶尔崖，诸方土兵次第惊溃，于是明亮、富德两军亦所向破竹。十二月，三军合围噶尔崖。四十一年二月四日，莎罗奔、索诺木率家族以下二十余人出降，金川平。诏以小金川为美诺厅（今懋功县），大金川为阿尔古厅（今绥靖屯），隶于四川省；而于勒乌围驻重兵以防守之，川边诸土司始得安堵。

金川之役简表：

一、乾隆十一年，大金川土司莎罗奔执小金川土司泽旺。十二年，攻革布札什及明正。诏以张广泗为四川总督，讨之，不克。

二、十三年春，以大学士讷亲为经略，讨之；官军败绩，总兵任举战死。

三、是年八月，逮讷亲、张广泗，诛之。以大学士傅恒为经略。十二月，四川提督岳钟琪击破贼兵，莎罗奔降。

四、二十三年，大金川土司郎卡逐泽旺及革布什札土司。三十一年，总督阿尔泰檄九土司环攻之，不克。

五、三十六年，大金川土司索诺木、小金川土司僧格桑作乱，诱杀革布什札土官。侵沃日。官军讨之，不克。诏诛阿尔泰，命大学士温福，川督桂林讨之。

六、三十七年五月，桂林兵败绩，诏罢桂林，以阿桂为参赞大臣，讨之。

七、是年十二月，阿桂克小金川，擒泽旺，僧格桑奔大金川。诏以温福为定边将军，阿桂、丰伸额为副将军，分兵三路攻大金川。

八、三十八年六月，温福兵溃于木果木，小金川复陷。诏以阿桂为定西将军，丰伸额、明亮为副将军，讨之。

九、是年十月，克复小金川。四十一年二月，克复大金川，莎罗奔、索诺木出降。

第四节　金川难下之原因

先是乾隆二十年，平定天山南北路，辟地约当内地五六行省，而用兵五年，用帑银三千万余两；两金川之地仅抵内地五六县，人不满三万户，而用兵亦五年，用帑银至七千万两。事倍功半，难易迥殊者，则以天时之多雨久雪，地势之万夫莫前，土兵之同心效死，兼天时地利人和三者而有之，而官军则具此三种困难也。其地尺寸皆山，摩天插云，羊肠一线小路纡折于悬崖峭壁中，虽将军参赞亦多徒步，非若沙漠之地可纵骑驰突也。当要路处必有战碉，甃以石而窍于墙垣间，以枪石外击；旁既无路进兵，官军须从枪石中过，故一碉中敌人守兵不过数十人，官军万夫皆阻。其破之之法，必步步立栅自护，以次进逼，轰大炮击碉，使敌守兵不能立足，官军即随炮入毁而杀之。其有碉多径阻，必不能攻克者，则用绕道别进之法：视危严绝巘，无可措足，敌所不备处，乘昏夜扪萝攀石，手足并行，如蠖循条，猿引臂，以出其后，夹攻之。（看《啸亭杂录》卷六，梁提督条）官军常分路各进，每一二百人，或三四百人为一队，敌伺隙于业箐深涧，每队常不过数十人，即突出来搏；自用兵以来，官军环攻者不下七八万人，从未有立大阵，辟战场一决胜负者。其地雨多晴少，泥深路滑；冬季大雪封山，遇峭壁深涧，人马辄陷没，馈运之艰，或数石而致一石；京营旗兵所至，以数夫而供一夫。非乘国家全盛之物力，固烈不臻此；非前狃于岳钟琪之宽大受降，后激于温福之偾辕失律，亦劳不至此。然则穷兵赎武，固非朝廷本心；抑亦见当时承平日久，武备已不尽足恃；而前此西北诸役，其所遇固多非劲敌也。自金川削平，中国始知山碉设险之利；湖南师之以制苗，滇边师之以制猓夷，川边师之以制野番，而川陕剿教匪时，亦师之以坚壁清野而制流寇。

参考书

《圣武记》（卷七　乾隆初定金川土司记上　乾隆再定金川土司记下）　　魏源

《中国历史教科书》（本朝史　第二编　第十九章）　　汪荣宝

《清代通史》（卷中　第一编　第二章）　　萧一山

《大清一统志》（卷三百二十二　卷三百二十三）　　（清）纪昀等奉敕撰

第十八章　安南之役

第一节　安南建国小史

安南在中国南部，其地东至东京湾，东南至中国海，西南界柬埔寨，西界暹罗，西北界南掌，北接广西、云南，南方大国也。国内大河有二：一曰富良江，即红河，发源云南，流入其国东北境入海；一曰湄公河，即澜沧江下流，发源青海，经由川边、云南，流入其国西境，至柬埔寨入海。其都城曰东京，在富良江下游，距东京湾密迩，交通极便。其地古为越裳氏，秦并百越，隶象郡；汉初，隶南越；武帝灭南越，置交趾、九真、日南三郡，隶交趾刺史部；后汉改交州，唐隶安南都护府，宋初，丁部领据地自立，称大胜王，称臣入贡于中国；自是以后，安南始列为外藩，不入中国版籍。传三世为大将黎桓所篡，桓传三世为大将李公蕴所篡，累世皆受中国封，为静海军节度使，安南都护，交趾郡王。安南南部有国曰占城，本后汉日南郡象林县故地，顺帝时，功曹区怜作乱，略取日南南境，自立为林邑王。传数世，男统绝，外孙范熊代立。晋武帝时，入贡于中国，传二世，为奴范文所篡。文传五世，国内乱，大臣范诸农自立。传至镇龙，以唐太宗贞观十九年，为其臣摩诃慢多加独所弑，夷其族，国人讨杀乱党，迎立王婿诸葛地为王。肃宗至德后，更号环王；徙国于占，遂以占城为国号。宋神宗熙宁初，交趾郡王李公蕴孙日尊在位，击破占城，虏其王，国势骤张；始自称皇帝，建国号曰大越，朝廷进封之为南平王。宋孝宗淳熙元年，日尊曾孙天祚在位，进封安南国王，是为安南国号之始。又传二世至昊昆，无子，传位于次女佛金，佛金禅位于其婿陈日煚。日煚传十四世至奃，以明惠帝建文年间，为国相黎季犛所篡，成祖大发兵讨之，虽扫穴犁庭，而终不能有其地。宣宗宣德初年，国人黎利自立，称大越皇帝。传九世至椅，以明世宗嘉靖中，为大将莫登庸所逐，奔清华，依大将阮淦；国分为二：中部北部为莫氏所据，称安南都统使司；南部清华、义安、顺化；广安四道仍奉黎氏为主，称大越皇帝。又传三世至维潭，英武有大略，乘莫氏之衰，蚕食其领土；明神宗万历二十年，使大将郑松攻莫氏，大破之，杀其都统使莫茂洽，莫氏遗族窜据高平。二十八年，维潭卒，子维新立，封郑松平安王；阮淦之子太尉端国公阮潢愤郑氏专权，据顺化，自立为国，称广南王。清初，维新之子维祺入贡，高平莫氏之君主元清亦遣使来朝，并受封册。康熙十三年，维祺之子维禬在位，乘中国有吴三桂之乱，攻克高平，灭莫氏；于是安南北部中部复为黎氏所统一，而南部仍为广南阮氏所据。

第二节　安南之内乱

清高宗乾隆中，广南王阮福屿建西贡府，封其族人为侯：击柬埔寨，破之，略取其领土大半；广南国势日张。大越献宗黎维祹微弱，大权入于摄政郑栋，栋阴谋篡位，忌广南富强，惧其干涉，阴嗾广南土豪阮文岳兄弟使叛福屿。乾隆三十年，福屿卒，子福顺立；文岳与其弟文惠、文虑举兵作乱，郑氏亦乘衅来侵，四十年，破顺化，福顺奔西贡。文岳自立为交趾王，史称之曰新阮，以别于广南之阮氏。以文惠为龙骧大将军，与文虑率兵攻下交趾，杀福顺及其从子福晋政，遂灭广南。文岳三分广南地；自称大帝，统中交趾，治平定州；文惠称东京王，统上交趾，经略安南；文虑称永定王，统下交趾。

第三节 孙士毅之丧师

五十一年，郑栋卒，子宗嗣职专国，人心不附；阮文惠乘机破东京，杀郑宗，灭郑氏；维褍遣使犒师，赐以两郡，且妻以女。五十二年，维褍卒，嗣孙维祁立，文惠尽取辎重，载归广南，使安南故将贡整留镇都城。整思扶黎拒阮，以王命夺回辎重。文惠遣其将阮任攻杀整，维祁出亡，任遂据东京，有自王意。五十三年，文惠复攻杀任，请维祁复位；维祁危之，匿不敢出。其旧臣扈其孥避难，走投广西太平府龙州（今镇南道龙州县）边，两广总督孙士毅以闻，诏士毅出兵讨之，安南土司及未陷各州官吏军民争起义兵为声援，士毅以八千兵渡富良江，直捣王京，大破文惠军，遂入东京。诏封维祁为安南国王。命士毅班师，士毅贪俘文惠为功，不即还；又轻敌，不设备；散遣士兵义勇，悬军东京月余。文惠谍知虚实，于岁暮倾国来袭；五十四年正月朔，士毅兵溃，走入镇南关，提督许世亨以下皆战死，官军死亡过半。文惠惧再见讨，谢罪乞降，改名光平，遣兄子光显赍表入贡，且请明年入觐。高宗以维祁再弃国，不堪扶助，乃允其请。五十五年，光平来朝，受封归；维祁亦内渡，编入旗，黎氏亡；安南皆入于新阮。

安南历史地理简表

都城	河流	四至	古国名	秦地名	汉初	武帝以后	后汉	唐	宋初
东京	富良江 涓公河	东至东京湾，东南至中国海，西南界柬埔寨，西接暹罗，西北界南掌，北接广西、云南	越裳氏	象郡	隶南越	分交趾、九真、日南三郡，隶交趾刺史部	隶交州	隶安南都护府	丁部领称大胜王
太宗时	真宗时	神宗时	孝宗时	明惠帝时	宣宗时	世宗时	神宗时	清圣祖时	高宗时
黎桓篡立，称交趾郡王	李公蕴篡立，称交趾郡王	李日尊并占城，称大越皇帝	陈日煚受禅，称安南皇帝	黎季犛篡立，朝廷发兵讨平之，置交趾布政使司	黎利据交趾，称大越皇帝	莫登庸篡立，称安南都统使，黎椅奔清华	黎维潭复国，莫氏窜高平。阮璜据顺化，称广南王	黎维禧克高平，灭莫氏	阮文岳、文惠兄弟作乱，灭广南及安南，两广总督孙士毅讨之，败绩

参考书

《圣武记》（卷六　乾隆征抚安南记）　魏源

《瀛环志略》（卷一　南洋滨海各国）　徐继畬

《东洋史要》（近世史　第二期　第二篇）　桑原骘藏

《东洋史》(第三编　第一期　第七章　第一节　第五节　第四期　第十章　第四节　第五期　第十三章　第十四章)（自著）

第十九章　廓尔喀之役

第一节　廓尔喀之起源

自康熙五丨九年以后，西藏隶中国版图，于是清室领土直抵喜马拉亚山北麓，而山之南麓尚为诸小国所分据。自四川打箭炉（今西康康定县）西行二十余驿至前藏（今西康省），十二驿至中藏（今前藏），又十二驿至后藏，又二十驿至济陇之铁索桥，为后藏极边地，逾桥而西则为廓尔喀。廓尔喀一名尼泊尔，木巴勒布国，地形狭长，东西约二千里，南北约五百里。旧分叶楞、布颜、库本三部，雍正九年，各以金叶表文贡方物，居民务农商业，与西藏、印度通贸易。乾隆三十二年，其西境克什米尔之廓尔喀族侵入，并吞三部，建立尼泊尔王国。

第二节　沙玛尔巴之挑衅

乾隆四十六年，第六世班禅来朝，祝高宗七旬万寿，得朝廷锡赉及内外王公大臣庶民布施无虑数十万金，其余珍品不可胜计。班禅病痘卒于京师，次年，遗骸西归；其徒随之，拥巨资以行。班禅兄仲巴胡土克图故为班禅管内库，尽攘其财，既不布施各寺庙与唐古特兵士（印西藏土兵，属达赖所统辖者），又摈其弟沙玛尔巴为红教徒，不使分惠。沙玛尔巴愤甚，遂入尼泊尔，说廓尔喀人使入寇。

是时廓尔喀王拉特纳巴都尔在位，年幼不能亲政，叔父巴都尔萨野摄政。巴都尔萨野好武，以侵略邻境为国是；五十五年三月，藉商税增额、食盐糅土为词，兴兵犯边。援剿将官侍卫巴忠，将军鄂辉、成德等按兵不战，阴令藏人私许岁币万五千金议和，达赖坚持不可，而巴忠擅以贼覽乞降入奏，讽廓尔喀人入贡受王封。七月，廓尔喀遣使表贡，鄂辉恐发觉前事，屏不奏。五十六年，藏中岁币复爽约，于是廓尔喀以责负为名，大举深入。

第三节　福康安之出师

札什伦布天险，本可扼守；驻藏大臣保泰一闻敌至，遽移班禅于前藏，而奏请移达赖班禅于内地，欲以藏地委敌；仲巴胡土克图挈资先遁，众心遂溃。敌大掠札什伦布，分军以其半运资财回国，以其半屯界不去，全藏大震。诏以福康安为将军、海兰察为参赞，调兵进讨。五十七年，福康安等由青海入后藏，击败敌兵，尽复藏地。六月，分兵三路，进攻尼泊尔：海兰察将前军，击败敌兵于距济陇八十里之铁索桥，遂入敌境；连破敌兵，至雍雅山，廓尔喀遣使乞降，不许。复三路进攻，六战六捷，深入七百余里，距其国都阳布仅一日程。前临大河，两岸皆山，大军攻夺其北岸之山，海兰察欲扼河立营，福康安不可，逾桥攻其南岸之山，冒雨上山行二十余里，至陡绝处为敌众所乘，死者甚众。廓尔喀再遣使卑词乞哀，时大军方挫，而敌境愈险，且逾八月即大雪封山，归途阻绝；乃允其降，责令归还所立合同及所掠藏中财宝，交还俘虏及祸首沙玛尔巴之尸，贡驯象、番马、乐工等，遂班师。自是以后，廓尔喀为朝贡之国，至光绪末年犹入贡。

参考书

《圣武记》（卷五　乾隆征廓尔喀记）　　魏源

《瀛环志略》（卷三　五印度）　　徐继畬

《清史稿》（属国传四）　　清史馆

《啸亭杂录》（卷三　廓尔喀之降条）　　礼亲王昭梿

第二十章　清室之理藩策

西北民族历来为中国患：周困于玁狁、西戎；汉病于匈奴；晋乱于五胡；唐逼于突厥、回纥、吐蕃；宋逼于契丹、女真、蒙古；明病于鞑靼、瓦剌；有清三百年间独不大受其患者，则理藩政策比较得宜故也。中国历代之对外策不外威服与羁縻，有清之理藩策当然不能外此例；然二者只能收效于一时，不能维持于永久。有清则于威服、羁縻之外，更进一步作维持永久方法。

一曰众建策

内蒙古二十五部，五十一旗，每旗设札萨克一人，管理民政军政；分为东四盟，西二盟。东四盟之中，一曰哲里木盟，分四部，十旗：曰科尔沁，六旗，受盛京将军监督；曰札赉特，一旗；曰杜尔伯特，一旗；曰郭尔罗斯后旗，受黑龙江副都统监督；曰郭尔罗斯前旗，受吉林副都统监督；在洮昌道与吉长道，龙江道境内。二曰卓索图盟，分二部，五旗：曰喀喇沁，三旗；曰土默特，二旗；在现在热河南境，受热河都统监督；曰喀尔喀多罗贝勒游牧，一旗，附属卓索图盟，受热河都统监督。三曰昭乌达盟，分八部，十旗：曰敖汉，一旗；曰奈曼，一旗；曰巴林，二旗；曰札鲁特，一旗；曰阿鲁科尔沁，一旗；曰翁牛特，二旗；曰克什克腾，一旗；曰喀尔喀左翼，一旗；在现在热河北境，受热河都统监督。四曰锡林郭勒盟，分五部，十旗：曰乌珠穆沁，二旗；曰浩齐特，二旗；曰苏尼特，二旗；曰阿巴噶，二旗；曰阿巴哈纳尔，二旗；在现在察哈尔北境，受察哈尔都统监督。西二盟之中，一曰乌兰察布盟，分四部，六旗：曰四子部落，一旗；曰茂明安，一旗；曰乌喇特，三旗；曰喀尔喀右翼，一旗；在现在绥远北境，受绥远城将军监督。曰归化城土默特，一部，二旗，附属乌兰察布盟，受绥远城将军监督，曰伊克昭盟，鄂尔多斯一部，七旗；在现在绥远南境黄河套内，受绥远城将军监督。此外察哈尔南境尚有两翼，八旗，直隶于都统，不设札萨克。外蒙古分四大部，八十二旗，曰车臣汗部，二十一旗，在外蒙古东部。曰土谢图汗部，二十旗，在外蒙古中部偏东。曰赛音诺颜部，二十二旗，附厄鲁特二旗，在外蒙古中部偏西。曰札萨克图汗部，十九旗，附辉特一旗，在外蒙古西部。每部设大札萨克，每旗设札萨克，掌政权；受定边左副将军监督。此外若青海蒙古分五部，二十九旗，受西宁办事大臣监督；西套蒙古分三旗，受宁夏将军监督；唐努乌梁海四部，五旗，受定边左副将军节制；科布多四部，二十旗，受科布多参赞大臣节制；塔尔巴哈台四部，六旗，受塔尔巴哈台参赞大臣节制；伊犁四部，十旗，受伊犁将军节制。

二曰结婚策

内蒙古之科尔沁部，外蒙古之赛音诺颜部皆皇室懿亲，其余各部亦多通婚姻；历代皇后、皇妃与王、贝勒福晋多出于蒙族，公主、郡主、县主及宗女亦多下嫁于蒙族，故满蒙感情融洽。

三曰利用宗教策

西藏自吐蕃以来，崇奉佛教，元代封帝师，明代封法王以羁縻之。有明中叶以后，顺义王谙答迎达赖三世至青海，于是内外蒙古皆崇奉黄教；化千年犷悍之习为柔顺。清初，因势而利导之，藉其力以羁縻蒙藏，其所崇奉之大喇嘛有五：

一、达赖喇嘛　宗喀巴大弟子，居拉萨，为前藏之教主。

二、班禅额尔德尼　宗喀巴第二大弟子，居札什伦布，为后藏之教主。

三、哲卜尊丹巴胡土克图　宗喀巴第三大弟子，居库伦，为外蒙古之教主。

四、章嘉胡土克图　第五世达赖大弟子，居多伦诺尔（今察哈尔多伦县），为内蒙古之教主。

五、察罕诺们胡土克图　居西宁，为青海之教主。罗卜藏丹津之叛，青海诸寺喇嘛蜂起应之，察罕诺们从逆；世宗谓玷辱宗门莫此为甚，及青海平后，乃收各寺册印，定庙舍限制，于是察罕诺们之尊严骤替。

黄教大喇嘛表

尊称	出身	驻锡地	位置
达赖喇嘛	宗喀巴第一大弟子	拉萨	前藏教主
班禅额尔德尼	宗喀巴第二大弟子	札什伦布	后藏教主
哲卡尊丹巴胡土克图	宗喀巴第三大弟子	库伦	外蒙古教主
章嘉胡土克图	第五世达赖大弟子	多伦诺尔	内蒙古教主
察罕诺们胡土克图		西宁	青海教主

蒙古藩属表

	盟名	部名	旗数	受何长官节制	在今何地	备考
内蒙古东四盟	哲里木盟	科尔沁	六旗	盛京将军	辽宁洮昌道，吉林吉长道，黑龙江龙江道境内	
		札赉特	一旗	黑龙江副都统		
		杜尔伯特	一旗	同		
		郭尔罗斯	后旗	同		
		同	前旗	吉林副都统		
	卓索图盟	喀喇沁	三旗	热河都统	热河南境	
		土默特	二旗			
		喀尔喀多罗贝勒游牧	一旗	同	同	附属卓索图盟
	昭乌达盟	敖汉	一旗	热河都统	热河北境	
		奈曼	一旗			
		巴林	二旗			
		札鲁特	一旗			
		阿鲁科尔沁	一旗			
		翁牛特	二旗			
		克什克腾	一旗			
		喀尔喀左翼	一旗			
	锡林郭勒盟	乌珠穆沁	二旗	察哈尔都统	察哈尔北境	
		浩齐特	二旗			
		苏尼特	二旗			
		阿巴噶	二旗			
		阿巴哈纳尔	二旗			
内蒙古西二盟	乌兰察布盟	四子部落	一旗	绥远城将军	绥远北境	
		茂明安	一旗			
		乌喇特	三旗			
		喀尔喀右翼	一旗			
		归化城土默特	二旗	同	同	附属乌兰察布盟
	伊克昭盟	鄂尔多斯	七旗	同	绥远南境黄河套	

	察哈尔两翼	八旗	察哈尔都统	察哈尔南境	直隶于都统
外蒙古四部	车臣汗部	二十一旗	定边左副将军	二外蒙古东部	
	土谢图汗部	二十旗	同	外蒙古中部偏东	
	赛音诺颜部	二十二旗	同	外蒙古中部偏西	
	厄鲁特	二旗	同	同	附属赛音诺颜部
	札萨克图部	十九旗	同	外蒙古西部	
	辉特	一旗	同	同	附属札萨克图部
青海蒙古	五部	二十九旗	西宁办事大臣	青海	
西套蒙古		三旗	宁夏将军	西套	
唐努乌梁海蒙古	四部	五旗	定边左副将军	乌梁海	
科布多蒙古	四部	二十旗	科布多参赞大臣	科布多	
塔尔巴哈台蒙古	四部	六旗	塔尔巴哈台参赞大臣	塔尔巴哈台	
伊犁蒙古	四部	十旗	伊犁将军	伊犁	

参考书

《大清一统志》（卷四百十一　新藩蒙古）　　纪昀等奉敕撰

《圣武记》（卷三　国朝绥服蒙古记）　　魏源

《最新蒙古鉴》（第五卷　第六卷）　　卓宏谋

《清代通史》（卷中　第一篇　第三章）　　萧一山

第二十一章　乾隆时代之内治

第一节　乾隆初年之宽猛相济法

康、雍以来，朝廷抚驭臣民之法，宽严凡数变。圣祖仁厚，在位六十余年，以宽大为治；臣下奉行不善，至于人心玩愒，诸事废弛，官吏不知公事，宵小不知畏法。世宗英明，承之以严，期于整顿积习；臣下奉行不善，至于政令繁苛，每事刻核，大为闾阎之扰累。高宗即位，深维宽猛相济之道，欲减去繁苛，与民休息；又恐臣下误会朝旨，以纵弛为宽，复蹈康熙末年之弊。乃用宽猛相济法：即位之初，诏：凡文武官员，现在议降、议罚及住俸戴罪者，俱著宽免；旋诏：现在议革者亦准宽免；乾隆元年三月，赦雍正年间以文字狱被杀之汪贵祺、查嗣庭兄弟族属回籍；九月，宽免剿抚苗疆失机之扬威将军哈元生、副将军董芳、抚定苗疆大臣尚书张照等罪；予元生副将衔，发往西路军营效力；芳发往云南，以副将用；命照直武英殿，修书；二年三月，释征准噶尔丧师之定边大将军傅尔丹、参赞大臣陈泰、遭谗被谴之宁远大将军岳钟琪于狱（看《清代轶闻》卷二第四十七页，岳钟琪、纪成斌冤狱条，转载之礼亲王昭梿笔记），以示恩于群臣。即位之初，诏：各省民欠钱粮，凡逾十年以上者，悉行蠲免；旋诏：雍正十二年以前民欠一并宽免，漕运总督顾琮奏请：蠲免江南苏、松二府浮粮，禁关税赢余逐年加增陋习；果亲王胤礼密奏：请免江南等省漕项、芦课及学租、杂税等银，皆嘉许之；又诏：各省督抚及地方官，不得假开垦之名，行加赋之实，将升科钱粮飞洒于现在地亩中；禁止在乡镇村落中征杂物落地税，免芜湖县杂办、江夫、河篷钱粮岁征银二千三百零四两，免雍正十二年以前两淮灶户旧欠，免贵州三年内耗羡银两，免山东泰山、湖北太和山进香税，免山西大同所属之偏关、老营、水泉三泛兵丁徭银，谕各省督抚严饬地方官，不得于正项钱粮之外，任意加征耗羡；除陕西地丁火耗五分，以加惠于百姓。又诏：有司善劝业主，俾以蠲免税中十分之五分惠佃户，以加惠于农民。又诏：停止西北用兵以来所开之捐纳，以杜绝士子侥幸心。增加教职俸，提高国子监助教以下各官品级，以鼓励师儒责任心。沙汰僧、尼、道士，凡各戒僧，全真道士，由部给与度牒；勒令应付僧人（有妻子之僧人），火居道士（有妻子之道士）还俗，其老迈残疾，既难受戒，又难还俗者，由地方官查明给与度牒，命看守寺庙以终天年，永不许招受年少生徒；妇女年逾四十，方准出家，年少者严行禁止；以制裁社会上之惰民。谕各省地方官，严禁盗贼、赌博、打架、娼妓四大恶，以制裁闾里间之莠民。又恐大臣玩法，乃惩治一二以儆其余：乾隆元年，户部侍郎李绂以保举新进士过多，降补詹事；前任甘肃巡抚许容以隐匿灾荒，营私树党，革职，解京治罪；二年，刑部侍郎俞兆岳以前在江西巡抚任内巧取、派捐、受馈各款革职；三年，工部尚书赵宏恩以纳贿革职；吏部尚书刘于义以前在陕西总督任内，徇庇属员，糜费军需，革职；陕西巡抚张楷、河南巡抚尹会一以保举所属教官过滥，交部议处；四年，宗人府议奏庄亲王胤禄等结党营私罪，夺胤禄亲王双俸，理亲王弘晳以下革爵拘禁有差；六年，御史仲永檀劾提督鄂善受俞姓贿银一万两，查明，赐死；山西学政喀尔钦以贿卖生童，纵仆营私，违禁渔色等款为御史所劾，得旨正法；以示威于大臣。凡所设施，一以执两用中为主，朝廷称治。（看《东华录》乾隆卷一至卷八）

第二节　乾隆时代之文字狱

高宗对待臣民虽用宽猛相济法，而对于士大夫则往往吹毛求疵，失之过严。即位之初，逮吕留良案内之曾静、张熙至京，杀之；是为雍正时代文字狱之余波，而为乾隆时代文字狱之嚆矢。自此以后，借种种题目，屡兴文字狱，以钳民之口。兹略述其梗概于下。

一、杭世骏时务策狱

杭世骏，字大宗，浙江仁和（今并入杭县）人。乾隆元年，中博学鸿词，授编修。性伉爽，好面责人过，同官皆严惮之。八年二月，考选御史，试时务策。世骏对策中有云："意见不可先设，畛域不可太分；满洲贤才虽多，较之汉人仅十之三四；天下巡抚常满汉参半，总督则汉人无一焉，何内满而外汉也？三江两浙为天下人才渊薮，边隅之士间出者无几；今则果于用边省之人，而十年不调者皆江浙之人，岂非有意见畛域。"帝阅策，大怒，下诏诘责，免其官。（参看《清鉴易知录》卷八，《清代轶闻》卷五）

二、世臣诗稿狱

盛京礼部侍郎世臣以微罪谪戍黑龙江，检阅其诗稿中：有"霜侵鬓朽叹穷途"，"秋色招人懒上朝"，"半轮明月西沉夜，应照长安尔我家"等句。诏责其疏懒鸣高，且卿贰崇阶，有何途穷之叹；盛京为丰沛故乡，世臣系满洲世仆，竟忘根本，居心更不可问。十九年九月，降诏切责，并戒饬百官。（看《东华录》乾隆卷四十）

三、胡中藻《坚磨生诗钞》狱

胡中藻，江西广信府人，大学士鄂尔泰门生，累官至内阁学士，督湖南学政，因事落职。其所著《坚磨生诗钞》中多失检语，乾隆二十年，经人告发，诏以："坚磨出自鲁论，孔子所称磨涅，乃指佛肸而言；胡中藻以此自号，是诚何心？集内所云：'一世无日月'，'又降一世夏秋冬'，'一把心肠论浊清'，'天匪开清泰'，'斯文欲被蛮'，'与一世争在丑夷'，'相见请看都盎背，谁知生色属裘人'等句，俱涉诽谤。'南斗送我南，北斗送我北，南北斗中间，不能一黍阔'；'再泛潇湘朝北海，细看来历是如何'；'虽然北风好，虽用可如何'；'掇云揭北斗，怒窍生南风'；'暂歇南风竞两两'等句俱近挑拨。其'浯溪照景石'诗中，用'周时穆天子，车马走不停'及'武皇为失倾城色'两典故，皆寓讥刺讪谤。'老佛如今无病病，朝门闻说不开开'之句，尤为奇特。'记出西林（鄂尔泰字）第一门'之句，攀援门户，恬不知耻。至其所出试题内，孝经义有'乾三爻不象龙'说，龙与隆同音，其诋毁之意可见。"是年四月，逮下狱，弃市。鄂尔泰犹子甘肃巡抚鄂昌援引世谊，与中藻往复唱和；其所作"塞上吟"中称蒙古为胡儿，诏斥为"党逆忘本"，赐自尽。鄂尔泰已卒，撤出贤良祠。旋降严旨禁止满洲人学习汉文，及与汉人唱和，论同年行辈来往。（看《东华录》乾隆卷四十一，《清朝野史大观》卷三胡中藻诗钞之狱条）

四、段昌绪收藏吴三桂檄文、彭家屏收藏明季野史狱

段昌绪，河南夏邑（旧属归德府，今属开封道）人，县学生员。乾隆二十二年，高宗南巡，夏邑乡绅、原任江西布政使彭家屏接驾，召见时面奏夏邑等四县被灾情形，命同巡抚图尔炳阿往查赈。帝至徐州，夏邑民张钦、刘元德相继遮道陈诉：地方官查灾，散赈不实。上疑其有主使，严行询问，

供出段昌绪。命侍卫成林往查，在昌绪卧室中搜出吴三桂檄，昌绪为之浓圈密点，加评赞赏。供系得自司存存，存存抄自司淑信，淑信得自郭芳寻家。上大怒，是年六月，杀昌绪，存存、淑信俱论斩，芳寻已死，免究。上疑家屏亦有此书，召问真相；家屏供出其家旧有抄本《明季野史》、《潞河纪闻》、《日本乞师》、《豫变纪略》、《酌中志》、《南迁录》，天启、崇祯年间政事等书，诏大吏往搜，其子传笏已先闻风烧毁，上以传笏意图灭迹；又家屏所刻之族谱，取名“大彭统纪”，上以大彭二字类似国号，指为狂悖；又谱中凡明神宗万历年号之历字，皆不阙笔，上以其犯御名，指为不敬；赐家屏自尽，传笏论斩，家产籍没入官。（阅《东华录》乾隆卷四十五，四十六）

五、赖宏典书中隐语狱

赖宏典，秦州知州，托人行贿求升官，书中填写隐语：有“点兵交战，不致有失军机”等字样。上以其语涉悖逆，二十九年九月，论斩。（看《东华录》乾隆卷六十）

六、齐周华书狱

齐赤若，字周华，浙江台州府天台（今属会稽道）诸生，原任礼部侍郎齐召南从子。雍正九年，坐吕留良党，永远监禁。乾隆改元，得释，此后遂倘佯山水间。已而刻所著书。乾隆三十二年，巡抚熊学鹏摘其中忌讳语以闻，并诬召南徇隐逆词等罪。是年十二月，诏磔周华，落召南职。（看《清稗类抄》第八册一一四页，《清史纪事本末》卷二十，第三页）

七、王锡侯《字贯》狱

王锡侯，字韩伯，江西瑞州府新昌县（今为庐陵道宜丰县）举人，著有

《字贯》一书，依康熙字典例分部。乾隆四十二年，同县人王泷南呈控锡侯删改康熙字典，另刻《字贯》，与叛逆无异。巡抚海成以闻，帝阅其进到之书，第一本序文后凡例，将圣祖、世宗庙讳及高宗御名悉行开列，指为大逆不法，逮至京，与其子三人、孙四人俱论斩，家产籍没。侍郎李友棠曾作古诗一首，赞美《字贯》，刻于卷首；诏革职。原任大学士史贻直曾为《王氏家谱》作序文，尚书衔原任刑部侍郎钱陈群曾为锡侯所作之《经史镜》及《唐人试帖详解》作序文，因二人已故，从宽免究。两江总督高晋坐失察，降一级留任；巡抚海成革职论斩，布政使周克开，按察使冯廷丞俱革职交刑部治罪。原版及已出版之书并锡侯他种著作，一并查禁销毁。（阅《掌故业编》第一辑，第二辑，第三辑，《清稗类钞》第八册，第一百二十四页）

八、徐述夔一柱楼诗狱

徐述夔，江苏东台县（旧属扬州府，今属淮阳道）举人，著有一柱楼诗。乾隆四十三年，如皋县（旧属通州，今属苏常道）民童志璘呈控其书有应究语，江苏学政刘墉以闻。其诗中咏正德杯云："大明天子重相见，且把壶儿搁半边"；上谓壶儿即胡儿，意存诽谤。又有"明朝期振翮，一举去清都"之句，上谓其显有兴明朝去清朝之意。时述夔已卒，诏戮其尸；其子怀祖以刊刻遗诗罪，戮尸；孙食田、食书及列名校对之徐首发、沈成濯俱拟斩。尚书衔原任礼部侍郎沈德潜曾为述夔作传，称赞其品行文章；时德潜已卒，诏夺其官爵谥典，撤出乡贤祠，毁御赐祭葬碑文。江宁布政使陶易、幕友陆炎坐隐匿徇庇罪，拟斩；扬州府知府谢启昆，东台县知县涂跃龙革职。（看《掌故业编》第四辑，第五辑，第六辑，《东华录》乾隆卷八十八，《清史纪事本末》卷二十第三页，《清朝野史大观》卷三徐述夔诗狱条）

九、沈德潜黑牡丹诗狱

德潜，江苏长洲（今并入吴县）人，乾隆四年进士，以诗学受知于高宗，累迁礼部侍郎。十四年，予告归，帝以御制诗集委之改订，颇多删润。徐述夔一柱楼诗案发，命搜德潜遗诗，则平时为帝点窜及捉刀之作咸录焉，帝大怒。寻阅其咏黑牡丹诗云："夺朱非正色，异种也称王"；帝以为意存诽谤，命剖其棺。（阅《清史纪事本末》卷二十第三页，《清稗类钞》第八册第一百二十六页，《清朝野史大观》卷三，沈归愚诗狱条）

十、韦玉振刊刻其父行述狱

韦玉振，江苏赣榆县（旧属海州，今属徐海道）生员，为其父刊刻行述，内有"于佃户之贫者，赦不加息"，并"赦屡年积欠"之语；乾隆四十三年，经其叔韦昭告发，巡抚杨魁奏闻。诏以"韦玉振身列宫墙，乃于行述家谱内。妄用赦字及世表二字；当治以僭妄之罪，杖一百，徒三年"。（阅《清稗类钞》第八册第一百二十六页，《清史纪事本末》卷二十第四页，《清朝野史大观》卷三，韦玉振文字之祸条）

十一、尹嘉铨书狱

尹嘉铨，直隶博野县（旧属保定府，今属河北保定道）举人，累官大理寺卿，休致。乾隆四十六年二月，高宗南巡，至保定；嘉铨遣子赍奏：为其父原任工部侍郎会一请谥，并从祀孔庙。高宗怒其狂妄，逮至京治罪。检查其所著书籍，有"朋党之说起，而父师之教衰，君亦安能独尊于上哉"之语，上谓其颠倒是非；又有"为帝者师"之句，上谓其目无君上；又所著《名臣言行录》一书，将清初大臣列入，上谓不应标榜当代人物，妄生议论，变乱是非；命处绞。（阅《东华录》乾隆朝卷九十三，《清朝野史大观》卷三，尹嘉铨文字之狱条）

十二、程明禋寿文狱

程明禋，湖北孝感县（旧属汉阳府，今属江汉道）生员，在河南桐柏县（旧属南阳府，今属汝阳道）教读。乾隆四十六年三月，富人郑友清生日，戚友浼明禋撰寿文。明禋以友清原籍湖北兴国州（今江汉道阳新县），在桐柏经商起家，故文内有“绍芳声于湖北，创大业（用易经系辞富有之谓大业成语）于河南”二句，又以其生日在三月初一日，故文中引用秦昭王上巳置酒故事，有“捧河中之剑，似为添筹”等句。友清疑有违碍，贴红签于上；明禋怒，其门人杨殿才等殴友清之侄万青以泄忿。友清持幛自首，巡抚富勒浑奏请；明禋照大逆律，凌迟处死；弟明珠拟斩，妻子给功臣家为奴。杨殿才等斥革衣顶，杖八十；桐柏教谕黄怀玉革职。（看《清稗类钞》第八册一百二十九页，《清朝野史大观》卷三，程明禋寿文之狱条）

十三、方国泰藏匿祖诗狱

方国泰，安徽歙县（旧徽州府治，今属芜湖道）生员，其祖贡生方芬著有涛浣亭诗，中多失检语。乾隆四十七年五月，巡抚谭尚忠具疏弹劾，谓集中“征衣泪积燕云恨”，“林泉不共马蹄新”，“乱剩有身随俗隐，问谁壮志足澄清”，“蒹葭欲白露华清，梦里哀鸿听转明”等句，语意狂悖，请戮芬尸，国泰立斩。诏国芬已死，免戮尸；国泰从宽，杖一百，徒三年。（看《清稗类钞》第八册第一百三十五页，《清朝野史大观》卷三，方国泰藏匿五世祖诗集之狱条）

此外若华亭（今并入沪海道松江县）举人蔡显以诗论斩，门下士遣戍者二十四人（看《清稗类钞》第八册第一百一十五页）；锦县（今属辽沈道）生员金从善以条陈建储奏疏中有“大清不宜立太子，岂以不正之运自待耶”二语被诛；山西举人王尔扬为同邑李范作墓志，于考字上用皇字；为巡抚巴延三所参，下狱（看《清史纪事本末》卷二十第三页）；广东韶州丹霞寺僧澹归以所著《遍行堂集》多谤讪清朝语，身后获重谴，寺僧死者五百余人（看《清稗类钞》第八册第一百二十四页）。其余类此者尚多，兹不具述。

清代文字狱表

帝号	兴狱年月	西历	祸源	肇祸者	肇祸者籍贯	告发人
世祖	顺治九年三月	一六五二	试策	程可则	广东南海	大学士范文程
	顺治八十年	一六六一	哭庙	金人瑞	江苏长洲	苏抚朱国治
圣祖	康熙二年	一六六三	明史	庄廷鑨	浙江归安	知县吴之荣
	康熙六年四月	一六六七	诗集	沈天甫	江南人	吴元莱
	康熙二十一年	一六八二	密书	朱方旦	湖北汉阳	侍讲王鸿绪
	康熙五十年十月	一七一一	南山集	戴名世	安徽桐城	左都御史赵申乔
世宗	雍正三年十二月	一七二五	西征随笔	汪景祺	浙江杭州	刑部等衙门
	雍正四年四月	一七二六	上年羹尧诗	钱名世	江苏武进	
	雍正四年九月	一七二六	试题日记	查嗣庭	浙江海宁人	言官
	雍正五年正月	一七二七	河清颂	邹汝鲁		世宗
	雍正七年五月	一七二九	吕留良文集	曾　静	吕留良浙人 曾静湖南人	川督岳钟琪
	雍正七年六月	一七二九	注释大学	谢济世	广西全州人	顺承郡王锡保
	雍正七年七月	一七二九	细书通鉴论	陆生楠	广西人	顺承郡王锡保
	雍正八年十月	一七三〇	诗集	徐　骏		

帝号	兴狱年月	西历	祸源	肇祸者	肇祸者籍贯	告发人
高宗	乾隆八年二月	一七四三	时务策	杭世骏	浙江仁和人	高宗
	乾隆十九年	一七五四	诗稿	世　臣	盛京礼部侍郎	
	乾降二十年	一七五五	坚磨生诗钞	胡中藻	江西广信人	
	乾隆二十二年六月	一七五七	吴三桂檄 文明季野史	段昌绪 彭家屏	河南夏邑人	
	乾隆二十九年九月	一七六四	书中隐语	赖宏典	秦州知州	
	乾隆三十二年十二月	一七六七	著作	齐周华	浙江天台人	浙抚熊学鹏
	同年	同年	所作诗	蔡　显	江苏华亭人	松江知府钟某
	乾隆四十年闰十月	一七七五	遍行堂集	澹　归	韶州丹霞寺僧	南韶连兵备道李璜
	乾隆四十二年十月	一七七七	字贯	王锡侯	江西新昌人	江西巡抚海成
高宗	乾隆四十三年五月	一七七八	李范墓志	王尔扬	山西人	山西巡抚巴延三
	乾隆四十三年七月	一七七八	呈词	金从善	奉天锦县人	高宗
	乾隆四十三年八月	一七七八	一柱楼诗	徐述夔	江苏东台人	江苏学政刘墉
	乾隆四十三年八月	一七七八	黑牡丹诗	沈德潜	江苏长洲人	高宗
	乾隆四十三年	一七七八	其父行述	韦玉振	江苏赣榆人	韦昭
	乾隆四十六年二月	一七八一	著作	尹嘉铨	直隶博野人	高宗
	乾隆四十六年三月	一七八一	郑友清寿文	程明禋	湖北孝感人	郑友清
	乾隆四十七年五月	一七八二	涛浣亭诗	方国泰	安徽歙县人	皖抚谭尚忠

第三节　高宗之右文

一、高宗之好学

高宗性耽书画，好吟咏；弱冠时，以自著诗文刊《乐善堂集》；即位以后，时与群臣唱和；巡幸所至，亦到处留题；故御制诗至二三万首。好用僻典以夸渊博，每一诗成，令儒臣注释；不得原委者，许归家涉猎；然多有翻撷万卷，莫能解者。酷好书画，当时名家有以书画进呈者，皆珍藏之。（看《啸亭杂录》卷一，高宗渊博宗赏鉴二条）写字效董其昌，惟少气魄；骨力不逮圣祖，才气不逮世宗，亦性格使然也。清朝国语（满语）研究颇深；惟对于西洋科学知识，则淡然漠视；故实际上之学术，远不如圣祖绰有心得云。（看《清代通史》卷中之一，第二十六页）

二、人才之搜集

高宗即位之初，以国家久道化成，文人蔚起，申谕各省督抚，速行保荐人才，应博学鸿词科；定一年内候试京师。乾隆元年九月，试被荐者一百七十六人于保和殿，取中刘纶等十五名；次年，试续到被荐者于体仁阁，取中万松龄等四名；各授翰林院编修、检讨、庶吉士等有差。十四年十一月，以翰苑中寡经术士，特旨：令大学士九卿督抚，选举潜心经学，纯朴淹通之士，不拘资格，务精勿滥。十六年，得顾栋高、陈祖范、吴鼒、梁锡玙等四人，并授国子监司业。祖范以老辞，即家授职。栋高就职后，旋以老辞归，即家擢国子监祭酒。（看《啸亭杂录》卷一重经学条）寻诏国史馆特立儒林传，以表彰经明学粹之士。车驾巡幸所至，辄召诸生试诗赋，与以科目出身。又开阳城马周科，以征士之不得志而隐栖岩穴，或伏人门下者。前后得人之盛逾于康熙时代。翰林院重修工竣，帝亲临赐宴，送掌院学士鄂尔泰、张廷玉进院。率儒臣饮酒赋诗，极一时之乐。又以督抚参奏属员及题请改教本章，往往有“书生不能胜任”及“书气未除”等语，下诏剀切晓谕，谓修己治人之道备载于书，果足以当书生，则邑县蒙其休矣。人无书气，即为粗俗市井气。自己二十年来，讲论未尝少辍，实一书生也云云；其推崇读书人可谓至矣。（看《清代通史》卷中之上第二十五页）

三、群书之编纂

高宗表扬文治，颇效圣祖，而又思突过之：乾隆六年正月，命直省督抚学政，采访近世著作，随时进呈。其时编纂之书籍甚多，兹列表于下以供参考（见右表）。

此外乾隆年间纂辑之书：属于经部者：若钦定璠译四书，五经（皆乾隆二十年撰），诗经乐谱全书，乐律正俗（皆乾隆五十三年撰）等；属于史部者：若世宗宪皇帝圣训（五年编），钦定八旗满洲民族通谱（九年撰），皇清职贡图（十六年撰），钦定盘山志（十九年撰），钦定皇舆西域图志（二十七年撰），南巡盛典（三十五年撰），钦定日下旧闻考（三十九午撰），钦定胜朝殉节诸臣录（四十一年撰），钦定蒙古王公功绩表传（四十四年撰），钦定盛京通志（四十四年撰），辽、金、元三史国语解（四十六年撰），钦定明臣奏议（四十六年撰），钦定宗室王公功绩表传（四十六年撰），钦定热河志（四十六年撰），钦定河源纪略（四十七年撰），古今储贰金鉴（四十八年撰），石峰堡纪略（四十九年撰），台湾纪略（五十三年撰），钦定八旬万寿盛典（五十四年撰）等；属于集部者：若乐善堂全集（二十三年编），御制交初集，二集，余集，御制诗初集，二集，三集，四集，五集，余集，钦定千叟宴诗（五十五年撰）等；皆四库著录之书。其余不著录者尚多，兹不具述。（看《清代通史》卷中之一第三十四页）

四、《四库全书》之编纂

吾国类书之缉，由来已久；最古者为秦相国吕不韦辑之《吕氏春秋》一百六十篇，汉淮南王安辑之《淮南子》二十一篇；次为唐虞世南辑之《北堂书钞》一百六十卷，欧阳询辑之《艺文类聚》一百卷；又次为宋李仿等辑之《太平御览》一千卷，王钦若等辑之《册府元龟》一千卷；又次为明解缙等辑之《永乐大典》二万二千九百卷；大抵古代者较简单，愈近愈复杂。康熙年间，编纂图书集成，兼收并录，极方策之大观。然所引用诸书，率属因类取裁；势不能书载全文，使阅者沿流溯源，一一征其来处。(看《钦定四库全书总目》卷首圣谕一)《永乐大典》采掇搜罗，颇称浩博；然书中别部区函，编韵分字，意在贪多务得，不出类书窠臼；是以踳驳乖离，体例未协。(看《钦定四库全书总目》卷首圣谕三) 乾隆年间，学者对于类书不满意，发生一种新要求，间接为编纂《四库全书》之原动力。三十八年，

乾隆御纂书籍表：(录《清代通史》卷中之二原表)

书名	卷数	编纂年代	主撰者	内容提要
周易述义	一〇	乾隆二〇	傅恒等	本折中而推阐之大旨，谓易因人事以立象，故不涉虚渺之说与术数之学
诗义折中	二〇	二〇	傅恒等	依据毛郑溯孔门授受之渊源，使事必有征，必有本，一切虚谈咸与湔除
周官义疏	四八	一三		郑康成以下说周礼者明典制，王安石以下说周礼者阐义理，各有所偏，是书兼赅并包集二派之成

仪礼义疏	四八	一三		仪礼一书学者多苦其难读，故至宋、元以来湮晦四五百年，至是始就郑贾之精义，群儒之异说，纲举目张，厘然昭析
礼记义疏	八二	一三		自陈澔礼记集说大行于世而古义浸微。是书补正澔书讹漏，俾横经之士知议礼不可以空言也
春秋直解	一六	二三	傅恒等	序谓阐尼山之本意而揭胡安国之臆断附会，以诰朝下，实则亦以私意为归，与从前之强经从己者同一支离，故不可谓直解也
律吕正义后编	一二〇	一一		凡分十类：曰祭祀乐，曰朝会乐，曰宴飨乐，曰导迎乐，曰行幸乐，曰乐器考，曰乐制考，曰乐章考，曰度量权衡考，曰乐问。盖律吕正义，阐声气之元，此编备器数之用
西域同文志	二四	二八	傅恒等	分四大纲：曰地，曰山，曰水，曰人。首列清文，次列汉文，次列三合切音，次列蒙古、西番、托忒回字，使比类可求
清文鉴	三二	三六	傅恒等	因圣祖旧本，补辑每条标清语为纲，左列汉字切韵，右列汉语，又右音以清文，复有补编四卷，总纲八卷，补总纲一卷
满洲蒙古汉字三合切音清文鉴	三三	四四	阿桂等	以清语、蒙古语、汉语通贯为一，使互相音释

同文韵统	六一	五	允禄等	以印度五十字母、西番三十字母参考同异而音，以汉字用清语合声之法为准
叶韵汇辑	五八	一五	梁诗正等	以佩文诗韵为主，而注释加详，今韵虽各为部，古韵相通者亦类附之
音韵述微	一〇六	三八		合声、切字一本音韵阐微，而体例不同字亦多所增加，盖阐微重在字音，此则重在字义也
明史	三六〇		张廷玉等	是书以王鸿绪《明史》稿为底本，而鸿绪又得之于万斯同者也列正史中。始编于康熙十八年，雍正二年。诏诸臣续蒇其事，乾隆四年始告成，四十年左右又以其中考究未详者命刊正之，为新本
通鉴辑览	一一六	三三	傅恒等	以李东阳所修《通鉴纂要》多所舛漏，乃命详考史传定著此编，事赅辞简，条理晰然，在官修书中比较有价值者也
开国方略	三二	三八		记开国以来至顺治入关，编年分述，每多饰肇
平定金川方略	三二	一三	来保等	记征大金川之始末，起于九姓之构衅，讫于郎卡之归命
平定准噶尔方略	一七二	三七	刘统勋等	记西域用兵始末，冠以御制纪略一篇，以下三编按年月记载，前编五十四卷，述圣祖以来西征事；正编八十五卷，述削平伊犁及定回疆事；续编三十三卷，述善后事

平定两金川方略	一五二	四一	阿桂等	记金川二次用兵事
临清纪略	一六	三九	舒赫德等	记戡定王伦乱事，伦起事于寿张而被杀于临清，故名
兰州纪略		四六		记戡定番回苏四十三始末，苏倡新教于循化，啸众聚党于河州，其覆败之地则兰州龙尾山也，故名
续通志	六四〇	三二	刘墉、嵇璜等	体裁一仍郑樵二十略之旧记宋、辽、金、元、明五朝之事
续文献通考	二五〇	一二	同前	体裁、一仍马端临二十四门之旧而续以宋、辽、金、元、明五朝事
续通典	一四四	三二	同前	门目体例一仍杜佑之旧，惟别兵、刑为二篇，多取材于《通志通考》
皇朝通志	一二六	三二	同前	二十略之目一仍郑志，惟无纪传年谱，故四库著录于政书类（通志续通志皆入别史类）
皇朝文献通考	三〇〇	一二	同前	别立群庙考一门，故列为二十五门。初与续通考为一书，嗣以体例互异奏各为编
皇朝通典	一〇〇	三二	同前	门目体例与续通典同，专纪清代典章者
国子监志	六二	四三	梁国治等	就太学志删定，凡一十五门

历代职官表		四五		每一曹司为一表，以清朝官制为纲，历代官制列于下表，后详述建置，凡今有古无、古有今无与名实同异者并为考证
大清会典	一〇〇	二三	允祹、傅恒等	康、雍二修，至是三经考订，踵事加详，凡官制、职掌无不胪载
大清会典则例	一八〇	同前	同前	旧本会典以则例散附诸条下，至是分为两编。观于会典可知法守之常经，参以则例可知变通之大用
大清通礼	四〇	二二	傅恒等	乾隆元年敕撰，越二十一年告成。五礼之次悉本周官，条分缕析各以类从
皇朝礼器图式	二八	二四		凡六门：曰祭器，曰仪器，曰冠服，曰乐器，曰卤簿，曰武备。并绘图于右，系说于左
国朝宫史	三六	七		首训谕，次典礼，次宫殿，次经费，次官制，次书籍，禁闱制度一一胪载
满洲祭神祭天典礼	六	四二		录满洲旧制相沿之祀典，凡祭期、祭品、仪注、祝词一一详载
大清律例	四八	五	三泰等	凡律目一卷，诸图一卷，服制一卷，名例三卷，六曹律三十四卷，总类七卷，比引律条一卷。盖因三朝旧本而斟酌损益，增入新例一千余条
天禄琳琅书目	一〇	四〇		以经史子集为纲，书则以宋、元、明刊版朝代为次
经史讲义	三一	一四	蒋溥等	乾隆诏翰詹科道轮奏经史讲义，日月积累简编此帙

大清一统志	五〇〇	二九		先是八年纂辑成书，嗣勘定西域金川，拓地甚广而州县并改亦有异同，乃重修是书
满洲源流考	二〇	四二	阿桂等	凡四门：一曰部族，述肃慎以下源流分合；二曰疆域，附宫室建置古迹；三曰山川；四曰国俗。附以官制及文字
授时通考	七八	八		凡八门：曰天时，曰土宜，曰谷种，曰功作，曰劝课，曰畜聚，曰农余，曰蚕桑
医宗金鉴	九〇	四	鄂尔泰等	凡订正《伤寒论》十七卷，订正《金匮要略》注八卷。删补名医方论八卷，四脉要诀一卷，运气要诀一卷，诸科心法要诀五十一卷，正骨心法要旨四卷。并有图说方论及歌诀
历象考成后编	一〇	二		初世因历象考成为日躔、月离二表，然无说明、无算法，因增补成书
仪象考成	三二			凡玑抚衡辰仪二卷，经纬度表三十卷，皆考究岁差，以定天运
协纪辨方书三六	三六	四	允禄等	凡本原二卷，义例六卷，立成宜忌用事各一卷，公规二卷，年表六卷，月表十二卷，日表一卷，利用二卷，附录、辨讹各一卷，尽破术家附会拘泥之说，断以五行生克之理

秘殿珠林	二四	九		始以书画品之涉于仙佛者，自为一书，冠以四朝宸翰，次历代名迹及印本刻绣之类，次臣工进本，次石刻、木刻、经典、语录、科仪及供奉
石渠宝笈	四四	九		分书册、画册、书画合册；书卷、画卷、书画合卷；书轴、画轴书画合轴九类。其笺数、尺寸、款识、题咏、印记、跋尾与品评旨胪载
西清古鉴	四〇	一四		就内府古器绘图，列说体例，虽仿考古诸图，而辨别款识，考证精核，为近来古董家所宗
西清砚谱	二四	四三		凡陶之属六卷，石之属十五卷，共砚二百，为图四百六十四，附录三卷；每砚皆正背二图，亦间及侧面
钱录	一六	一六		所列古钱前十三卷自伏羲至明崇祯，十四卷为外域，十五六卷为吉语，异钱厌胜诸品
唐宋文醇	五〇	三		初，储欣因茅坤八家文钞，益以李翱、孙樵定为十家，至是删除芜杂，定为斯编，各家品评以黄、红、绿、紫诸色别之去取，颇谨严
皇清文颖	一二四	一二		康熙时陈廷敬奉敕纂辑，雍正续修，至是乃勒为此帙
四书文	四一	元	方苞等	以明化治为一集，正嘉为一集，隆万为一集，启祯为一集，清朝之文自为一集。以清真雅正为宗，盖为科举而发也

唐宋诗醇	四七	一五		于唐取李白、杜甫、白居易、韩愈四家；宋取苏轼、陆游二家。大旨以李杜为正宗，而白之平易近情，韩之奇辟有法，苏之天才超妙，陆之人工精密用为羽翼

安徽学政朱筠条奏搜辑遗书事宜，中有一条谓“《永乐大典》多古学，世未见者，请开局使阅校”。首相刘统勋力阻其议，谓非为政之要；次相于敏中善其议，固争之。是年二月初六日，核准；派皇子永瑢、永璇、永理及宰相刘统勋、于敏中等为总裁，尚书梁国治、曹秀先等为副总裁，尚书德保、周煌等为总阅官，侍郎纪昀、大理寺卿陆锡熊为总纂官，而实际任编纂者为昀与锡熊；二人皆博闻强记，而昀实始终其事。参与馆事者三百五十九人，多海内绩学之士；著名学者任大椿、戴震、邵晋涵、姚鼐、朱筠、翁方纲、王念孙等皆与焉。（看《钦定四库全书总目》卷首开列之在事诸臣职名）其编纂之目的：系将《永乐大典》详细检阅，并将图书集成互为校核；其有实在流传已少，尚可裒缀成编，其书足资启牖后学，广益多闻者，即将书名摘出，撮取著书大旨，叙列目录进呈，候钦定后，汇付剞劂。其有书无可采，而名未可尽没者，只须注出简明节略，以佐流传考订之用，不必将全部付梓。（看《钦定四库全书总目》卷首圣谕二，圣谕三）其采集之原料约分六种：

一、敕撰本　清初奉敕编纂者。约二百余种。

二、内府本　康熙以来宫廷收藏之书籍。存书约二百二十六部，存目约三百六十七部。

三、《永乐大典》本　明成祖时所编，存于翰林院者。辑出存书存目约五百余种，其著名者为旧五代史，续资治通鉴长编，建炎以来系年要录，岭外代答宋朝事实等。

四、各省采进本　最多者为浙江，凡四千五百二十三种，五万六千九百五十五卷，不分卷者约二千九十二册。

五、私人进献本

浙江范懋柱、鲍士恭、汪启淑，两淮马裕所献者最多，各约五百种以上；诏各赏图书集成一部。江苏周厚堉、蒋曾莹，浙江吴玉墀、孙仰曾，朝绅黄登贤、纪昀等次之，各在一百种以上。诏各赏初印佩文韵府一部。进到之书，誊写以后，仍还本家，俾其子孙世守，以为稽古藏书者劝。

六、通行本

世间流行之书籍。

总上六种。汇成总目，分三等方法处置：

一、应刻　付印者。乾隆三十九年起，以活字版从新排印，命名曰武英殿聚珍版。

二、应钞　由馆臣誊录者。

三、存目　不存其书，只将书中简明节略录出者。其体例分经、史、子、集四一部：

甲、经部　分《易》、《书》、《诗》、《礼》、《春秋》、《孝经》、《五经总义》、《四书》、《乐》、《小学》等十类。

乙、史部　分正史、编年、纪事本末、别史、杂史、诏令奏议、传记、史钞、载记、时令、地理、职官、政书、目录、史评等十五类。

丙、子部　分儒家、兵家、法家、农家、医家、天文算法、术数、艺术、谱录、杂家、类书、小说家、释家、道家等十四类。

丁、集部　分楚词、别集一（汉至五代）、别集二（北宋）、别集三（南宋）、别集四（金、元）、别集五（明）、别集六（清）总集、诗文评、词曲等十类。

乾隆四十七年正月，全书告成；总计存书：三千四百五十七部，七万九千七十卷；存目者：六千七百六十六部，九万三千五百五十六卷。每书俱撰有提要，粘贴卷目，将一书原委撮举大凡，并详著人世爵里，使阅者一目了然；汇为一书，名《钦定四库全书总目》提要。又以提要卷帙浩繁，翻阅不易，别刊四库全书简明目录一编，只载某书若干卷，某朝某人撰；俾学者先查目录，再查提要，然后再阅原书，可以省去许多检查时间。全书各缮七份，分存于各处：

一、文渊阁　在宫廷内文华殿后，派大学士二人为领阁事，内阁学士四人为直阁事，选文为校理等官，以司典掌之责。

二、文溯阁　在奉天行宫。

三、文津阁　在热河避暑山庄。

四、文源阁　在京西圆明园。

五、文汇阁　在扬州大观堂。

六、文宗阁　在镇江金山寺。

七、文澜阁　在杭州西湖孤山麓。

以上文渊、文溯、文津、文源为内廷四阁，以供御览；文汇、文宗、文澜为江浙三阁，公开阅览，并准借抄。（看《啸亭杂录》卷二三分书条）论者谓北方虽有四阁，而士子无观摩机会；南方虽仅三阁，而士子有研究机会；后来江浙文风远在河北以上，此亦原因之一。顺、康、雍以来之文字狱，江浙士大夫罹祸者独多；有此三阁图书，差足以间接偿其损失。其后屡经兵燹，四库之书半遭焚劫，识者慨焉。今列举其结果于下，以供留心国故者参考：

一、文渊阁　今存。

二、文溯阁　今存。

三、文津阁　民国初年，移存京师图书馆。

四、文源阁　咸丰末年，毁于英法联军。

五、文汇阁　咸丰年间，毁于洪杨之乱。

六、文宗阁　咸丰年间，毁于洪杨之乱。

七、文澜阁　洪杨之乱，颇有散失，乱后补抄，非复当年旧帙。今存浙江图书馆。

民国九年，政府议欲影印《四库全书》，嗣以库款支绌，中止。当时曾派国学家陈垣就京师图书馆，实地调查册页确数，以为入手办法。兹录其确数于下以供参考：

部别	架数	函数	册数	页数
经	二〇	九六〇	五四八二	三六三六〇四
史	三二	一五八四	九四七六	六九七二八七
子	二二	一五八四	九〇五五	五六四一六〇
集	二八	二〇一六	一二二六一	六六五八六五
总计	一〇二	六一四四	三六二七五	二二九〇九一六

古今类书表

书名	卷数	成书年代	编辑者姓名
《吕氏春秋》	一百六十篇	战国末年	吕不韦
《淮南子》	二十一篇	西汉	淮南王安
《北堂书钞》	一百六十卷	唐初	虞世南
《艺文类聚》	一百卷	同	欧阳询
《太平御览》	一千卷	宋初	李昉等
《册府元龟》	一千卷	北宋	王钦若等
《永乐大典》	二万二千九百卷	明成祖时	解缙等
《渊鉴类函》	四百五十卷	清圣祖时	张英等
《佩文韵府》	四百四十三卷	同	张玉书、陈廷敬等
《图书集成》	一万卷	同	蒋廷锡等

参考书

《东华续录》(乾隆朝)　　王先谦

《清史稿》(部院大臣年表四　疆臣年表二)　　清史馆

《清史纪事本末》(卷二十八)　　黄鸿寿

《清稗类钞》(第八册)　　徐珂

《中国历史教科书》(清朝史　第二编　第二十章)　　汪荣宝

《清代通史》(卷中之一　第一章)　　萧一山

《钦定四库全书总目》　　纪昀、陆锡熊等

第二十二章　清室衰乱之原因一 内政之腐败

第一节　高宗之怠荒

一、巡游之无度

清室全盛时代，实在高宗之时，然衰亡之机已伏于当日。高宗在位，事事效法圣祖；康熙十二年，诏举山林隐逸；十七年，诏举博学鸿儒；高宗则一开博学鸿词科，二开阳城马周科，三开经学科，得人之盛，逾于前代。康熙二十五年，下诏购求遗书；自此以后，屡命群臣编纂书籍。乾隆六年，亦命各省督抚学政，采访近世著作，随时进呈；而钦定及御纂书籍之多亦逾于前代。康熙时代，南巡江浙，北巡塞外，东幸盛京，西幸五台。高宗循其旧例，踵事增华，凡南巡江浙者六，东巡山东者五，东幸盛京者三，西巡五台者六，幸河南者一；至于热河避暑，木兰（今热河围场县，本内蒙古喀喇沁敖汉翁牛特诸旗地，清初献以供猎，周一千三百余里，康熙以后诸帝，每岁八月在此行围，是为秋狝）秋狝，近游天津，远谒东陵，车驾时出，纪不胜纪。所过地方，虽亦减免租税，增广学额，优礼耆年，召试文学；而地方有司以办差华美，求工取悦为得计，往往争繁斗丽，夸奢竞靡；供亿烦苛，居民不堪其苦。康熙时，黄河泛滥为灾，故圣祖南巡，亲阅治河及导淮工程，并指授机宜。乾隆时，河决江苏、河南境内者凡二十次，高宗屡次南巡，未尝身临其地，相度形势；乃游金焦，幸苏杭，跸路所经，戏台、彩棚、龙舟、镫舫等物沿途点缀。水行巨舟千百艘，四围皆侍卫武职，役夫乘势逞威，强向人民勒索。舟过扬州，于支港、汉河、桥头、村口各设卡兵，禁民舟出入。计纤道每一里安设站兵三名，令村镇民妇跽伏瞻仰，于应回避时，令男子退出，不禁妇女。街道尽铺锦毡，周围百十里，露天蒙以绸帐，所费甚巨。命薪炭商供给薪炭，材料山积，顷刻无余。命粪商于沿塘遍置盆盎，上加木盖，备纤夫便溺，每县动置千万；御舟一过，即为役夫所破，鲜有完者；及御舟再经，则重新购置。二者皆名当役。两淮盐商本属富有，捐资修建行宫，一输动至数十万。淮扬道章攀桂司行宫陈设，以镂银丝造吐盂，其举动之奢华类如此。康熙时巡幸各处，每处所费不过一二万金；乾隆时，每处供设至二三十万金不止。合御路所经全体言之，为数不赀。况一而再，再而三，官吏其何以供给，商民其何以捐输耶？（阅《清稗类钞》巡幸类第六页，第七页）圣祖巡幸五台，相传为谒世祖（参观吴梅村清凉山赞佛诗）；高宗则全为娱乐，故供御用之物皆珍品。光绪庚子，两宫西巡，驻跸太原巡抚署；一切御用器具，俱系乾隆时巡幸五台旧物，收藏严密，焕然如新；慈禧太后叹为宫中所未有。（见阮梦桃《啼红惨绿轩杂识》所载王文韶家书）圣祖北巡，大率为抚绥蒙古；高宗则半为游观，半为娱乐。巡幸之时，蒙古诸台吉及四十八部盟长例于出哨之后恭进巡宴，习武合欢。有所谓塞宴四事者：一曰诈马，选幼孩竞走也；二曰什榜，番乐也；三曰布库，相扑为戏也；四曰教駣，驯名马也。（阅《清朝野史大观》卷二，塞宴四事条）每年夏季，避暑热河，设避暑山庄七十二处；圈地数十里，杂置时花，间以亭榭，所费亿万。（阅《清史纪事本来》卷三十五第二页）兹试列乾隆时代巡幸表于下以供参考。

乾隆六年七月，帝奉太后幸木兰行围。自是以后，每年七月畋于木兰，至九月或十一月始还京，岁以为常，兹不具载。

八年九月，奉太后幸兴京（今辽宁东边道兴京县）、盛京（今沈阳县）。十月，还京。

十年七月，奉太后幸多伦诺尔（今察哈尔多伦县）。九月，还京。

十一年七月，奉太后西巡。幸五台山。

十三年二月，奉太后东巡，皇后从行。驻赵北口（属河北任丘县）阅水围；至曲阜，谒孔林；至泰安，诣东岳庙，登岱。三月，还至济南，幸趵突泉、历下亭。还至德州，后暴崩于舟次。（看《清朝野史大观》卷一，孝贤皇后之死条下）

十五年二月，奉太后西巡，幸五台山。三月，还京。

是年十月，奉太后幸河南，诣中岳庙，登嵩山，驻开封阅兵，幸古吹台。十一月，还京。

十六年正月，奉太后南巡。二月，渡河，阅天妃闸、高家堰，经过淮安，以城北内外皆水，命改建石工以资保障。三月，至杭州，幸观潮楼，阅兵；渡钱塘江，祭禹陵；还驻杭州，召试诸生，赐谢墉等三人举人，授内阁中书。还至江宁，祭明陵，阅兵，召试诸生，赐蒋雍等五人举人，授内阁中书。四月，还至泰安，祀东岳。五月，还京。

二十一年二月，东巡，谒孔林。三月，还京。

二十二年正月，奉太后南巡。二月，幸苏州、杭州；免江浙三省民欠及直隶、山东、江南境内经过地方额赋十分之三。三月，还至江宁。四月，还至曲阜，释奠孔庙，遂还京。

是年五月，幸热河避暑，木兰行围。九月还京。自是以后，岁以为常。

二十六年二月，奉太后西巡，幸五台山。三月，至正定，阅兵，至平阳淀，行猎；遂还京。

二十七年正月，奉太后南巡。二月，至镇江，阅兵，幸焦山。免江浙三省节年缓征及未完地丁各项，经过地方免额赋十分之三。三月，至浙，临海宁，阅海塘，幸观潮楼，阅福建水师。四月，还至河，命庄亲王胤禄等奉太后由水路回京。帝登陆，至徐州、阅河，至曲阜，谒孔林；至泰安，祭岱庙。五月，还京。

三十年正月，奉太后南巡。闰二月，至苏州、杭州；命修筑海宁石塘。蠲免额赋如前。皇后乌喇纳拉氏忤旨，剪发。三月，还幸焦山，驻江宁。四月，还京。

三十二年二月，幸天津。三月，还京。

三十五年三月，奉太后谒陵，幸天津。寻还京。

三十六年二月，奉太后东巡。三月，谒岱庙，登泰山，谒孔林。四月，还京。

四十一年二月，奉太后东巡。三月，登泰山，谒孔林。赐山东等省召试诸生黄道煚等三人举人，举人窦汝翼等二人内阁中书。四月，还京。

四十三年七月，幸盛京。八月，还京。

四十五年二月，南巡，幸焦山、苏州。三月，至海宁观潮，幸尖山，至杭州，还至江宁，召试举人汪履基，诸生召光复等，赐以内阁中书，举人等有差。五月，还京。

四十六年二月，西巡，幸五台。三月，还京。

四十八年八月，幸盛京。九月，还京。

四十九年正月，南巡。二月，至曲阜，谒孔林。三月，幸金山、焦山、苏州、海宁、尖山、杭州；仍还苏州。五月，还幸江宁，遂还京。

五十一年二月，西巡，幸五台。三月，还京。

五十三年二月，幸天津，寻还京。

五十五年二月，东巡，至泰安，登岱；至曲阜，谒孔林。五月，还京。

五十七年，西巡，幸五台。

五十九年三月，幸天津。四月，还京。

当时朝臣中尽有呼号阻驾，力请回銮者，然一经抗论，严谴随之：编修杭世骏疏论时事，中有谓“巡幸所至，有司一意奉承，其流弊皆及于百姓”。帝大怒，命置重典；侍郎观保力救，乃免其官，放归田里。侍郎尹会一视学江苏还，奏言“上两次南巡，民间疾苦，怨声载道”。严谕诘之曰：“汝谓民间疾苦，试指出何人疾苦？怨声载道，试指明何人怨言？”坐谪戍。侍读学士纪昀尝从容为上言：“东南财力竭矣，上当思所以救济之。”上怒，叱之曰：“朕以汝文学尚优，故使领四库书馆，实不过以倡优蓄之，汝何敢妄谈国事？”内阁学士尹壮图疏言：“督抚藉词办差，勒派属吏，遂致仓库亏耗，民间蹙额兴叹。”上大怒，诏问：“蹙额兴叹，究属何人？”壮图回奏：“系下吏怨及督抚，小民怨及牧令。”上怒稍解，命革职。自是以后，朝臣皆缄口结舌，以求容身保位，无复有为民请命者矣。

乾隆时代黄河决口表：（录《清代通史》卷中之一原表）

江苏境内			河南境内		
年月	决口处	何时合龙	年月	决口处	何时合龙
七年七月	铜山石林口等处	本年十二月	十六年六月	阳武十三堡	十七年正月
十年七月	阜宁陈家浦	本年十月	二十六年七月	杨桥等处	本年十一月
十五年六月	清河豆班集	本年七月	四十三年七月	仪封等处	四十五年二月
十八年八月	张家马路	本年十二月	十四十五年七月	考城五堡芝麻庄	本年八月
十九年八月	孙家集	二十一年十月	同年同月	张家油房	本年十二月
三十一年八月	韩家堂	本年十月	四十六年七月	焦桥	本年本月

江苏境内			河南境内		
三十八年八月	陈家道口	本年十月	同年同月	青龙岗	四十八年三月
三十九年八月	老坝口	本年九月	四十九年八月	睢州	本年十一月
四十五年六月	睢宁郭家渡	本年九月	五十二年六月	睢州十三堡	本年十月
四十六年六月	魏家庄	本年八月			
五十年七月	李家庄	本年十月			

二、万寿庆典与千叟宴

乾隆十六年十一月二十五日，太后万寿，由西华门至西直门外之高梁桥，经棚剧场相属于道。各省供奉皆穷极工巧，尤以广东、湖北、浙江三省为最钜丽：广东贡翡翠亭，高三丈余，广可二丈，悉以孔雀尾为之。湖北贡黄鹤楼，形制悉仿真者，惟规模稍小；重楼三层，千门万户，不用一土一木，惟以五色玻璃砖砌成；日光照之，辉映数里。浙江贡镜湖亭，以大圆镜一，径可二丈许，嵌诸藻井之上；四围以小圆镜数万，鳞砌成墙垣。人入其中，一身可化百亿，真奇观也。（阅《春冰室野乘》第七页，乾隆朝万寿庆典之盛条）二十六年十一月，太后七旬万寿，帝以后喜江南风景，于京西万寿寺傍造屋，仿江南式，市尘坊巷备具，长至数里，奉銮舆往来游行，名曰苏州街。（看《啸亭杂录》卷一，苏州街条，《清史纪事本末》卷三十五第二页）

圆明园福海之东有同乐园，每岁赐诸臣观剧于此。每新年，园中设有买卖街，凡古玩、估衣以及酒肆、茶馆无不备，甚至携小筐售瓜子者亦备焉。各大臣入园买物，或集酒馆、饭肆哺啜；帝过肆门，闻走堂者呼菜，店小二报账，司账者核算，众音杂遝，纷然并作；帝每顾而乐之。（看《清朝野史大观》卷一，同乐园买卖街条，《清史纪事本末》卷三十五第二页）

康熙五十二年癸巳，圣祖六旬，开千叟宴予乾清宫，预宴者一千九百余人。乾隆二十六年辛已，高宗五旬，开千叟宴于乾清宫，预宴者三千九百余人，各赐鸠杖。嘉庆元年丙辰春，高宗八十六，内禅礼成，开千叟宴于皇极殿，六十以上预宴者五千九百余人。百岁老民以十数计，皆赐酒联句。（看《啸亭续录》卷一，千叟宴条，《清稗类钞》第三册，恩遇类，第五十四页）

三、微行与色荒

世宗好微行，欲以侦察官吏贤否，人民状况；高宗亦尝微行，则多纵色欲矣。京师有妓曰三姑娘者，所与狎皆贵人，声气通宫禁，达官显宦奔走钻营，仰其鼻息者，户限为穿。九门提督以私怨下令驱逐诸妓，限一日全出境，违者逮捕治罪。诸乐户纷纷远移，独三姑娘若无事者。提督以责属官，属官实告曰："伊待出令者来也。"提督怒，亲率缇骑捕之；时已夜半，缇骑破扉入，闻三姑娘与狎客将眠矣。提督挥军，欲入房中搜索；三姑娘徐起，隔窗问："何事如此汹汹？若惊贵人，谁敢担其罪耶？"呼人出止之，且曰："有凭信在此，但持去阅之，自能觉悟，幸勿悔猛浪也！"提督得纸观之，玺文朱墨，上书："尔姑去，明日自有旨！钦此。"提督大惊，踉跄而归。（看《清代野叟秘记》、《清代声色志》卷下，三姑娘条）

都察院笔帖式觉罗炳成者，满洲老名士也，为清肇祖都督孟特穆之后，家世贵显，熟于宫中掌故（看《清代野记》卷下，满洲老名士条）。尝言回部灭时，俘回酋之妃（按《东华录》原文乾隆二十五年正月，将军兆惠函送霍集占首级；二十八年三月，巴达克山素勒坦沙献出博罗尼都尸骸并伊妻子；则此妃当为博罗尼都妻。炳成谓为霍集占妻，误，今改正）至京师，下刑部狱。妃有绝色，帝夙知之。一日夜半，直班提牢司员将寝矣，忽传内庭有朱谕出，命内监二人提叛妇某氏。司员大骇曰："司员位卑，向无直接奉上谕之例；况已夜半，设开封有变，且奈何？

谁任其咎者?”内监大肆咆哮，提牢吏曰：“无已，飞马请示满正堂可耳。”乃命吏驰马抵满尚书宅，尚书立起，随至部，验朱谕无误；遂命开锁，提叛妇出，至署外，则二监已备车久候矣。次日，召见大臣，满尚书将有言；帝知其意，即强颜曰：“回酋屡抗王师，致劳我兵力，实属罪大恶极；我已将其妇糟蹋了。”言毕大笑。嗣封为妃，妃思乡井，尝郁郁不乐；帝于皇城外建回回营以媚之，一切居庐风俗服用皆使回人为之，特编二佐领以统其众。又于皇城内建宝月楼（今为南海正门）为妃之梳妆楼，高矗墙外，俾得望见回回营，以慰其思乡之念。（看《清代野记》卷上，糟蹋回妇条）

乾隆十三年三月，孝贤纯皇后富察氏暴崩于德州舟次，说者谓帝纵欲败度，因与后口角，逼后坠水。（看《清史稿后妃传》，《清朝野史大观》卷一，《清代轶闻》第二册，孝贤皇后之死条）进贵妃乌喇纳拉氏为皇贵妃，摄六宫事。十六年，立为皇后。三十年，从幸杭州。忤旨，后剪发，三十一年七月崩，命丧仪视皇贵妃礼。（看《清史稿后妃传》，《清代轶闻》第二册，《清朝野史大观》卷一纳兰后为尼条，《啸亭杂录》卷六阿可寇条）说者谓后英毅有智略，而才色稍逊，帝颇严惮之。乾隆中叶以后，帝自喜功高，渐怡情于声色，后时谏诤。帝固好名，初亦容之；继乃由厌倦生恶怒，辄以他故拒谏，后不能平。帝苦宫阃森严，后又执祖宗家法相责备，无以免其烦，因作狎邪游。所眷妓曰三姑娘者，为后之叔父某提督所逐，帝疑为后所嗾使；适后闻而力谏，遂益恶之。帝南巡，后请从，未许；后强附太后以行。入山东境，帝忽思管仲设女闾三百事；小太监某知上意所在，至济南，征名妓四五十人至御舟奏技，留最丽者六人侍寝。后知之，中夜起坐，作一谏草；薄明，直入御舟。时帝方拥妓酣眠，见后薄怒，立命左右挟之出。后正色力诤，持谏草跪不肯起。帝览其奏，过于切直，大怒，起批后颊，掷其疏于地，命宫监曳之出。后大呼列祖列宗者三，帝命速幽之。太后左袒帝，命小监送后入某庵，后乃削发皈依净土（参看《清代野叟秘记》）。对于结发者犹如此，他可知矣。

高宗怠荒表：

一、巡游之无度　南巡江浙者六，东巡山东者五，东幸盛京者三，西巡五台者六，幸河南者一。木兰秋狝，自乾隆六年以后，每年七月举行。热河避暑，自乾隆二十二年以后，每年五月举行。其余近游天津，远谒东陵等事甚多，不能备载。

二、万寿庆典　乾隆十六年十一月二十五日，太后六旬万寿；二十六年十一月二十五日，太后七旬万寿；皆广收四方贡献，盛行铺张。

三、千叟宴　乾隆二十六年辛巳，高宗五旬，开千叟宴于乾清宫，预宴者三千九百余人。嘉庆元年丙辰春，高宗八十六，内禅礼成，开千叟宴于皇极殿，六十以上预宴者五千九百余人。

四、色荒　甲、三姑娘；乙、香妃；丙、乾隆十三年三月，孝贤纯皇后富察氏暴崩于德州舟次疑案；丁、三十年，皇后乌喇纳拉氏忤旨剪发事件。

第二节　和珅之乱政

乾隆初年，大学士鄂尔泰、张廷玉以先朝军机大臣，同受顾命辅政。二人久居政府，位重有功，帝眷甚厚，群臣依附者众，浸成门户之见。高宗恶之，事无大小悉由独断，廷玉虽二十年旧相（廷玉以雍正四年入阁，七年入军机，乾隆十四年致任，为宰相二十四年），仅以谨慎自将，传写谕旨为尽职。乾隆十年，鄂尔泰卒；大学士讷亲以贵戚世臣辅政。十三年，讷亲以经略金川失律伏诛；十四年，廷玉致仕；大学士傅恒以贵戚（孝贤纯皇后富察氏胞弟，高宗内弟）任军机大臣领班，辅政，直军机处二十三年（十一年至三十五年），以勤慎得上眷；敬礼士大夫，翼后进使尽其才，行军与士卒同甘苦，帝尤贤之。三十五年，以劳瘁卒；大学士尹继善、刘统勋、刘纶以军机大臣辅政。尹继善久任封疆，颇以汲引人才为务；毅而能扰，机牙四应，凡盘错事他人不能了者，上辄以命之；所理大狱，不妄戮一人。统勋久居朝堂，强直清节，遇事敢谏；料事识人，能洞鉴其将来；居相位二十二年，十七年至三十八年朝廷倚之如股肱。纶器度端凝，不见有喜愠色；直军机二十年（十五年正月至十六年九月，十八年八月至二十一年四月，二十三年正月至三十年正月，三十二年三月至三十八年六月），以清俭自持。三十六年四月，尹继善卒；三十八年六月，纶卒；十一月，统勋卒；大学士于敏中、舒赫德以军机大臣辅政。舒赫德老成端重，夙夜在公，不事家人生产。四十二年卒；敏中遂专国政。敏中柔佞，居政府二十年（二十五年至四十四年），内则结纳宦官，窥伺帝之举动，先事希旨；外则交结疆吏，夤缘舞弊；树党植货，略无顾忌（看《啸亭杂录》卷六，《清代轶闻》第一册，第六十七页于文襄之敏条）。四十四年十二月，敏中卒；大学士阿桂以元勋上公，任军机大臣领班，辅政。阿桂屡将大军，知人善任，开诚布公，能得士卒死力，谋定而后动，故战无不胜；为宰相二十五年（二十八年正月至三十年闰二月，四十一年四月至嘉庆二年八月），能持平举大体，不肯枉法以徇上意。是时上年高倦勤，嬖人和珅有宠，四十一年三月，先阿桂一月入政府；阿桂虽为首辅，屡奉敕赴各省督师，治河，赈灾，谳狱，久劳于外，席不暇暖；于是政府实权遂入于和珅手。和珅者，正红旗满洲人，乾隆三十四年，以文生员袭三等轻车都尉。三十七年，挑补粘竿处侍卫；以奏对称旨，荐擢御前侍卫，授副都统。四十一年，授户部侍郎，在军机大臣上行走；旋授总管内务府大臣，兼任步军统领。四十五年，擢户部尚书，御前大臣，领侍卫内大臣，兼都统；其子丰绅殷德指尚十公主。四十九年，协办大学士；五十一年，授大学士；在政府二十四年（乾隆四十一年至嘉庆四年），权势熏灼。性敏给，遇事机牙四应，善揣人主喜怒，一时向用之专殆无其匹；达官贵人咸奔走其门，鬻爵卖官，招权纳贿；每值珅下值时，朝士伺立道左，惟恐或后；时人称其宅前为补子胡同。督抚司道畏其倾陷，不得不辇货都门，结为奥援。当时方面大员，如山东巡抚国泰、甘肃布政使王亶望等，赃款累累，屡兴大狱；侵吞公款，钞没赀产，动至数十百万。其始诸人皆和珅之党，迨罪状败露，和珅不能为力，则亦相率伏法。然诛殛愈众，贪风愈炽，或且惴惴焉惧罗法网，益图攘夺剥削，多行贿赂，隐为自全之地；故乾隆中叶以后，墨吏独多（看《庸庵笔记》卷三，入相奇缘条）。和珅宠眷既隆，出入内廷，遇所好之物，径取之出，不复关白。四方贡献，辄以上者入珅第，次者入宫中（看《清朝野史大观》卷六，和珅之贪黩条）。其家人差役亦到处招摇，横行无忌：乾隆四十五年，步军统领衙门差役杜成德等为暴于山东，博山知县武亿捕而杖之；大吏劾奏亿，和珅请免亿官。五十一年，御史曹锡宝奏："和珅家人刘全服用奢侈，器具完美，恐有借端撞索情事；应密行侦访，严加惩创。"时上方在热河，命留京王大臣查办；王大臣多有为和珅地者，锡宝遂得罪，革职留任（看《国朝先正事略》卷二十一，钱南园通副事略）。五十八年，两淮盐运使柴桢以挪移商人盐课银二十二万两，补填前在浙江盐道任内亏空案伏诛；录其簿书，中有"馈福公金一千两"语；实系馈尚书福长安者。和珅与浙江巡抚福崧有隙，嗾其私人两淮盐政戴全德坐赃于福崧；逮至京。中途赐死（看《清史纪事本末》卷三十四第一页，《啸亭续录》卷二，《清朝野史大观》卷六，吴雅中丞条）。左都御史窦光鼐性伉直，尝发和珅私事，和深衔之。六十年会试，光鼐为正总裁，会元王以铻、亚元王以衔，皆浙人，兄弟也；和珅在上前指出，上疑其有弊，命大臣复试，罚停以铻殿试，夺光鼐职，与副总裁同交部议处。阅八日，进呈殿试前十名卷；拆视弥封，第一名乃以衔也；乃不深究（阅《清朝野史大观》卷六，兄弟同榜条）。仁宗嘉庆元年，御史谢振定巡视东城，有乘违制车招摇过市者，询之则和珅妾弟，其人怙势横甚，振定痛杖之，焚其车于通衢。事闻。诏振定指实；则车已焚，无左验，坐免官（看《国朝先正事略》卷二十一，钱南园通副事略）。朝野士大夫无敢与之抗者，和珅益得以窃弄威福，甚至行文各省，令凡有摺奏，先具副封白军机处，然后上闻（看《清朝野史大观》卷六，入相奇缘条）。又以阿桂与己不合，阿桂在朝，则办事多不在军机，而自移于他处。御史钱沣疏论之，上下诏饬责，命沣稽查军机处。和珅忌沣，凡军机劳苦事多委之；以劳瘁卒（看《国朝先正事略》卷二十一，钱南园通副事略）。每预文字之役，忮刻特甚；凡得卷非其属意者，先视笔误挖补处抉去之；其无笔误者，则吹毛求疵，以指甲深划之；与诸大臣会同阅卷，和珅辄专决取舍（阅《清朝野史大观》卷六，和珅忮刻条）。乾隆六十年，立皇十五子嘉亲王颙琰为皇太子。次年正月，帝传位于太子，太子即位，是为仁宗，改元嘉庆。尊帝为太上皇帝，仍总万机。和珅自居拥戴功，骄恣益甚；外而封疆大吏，领兵大员，内而各部院翰詹科道大小臣工，顺其意则立荣显，稍露风采。折挫随之。专政既久，吏治益坏，卒酿成川楚教匪之变。和珅更任意稽压军报，授意各路将帅，虚张功级以邀奖叙；而己亦得封公爵。又于核算报销时勒索重贿，以致将帅不得不侵克军饷；教匪乘之，蔓延几不可收拾（看《清朝野史大观》卷六，入相奇缘条）。嘉庆四年正月，太上皇崩，御史广兴、郑葆鸿，给事中广泰、王念孙等交章劾和珅罪状，诏革职逮问；旋赐死，籍其家；金玉珠宝之多逾于大内（阅《庸庵笔记》卷三，《清朝野史大观》卷三查抄和珅家产清单，卷六和珅之家财条）。

第三节 官吏之贪黩

高宗即位之初，提督鄂善、山西学政喀尔钦相继以受贿伏诛，然官吏苞苴请托之习迄未能革。乾隆十三年，浙江总督喀尔吉善奏劾巡抚常安贪婪；问实，论绞（看《清鉴易知录》正编八第十二页）。二十二年，山西布政使蒋洲（原任大学士廷锡之子）亏帑二万余金，勒派通省属员弥补；事发，论斩（看《清鉴易知录》正编九第七页，《清朝野史大观》卷六记蒋洲条）。三十五年，贵州巡抚良卿以执法贪赃伏法，其子发往伊犁，给厄鲁特为奴（看《清鉴易知录》正编十第四页）。四十五年，云贵总督李侍尧以贪纵营私，革职拿问（看《清鉴易知录》正编十第十一页）。然此皆未兴大狱者，其兴大狱者尚多，兹略举于下以供参考。

一、两淮盐引案

乾隆三十三年，尤拔世任两淮盐政，风闻盐商积弊，居奇索贿，未遂。乃奏言："上年普福奏请预提戊子三十三年纲引，仍令每引缴银三两以备公用，共缴贮库银二十七万八千有奇。普福任内所办玉器古玩等项，共动支过银八万五千余两；其余见存十九万余两，请交内府查收。"朝廷以此项银两，历任盐政并未奏闻，私行支用；检查户部档案，亦无造报派用文册；且自乾隆十一年提引后，二十年来，银数已过千余万，其中显有蒙混欺蚀情弊；密派江苏巡抚彰宝会同拔世清查。旋据彰宝等查复：节年预行提引，历任盐政运使等均有营私侵蚀等弊，其数共约一千一百余万。乃革运使赵之壁职，逮前任盐政高恒、普福，运使卢见曾下狱，处绞；历任运使何煟、吴嗣爵等降级调任有差。现仕两江总督高晋，前任总督尹继善均以不能觉察，交部严加议处。（看《东华录》乾隆朝卷六十七，六十八）

二、甘肃捏灾冒赈侵蚀监粮案

甘肃地瘠民贫，布政使王亶望怂恿总督勒尔谨，奏请开捐监生，积粮备荒。一面勾通全省地方官吏，折收银两，以低价勒买民间粮食。又将各属县灾赈，历年捏开分数，侵冒监粮逾数十万。亶望升任浙江巡抚，布政使王廷赞踵其辙。四十六年，甘肃回民作乱，廷赞奏缴积存廉俸四万两以资兵饷；亶望亦捐银五千两，办理浙省海塘工程。上以甘省地方瘠薄、何以藩司佥称美缺？廷赞仅任甘省藩司，何以家计充裕？若云有营私贪黩之事，何以声名甚好？亶望在甘省藩司任内，亦未闻其勒索属员；何以到浙未久，即能坐拥厚赀？因思甘省收捐监粮，其中必有私收折色，多得平余情弊。是年五月，诏钦差大臣大学士阿桂、署陕甘总督李侍尧严密访查，尽得诸情弊。诛亶望，赐勒尔谨死，廷赞处绞；甘肃全省现任及前任府州县官吏，侵冒赈银至二万以上者处斩立决，二万两以下者处斩监候；死者自首府蒋全迪，首县程栋以下凡二十余人，其余分别情罪轻重，充军、监禁者四十余人；而诏书屡云“不为已甚去已甚”，则当时犯罪者之实数尚不止此数也。（看《东华录》乾隆朝卷九十三，九十四）

三、国泰勒索属员亏空库款案

国泰者，和珅私人，乾隆四十三年，任山东巡抚（看《清史稿》疆吏年表六），贪纵营私，勒派所属州县，亏帑数十万；各州县效之，每处亏款多者亦至数万，全省共亏款约二百万。布政使于易简（原任大学士，敏中之弟）与国泰朋比为奸，纵情攫贿。四十七年四月，御史钱澧上疏劾之，诏和珅与左都御史刘墉前往查办，令澧从行。澧不俟和珅，先数日行，微服止良乡。见干仆乘良马过，索夫役其张；迹之，则和珅遣往山东赍信者也。澧详审其貌，未几，仆还，澧路遇之；搜其身，得国泰私书，具言借款填库备查等事，中多隐语，立奏之。和珅极力交欢澧，澧谢却之，知不可以私干，又谋已泄，不便回复；乃具实奏闻。（看《国朝先正事略》卷二十一，钱南园通副事略）诏赐国泰、易简死，前任济南知府吕尔昌、冯埏经手勒索，前任按察使叶佩荪，现任按察使梁肯堂同城密迩，未能早日陈奏；国泰之兄国霖遣使为其弟送信，均逮问，降革治罪有差。各州县亏款者，从宽留任，令其上紧弥补。（看《东华录》乾隆朝卷九十五）

四、陈辉祖查抄王亶望家财抽换抵兑案

王亶望在甘藩、浙抚任内时，屡次贡献器物，宫廷只收数件，余俱发还。亶望得罪，诏浙闽总督兼管浙江巡抚事陈辉祖（协办大学士大受之子）查抄其任所赀财，发还之物无一存者；上疑其不实不尽。四十七年七月，诏新任布政使盛住密查。旋据盛住奏：升任粮道王站住首先随同抄籍，有将金

易银，挪掩情弊。诏大学士阿桂、侍郎福长安往查。旋查出辉祖与前任布政使国栋通同舞弊，以银易金，隐匿玉器，抽换朝珠；前任布政使李封，按察使陈淮、王果知情不举；知府王士瀚、杨仁誉经手检查、代造伪册；知县杨先仪、张翥代交铺户、买银卖金等情弊。诏赐辉祖死，国栋、王士瀚、杨仁誉拟斩监候，杨先仪、张翥发往新疆，充当苦差；李封、陈淮革职，发往河南，在河工上效力赎罪；王果免官。（看《东华录》乾隆朝卷九十七）

此外若浙闽总督富勒浑纵容家丁殷士俊、李士荣关通婪索，营私舞弊案（五十一年事，见《东华录》乾隆朝卷一百三，一百四），闽浙总督伍拉纳，福建巡抚浦霖（看《啸亭杂录》卷一诛伍拉纳条），前任总督富勒浑，雅德婪索盐务陋规，属员馈送，赃累钜万，以致通省仓库钱粮亏空案等（六十年事，见《东华录》乾隆朝卷一百二十），皆侵渔至数十百万；上自督抚，下至胥吏，合通一气。一省如此，他省效尤，已经发觉者如此其多，未经发觉者更不知凡几。甚至全省亏空，令官吏赔补，则桀骜者更以快其饕餮之私，清廉者不得不望属员之助，吏风益坏，国势益偷，小民益苦，而乱机乃潜伏于下矣。（阅《东华录》乾隆朝卷一百十二十一月上谕宣布之尹壮图奏）

乾隆时代贪吏表

贪吏姓名	告发人姓名	论罪之年月	罪状	处刑
提督鄂善	御史仲永檀	乾隆六年正月	受俞姓贿银一万两	赐死
山西学政喀尔钦	御史	同年七月	贿卖生童，纵仆营私，违禁渔色	正法
浙江巡抚常安	浙江总督喀尔吉	十三年二月	贪婪	论绞

山西布政使蒋洲	军机大臣会奏	二十二年十一月	亏帑二万余金，勒派通省属员弥补。	论斩
前两淮盐政高恒、普福，前两淮盐运使卢见曾。	两淮盐政尤拔世	三十三年	自乾隆十一年后，预提纲引，仍令每引缴银三两以备公用，二十年来，其数共约一千一百余万	论绞
贵州巡抚良卿		三十五年正月	执法婪赃	伏法
云贵总督李侍尧		四十五年五月	贪纵营私	斩监候后奉特赦
陕甘总督勒尔谨，布政使王亶望、王廷赞以下数十人	上自觉察	四十六年五月	捏灾冒赈，侵蚀监粮	赐勒尔谨死，诛亶望，廷赞处绞，其余处死刑者二十余人，监禁者四十余人
山东巡抚国泰，布政使于易简	御史钱澧	四十七年四月	勒索属员，亏空库款	赐死。同官坐降革者数人
浙闽总督陈辉祖	上自觉察	同年七月	查抄王亶望家财抽换抵兑	赐辉祖死，同官坐降革充发及斩监候者九人

浙闽总督富勒浑		五十一年	纵容家丁关通婪索，营私舞弊	
浙闽总督伍拉纳，福建巡抚浦霖，前总督富勒浑，雅德		六十年	婪索盐务陋规，属员馈送，赃累巨万	

第四节　吏治之败坏

官吏既贪黩，吏治自败坏，此当然之因果。乾隆盛时，法严令行，然吏治固未能极端整饬；及和珅当国，吏治乃愈不可问矣。二十八年，大学士刘统勋奉命查勘河南杨桥漫工，河吏以刍茭不给为辞，月余事未集。统勋微行河干，见乡民舆送刍茭者，大小车凡数百辆，皆弛装困卧，有泣者；问之，则主者索贿未遂，置而不收也。即令缚主者至，数其罪，将斩之；巡抚为固请，乃杖而荷校以徇。薪刍一夕收立尽，逾月工遂竟（看《清史稿》列传八十九，《春冰室野乘》大臣微行条，《清朝野史大观》卷六，刘文正塞杨桥决口条）。五十一年，朝廷因浙江州县仓库亏空，特派大学士阿桂，户部尚书曹文埴，刑部侍郎姜晟，工部侍郎伊龄阿等先后驰往查办（据《清史稿》部院大臣年表三），留伊龄阿为巡抚，而密诏学政窦光鼐据实陈奏。光鼐严劾平阳（旧属处州府，今属瓯海道）知县黄梅借弥补仓库为名，科敛肥橐，赃款累累。命阿桂等查复，则谓并无其事；伊龄阿又诬光鼐以种种罪状，诏褫光鼐职，逮问。诏未到杭，伊龄阿先遣人监视学政衙署；忽有归安诸生王以衔、王以铻兄弟，以门生投刺来谒，脱留棉袄一件而去。光鼐拆视其中，则皆黄梅勒捐之田单印票，图书收帖二千余张，光鼐大喜过望，因奏："黄梅以弥补亏空为名，在任捐钱，户给官印田单一张。在任八年，侵赃二十余万。"因将田单印票图书收帖各检一纸呈递。上谓："凡事可伪，而官印与私记不可伪；且断不能造至二千余张之多。况字帖俱有业户花名排号，确凿可据。"因命光鼐同阿桂往审讯，尽得实状；诛黄梅，伊龄阿与前抚福崧革职，阿桂等交部议处（看《清朝野史大观》卷三，浙江州县仓库亏款案）。五十八年，宗室长麟巡抚浙江，闻仁和令有贪墨声，乃微行访察之。一夕遇令于途，问何适？以巡夜对。麟曰："时仅二鼓，出巡无乃太早；盍从我行乎？"乃悉屏从人，徐步入一酒肆，据坐沽饮。问酒家迩来得利何如？对曰："利甚微，重以官司科派，动多亏本。"问："汝一细民，科派胡以及汝？"酒家颦蹙曰："父母官（指县令）爱财如命，不论茶坊酒肆，每月悉征常例。蠹役假虎威，且取盈焉。小民何以聊生！"因历述令之害民者十余事。麟略饮数杯，付酒钱出；笑谓令曰："小人言多已甚，我不轻听，汝亦勿怒也。此时正好徼巡，盍分道行矣。"令去，麟复返至酒家，叩门求宿。夜半，剥啄声甚厉，启视，则里胥县役持朱签来拘卖酒者。麟出应曰："我店东也。"役拘麟与酒家同至县署，令一见大骇，免冠叩首。麟升座，索其印去（看《春冰室野乘》大臣微行条）。乾隆末年，海盗渠魁某横行浙江洋面，崇明副将杨天相擒之，江南提督陈大用飞章入告，仓猝未会两江总督衔。总督某（按《清史稿》疆臣年表二，乾隆五十二年以后，书麟任总督最久，苏凌阿，福宁亦曾任之，未详为何人）耄而贪，衔大用独奏，思有以中之。有旨命总督审明正法，盗以十万金贿总督，竟以诬良为盗定案；出盗于狱。杀天相于海口，戍大用军台；提协两标兵俱击鼓呼冤，愿罢伍归农，几酿大变。上海民为天相焚纸钱，灰如山积。逾年，盗诣山东巡抚衙门自首，巡抚不欲兴大狱，诛盗而讳其事（看《清代轶闻》卷一，杨天相之冤狱条）。

是时和珅贪横于内，福康安豪纵于外，督抚习为奢侈，致库藏空虚。五十五年十一月，内阁学士尹壮图还自云南（省亲归），上疏其言其事，语侵和珅。珅怒，请令壮图盘查各省仓库，而令侍郎庆成监之；举动辄为成掣肘，无由察实，反劾壮图妄言。帝大怒，革壮图职；于是终高宗世，无复敢言和珅者。（看《东华录》乾隆朝卷一百十二，卷一百十三，《清朝野史大观》卷六，尹阁学条，《清史纪事本末》卷三十四第一页）

第五节　军官之豪侈

当时军官豪侈，酿成风气，诸将帅皆然，而以福康安为尤甚。福康安以贤相傅恒之子，孝贤纯皇后之侄，其兄福灵安、福隆安，弟福长安皆尚主；福灵安早卒，福隆安、福长安俱以尚书充军机大臣。福康安少贵，不知稼穑之艰难；初以副都统从定西将军阿桂征金川，有功，超封三等嘉勇男。自是以后，出将入相杖钺专征二十年，高宗奇宠之，每战辄妙选人才以为之佐，而以福康安尸元帅之名。功成以后，福康安膺上赏，而诸将帅反居其次（看《清朝野史大观》卷三，福文襄被异数有十三条）。其征甘肃石峰堡叛回也，大学士阿桂为将军，福康安与领侍卫内大臣海兰察为参赞。乱平以后，阿桂由一等诚谋英勇公加一轻车都尉，海兰察由一等超勇侯加一骑都尉，福康安则由三等嘉勇男超封一等嘉勇侯（看《清史稿》诸臣封爵世表，《圣武记》卷七，国朝甘肃再征叛回记，《满汉大臣列传》卷三十，福康安传）。其征台湾逆匪林爽文也，福康安为将军，海兰察及台湾总兵升任福建陆路提督，义勇伯柴大纪为参赞；功成以后，福康安超封一等公，海兰察则仅晋封二等公，柴大纪则以守诸罗，功高，朝廷待之恩礼厚；又以出迎将军时，不执櫜鞬之仪，为福康安所嫉；诬以罪，逮至京，弃市（看《清史稿》诸臣封爵世表，《圣武记》卷八，乾隆三定台湾记，福康安传）。其征廓尔喀也，福康安为将军，海兰察以参赞领前锋，屡战屡胜，福康安志得意满，不听海兰察持重之谋，自将大军轻进，为敌所乘，败绩；赖海兰察以后队应援，始免全败。及廓尔喀请和，诸将班师，福康安进号忠锐嘉勇公，加一轻车都尉，海兰察仅晋封一等公。其生平战绩皆恃海兰察，海兰察又为其征金川时故帅（征金川时，海为参赞，福为领队大臣），故极力周旋之；海兰察亦顾全朝廷大体，不与计较功勋高下，甘居其下（看《清史稿》本纪十四，《清朝野史大观》卷六福康安周旋海兰察条）。其征湖南叛苗也，时海兰察已卒，福康安及和珅之弟四川总督和琳为帅。督七省官兵，与苗相持一年余，专以招抚为策。降苗受官弁者百余人，月给盐粮银者数万人，旋抚旋叛。朝廷焦劳，日盼捷书，晋封福康安忠锐嘉勇贝子，旋以病卒于军，赠郡王；追封其父傅恒为郡王，照宗室例，使其子袭贝勒，孙袭贝子，曾孙袭镇国公，减至未入八分公止，世袭罔替（看《圣武记》卷七，乾隆湖贵征苗记，福康安传）。其人既系贵胄出身，性情豪华奢侈，富于纨袴习气：其用兵时，大军所过，地方官供给动逾数万。福康安既至，则笙歌一片，彻旦通宵。又善歌昆曲，每驻节辄手操鼓板，引吭高唱；虽前敌开仗，血肉横飞，而袅袅之声犹未绝（看《清稗类钞》第二十四册豪侈类，福康安享用之豪条）。征台湾凯旋时，自二衢（浙江故衢州府）方舟下严陵（浙江故严州府），江（由富春江下钱塘江）舟设重楼，陈百戏，中军鼓吹竞作，从官舟衔舳舻，并两岸直下，军容之盛为史策所未有（看《清朝野史大观》卷六，嘉勇贝子条）。其督两广时（乾隆五十四年），寄书湖北按察使李天培，索购材木；巡漕御史和琳劾之，下诏诘责，罚俸（看福康安传）。尝过九江，召匠剃发；其奏刀簌簌如风，令人如不觉。剃毕，命赏五十金去。剃发匠出告人曰："吾生平为人剃发多矣，无如此之难者！"盖福康安剃发时，坐卧任意，又倏忽转侧，一不留意，则易致伤损，深惧获罪也（看《清朝野史大观》卷六，剃发条）。出行坐轿，用轿夫三十二名，分四班更替执役，轿行若飞。日驰百里。其出师督阵亦坐轿，轿夫每人须良马四匹，凡更役时辄骑马随从。轿夫皆壮狡者，颇暴横，骚扰民间。征廓尔喀时，强入良民家，攫妇女钗珥；巡视都司徐斐诃禁之，其党伍捽徐下马，痛殴之，冠服皆裂。随营成都知府姚令仪捕轿夫，杖毙之以示众；福康安怒，撤令仪差。时令仪已保升川东道，摺已缮，并寝其摺（看《清朝野史大观》卷六，姚令仪，轿夫及福康安舆夫之横暴条）。其西征时，声势赫弈，所经州县以办差不善登白简者不一而足（看《清朝野史大观》卷六，陬邑办差条）。凯旋以后，户部书吏索其军需报销部费，上刺请见，贺喜求赏。福康安大怒，厉声诘问，对曰："索费非所敢，但用款多至数千万，册籍太多，必多添书手，日夜迅办，数月之间全行具奏；上方赏功成，必一喜而定。若无巨资，就本有之人分案陆续题达，非三数年不能了事；今日所奏乃西军报销，明日所奏又西军报销，上意厌倦，必干诘责；物议因而乘之，必兴大狱。此乃为中堂计，非为各胥计也。"福康安大悦，遽饬粮台与以二百万。其司阍奴亦分得门包十万（看《清朝野史大观》卷六，部吏口才条）。其征苗也，令总兵花连布结一营当大营前以御贼，悉以剿事委之；而日置酒高会，或杂以歌舞。花连布昼夜巡徼，饥不及食，倦不及寝。苗人知福康安不愿战，乃兽骇豕突，或一日数至；花连布竭力堵御，贼退始敢告福康安知。如此百昼夜，须发尽白；而卒不能成功（看《啸亭杂录》卷八，《清朝野史大观》卷六，花老虎条）。其人本非将帅才，高宗以宠爱之故，必欲王之；因绌于家法，乃令其攘阃外之功，以为分封之基础。嘉庆年间，屡下诏追责福康安滥费（看福康安传），然军营习惯已成，不能改。

当时军需固皆发帑，无加赋，而州县吏私派之弊实不能免，边省尤甚。乾隆征缅之役，调满洲、索伦兵各五千，每站夫马倍给雇价，然多供有司浸润，民间不沾实惠。赵翼《檐曝杂记》曰："镇安府（今广西田南道天保县）应兵夫马，皆民间按田均派，每粮银一两科至六两余。因藩库例不先发，令有司垫办；有司亦令民垫办，俟差事毕始给；及差毕而给否，莫敢过问矣。至黔苗应徭役，一家出夫，则数家助之；故夫役尤多"云云。此皆令典所无，甚有军需告竣，而已加之费吏不肯减，遂沿为成例，逐年征收；非积久，发愤上控不能裁革。乾隆时代犹如此，嘉、道以后更可知矣。（看《圣武记》卷十一，武事余记兵制兵饷）

第六节 财政之虚耗

顺治初年，除明季三饷（辽饷、练饷、剿饷），而东南各省尚未入版图，大兵四出，供亿钜万。顺治八九年间，岁入额赋仅一千四百八十五万，而诸路兵饷岁需一千三百余万，加以官俸各费二百余万，计岁出一千五百七十三万四千；出浮于入者八十七万五千有奇。十三年以后，增饷至二千万，嗣又增至二千四百万，除存留款项外，仅入额赋一千九百六十万；缺饷额至四百万，而各项经费犹不入焉。世祖终不稍加一赋，惟躬节俭，汰冗员、冗费，且蠲赈岁书，悉取给于节省之余。此见大学士张玉书所述者如此。

康熙初年，三藩作乱，云、贵、川、湖、闽、粤、陕、浙、江西各省变动，天下财赋复去三分之一。开捐例三载，仅入二百万，则其时海内之歉啬可知。今见于方略者，若裁节冗费，改折漕贡，量增盐课杂税，稽查隐漏田赋，核减军需报销，亦皆所裨无几。而其时领兵将帅，藉夫马、舟船、器械、刍茭为名，需索苛派；甚至挚金置产，隔省购妾，无一不达上听；则其供亿之浩繁又可知（看《圣武记》卷十一，武事余记兵制兵饷）。帝政尚宽，自元年至四十四年，所免钱粮共九千万有奇；五十一年，又免地丁银三千三百万有奇；自准部兵事暂定以后，海内承平，国库贮存逐渐增加，至四十八年，户部库存银达五千余万两（见吴熊光《伊江笔记》）。晚年兵事再起，库银需用殆尽，所存者仅八百万两而已。

世宗即位，承圣祖疏节阔目之后，命怡亲王允祥、尚书隆科多、大学士白潢、左都御史朱轼等设立会考府。命各省督抚严查历年亏空，限三年以内填补。更进而讲求增加收入之法，兹将其最著者列下以供参考。

一、火耗归公　火耗之制始于明，于正税之外加征几分，以为官吏经手费。清初屡设厉禁，而实际仍不能止。康熙时，朝廷默许一分，然有加至二三钱者。雍正二年，山西布政使高成龄奏请耗羡归公，用以充官吏之养廉，许之。自是地方公费胥取给于火耗，国家减一重大担负。

二、常例捐输 康熙时开捐，三年间所得不过二百万两，所捐知县达五百人。雍正初年，西北用兵，复开捐例，至末叶每年收入可达三百万云。

三、增收盐课 顺治初年，每年盐税仅五六十万两，末年，渐增至二百万两；康熙中，增至三百万两；乾隆时，增至七百余万两；雍正时代之收数可以比例推知。

四、整顿关税 清初，关税入款官吏任意侵蚀，每年不过四百余万两。雍正时，着意清理，每年增加一倍有奇。

世宗躬行节俭，整饬吏治，及其末年，库存见银达六千余万两。西北两路用兵，动支大半；乾隆初年，库存不过二千四百余万两。（据阿桂疏）

高宗好大喜功，在位时代，四方用兵，威力所及，西南至廓尔喀，东北至库页岛；军费所需，历代无比。乾隆十二年，金川事起，军费银七百七十五万两；十九年至二十五年，平定准回，军费银二千三百十一万两；三十一年至三十四年，前后二次征缅甸，军费银九百十一万两；三十六年至四十二年，第二次征金川，军费银六千三百七十万两；五十一年至五十二年，征台湾，军费银米千余万（福建本省先用九十三万两，邻省拨五百四十万两，又续拨二百万两；本省用米三十万石，邻省拨米一百一十万石，加以运脚，约共千余万）；五十二年至五十三年，征安南，军费银百余万两，加以五十五年至五十七年征廓尔喀之役，共用军费约一万二千万两以上。以当时国库收入每年仅三千余万两比例推之，岁出之额不为不钜。然当承平日久之后，又加以雍正时代整理财政之结果，民殷物阜（看《清代通史》卷中之二，第一篇，第四章，第二十五中衰之原因四），四十一年，诏称库存六千余万；四十六年，诏称库存增至七千八百万；且普免天下钱粮四次，普免七省漕粮二次，巡幸江南六次，共计又不下二万万两；而五十一年诏书，仍称库存七千余万两（看《圣武记》卷十一，武事余记兵制兵饷）；是为清朝库岁极富时代。高宗自恃充裕，任情挥霍，大兵大役征调频繁，颇难为继。乾隆十年，梁诗正任户部尚书，疏言："每岁天下租赋，除官兵俸饷各项经费外，惟余二百余万；实不足备水旱兵戈之用。今虽府库充盈，乞皇上以节俭为要，勿兴土木之工，黩武之师，庶以持盈保泰。”（看《清史稿列传》卷九十梁诗正传，《啸亭杂录》卷八，舒梁阿三公远见条）上不能用。

先是雍正年间，定制直省绿营官亲丁名粮：提督八十分，总兵六十分，副将三十分，参将二十分，均马步各半；都司十分，守备八分，千总五分，把总四分，均马一步四；此武官应得之虚粮也。乾隆四十七年，诏以：“即位之初，户库贮银不及三千万两，今已增至七千八百万两；尚何不足而不散财藏富？近今各省兵丁赏恤红白银约四十万，准作正项开销，无庸裁扣。又京师增兵四千九百余，陕甘增兵万二千九百余，其马步粮饷约计五十万；共计二项，岁支尚不及百万。至各省武职名粮马乾等项，其即挑补实额，别设养廉，岁支亦不及二百万。庶官员既无拮据，而各省复增兵力。”大学士阿桂上疏争之曰：“国家经费有常，若岁增额三百万，核计二十余年，即须用七千万。水旱军需，事所常有，请酌增滇、黔、川、广边省之兵，其腹地无庸概增实额。”旋经户部驳议，谓：“每年度支约余银五百余万两，今即增费三百万，尚岁余二百万；一切开支尚属裕如。”于是增兵额六万，岁增饷银三百万两；而营伍积习相沿，仍属有名无实，缺额依然。嘉庆十八年，户部尚书英和奏言：“武职名粮岁增百万，三十余年即三千余万，请敕下部臣详查，酌量裁减。”诏从之，然卒不能仍复原数；遂为清室财政上之一大漏卮。

嘉庆初年，川楚军需逾万万两，以屡次开捐所收七千余万两（嘉庆六年工赈例收银七百余万两，九年衡工例收银一千一百二十余万两，十一年捐输例收银七百余万两，十三年土方例收银三百余万两，十五年续增土方例收银三百五十九万两，川楚善后例收银三千余万两，豫东例收银七百五十余万两）抵之，尚不及新疆、金川两次之数；乃嘉、道两朝，撙节倍昔，而司农告绌者，其原因复有二端：

一、宗禄之增加　顺治初，宗室从龙入关者二千余人，道光中叶，增至三万余人，岁糜廪禄数百万。

二、民欠之增加　康熙五十年至雍正四年，民欠地丁银八百十三万两，每年平均仅欠六十万两。道光年间，钱粮奏销七成以上得免考成，每年拖欠不下二百万，有亏于官，蚀于胥吏者，亦有欠于民者，皆冀十年恩免一次；不数年复积千余万。（看《圣武记》卷十一，武事余记兵制兵饷）

顺治时代岁入岁出表

年代	岁入	岁出	出浮于入
八九年间	一千四百八十五万	兵饷一千三百余万，官俸各费二百余万，共一千五百七十三万四千	八十八万四千
十三年以后	一千九百六十万兵	饷二千万至二千四百万	缺饷二百万，各项经费犹未算入

康熙初年整理财政表	雍正时代整理财政表
一、裁节冗费	一、火耗归公
二、改折漕贡	二、常例捐输
三、量增盐课杂税	三、增收盐课
四、稽查隐漏田赋	四、整顿关税
五、核减军需报销	

有清盛时免征钱粮表

年代	所免钱粮数
康熙元年至四十四年	免钱粮共九千万有奇
同五十一年	免地丁银三千三百万有奇
乾隆时	普免天下钱粮四次普免七省漕粮二次

有清盛时库存银数表

年代	库存银数	原因
康熙四十八年	五千余万两	准部定后，海内承平已久，库存逐渐增加
同晚年	八百万两	兵事再起，库银需用殆尽
雍正末年	六千余万两	世宗躬行节俭，整饬吏治
乾隆初年	二千四百余万两	西北两路用兵，动支大半
同四十一年	六千余万两	承平日久，民殷物阜
同四十六年	七千八百万两	同
同五十一年	七千余万两	同

有清前半期捐输岁入表

年代	数目	年代	数目
康熙时	三年间所得不过二百万两	雍正末年	每年收入三百万两
嘉庆六年	工赈例收银七百余万两	嘉庆九年	衡工例收银一千一百二十余万两
同十一年	捐输例收银七百余万两	同十三年	土方例收银三百余万两
同十五年	续增土方例收银三百五十九万两	又	川楚善后例收银三千余万两
又	豫东例收银七百五十余万两		

有清前半期盐课岁入表

年代	数目	年代	数目
顺治初年	每年五六十万两	顺治末年	每年二百万两
康熙中	每年三百万两	乾隆时	每年七百余万两

乾隆时代军费表

年代	战役	费银
十二年	第一次金川之役	七百七十五万两
十九年至二十五年	平定准回	二千三百十一万两
三十一年至三十四年	前后二次征缅甸	九百十一万两
三十六年至四十六年	第二次金川之役	六千三百七十万两
五十一年至五十二年	征台湾	银米千余万两石
五十二年至五十三年	征安南	百余万两
五十五年至五十七年	征廓尔喀	未详

雍乾年间绿营官亲丁名粮表：

提督八十分，总兵六十分，副将三十分，参将二十分，均马步各半。

都司十分，守备八分，千总五分，把总四分，均马一步四。

嘉、道两朝财政困难原因表：

一、宗禄增加　顺治初，宗室二千余人。道光中叶，增至三万人，岁縻廪禄数百万。

二、民欠增加　康熙五十年至雍正四年，民欠地丁银八百十三万两，每年平均仅欠六十万两。道光年间，钱粮奏销七成以上得免考成，每年拖欠不下二百万两。

第七节　八旗生计之困难

清室初入关时，京师禁旅与各省驻防旗兵合计约二十万人。旗人受王府之命，四方经商，或以出卖人参为名，骚扰地方，甚招汉民反感。政府为维持风化计，禁止旗人经营商业。从此满汉分居，汉人得安其农、工、商贾之业者二百余年（看《清朝全史》第三册，第五十章，满洲八旗之不长于生产）。说者谓降臣洪承畴实建以汉人养旗人，不令旗人营生计之策（看《清代轶闻》卷二，洪承畴有功汉族条），又谓降臣金之俊建议，凡旗人不得经营商业，王公不得私离京城（看《清朝野史大观》卷三，金之俊限制满洲法条），其事迹然否？疑莫能明也。旗兵既受朝廷优待，月给银，岁给米，饷糈颇厚；余丁亦给与腴田，使之耕种；国家有典礼时，必沐恩赐；且时常与以特别补助。吴三桂平后，朝廷发帑银五百六十万两，代旗兵偿积负（看《圣武记》卷二，康熙戡定三藩记）。康熙四十二年，设官库于各旗，由户部拨银六百五十五万两为官库资本，使各旗大臣管理之，以为救济旗人之用；同时又免欠纳租银数百万两。然而大多数旗人受政府豢养已久，盲于生产事业；据雍正五年谕旨云："从前先帝轸念兵士战功，为其偿还债务，发帑金五百四十万两，一家平均赐给数百两；然未闻置有何等产业，一二年间，荡然无余。其后先帝又赐六百五十余万两，亦如前次立即用尽。朕即位以来，八旗兵丁，每回赐给三十五六万，已有数次；不待十日，又悉妄用。此库银非百姓之膏脂乎？彼等将来若不改恶习，虽加以恩惠，终于无益。"（看《清朝全史》第三册，第五十章，生计困难之二因）同时并下诏书：禁止八旗人员销毁制钱，制造器皿；禁止滥制衣服（看《东华录》雍正卷，十五年正月上谕）。高宗亦谓："彼等金钱入手，径赴市上滥买绸缎，不知爱惜。一般兵士常先借一年之俸饷，至次年又借半年，以为习惯。此旗人生计所以益陷于困穷也"云云。（看《清朝全史》第三册，第五十章，生计困难之二因）

八旗生计困难之原因：固由于不善节俭，抑亦生齿浩繁所致。世祖时，京师八旗定额甲士八万，圣祖时，增为十二万。一甲之丁，积久而为数十丁，数百丁，非复一甲之粮所能赡。计八旗丁册：乾隆初年已数十万，道光末年至数百万；而所圈近京五百里之旗地，大半尽典于民；政府出资赎回旗丁屯卫田，官佃收租，津贴疲丁，岁不下数十百万两。赎回旗人旧圈田，归官收租，于岁终分赏旗兵一月钱粮，约岁需银三十八万两（看《圣武记》卷十一，兵制兵饷）。聚数百万不士、不农、不工、不商、不兵、不民之人于京师，而莫为之所，虽竭海内之正供不足以赡。世宗有见及此，议移旗人于东三省，终未实行。乾隆中叶已患人满，舒赫德、梁诗正（看《清史稿列传》九十）、孙嘉淦、张芳湹、沈起元诸臣先后上疏；或言“盛京、宁古塔、黑龙江沃壤数千里，仅为牧场闲田；请移八旗散丁数万屯东三省，以实旧都而还淳朴，分京师生齿之繁”。或言“独石口外七十里之红城子，再百里之开平，即元上都地；襟山带河，城墉犹在，膏腴不下数万顷。张家口外七十余里之兴和城（今察哈尔张北县），又西百余里之新平城（当系今兴和县），川原广沃，更胜开平；可耕之地亦不下数万顷。请移满兵万人分驻四处，屯垦牧猎。又言“在京旗人情愿下乡种地者，将畿内八旗公产及赎回旗产，每人给种一二百亩。其汉军罢仕，情愿在外成家者，许其呈明置买田产，听地方官吏约束”。或请“改各省城守营驻防”。或请“听闲散汉军出旗”。诸臣条奏，有未准行者，有准行而下未奉行者，有奉行而终无成效者（看《圣武记》卷十四，军储篇四）。乾隆六年，采用梁诗正议，先以八旗余丁三千人，分派于拉林（河名，发源于吉林滨江道摩天岭，流经五常、双城等县入松花江。河中流北岸有拉林城，在双城县境内）、阿勒楚喀（河名，发源于吉林滨江道长寿县帽儿山，下流经阿城、滨江等县，入松花江。中流南岸有阿勒楚喀城，今为阿城县）二地。此二处土地肥饶，交通便利，可以经营农业。政府给银为治装费，沿途供给车马川资，到屯后给与房屋、田地、资本与牛、犁、种子；计一户支出费银百余两，总共费银数万两。乃屯田之始，旗人即无意永住，仍以放荡为生活；阅时未久，即盗卖田地于汉人，陆续逃回京师。高宗大怒，命逮捕逃丁，加以惩治；然卒未能实行（看《清朝全史》第三册，第五十章，京营八旗移住之议）。于是八旗生计问题遂迁延至今未能解决。

八旗生计困难原因表：

一、政府功令，禁止旗人经商。

二、旗人受政府优待，不劳而获厚饷，故浪费特甚。

三、旗人游手好闲已久，不愿务农，故屯田不能成功。

有清盛时救济旗人生计表：

一、吴三桂平后，朝廷发帑银五百六十万两，代旗兵偿积负。

二、康熙四十二年，设官库于各旗，由户部拨银六百五十万两为官库资本，以为救济旗人之用。

三、同时免旗人欠纳租银数百万两。

四、世宗即位以后，每回赐给八旗兵丁三十五六万两，凡数次。

五、同时禁止八旗人员销毁制钱，制造器皿，滥制衣服。

六、乾隆年间，政府出资赎回旗丁屯卫田，官佃收租，津贴疲丁，岁不下数十百万两。赎回旗人旧圈田，归官收租，于岁终分赏旗兵一月钱粮，约岁需银三十八万两。

七、乾隆六年，分派八旗余丁三千人。在拉林、阿勒楚喀屯田，官给房屋，田地，资本与牛，犁，种子；计一户支出费银百余两；总共费银数万两。

乾隆年间诸臣筹划旗人生计计划表：

一、请移八旗散丁数万屯田东三省。

二、请移满兵万人屯田于独石口外之红城子、开平；张家口外之兴和城，新平城。

三、凡在京旗人有愿下乡种地者，请将畿内八旗公产及赎回旗产，每人给种一二百亩。其汉军罢仕，情愿在外成家者，许其呈明置买田产。

四、改各省城守营驻防。

五、听闲散汉军出旗。

第八节　八旗满人之汉化

自来文化较低之民族与文化较高之民族杂居时，例被同化；满汉杂居，当然不能外此例。满人同化于汉族，本一种向上心理之表示，乃可庆之事，非可忧之事。然以少数征服之满族与多数被征服之汉族杂居，国民性沦亡，民族自归于消灭，主权亦不能保守；清室列祖列宗深忧之，乃设种种方法，以防止满人被同化。雍正二年，吉林地方官赵殿最奏请于该地建造太庙，设立学校，教满汉子弟读书应考。帝览之，不悦；下诏却其奏（看《清朝全史》第二册，第四十二章，满洲国俗渐坏条）。清朝初入关时，王大臣无不挽强善射，国语纯熟。居久渐染汉习，多骄逸自安。高宗知其弊，凡射不中法者，立加斥责；或命为贱役以辱之。乡会试必先试弓马合格，然后许入场；故勋旧子弟熟习弓马。尝谓近臣曰："周以稼穑开基，国朝以弧矢定天下，何可一日废武。"满洲旧旗有命名如汉人，或译国姓为汉姓者，帝深鄙之；亦深恐忘本故也（看《啸亭杂录》卷一，《清朝野史大观》卷二，不忘本条）。明将军亮为孝贤纯皇后犹子，少时尝入闱乡试；高宗偶问其从父大学士傅恒，"汝家有与试者无？"傅恒以实对。上曰："世家子弟何必与文士争名？"擢明亮蓝翎侍卫，命从征西域；明亮甫出闱，即匆匆就道（看《啸亭续录》卷一，《清朝野史大观》卷六明参政条）。后立功金川，又平定川、湖、陕教匪，为乾、嘉间名将。然同化力之强为汉族特色，周之獯鬻、猃狁，春秋时代之山戎、北狄，秦汉时代之匈奴，三国两晋南北朝时代之鲜卑，唐之突厥、回纥、沙陀，宋之契丹、女真、蒙古，凡北方民族侵入中国，与汉族杂居者，无一不被汉族同化；八旗子弟当然不能外此例。抑所谓八旗子弟者，本一极驳杂之团体，其中有黑龙江之蛮人，有豆满江之野人，有栖息于松花江上流地方深林中之女真人，行猎于嫩江流域之达瑚尔人及索伦人，概冠以新旧满洲之名称。有在尼布楚俘归俄国捕虏百余名，亦编一佐领，列入旗籍。此外有蒙古八旗，汉军八旗。汉军本汉族降人，无所谓被同化。满、蒙旗人本无固有之宗教道德伦理，足以维持其民族思想；一旦杂居中国内地，凡典章、制度、语言、文字以及衣食住等一切风俗习惯无一不摹仿汉族，日久自然同化；康、雍、乾三代虽设法极力防止，然终归于无效。乾、嘉以后之满洲皇室，不过寄居中国本部一客体而已（看《清朝全史》第二册，第四十二章，满洲国俗渐坏条）。

嘉庆元年二月，镶黄旗都统查出该旗汉军秀女内有缠足者，衣袖宽大，竟如汉人装饰；诏各旗严行晓示禁止。道光十八年，复下诏谓："近来旗人妇女，往往衣袖宽大，甚至一事不可为，而其费亦数倍于前。至仿效汉人缠足，尤属违制。此等恶习，于国俗人心关系甚钜。著八旗都统、副都统等随时详查，一经查出，即将家长指名参奏，照违制例治罪。倘仍复因循从事，不能实力奉行，定将该都统等一并严惩，决不宽贷。"（看《清代通史》卷中，第十九章五）然习俗已成，迄不能改。

清室防止满人汉化表：

一、雍正二年，吉林地方官赵殿最奏请于该地建造太庙，设立学校，教满汉子弟读书，诏不许。

二、高宗提倡骑射，凡八旗人员射不中法者，立加斥责。

三、高宗禁止满人命名如汉人，译国姓为汉姓。

四、高宗禁止世家子弟入乡闱，与文士争名。

五、仁宗禁止汉军秀女缠足，衣袖宽大。

六、宣宗重申禁止八旗妇女缠足及衣袖宽大。

第二十三章　清室衰乱之原因二 汉族之反动

第一节　明末遗民文字之鼓吹与清廷对于汉族学者之压制

汉族本位思想始于上古之时，汉人自称曰华，曰夏，而称四围民族为蛮、夷、戎、狄，即此种思想之表示也。南北朝时，南谓北为索虏，北谓南为岛夷；蒙古勃兴，称汉人为蛮子，汉人称蒙人为鞑子，亦此种思想之表示也。有清初年，满洲以少数未开化民族入主中国，汉族当然发生反感。一班仁人志士竞起义师，反抗清廷，为汉族争人格；家破身亡，终不少悔。少数孑遗之遗老，或逃窜山僻，或混迹闾阎，或避地异域，著书立说，发为不平之鸣，以文字鼓吹排满。余姚黄宗羲，明天启朝御史忠端公尊素之子，南京陷后，屡起义兵，偕钱肃乐、张煌言等抗清师，濒于九死。明亡，始绝意国事，奉母乡居。著述甚多，有《明夷待访录》一书：其中《原君》一篇反对帝王专制，《原臣》一篇划清臣子义务。昆山顾炎武，江南世家，昆山城陷，其母抗节死。炎武奔走南北，通观形势，阴结豪杰以图复明。半世生涯，大半消磨于旅行中。既而知事不可为，乃绝意进取；定居陕西华阴，专以著述为事。著有《日知录》、《天下郡国利病书》、《帝王宅京记》、《肇域志》等书，以寄托其耿耿之志；其惟一之目的在唤醒汉人，使知行己有耻，实事求是。衡阳王夫之，曾助瞿式耜抗清兵，明亡，不肯剃发，转徙苗瑶山洞中，终身不出。著述甚多，其《读通鉴论》中有云："即使桓温辈功成而篡，犹胜戴异族以为中国主。"余姚朱之瑜，明宗室，隐居不仕。南京陷后，起义兵抗清师，奔走国事十五年，明亡，走日本乞师，遂不返。日人待以宾师之礼，所著《舜水文集》中有《阳九述略》一篇，内分致虏之由，虏祸，灭虏之策等条，末题"明孤臣朱之瑜泣血稽颡谨述"（阅梁启超《近三百年学术史》）。降臣钱谦益（江南常熟人，福王礼部尚书，顺治二年迎降，三年引疾归）著有《初学集》、《有学集》二诗集，指斥满人语甚多，以剃发及国语两事为最伙。其文集中有《赠愚山子序》一篇，中有云："九州十道并为禹迹，燕代迤北杂处戎胡，厥后茹血衣毛，奄有中土，肃慎孤竹，咸事翦除，皆马国之杂种，幽冀之部落。"又有《一匡辨》一篇，排斥满人甚烈（看《春冰室野乘》钱牧斋诗案条）。此外若《戴名世山南集》、《吕留良文集》，皆反对满人。清廷以强力镇压之，顺、康、雍、乾四朝，叠兴文字狱，康熙五十二年，杀戴名世（看本编第九章，第五节）；雍正十年，戮吕留良尸（看本编第十二章，第三节）；乾隆三十四年，毁钱谦益集（看《贰臣传》卷十本传），又以购求遗书为名，广搜野史、诗集、文集之关于指斥者，一律销毁。乾隆三十九年八月，谕两江、浙闽、两广、湖广各省督抚，遴派妥员，检查藏书之家。四十一年，据江西巡抚海成奏："各属搜买以及民间缴呈应毁禁书，前后共有八千余部"之多。自乾隆三十九年至四十七年，据兵部所报：天下销毁之书，共二十四次，五百三十八种，凡一万三千八百六十二部。五十七年，复严谕各督抚云："江西、江苏、浙江等省份较大，素称人文之渊薮，民间书籍繁多；所以不能禁绝者，皆由督抚等视为等闲耳。"（看《清代通史》卷中，第一章，五书籍之颁禁）则当时施行之严厉可知，而遗老之著述，有关于前朝遗事之纪载，或眷怀故国，反对蛮夷猾夏之诗文集，俱付之一炬矣。

清初排满著作表

著作者	书名
黄宗羲	明夷待访录
顾炎武	日知录，天下郡国利病书，帝王宅京记，肇域志
王夫之	读通鉴论，宋论
朱之瑜	阳九述略
钱谦益	初学集，有学集，赠愚山子序，一匡辨
戴名世	南山集
吕留良	晚村文集

第二节　满汉待遇之不平

以上原因为时势所造成，非清廷本意；然而有清对待汉族，颇有伤感情者，即满汉待遇不平等是也。朝廷大吏参用满汉，汉人则任重而品低，满人则位尊而权重。清初内阁大学士满汉各半，满人一品，汉人二品；雍正初，并定为正一品，然首相必用满人；虽汉相位重年尊，然列衔例在首席满相之下；至光绪年间，李鸿章始一破例。军机大臣亦如此，其领班者为事实上之首相，照例用亲王或满大学士充之；汉大学士充军机大臣者，虽资深望重，然列衔例在领班满大学士下也。六部尚书及都察院左都御史：旧制满员一品，汉员二品；侍郎，满员二品，汉员三品。雍正八年，满汉尚书都御史俱定为从一品，侍郎从二品；然满员掌印，汉员主稿，终有清一代如此；满员权力重，汉员义务重也。内阁学士、中书，各部司员、翰、詹、科、道及各寺堂司各官，或满汉同数，或满多于汉。宗人府、内务府、理藩院等衙门，大体皆满缺，无汉缺也（偶有一二汉缺非重要位置也）。外官：巡抚以下间用汉人，总督则不多觏也。武官：将军、都统、副都统以下旗营将官皆用满人，提督、总兵以下绿营将官始参用汉人也。故有清一代民政、财政、军政大权皆在满大员手，汉大员仅听指挥，供奔走之役（看《清史稿》职官志，大学士年表，军机大臣年表，部院年表，疆臣年表）。惟满人中既少治平之才，复多贪黩之辈，是以为政窳败，其弊亦甚著。顺、康之时，有侃侃直陈时务，以申论满汉偏见之不当者：马世俊殿试策有云："唐贞观时，天子问山东关中同异；而其大臣曰：'王者以天下为家，不宜示同异于天下。'裴度既平蔡，即用蔡人为牙兵；而曰：'蔡人即吾人。'今天下遐迩倾心，车书同轨，而犹分满人、汉人之名，恐亦非全盛之世所宜也。"储方庆殿试策有云："今日三公九卿，为陛下之疑丞辅弼者，莫不并列满汉之名。督抚大臣，则多寄于满人，而汉人十无二三焉。……陛下既为天下主，即当收天下才，供天下用；一有偏重于其间，臣恐汉人有所顾忌，而不敢尽忠于朝廷；满人又有所凭藉，而无以取信于天下矣。"（看周寿昌《思益堂日札》卷五）朝廷不能用。乾隆八年，考选御史，试时务策，编修杭世骏对策中有云："意见不可先设，畛域不可太分。满洲贤才虽多，较之汉人仅十之三四；天下巡抚尚满汉参半，总督则汉人无一焉，何内满而外汉也？"上大怒，革世骏职。（参阅本编第二十一章，第二节）

朝廷有大征讨，往往以满员充仗钺秉旄之任，而以汉员服冲锋陷阵之劳；及其成功，则满员以元帅资格受上赏，汉员以偏将资格居其下。平滇之役，勇略将军赵良栋为首功；及论功行赏，则抚远大将军图海封三等公，平南大将军赉塔追封一等公，良栋仅封一等子，乾隆时始追封一等伯也（看《国朝先正事略》卷二，图文襄公事略，卷五，赉襄毅公事略，卷十一，赵襄忠公事略，《啸亭杂录》卷五，赵勇略条）。平青海之役，奋威将军岳钟琪为首功；及论功行赏，则抚远大将军年羹尧（汉军镶黄旗人，湖北巡抚遐龄之子，左都御史希尧之弟，世宗敦肃皇贵妃年氏之兄也）封一等公，加一精奇尼哈番（后改为子爵），钟琪仅封三等公也（看《清史稿》卷八十二年羹尧传，卷八十三岳钟琪传）。第一次征金川之役，四川提督岳钟琪为首功：及论功行赏，则经略傅恒（满洲镶黄旗人，户部尚书米思翰之孙，察哈尔总管李荣保之子，孝贤纯皇后之弟也）封一等忠勇公，钟琪仅复三等威信公也（看《清史稿》卷八十三，岳钟琪传，卷八十八，傅恒传）。凡同等战功，照例满员赏厚，汉员赏薄。乾隆湖贵征苗之役，福康安、和琳以七省官军，当铜仁、永绥、乾州、凤凰数县之苗，劳师糜饷年余，卒以招抚政策，敷衍了事；及论功行赏，则福康安由一等忠锐嘉勇公晋封贝子，追赠郡王，子袭贝勒，孙袭贝子，曾孙袭镇国公，世袭罔替；和琳封一等宣勇伯，追封一等宣勇公；都统额勒登保封威勇侯，将军明亮封襄勇伯，护勇统领德楞泰封继勇子，何其优也！（看《国朝先正事略》卷二十二，福文襄公事略，额忠毅公事略，德壮果公事略，《圣武记》卷七，乾隆湖贵征苗记）及苗人再叛，地方长官力不能讨，中央困于川湖陕白莲教匪之乱，亦无力顾及；凤凰厅同知傅鼐用坚壁清野策，练乡勇数千，驱策熟苗以攻生苗，经营十年，苗疆大定，朝廷未出一兵，未折一矢，坐收苗疆千里之地；及论功行赏，仅补鼐辰沅永靖兵备道，加按察使衔，又何其薄也！（看《国朝先正事略》卷二十三，傅廉访事略，《圣武记》卷七，嘉庆湖贵征苗记）川湖陕教匪之役，经略勒保、额勒登保、参赞德楞泰，倚知县刘清、乡勇罗思举、桂涵之力以成功；及论功行赏，额勒登保封一等威勇侯，德楞泰封一等继勇侯，勒保封一等威勤伯；而刘清仅擢四川按察使，旋以勒保弹劾，降补州部员外郎；罗思举仅擢太平协副将，桂涵仅擢夔州协副将也（看《清史稿》卷三十一，勒保、额勒登保、德楞泰传，卷三十四罗思举传，《国朝先正事略》卷二十三，刘大一方伯事略，《圣武记》卷九，卷十，嘉庆川湖陕靖寇记）。道光重定回疆之役，将军长龄以恢复西四城，擒张格尔功，封二等威勇公，赏不为不优；同治西征之役，钦差大臣左宗棠平定陕甘二省回匪，恢复天山南北路，论功行赏，仅由一等恪靖伯晋封二等恪靖侯，赏又何其薄也！（看《国朝先正事略》卷二十二，长文襄公事略，中兴名臣事略，卷五，左文襄公事略）石峰堡之役，朝廷发大兵恢复一城，福康安以参赞封一等嘉勇侯，赏何其优（看《圣武记》卷七国朝甘肃再征叛回记）。太平天国之乱，钦差大臣曾国藩以自练之湘军，与部将李鸿章所练之淮军，保障东南十余省，剪灭太平天国，亦仅封一等毅勇侯，赏又何其薄也！（看《中兴名臣事略》卷一，曾文正公事略）乾隆三定台湾之役，福康安有功而公，柴大纪有功而戮（看《清史列传》中福康安传，柴大纪传）。嘉庆平定川湖陕教匪之役，战时乡勇居前，绿营汉兵次之，旗兵殿后；战胜则旗兵受大赏，绿营兵次之，乡勇不得与；战死则旗兵必当具奏，蒙优恤；绿营兵亦须咨部，乡勇则募人另补，不必上闻；平时饷糈，旗民最优，绿营兵次之，乡勇最下（看《圣武记》卷九，嘉庆川湖陕靖寇记四）。赏罚不公如此，而欲汉人心悦诚服，何可得也！

满汉待遇不平表：

一、清初，朝廷大吏参用满汉，汉人则任重而品低，满人则位尊而权重。

二、雍正以后，满员汉员官职同者品级亦同；然满员掌印，汉员主稿，满员权力重，汉员义务重。

三、京师各衙门官缺：或满汉同数，或满多于汉，或有满无汉。

四、外官：巡抚以下间用汉人，总督则不觏。

五、武官：驻防旗营皆用满人，绿营将官始参用汉人。

六、朝廷有大征讨，往往以满员充仗钺秉旄之任，而以汉员服冲锋陷阵之劳。及其成功，则满员以元帅资格受上赏，汉员以偏将资格居其下。

七、凡同等战功，照例满员赏厚，汉员赏薄。

八、川湖陕教匪之役，战时乡勇居前，绿营汉兵次之，旗兵殿后。战胜则旗兵受上赏，绿营兵次之，乡勇不得与。战死则旗兵必须具奏，蒙优恤，绿营兵亦须咨部，乡勇则募人另补，不必上闻；平时饷糈，旗兵最优，绿营兵次之，乡勇最下。

第三节　秘密会党之结合

一、三合会

明末起义兵者既已陆续失败，遗民之有志图恢复者，乃秘密结合，创为带有宗教性之会社，以潜寄排满复明之宗旨。惟年湮代远，事绩多失传；至今可考者，仅三合会、哥老会而已。三合会一名天地会，又称三点会，其起因颇近神话。相传创立者为福建福州府甫田县九连山中之少林寺僧蔡德忠、方大洪、马超兴、胡德帝、李式开等五人，称为前五祖；加入者为湖广境内壮士吴天成、洪太岁、姚必达、李式地、林永超等五人，称为后五祖。会中誓言曰“如天之长，如地之久，历千万年，必复此仇”，故称天地会。教祖郑君达之妻郭秀英，妹郑玉兰，为清兵所逼，殉难三合河（三合，今县名，属贵州黔中道，有天河、大河、马场河合流，故名），故又名三合地。会中以反氵月（隐清字）复氵日（隐明字）为宗旨，自称洪门（隐洪武字及朱姓），所创立之支部，名称多用水字旁（如江彪部、洪髈部、汩龄部、淇麟部等皆是），故又名三点会。其头目称总理、大元帅或大哥，第二头目称香主或二哥，第三头目称白扇、先生或三哥，第四头目称先锋，第五头目称红棍，普通会员称草鞋。会章有三十六誓、二十一则、十禁、十刑等，团结力极强。乾隆五十一年，其头目林爽文举兵台湾，声势浩大；虽不久即破灭，而余党潜匿各处，乘机思动。嘉庆十四年，会员胡炳耀等十七人谋起兵于江西崇义县（旧属南安府，今属赣南道），事泄，被戮。二十二年，会员千余人集合于梅岭（大庾岭），与广东兵战。道光十二年，会员与瑶人联合，攻官军于湖广。瑶人得贿退兵，三合会独立苦战，败绩，死者甚众。是时三合会以福建为根据地，蔓延及于台湾、两广、湖南、江西等省。道光二十九年，会员举兵攻两广，粤寇洪秀全乘之，蹂躏东南十余省，卒为曾国藩等所歼灭。三合会员乃结合同志，阴图再举；于是南洋群岛相继有分会创立。光绪十二年，三合会员三千人起兵于广东惠州府宁山，二十四年，头目李立亭、洪振年等起兵于广西梅林、南宁，二十六年，头目郑弼臣与兴中会首领孙文联合起兵于惠州，虽不旋踵即破灭，然民国创业伟人孙中山先生毕生之革命事业发轫于此时，是为民国发祥之始。

二、哥老会

哥老会以复明为宗旨，当时清室已统一中国，极目神州，已无片土为明人根据地，乃设为理想的国家，以海上主人翁自命；名其秘籍曰海底，机关部曰码头，会中首领曰掌舵，会员称洪家兄弟，彼此初见时，往往询“老哥喝的哪一路水？”哥老二字为会之总名称，其狭义之名称则各地不同，然必暗合哥老二字或洪字以明系统：两湖、河南、陕西等省称江湖（取洪字偏旁及哥字之半嵌入之），云、贵、四川三省称工口（折哥字之半成之，今讹为公口），河北称混混（取洪字偏旁与昆字合之昆兄也），江浙称洪帮（今讹为红帮），江西称洪江会，广东称三点会（取洪字偏旁）。有清末年，统计会中人数全国不下七十余万。首领称正龙头，其下有副龙头，次为坐堂、陪堂、刑理堂、执堂，谓之五堂；又有盟证及香长，共称内八堂；皆为老大。次为心腹及圣贤，皆老二；次为当家，老三；次为管事，老五；次为福禄，老六；次为巡查，老八；次为大九、小九，皆老九；次为大幺、小幺，皆老十（通称老幺）；称为外八堂。会中无老四、老七，相传谓为曾出会而反对者，故不设；其事迹然否？疑莫能明也。每码头之掌舵，例以老大充之，总管码头事务，有指挥一切之权；每有命令，众兄弟无不遵办。老三经理内部事务，老五经理对外事务，老六以下但供奔走之役而已。

会章极严，凡身家不清白者与剃发匠、轿夫、伶人皆不许入会。光绪十七年，会员关熙明、李丰谋举事，事泄，被杀。二十六年，头目李云彪、杨鸿钧与兴中会、三合会领袖联合举兵于惠州，败绩。三十年，头目马福益谋举兵于湖南，事泄，被杀。三十二年，福益部下头目复率萍乡矿夫举兵，破醴陵、浏阳，将长驱以攻长沙；以子弹不继，败绩。及革命党起，与之结合，哥老会员遂多数加入革命军矣。

第四节　清初汉族之革命运动

清初汉人之起兵者，大都被政府加以叛逆之名；然名义上称为叛逆者，事实上即为反清独立，当然认为革命运动。顺治五年五月，天津妇人张氏自称天启后，与其党王礼、张天保等私制玉印令旗，谋为不轨，事泄，被诛。是为第一次革命运动（看《清鉴易知录》正编一，第十五页）。十一月，降将大同总兵姜瓖叛，陷朔州；明故将万练据偏关，刘迁据雁门关，王永强据榆林应之。宁武、苛岚、保德、代州、繁峙、五台、浑源相继陷没，太原、西安同时告急。诏英亲王阿济格、睿亲王多尔衮先后统大众征之，六年八月，大同城中食尽，诸将杀瓖以降，练、迁等亦先后败死，是为第二次革命运动（看正编一第十六页，逆臣传卷四，姜瓖传）。七年二月，降臣李建泰据太平（今山西汾城县）反，讨诛之。是为第三次革命运动（同第十六页）。十八年十月，山东于七反，命将军济世哈剿之；次年五月，平。是为第四次革命运动（正编二第十六页、正编三第二页）。康熙二年八月，福建王铁佛作乱，扰延平、建宁，官军讨擒之。是为第五次革命运动（正编三第三页）。十二年十二月，吴三桂反，孙延龄、耿精忠、王辅臣、尚之信等蜂起应之，二十年十一月，平。是为第六次革命运动（看本编第三章，三藩之乱）。十二年十二月，杨起隆诈称朱三太子，与其党以白布裹头，约于京城内外放火举事。潜聚降将周全斌家，全斌之子公直等与焉。监生郎廷枢首告其事，都统图海、祖承烈等以兵围公直家，生擒其党数百人；惟起隆遁去。是为第七次革命运动（正编三第十五页）。十九年八月，杨起隆复起事于陕西，被获，凌迟处死。

是为第八次革命运动（正编四第六页）。二十七年六月，武昌被裁之督标兵作乱，推夏逢龙为首，戕巡抚、藩司，连陷嘉鱼、蒲圻、咸宁、汉阳诸县，犯德安。诏遣都统瓦岱赴援，七月，复黄州。提督徐治都败贼于赤矶山之鲤鱼獠，逢龙军溃，亡命黄岗，为官军所擒，伏诛。是为第九次革命运动（正编四第十五页，《圣武记》卷八康熙武昌兵变记）。四十六年，云南昆明人李天极等谋反，官军擒斩之。是为第十次革命运动（正编五第十四页）。四十九年，福建陈五显起，官军讨平之。是为第十一次革命运动（正编六第二页）。六十年五月，台湾民朱一贵反，提督施世骠、总兵蓝廷珍讨平之。是为第十二次革命运动（正编六第十二页，《圣武记》卷八，康熙重定台湾记）。乾隆三十九年五月，山东寿张县民王伦作乱，陷寿张、堂邑、阳谷，趋临清；大学士舒赫德讨平之。是为第十三次革命运动（正编十第八页，《圣武记》卷八，乾隆临清靖贼记）。五十二年二月，台湾彰化县民林爽文作乱，次年正月，将军福康安等讨平之。是为第十四次革命运动（正编十一第四页，《圣武记》卷八，乾隆三定台湾记）。革命运动如此频繁，一有机会，动辄思逞，当然为反清复明思想之一种表示。至乾隆末年，和珅专政既久，内政腐败已极，大爆发之机乃成熟矣。

清初汉族革命运动表

起事年月	起事者	响应者或同党者	起事地	侵略范围地	结果
顺治五年五月	张氏	王礼，张天保。	天津		事泄，被诛。
同年十一月	姜瓖	万练，刘迁，王永强	大同	山陕北部	败死
同七年二月	李建泰		太平		败死

起事年月	起事者	响应者或同党者	起事地	侵略范围地	结果
同十八年十月	于七		山东		败死
康熙二年八月	王铁佛		福建		被擒
同十二年十二月	吴三桂	孙延龄，耿精忠，尚之信，王辅臣	云南	扬子江西江流域大半及陕西	败灭
同年同月	杨起隆	周全斌	京师		事泄，遁去
同十九年八月	同		陕西		被获，诛死
同二十七年六月	夏逢龙		武昌	湖北北部	败死
同四十六年	李天极		昆明		被擒，诛死
同四十九年	陈五显		福建		败没
同六十年五月	朱一贵		台湾		败死
乾隆三十九年五月	王伦		寿张		败死
同五十二年二月	林爽文		彰化		败死

第二十四章　清室衰乱之原因三　回族之反动

第一节　河西之变

回族杂居中国，已历千年，然始终未与汉族完全同化。清室入关以后，对于回民与以平等待遇，对于回教表示相当敬礼，藉以联络回教徒之感情（看《清朝全史》第二册，第四十二章，第四十九页，优容回教徒条）。然回族对于满洲朝廷，仍时常发生隔阂。顺治五年四月，河西回米剌印、丁国栋，奉明故延长王朱识鋑作乱，陷甘州、凉州；渡河而东，连陷兰州、岷州、临洮，遂围巩昌（今陇西县）。号召土寇众十万，关辅大震。陕西总督孟乔芳时治固原，乃驰扼秦州（今天水县）；遣副将马宁、赵光瑞救巩昌，击破贼兵，解巩昌围。复遣宁、光瑞与副将张勇分路进讨，连破贼兵，复河东诸城，遂渡河而西。五月，张勇擒朱识鋑，斩米剌印，复凉州。八月，进围甘州，破贼兵于城下。贼食尽请降，逾月，复叛，西破肃州，立土伦泰为王，据城拒守。六年春，官军复甘州，丁国栋走肃州。十一月，张勇、马宁等复肃州，诛土伦泰、丁国栋及其党羽，河西平。

第二节　马明心之变

初，撒拉尔黑帽回者，居西宁番地，俗介番回，鸷悍好斗；所奉墨克回经，旧皆默诵。有循化厅（今西宁道循化县）回马明心者，归自关外，见西域回经皆朗诵，自谓得真传，遂授徒号新教，与老教相仇。乾隆四十六年三月，其徒苏四十三聚党杀老教徒百余人。兰州知府杨士机、河州协副将新柱以兵往捕，遇害。总督勒尔谨以标兵五百驰扼狄道州，调各镇兵剿贼，捕马明心，下兰州狱。贼兵二千余陷河州（今导河县），宵济洮河，径犯兰州。时兰州只有督标兵八百人，逆战，失利。贼断黄河浮桥以拒援师，绕城噪索马明心甚急。布政使王廷赞诛明心，凭城拒守。勒尔谨遣兵复河州，留兵断狄道，驰回兰州。诏发京师健锐、火器营兵，命大学士阿桂，领侍卫内大臣海兰察先后赴援，连破贼兵，是年六月，破其巢穴华林寺（在兰州城西南华林山上），乱平。

第三节　石峰堡之变

兰州贼平后，总督李侍尧查治新教余党，吏胥肆扰，于是伏羌县阿浑（回教师之称号）田五等藉词为马明心报复，仍兴新教。四十六年冬，葺通渭县（旧属巩昌府，今属渭川道）之石峰堡为巢穴。四十七年。聚谋礼拜寺，造旗帐兵械。四十八年四月，复聚众作乱；先徙其家属于石峰堡，而分屯伏羌县（在通渭县南，旧属巩昌府，今属渭川道）之鹿卢山，静宁州（在通渭县东北，旧属平凉府；今改县，属泾原道）之底店山、潘陇山扼险，号召不过数百人。提督刚塔等剿之，战于伏羌城外，田五中创死。李侍尧杀妇孺千余，贼党马四圭、张文庆等流言官兵欲剿绝回众，煽党四出。李侍尧逗遛靖远（属兰山道），不亲赴督剿；刚塔又误用贼谍，向导官兵于无贼之地。五月，贼遂从靖远渡河，陷通渭，胁从数千。诏逮李侍尧、刚塔，命大学士阿桂与福康安、海兰察讨之。七月，破石峰堡，诛首逆，释妇孺三千余，乱平。自是永禁回民不得立新教。

清初回族反动表

起事年月	起事者	党羽	起事地	侵略范围地	结果
顺治五年四月	米剌印、丁国栋	朱识锛，土伦泰	甘肃河西	甘肃河南	败死
乾隆四十六年三月	马明心	苏四十三	河州	兰州府	败死
同四十八年四月	田五	马四圭，张文庆	石峰堡	通渭，伏羌	败死

参考书

《圣武记》（卷七　国朝甘肃再征叛回记）　　魏源

第二十五章　清室衰乱之原因四 苗族之反动

第一节　湘、黔苗疆之形势

湖南、贵州之交，为武陵山脉支脉之腊耳山脉（据白眉初《中华民国省区全志》第五编，第三卷，第六章，第五节苗疆杂记云："猎耳山介楚、黔之间。其山自贵州正大营起，北分老凤、芭茅、猴子诸山，东接栗林、天星、鸭保、岑头诸坡；故苗之介居凤凰、乾州、永绥三厅及松桃、铜仁间者，往史统谓之腊耳山。腊耳山苗寨落：分隶铜仁、松桃者为黔苗，分隶乾、凤、绥、永、保五县者为楚苗；其性情风俗无甚区别"）；地处万山之中，为苗人集居地。汉为武陵、黔中二郡边地及五溪蛮，唐为锦州，明为红苗地及乾州哨千户所，永顺、保靖两军民宣慰使司，白崖峒、铜仁两长官司及桑植安抚司，分隶湖广、贵州都指挥使司。永乐十一年，以铜仁长官司为铜仁府，隶贵州布政使司。清初因之。康熙四十三年，尚书席尔达，偏沅巡抚赵申乔经略湖南，降生苗百四十寨，以故乾州哨千户所为乾州直隶厅（今乾城县），故红苗地南部为凤凰直隶厅（今凤凰县），隶辰州府（今属辰沅道）。于是腊耳山脉东麓始内属。雍正初，鄂尔泰经略西南，断行改土归流策，云、贵、广西诸土司陆续勘定，永顺、保靖等处各土官慑其余威，相继纳土；诏置永顺府：以永顺宣慰司治所为永顺县，白崖峒长官司治所为龙山县，保靖军民宣慰司治所为保靖县，桑植安抚司治所为桑植县，皆隶永顺府（今属辰沅道）。又于乾州之北故红苗地北部增设永绥厅（故城在今城南，今改县，属辰沅道），隶辰州府；其西故红苗地西部增设松桃厅（今改县，属镇远道），隶贵州铜仁府；于是腊耳山麓苗地悉受治于流官之下。（看《大清一统志》卷二八四，二八六，三九九，《清代通史》卷中，第四章，五湖贵苗地之沿革）

湘黔苗疆地名变迁表

地名	属何处	今地名	属何处	汉地名	唐地名	明地名	何时改流官	何人所收抚
乾州直隶厅	湖南辰州府	乾城县	湖南辰沅道	五溪蛮	锦州地	乾州哨千户所	康熙四十三年	赵申乔
凤凰直隶厅	同	凤凰县	同	同	同	红苗地南部	同	同
永顺县	湖南永顺府	永顺县	同	沅陆、零阳二县地，属武陵郡	溪州大乡县治	永顺军民宣慰使司	雍正初	鄂尔泰
龙山县	同	龙山县	同	同	溪州大乡县地	白崖峒长官司	同	同
保靖县	同	保靖县	同	迁陵县，属武陵郡。	溪州三亭县	保靖军民宣慰使司	同	同
桑植县	同	桑植县	同	武陵郡充县地	溪州慈利县地	桑植安抚司	同	同
永绥直隶厅	湖南辰州府	永绥县	同	五溪蛮	锦州地	红苗地北部	雍正初增设	

第二节　石柳邓之乱

其始苗畏隶如官，畏官如神，有司利之，往往以纤芥之争讼病及全寨。乾隆五十六年，激成石满宜之变，虽不久扑灭，而祸机已伏矣。永绥厅孤悬苗巢中，环城外寸地皆苗，改流以后，不数十年尽占为民地。黠苗倡言逐客民复故地，而乱端兆矣。六十年正月，铜仁府苗石柳邓举兵作乱，焚掠松桃厅正大营；永绥黄瓜寨苗石三保，镇筸（凤凰厅治所）苗吴半生、吴陇登、吴八月及乾州三岔坪苗聚众应之；围永绥，陷乾州，分兵攻掠保靖、酉阳、秀山（二县名，今属四川东川道）、铜仁等地，苗疆大震。诏云贵总督福康安、四川总督和琳会湖广总督毕沅、福宁（是时湖广设二总督）及湖南巡抚姜晟讨之。福康安以贵州兵解松桃围，和琳以四川兵定秀山县，闰二月，会攻石柳邓所据之大寨，破之；乘胜焚苗寨四十余，降二百四十余，石柳邓奔黄瓜寨。贵州苗略定。乃遣总兵花连布引精兵三千援永绥，三月，转载至城外，解永绥围。湖南提督刘君辅以兵二千，自保靖攻永绥东北，复花园（汛名，今为永绥县治）；进至隆团、鸭保（二地在故永绥城北，今永绥县治南），为苗兵所阻，饷道不通；花连布护贵州粮以饷，中途遇伏，失利；苗兵复围永绥，昼夜急攻两月余，副将富志那告急，福康安遣四川提督穆克登阿往援，刘君辅亦自隆团转战入。八月，围始复解。

是时乾州为苗巢穴，福康安、和琳将大军由贵州铜仁府属之正大营，缘腊耳山脉而东，自正面攻之；道途险远，苗兵扼险死守。福康安屯兵大乌草河，累月不能进。刘君辅献五路进兵策，福康安欲专其功，不肯从。福宁以兵役六千，欲由泸溪（县名，在乾州东）复乾州，中途为苗所遮，败绩，仅以身免；自是无敢从东路进者。是年四月，都统额勒登保、护军统领德楞泰等克黄瓜寨，覆石三保巢穴；进克高多寨，擒吴半生；石柳邓、石三保奔吴八月。八月据平陇（一作平隆，在乾州西三十里），自称吴王。九月，官军进至牛练糖，为鸭保（距平陇七十里）贼兵所阻，累月不能进。福康安不得已，乃专以招抚为事。十一月，吴陇登诱擒吴八月以降，八月子廷礼、廷义仍据平陇，与陇登相仇杀。

是时福康安、和琳将七省官兵，与贼相持一载，始既奏贼么麽不足数，及劳师旷日，则频以暴雨山潦涨阻为辞；而饷道崎岖，先后益兵数万，降苗受官弁者百余人，月给盐粮银者数万人，旋抚旋叛。军士不习水土，中暑毒死者日众，数省转输，费巨万计。嘉庆元年五月，福康安卒。六月，额勒登保等复乾州，进攻平陇。和琳与毕沅、福宁、姜晟等筹善后策；奏请：民地归民，苗地归苗，尽罢旧设营汛，分授降苗官弁以羁縻之。九月，和琳卒。毕沅以湖北、四川教匪甚剧，力请罢兵；诏书切责，不许；命将军明亮往会剿。十月，克平陇。十二月，斩石柳邓及吴廷义等，遂奏报苗疆平；而伏莽遍地，朝廷固无暇过问也。

乾隆末年苗疆之乱表

<table>
<tr><th>祸首</th><th>起事地</th><th>侵略范围地</th><th>清廷将帅</th><th>起事年月</th><th>戡定年月</th><th>结果</th></tr>
<tr><td>石柳邓</td><td>铜仁府</td><td>松桃厅正大营</td><td rowspan="6">云贵总督福康安，四川总都和琳，湖广总督毕沅，福宁，湖南巡抚姜晟，都统额勒登保，护军统领德楞泰，将军明亮</td><td rowspan="6">乾隆六十年正月</td><td rowspan="6">嘉庆元年十二月</td><td rowspan="6">祸首虽被杀，而伏莽遍地，旋抚旋叛，苗疆卒不能制</td></tr>
<tr><td>石三保</td><td>永绥厅黄瓜寨</td><td rowspan="5">围永绥，陷乾州，分兵攻掠保靖，酉阳，秀山，铜仁</td></tr>
<tr><td>吴半生</td><td>镇筸</td></tr>
<tr><td>吴陇登</td><td>同</td></tr>
<tr><td>吴八月</td><td>同</td></tr>
<tr><td>未详</td><td>乾州厅三岔坪</td></tr>
</table>

第三节　傅鼐之苗疆善后策

捷报至京，诏额勒登保移征湖北，明亮、德楞泰移征川东，留官兵二万分防，移湖南提督驻长州，与绥靖、镇篁二总兵分领之。裁留土塘苗兵三万七千，月给盐粮银如故以羁縻之。毕沅、姜晟一意主抚，而苗四出劫掠，边无宁日；藉口“苗地归田”之约，蔓延永绥、乾州、凤凰三厅地；姜晟倡“以苗为民”之议，议尽应其求。时凤凰厅治镇篁，当苗冲；同知傅鼐有文武材，知苗愈抚且愈骄，而兵罢难再动；乃思用坚壁清野，寓抚于剿计策以强民弱苗。镇篁镇总兵富志那尝从征大小金川，习知山碉设险之利，以授鼐；又举岁给降苗例饷数万畀之，故鼐得以豢苗者餍苗。日招流亡，附郭栖之，团其丁壮，而碉其要害；十余碉则堡之，年余犄角渐密。苗防出没，死力攻阻；鼐以乡勇东西援救，且战且修。其修之之法：近其防闲，遥其声势，边墙以限疆界，哨台以守望，炮台以堵敌，堡以聚家室，碉卡以守以战，以遏出，以截归；边墙亘山涧，哨台边中墙，炮台横其冲，碉堡相其宜；凡修此数者，近石以石，远石以土，或外石中土，留孔以枪，掘濠以防。又日申戒其民曰：“勉为之，不可失也！是有三利：矢不入，火不焚，盗不逾；有三便，族聚故心固，扼要故数敷，犄角故势强。”民竞以劝，百堵皆作。二年，苗人出，焚掠卜五峒；大吏将中鼐以开边衅罪。兵备道田灏阿大吏意，吝出纳以旁掣之；事且败。四年，黑苗吴陈受聚众数千犯边。诏书诘问湖南大吏，以楚苗久奏戡定，何复有纠众数千，连犯边卡之事；责姜晟严获首贼。鼐为擒之，始奏加知府衔俸。是年，碉堡成；五年，边墙百余里亦竣。每有警则哨台举铳角，妇女、牲畜立归堡，环数十里戒严，于是守备始固。时镇篁左右营黑苗最患边，适谍晒金塘苗因乏食出掠泸溪，即夜分兵三路捣毁其巢，仍伏兵要路，歼其归师；苗气始夺。六年，贵州苗作乱，鼐以乡勇千五百人驰赴铜仁。贵州巡抚伊桑阿至，叱其越境邀功，乃还楚界。伊桑阿以招抚勘定奏，回贵阳。时首逆枪械皆未缴，各寨方沸然；边民赴愬云贵总督琅玕，琅玕至，急檄鼐会剿，三日尽破诸寨。琅玕奏上其功，诏加鼐道衔，总理边务。仿湖南法，为贵州苗疆建碉堡；以永绥孤悬苗巢，形如釜底，乃建议迁城于花园；又议悉缴苗枪械以绝后患，永绥生苗、凤凰黑苗抗不缴械，鼐以乡勇千余、苗兵二千往讨，连战破其巢穴，余寨乞降，永绥苗一举平。由是师行所至，万山詟服，纳兵恐后。

十一年，贵州大吏乞鼐并檄黔寨勒缴枪械，苗疆平。

第四节　赵金龙之乱

苗疆既平，越二十余年，湖南南部复有瑶乱，以老将罗思举处置得宜，月余即行戡定，以视福康安之旷日持久、劳师糜饷、妒贤嫉能、养贼自重者迥不侔矣。然而论功行赏，征苗之役，共封一郡王（福康安），一公（和珅），一侯（额勒登保），一伯（明亮），一子（德楞泰）；征瑶之役，不过封两轻车都尉而已！（罗思举及总督卢坤）国家之爵赏人岂得谓之平哉？湖南衡、永、郴、桂四府州（今并为衡阳道），界广东连州（今岭南道连县），广西全州（今桂林道全县），踞五岭（邓德明《南康记》云：大庾岭，一也；桂阳骑田岭，二也；九真都庞岭，三也；临贺萌渚岭，四也；始安越城岭，五也）之脊。民瑶杂错，深谷重巘，风气戆鸷，与华不通。华民欺其愚，攘夺侵侮，官吏辄右奸民以朘瑶，积怨则变，今昔一辙。有赵金龙者，湖南永州锦田瑶，与衡州常宁瑶赵福才以巫鬼神其众。时楚粤奸民结天地会，屡强劫瑶寨牛谷，党联官役，瑶无所愬。于是金龙倡言复仇，道光十一年十二月，使赵福才纠广东散瑶及湖南九冲瑶共六七百人，焚掠两河口（当在江华县境内），杀会匪二十余人。十二年正月，永州镇总兵鲍友智调兵七百，合乡勇千余人进剿，毁贼巢，毙贼三百余，贼窜蓝山之五水瑶山，沿路裹胁，众至二三千，图据九疑山巢穴

(在蓝山县城西)。友智调宝庆兵，拟分道进攻；巡抚吴荣光劾友智轻进疏防，檄宝庆兵尽赴蓝山，而檄提督海凌阿由宁远赴援。海凌阿不侦探地势，率五百兵，由山僻小路冒雨深入；二月十四日，中途为贼所邀，败绩，全军歼焉。贼遂猖獗，虏胁将万人，分为三路，赵金龙、赵福才、赵文凤各将一路，犄角出没。诏两湖总督卢坤、湖北提督罗思举赴剿。思举为征白莲教匪宿将，善用兵；是月，鲍友智击斩赵福才，赵文凤部下解散过半。三月十日，罗思举至永州，以蓝山、宁远、江华，俱入粤门户，隘口不一；乃议大兵由新田后路蹑贼，遏其南窜；命鲍友智兵由桂阳夹攻，并分派诸将扼其西通道州零陵、祁阳小路。于是三路瑶四五千人，妇女二三千人，为官兵驱逼出山，东窜常宁之洋泉镇。其地为入山水口，有溪通舟，市长数里，垣墙坚厚。思举以贼逼归一路，且失其翻山长技；乃渐移各守隘兵进逼合围，四月二十二日，破之，诛金龙，瑶平。

参考书

《圣武记》(卷七　道光湖粤平瑶记)　　魏源

《大清一统舆图》(南七卷　第一页　第二页)　　纪昀等奉敕撰

第二十六章　白莲教匪之乱

第一节　白莲教之起源

中国秘密结社始于满洲侵入以后，而萌芽于东汉之时；东汉末年，钜鹿张角以妖术教授，号太平道；咒符水以疗病，遣弟子煽惑四方，聚徒众数十万作乱，时人称为黄巾贼；是为以邪教惑众倡乱之始（看第二编，第一期，第十五章，第一节）。张角败后，巴郡张修以妖术疗病，令病家出五斗米，聚众寇掠郡县，时人谓之米贼。沛人张鲁自祖父陵以来客蜀，世奉五斗米道；乘刘璋暗弱，据汉中，取巴郡，朝廷力不能讨，就宠鲁为镇南中郎将，领汉宁太守；是为教徒据地之始（看第二期，第一章，第七节）。有元末年，栾城人韩山童以白莲教会烧香惑众，倡言天下大乱，弥勒佛下生，河南及江淮愚民翕然信之；官捕之急，山童就擒，其党刘福通遂奉其子林儿作乱，连陷河南、山东、山西及塞外州郡，称宋帝，时人称为红巾贼；是为白莲教名称出现之始（看第三编，第二期，第五章，第一节）。明永乐间，山东蒲台县（旧属武定府，瓜属济南道）民林三妻唐赛儿自称佛母，以幻术惑众。十八年，据益都（旧青州府治，今属胶东道）卸石栅（在县城西南）寨作乱，攻下莒（旧属沂州府，今属济宁道）、即墨（旧属胶州，今属胶东道），围安丘（旧属青州，府今属胶东道）；都指挥佥事卫青讨平之（看《资治通鉴》纲目三编，卷七，永乐十八年蒲台妖妇唐赛儿作乱条）。有明末年，蓟州人王森复倡白莲教，自称闻香教主；其徒有大小传头及会主诸号，蔓延畿辅、山东、山西、河南、陕西、四川。后森为有司所诛，其子好贤与钜野（旧属曹州府，今属济宁道）徐鸿儒、武邑（旧属冀州，今属大名道）于宏志等奉行其教，徒党不下二百万。天启二年，鸿儒举兵反，自称中兴福烈帝，党徒以红巾为识，连陷郓城（旧属曹州府，今属济宁道）及邹、滕、峄三县（旧属兖州府，今属济宁道），官军讨诛之（看《资治通鉴》纲目三编，卷三十二，天启二年五月，山东白莲贼徐鸿儒作乱条）。自此以后，白莲教徒复销声匿迹；有清中叶，安徽人刘松复倡白莲教，假治病持斋为名，伪造经咒，惑众敛财。乾隆四十年，以河南鹿邑（旧属归德府，今属开封道）邪教事发，被捕，遣戍甘肃。复分遣其党刘之协、宋之清授教传徒，遍川、陕、湖北。日久党益众，遂谋不靖。倡言劫运将至，以同教鹿邑王氏子曰发生者，诡朱明后裔，以煽动流俗。乾隆五十八年，事觉，复被捕，各伏诛；王发生以童幼免死戍新疆，惟刘之协远飏。有旨大索，州县吏奉行不善，逐户搜缉，胥役乘之骚扰；武昌府同知常丹葵奉檄荆州、宜昌，株连罗织数千人，富有破家，贫者陷死，时川、湖、粤、贵人民方以苗事困丁征发，而无赖之徒亦以严禁私盐、私铸失业，至是益仇官思乱；于是刘之协未获，而荆宜之民遂公然发难矣。（看《圣武记》卷九，嘉庆川湖陕靖寇记一，《日本及日本人第五百六十九号支那革命党及秘密结社》第一章，白莲会，《清代通史》卷中，第一篇，第六章，叁肆）

中国历代教匪表

教魁	教名	根据地	年代	目的	侵略范围地	史上名称	结果
张角	太平道	钜鹿	东汉灵帝时	谋反	河南，河北。	黄巾贼	败死
张修	五斗米道	巴郡	同	寇掠		米贼	未成功而消灭
张鲁	同	汉中	东汉献帝时	割据	巴郡		为曹操击降

教魁	教名	根据地	年代	目的	侵略范围地	史上名称	结果
韩山童 刘福通	白莲教	栾城	元顺帝时	谋反	淮南、淮北、山东、山西、河南、陕西、及察哈尔、热河、辽宁、朝鲜	红巾贼	败死
唐赛儿		益都御石寨	明成祖时	谋反	莒、即墨、安邱县。		败死
王森	闻香教	苏州	明熹宗时	谋反	郓城、邹	白莲教匪	败死
徐鸿儒		钜野			滕、峄县		
刘松	白莲教	安徽	清高宗末	惑众		白莲教匪	遣戍甘肃
刘之协	同	同	谋反	同			被捕伏诛
李文成	天理教	滑县嘉庆	十六年九月初七日	作乱	长垣、东明、曹、定陶、金乡	天理教匪	败死
林清	同	大兴黄村	同九月十五日	同	禁城		伏诛

第二节　湖北教匪之起事　福宁之杀降

嘉庆元年正月，荆州之枝江、宜都，宜昌之长乐（今改五峰）、长阳，二月，宜昌之东湖，荆门之当阳、远安等县乱党蜂起，率以官逼民反为词，数月之间，蔓延湖北西半部襄阳、郧阳、荆州、宜昌、施南五府及荆门州地，南及于四川之酉阳（旧直隶州，今属东川道），北及于河南之邓州（旧属南阳府，今改县，属汝阳道）、新野（旧属南阳府，今属汝阳道），而襄阳贼数万最猖獗。其渠魁自刘之协外，有姚之富及教首齐林之妻王氏，皆骁悍出群盗之上。湖广总督毕沅、湖北巡抚惠龄、西安将军恒瑞各率兵进剿，朝廷命都统永保，侍卫舒亮、鄂辉至军，又调陕西、广西、山东兵会剿，先后奏报杀贼数万，而贼起益炽。于是始定分地任事之策：毕沅、舒亮当荆门、宜昌等江北方面，惠龄及总兵富志那当荆州江南方面，永保、鄂辉、恒瑞与将军明亮当襄阳方面，陕甘总督宜绵、直隶提督庆成当郧阳方面。五月，毕沅围当阳，不下；惠龄剿枝江贼，亦无效；襄阳贼分道出随州（旧属德安府，今改县，属江汉道）、安陆（旧为德安府治，今属江汉道）、钟祥（旧为安陆府治，今属襄阳道），进逼孝感（旧属汉阳府，今属江汉道），距汉阳仅百余里，武昌戒严。幸为大潦所隔，不得进。上以毕沅、惠龄屯兵久，六月，命永保总统诸军，先靖襄阳，而后分攻孝感。七月，宜绵、庆成破郧阳贼，歼其首从；毕沅、舒亮复当阳，惠龄破贼枝江，而明亮亦歼贼孝感（看《啸亭杂录》卷三，孝感之战条），汉阳始无恐。新补四川总督福宁、荆州将军观成破龙山（在江陵县西北十五里）贼于旗鼓寨，投出二千余人，福宁诱令入城领衣粮，尽坑之，以临阵歼戮奏，诏加太子太保；于是被胁从者皆自危，不敢降，贼势转盛。八月，永保会诸军围钟祥。襄阳贼既南犯不遂，乃折而西北，或窜入河南界。是时湖北境内贼徒，北惟襄阳，南则归（今秭归县）宜，势渐蹙。至十月而四川达州（旧绥定府治，今东川道达县）奸民徐天德等激于胥役，复与太平（今东川道万源县）、东乡（今东川道宣汉县）贼王三槐、冷天禄等并起，于是形势一变。（看《圣武记》卷九，嘉庆川湖陕靖寇记一，《中国历史教科书》本朝史，第三编，第二十一章）

第三节 四川教匪之起事

先是金川之役，官军溃于木果木，其逃卒之无归者，与失业夫役、无赖悍民散匿川东北，以剽掠为生，世称之曰啯匪。及官捕之急，则以白莲教为逋逃薮。达州知府戴如煌老病贪墨，胥役等假检查邪教为名，遍拘富户为勒索地；而徐天德等反以行贿得释（看《圣武记》卷九，嘉庆川湖陕靖寇记四所载嘉庆四年春之诏书）。至是襄阳败贼之一部窜入川东，天德等乘之，遂聚众举事。四川总督英善、成都将军勒礼善剿之，陕西巡抚秦承恩防御兴安（旧府名，今汉中道安康县），皆无敢疾驰掩其乌合者；贼遂由太平入陕，分扰兴安府属县，势日炽。（看嘉庆川湖陕靖寇记一，《本朝史》第三编，第二十一章）

第四节 永保、景安之失机 襄贼之北窜与川楚教匪之会合

是时永保总统诸军，当追剿襄贼之任。惠龄、福宁等与宜昌贼相持于长阳附近，河南巡抚景安驻兵南阳，防襄贼北窜。永保军最众，然其对贼方略，惟尾追，不迎击；贼往来枣阳、光化、谷城（三县旧属襄阳府，今属襄阳道）间，横行无忌。十一月，朝廷逮永保治罪，命惠龄总统诸军。惠龄建议：严守汉水及其支流白河、唐河等，断贼东西通路；徐分兵四出以蹙之。而景安拥兵四千屯南阳，不出一卒截击；贼窥北路可乘，遂以二年正月，分三队（一，王廷诏；二，李全；三，姚之富、齐王氏）趋河南，蹂躏二十余州县，虏胁日众。其对官军方略：不整队，不迎战，不走平原，惟数百为群，忽分忽合，忽南忽北，以牵制官军兵势。由内乡（旧属南阳府，今属汝阳道）、卢氏（旧属陕州，今属河洛道）诸山，进逼商州（旧直隶州，今改县，隶关中道）、

雒南（旧属商州，今属关中道），复有商南（旧属商州，今属汉中道）新起贼五六千应之；连兵西上，将由陕入川，与川贼相会合。（看嘉庆川湖陕靖寇记一、二，《本朝史》第三编，第二十一章）

是时陕甘总督宜绵讨徐天德于东乡，将军明亮、都统德楞泰赴达州，东乡乡勇罗思举等亦举义兵，助官军剿贼；先后杀贼不下数万，徐天德、王三槐所拥残众只二千余矣。而襄阳贼入陕，以西北阻秦岭，不敢向西安；乃并三队为一，将由洵阳（在兴安县东偏北汉水北岸，旧属兴安府，今属汉中道）渡汉。时官兵乡勇已扼汉而守，贼不得渡；乃由北岸趋紫阳（在兴安县西汉水北岸，旧属兴安府，今属汉中道），夺船渡汉水上游，遂以六月分道入川。于是达州屡败之贼及云阳、万县（二县皆在扬子江北岸，旧属夔州府，今属东川道）间新起之贼同时响应，众屯数万。上以惠龄、恒瑞等追贼不力，防汉不严，尽夺世职、孔雀翎，命戴罪效力。以宜绵总统川陕军务，惠龄等悉听节制。宜绵方督诸将分道要截，欲蹙群贼于一隅，以为聚歼之计。而襄阳贼以川北路险，人烟少，无所掠食，欲回湖北富庶之地。时川陕间通路已为官军所扼，贼遂不复北窜，而分犯万县、云阳、大宁（在奉节县北，旧属夔州府，今改巫溪县，属东川道），号召叛党而东。（看嘉庆川湖陕靖寇记二，《本朝史》第二编，第二十一章）

第五节　襄贼之东西驰突　明亮之坚壁清野策齐王氏、姚之富之败死

是时贼酋惟李全留川，与王三槐合。姚之富、齐王氏引众二万余东下，突破官军防线；王廷诏引众万余继之，先后自夔州（今东川道奉节县）趋巴东（在扬子江南岸，旧属宜昌府，今属荆南道）、归州（在扬子江北岸，旧属宜昌府，今改秭归县，属荆南道），陷兴山（在秭归县东北，旧属宜昌府。今属荆南道）。自此分为二路：齐王氏向东北，由保康（旧属郧阳府，今属襄阳道）、南漳（旧属襄阳府，今属襄阳道）趋襄阳，王廷诏向东南，由远安、当阳（二县旧属荆门州，今属襄阳道）窥荆州。

于是惠龄、恒瑞等留川当李全；明亮、德楞泰等自川东蹑群贼，转战至宜昌、远安间，数破王廷诏军，扼荆门州以阻其东下。总兵王文雄逆击齐王氏于南漳，败之；贼东走宜城（在汉水西岸，旧属襄阳府，今属襄阳道）、钟祥。八月，分三路北犯，明亮等邀击之于宜城东北，适都统阿哈保等以木兰进哨兵赴援，夹击贼军，败之；贼窜入山。是时江汉沿岸之殷富市镇，若沙市（在江陵城东南十五里）、樊城（在襄阳城北汉水北岸）等皆新建堡寨，防卫甚严，贼无可掠；齐王氏、王廷诏合兵窥房县、竹山（二县旧属郧阳府，今属襄阳道），佯走陕西，欲引官兵追入山，而乘间北渡汉。是时汉防甚固，贼不能北渡，乃一意西窜，蔓延及白河（在洵阳县东汉水南岸，旧属兴安府，今属汉中道）、洵阳。九月，留川之贼首李全复自巴州（旧属保宁府，今改巴中县，属嘉陵道）与王三槐分党，欲出陕旧路还楚，沿汉东走；与齐王氏、王廷诏等会于兴安汉水南岸，亟谋北渡。而王三槐、徐天德等亦据巴州，欲断川东川北运道以困官军，贼势日张。（看《本朝史》第三编，第二十一章）

自襄贼起事，骚扰皆在汉北，及贼由川还楚入陕，复经汉南之宜昌、荆门、安陆、襄阳、郧阳，焚掠十八州县，而房县、保康、竹山、竹溪（旧属郧阳府，今属襄阳道）疮痍尤重。明亮、德楞泰奏言："臣等自楚入陕，所经村庄皆已焚烬，盖藏皆已搜劫，男妇皆已虏掠，目不忍见。已扰者固宜安恤，未扰者尤宜提防。查各州县在城之民，有城池以保障，是以贼匪皆不攻城。其村落市镇，仅恃一二隘口，乡勇或远不及防，或间道失守，仓皇逃避，不但衣粮尽为贼有，且备卫之火药器械，反以藉寇而资盗。而各贼所至之处，有屋舍以栖止，有衣食、火药以接济，有骡马刍草以夺骑，更换有逼胁之人，为之乡导负运；是以自用兵来所杀无虑千万，而贼不加少。且兵力以保城为急，则村市已被虔刘；以保荆襄为急，则房竹安康已难兼顾。为今之计，欲困贼必须卫民；莫若饬近贼州县，于大镇市劝民修筑土堡，环以深沟；其余因地制宜，或十余村为一堡，或数十村为一堡；贼近则更番守御，贼远则乘暇耕作。如此以逸待劳，贼匪所至，野无可掠，夜无可栖，败无可胁；加以大兵乘压其后，杀一贼即少一贼，灭一路即清一路。近日襄阳绅士梁有谷筑堡团守，贼屡攻不能犯，此保障之成效。至川东各属多有险峻山寨，只须令乡民临时移守其中，一如守堡之法；于以御贼安民，必可刻期扑灭。”奏上，上以筑堡烦民，不听。（看嘉庆川湖陕靖寇记二）

先是宜绵虽为总统，而劲兵健马俱在明亮、德楞泰一路；其所剿姚之富、齐王氏二贼尤教中渠魁；诏书责二人奋勉立功，不得因有总统总督稍存观望。及贼渠李全还陕，惠龄、恒瑞等蹑其后，川中兵力日薄；于是宜绵奏言：“近日诸将皆入陕，惟臣一人在川，各贼齐扰川东北运道，嘉陵江防孔亟；欲赴保宁（今嘉陵道阆中县），则川东千里无人调度；请别简大臣总督地方，使臣得督师专一办贼。”诏以勒保为湖广总督，赴川代宜绵总统军务；以宜绵为四川总督，兼理军需；仍谕诸将各办各贼，不相统属。是时东西两路追贼官军云集兴安，群贼阻汉不得渡，十一月，合军西窜；欲乘冬期水涸，自沔县（在南郑县西汉水北岸，旧属汉中府，今属汉中道）、宁羌（州名，在沔县西南汉水南岸，旧属汉中府，今改县，属汉中道）间徒涉汉源。官军追之甚急，十二月，贼分道阳折而南，引官军入川；而别令贼酋高均德等间道折回宁羌，乘虚偷渡汉水。明亮、德楞泰等议：以贼情则齐王氏首逆，以地势则高均德将东惊兴安，蹂躏全陕，蔓延豫、楚。乃舍齐王氏不追，率大兵八千驰回汉中。三年二月，齐王氏乘虚率马步二万人，由西乡（在南郑县东南汉水南岸，旧属汉中府，今属汉中道）、洋县（在南郑县东北汉水北岸，旧属汉中府，今属汉中道）分路渡汉，密令高均德引大兵东北追，而自与李全、王廷诏等乘虚由城固（在南郑县东汉水北岸，旧属汉中府，今属汉中道）、洋县、老林，逾秦岭山脉，北出宝鸡、岐山（二县旧属凤翔府，今属关中道），攻郿县（在宝鸡县东渭水南岸，旧属凤翔府，今属关中道），掠盩厔（在郿县东渭水南岸），将乘胜直捣西安（今长安县）。总兵王文雄以兵勇三千逆战，大破之；贼始不敢东犯。三月，折而东南，自山阳（在商县东南，旧属商州，今属汉中道）趋湖北。明亮、德楞泰以大军蹑其后，郧西

（旧属郧阳府，今属汉中道）乡勇扼其前，贼不得脱，齐王氏、姚之富坠崖死，余众为官军所歼，惟李全、高均德、王廷诏等尚率其余烬，窜扰川陕。（看嘉庆川湖陕靖寇记二，三，《本朝史》第三，第二十一章）

第六节　勒保之邀功　诸将之泄沓　罗其清、冉文俦之败死

是时四川境内叛徒蜂起，宜绵以所部兵东西驰逐，日不暇给；乃自陕西咨调恒瑞，自湖北咨调额勒登保、福宁入川会剿。三年正月，朝廷以川省军务日亟，乃命勒保以总统兼督四川以一事权，宜绵移督陕甘，英善、福宁会理四川军饷，景安总督湖广。是时川贼之主要者：川东则王三槐、徐天德，以达州为根据；川北则罗其清、冉文俦，以巴州为根据；彼此相援系，急则并攻一方，暇则分道旁出，蹂躏州县十余。襄贼余党张汉潮、刘成栋一股，出没于川、湖、陕三省边境，众尚万余；李全、高均德等一股，欲东出武关，还湖北；中途为官军所遮，折奔宁羌，谋与川北贼合纵，以故川东北形势益恶。六月，诏以陕楚群贼均逼入川，诸道将帅顾此失彼，当为之分定责成；命宜绵、额勒登保专剿刘成栋、张汉潮；明亮、德楞泰专剿李全、高均德；惠龄、恒瑞专剿罗其清、冉文俦；勒保专剿王三槐、徐天德；景安守湖北，防川东贼之窜入；各专责成，互相援应，勿东驰西击，各不相顾。勒保仍兼侦各路贼情，相机布置，以副总统之实。然当时任事诸将大部受和珅讽旨，专以劳师糜饷、杀胁众、冒功赏为目的。及此谕下，诸将又稍变其方略，一意诱擒首逆，而置余贼于不问。先是勒保任总统半年，无尺寸功，屡被严旨切责；至是年七月，忽有生擒王三槐之事。先是四川牧令以南充（旧顺庆府治，今属嘉陵道）知县刘清为循良最，教匪发难以后，清数以乡勇从征；贼素重清名，遇之辄引避。宜绵督川时，常命清遍入王、徐、罗、冉各营，广行招抚；清携三槐俱还约降，及

释归则复叛，至是勒保思复用旧策，以贡生刘星渠曾随清至贼寨，遣往说三槐。三槐故狡谲，恃前此出入军中无忌，因留星渠为质，而自诣大军。勒保遂以生擒首逆张皇入奏，诏封勒保一等威勤公，晋封军机大臣大学士和珅公爵，尚书福长安侯爵，勒保弟永保前以剿匪失机下狱，至是亦蒙恩得释。而三槐部众尽为其党冷天禄所有，抗拒如故。徐天德亦屡寇川东州县，气焰不稍衰。是年十一月，额勒登保、德楞泰合兵击擒罗其清于石洞，十二月除夕，德楞泰、惠龄合兵袭斩冉文俦于通江（旧属保宁府，今属嘉陵道），川北三巨贼皆平。此外若宜绵则终岁屯驻无贼之地，曾未一战；景安为和珅族孙，专以趋附逢迎为事，军事更非所问矣。（看嘉庆川湖陕靖寇记三，《本朝史》第三编，第二十一章）

第七节　庙谟之革新　勒保、永保之失机　冷天禄之败死

嘉庆四年正月，和珅伏诛，诏以和珅压阁军报，欺国擅专，致各路领兵大臣恃有和珅蒙蔽，冒功糜饷。姑念更易将帅，一时乏人，勒保仍以总统授为经略大臣，用陕、湖北、河南督抚及领兵各大将咸受节制。明亮、额勒登保均授为参赞大臣，别领官军，各当一路。罢惠龄、宜绵，逮景安与遇敌退缩之陕西巡抚秦承恩及肇祸地方官戴如煌、常丹葵分别治罪。优擢刘清与四川循吏知巴县赵华，知渠县吴桂以从民望。而革新剿抚方略如下：

一、下哀痛之诏　谓："自古惟闻用兵于敌国，不闻用兵于吾民。其宣谕各路贼中被胁之人，有能缚献贼首者，不惟宥罪，并可邀恩，否则临阵投出，或自行逃散，亦必释回乡里，俾安生业。"

二、实行坚壁清野策　命勒保会同川、陕、河南、湖北各督抚，晓谕州县居民，预掘沟濠，垒土山，扼要团练，与官军犄角，使贼无可虏掠。

三、定优恤乡勇之制　先是各路官军临阵，辄令乡勇居前，绿营兵次之，旗兵又次之；而贼营亦先驱难民抗我颜行，其真贼皆在后观望；故乡勇日与难民交锋，而兵贼常不相值。战胜则后队弁兵攘以为功，而冲锋陷阵之乡勇反不得与。至是诏：嗣后乡勇有功一例保奏，阵亡一例议恤，以收敌忾同仇之效。

四、开群贼自新之路　是时各路教压仅止往来掠食，并无僭号据城之事。诏许悔罪投诚，不复咎其既往。

是时勒保屯梁山（旧属忠州，今属东川道）、大竹（旧属达州，今属东川道）适中地，调度督率；命额勒登保、德楞泰合剿徐天德、冷天禄，檄明亮剿张汉潮，肃清陕西。二月，额勒登保击斩阆中（旧保宁府治，今嘉陵道治）贼酋萧占国、张长庚于营山（旧属顺庆府，今属嘉陵道），斩冷天禄于岳池（旧属顺庆府，今属嘉陵道），四月，连败仪陇（旧属顺庆府，今属嘉陵道）贼酋张子聪于梁山、忠（旧直隶州，今属东川道）、万（旧属夔州府，今属东川道）、云阳（旧属夔州府，今属东川道），所向有功。而德楞泰一军，则与徐天德角逐川东，转战入郧阳境。明亮一军，则崎岖秦岭山脉间，东自商、雒（今关中道商县雒南县），西至秦州（今甘肃渭川道天水县），往返千余里，以陕西巡抚永保不肯夹攻，迄未获贼。而川北贼之在广元（旧属保宁府，今属嘉陵道）宁羌间者，且西寇阶州（旧直隶州，今改武都县，属渭川道），犯巩昌（旧府名，今为陇西县，属兰山道），折奔秦州，蔓延甘肃东南。高均德等又分队取道川东，思乘间还楚。六月，福宁奏言：“贼以胁从而日增，兵以分防而见少。据川东北各府厅州县禀报，多者万余，少者数千，其不知首逆姓名者尚不知凡几，新起之贼实多于剿除之数。地方之伤残更甚，黎庶之疾苦更深，贼愈剿而愈炽，饷徒糜而罔益，乞特申乾断，早定大计。”诏褫永保职，七月，逮勒保入京，以明亮代为经略，魁伦署四川总督。（看嘉庆川湖陕靖寇记三，四，《本朝史》第三编，第二十一章）

第八节　张汉潮、高均德之败死　魁伦之失机　嘉陵江、梓潼河之陷　马蹄冈之战

是时诸将中战功卓著者无逾额勒登保、福宁。勒保尝交章荐其知大体，得士卒死力；至是更易经略，上念无逾额勒登保者；特以其不识汉字，于军书旁午不宜；而明亮老于用兵，资望为诸将冠，故姑用以代勒保，而意实未惬也。八月，以明亮剿张汉潮迟延，免其官，以额勒登保代为经略，命军机大臣工部尚书那彦成赴陕，监明亮军。九月，明亮击斩张汉潮于五郎（今关中道宁陕县，乾隆以前为五郎厅），而上入永保之讦告，逮明亮与永保入京，以那彦成代为参赞。

额勒登保奏言："教匪本内地编氓，原当招抚以散其众；然必能剿而后可抚，且必能堵而后可剿。从前湖北教匪多，胁从少；四川教匪少，胁从多；今楚贼尽逼入川，其与川东巫山、大宁接壤者，有界岭之险可扼；是湖北重在堵而不在剿。至川、陕交界，自广元至太平千余里，随处可通；陕攻急则折入川，川攻急则窜入陕，是汉江南北则剿堵并重。川东川北，有嘉陵江以限其西南，余皆崇山峻岭。居民大半依山傍水，向无村落；惩贼焚掠，近俱扼险筑寨，大者数千人，小亦数百家，团练守御；而川北形势更便于川东。若能驱各路之贼逼归川北，必可聚而歼旃；是四川重在剿而不在堵。虽贼匪未必肯逼归一处，但使所至俱有堡寨，星罗棋布；而官兵鼓行随其后，遇贼即迎截夹击；所谓以堵为剿，宁不事半功倍；此则三省所同。臣已行知陕、楚，晓谕修筑；并定赏格，以期兵民同心蹙贼。至从征官兵，每日遄行百十里，旬月尚可耐劳；若阅四五年之久，无冬无夏，即骡马尚且踣毙，何况于人。而续调新募之兵，不习劳苦，更不如旧兵之得力。臣之一军所以尚能得力者，实以兵士所到之处，亦臣所到之处；兵士不得食息，臣亦不得食息；自阖营将弁以及士卒，无

不一心一力。而各路不能尽然，近日不得已，将臣所领之兵与各提镇互相更调，以期人人精锐。”有诏嘉奖。

是时高均德与其党冉天元等屯聚兴安南境，欲由紫阳、西乡上游渡汉。十月，德楞泰自湖北逐徐天德等入陕，急引兵赴之；生擒均德于西乡，尽驱群贼而南。诏授德楞泰参赞大臣。天元故以雄黠善战豪于贼中，至是统残众入川北与徐天德合。额勒登保急引兵迎击，十二月，与天元战于苍溪（旧属保宁府，今属嘉陵道）。翼长穆克登布恃勇轻进，绕出贼前，短兵接战，官军不利，陷死副将以下二十四人，兵勇二百余人。贼以全力攻经略大营，血战竟夜，贼却走开县（旧属夔州府，今属东川道）。额勒登保以病留太平（旧属绥定府，今改万源县，属东川道），遣左右翼长杨遇春、穆克登布与德楞泰会剿，以必克为期。而川北贼首王廷诏等乘间逾老林入汉中，犯甘肃，陕南群贼随之而西，势大张。额勒登保、德楞泰急引兵北行，留魁伦代统四川防务。

五年正月朔，魁伦受事，八日方发，十五日尚在达州界；而徐天德已分股犯郧阳，冉天元收残贼数百，由开县西犯，沿路虏胁由定远（旧属夔州府，今改武胜县，属东川道），夺渡嘉陵江，贼众已逾万人，重庆、成都同时震动。诏德楞泰由广元、昭化（二县旧属保宁府，今属嘉陵道）回军赴援，起明亮为领队大臣，驰赴湖北；勒保为四川提督，驰赴四川；责魁伦危守潼河（即梓潼河，源出四川平武县山溪，东南流经梓潼，盐亭，入涪江）。

魁伦不直趋渠县（旧属绥安府，今属东川道），而绕梁山，赴鄰水（旧属顺庆府，今属嘉陵道），二十日始至，由顺庆（今南充县）渡嘉陵江。时贼兵已掠蓬溪（旧属潼川府，今属嘉陵道），魁伦遣总兵朱射斗等以兵三千迎战，约自以后队四千继进。及射斗被围，魁伦拥兵不救，射斗力战死。射斗，良将也；官军夺气。二月，贼进掠南部（旧属保宁府，今属嘉陵道）、盐亭、射洪（二县旧属潼川府，今属嘉陵道），魁伦以防潼河为名，退屯潼川（今嘉陵道三台县）。贼焚绵州（旧直隶州，今改绵阳县，属西川道），犯梓潼（旧属锦州，今属西川道）、江油（旧属龙安府，今属西川道），将趋龙安（旧府名，今为平武县，属西川道），与阶（今武都县）、岷（今岷县）诸贼合。德楞泰兼程赴援，邀击冉天元于江油之西，伏贼环攻官军前、左、右三营，德楞泰自将中军驰救，内外夹击，鏖战至暮，杀贼过当，围乃解；贼退守马蹄冈。

三月，德楞泰进攻马蹄冈，罗思举以乡勇领前锋，已过贼伏数重，始觉，俄伏起，八路来攻，人持束竹湿絮以御矢铳，鏖战三昼夜，贼更番迭进不退；官军饥疲，数路皆败。德楞泰率亲兵数十，下马据山岭，誓必死。冉天元督众登山，直取德楞泰。德楞泰乘高险，大呼冲击；罗思举率乡勇回援，以乱石击退贼兵，擒冉天元。贼众尚万余，走剑州（旧属保宁府，今改剑阁县，属东川道）；窥魁伦守梓潼不严，宵渡河，焚大和镇（在射洪县东南），成都戒严。上以魁伦两次纵贼渡江，使川西无完地，褫职逮问，赐死；以勒保署四川总督。

是时大兵云集潼川，贼不敢犯成都；乃分为二股：一留潼西缀官兵，一渡潼趋嘉陵江上游以通阶岷诸贼。勒保议以潼西贼付德楞泰，而自任潼东追剿事。两军前后杀贼数千，肃清嘉陵江以西。而甘肃贼复自阶、文（今渭川道文县）侵入龙安，分掠松潘番地（旧松潘厅，今松潘县），川西再震。于是德楞泰自剑州进扼广元，绝川陕通路，而勒保并将魁伦兵，回剿龙安贼；相持数月，贼以堡寨险、乡勇劲，无所掠食；五月，自番地走秦州，川西解危。（看嘉庆川湖陕靖寇记三，四，罗壮勇公年谱一，《本朝史》第三编，第二十一章）

第九节　甘肃之肃清　教主刘之协之伏诛　王廷诏、徐天德之败死

自王廷诏窜入甘肃后，额勒登保移师追剿；同时那彦成亦以张汉潮旧部余匪窜入秦岭山脉者，付陕西巡抚台布搜剿，而自引兵西行；两军会于伏羌（旧属巩昌府，今属渭川道），并力邀击。五年三月，陇州、贡昌间群贼尽被

官军逼归渭水南，复分道狂窜，或东趋商雒窥河南，或南出阶文迫川西。额勒登保倍道逐贼还陕，那彦成逐阶州贼出境，以道险（即阴平入蜀路也）不敢穷追，亦踵经略而东；上责那彦成剿贼不尽，严旨召还。额勒登保驻军镇安（旧属商州，今属汉中道），分兵扼贼东窜河南、湖北之路；又布戍栈道要隘，杜绝川、陕、甘三省之交通路；贼局促汉北，其数日减。

六月，河南布政使马慧裕访获教主刘之协于叶县（旧属南阳府，今属汝阳道）。槛送京师，诛之。诏以"但治从逆，不治从教"之旨宣示中外。

六年正月，德楞泰以川东北堡寨林立，足制贼死命，乃以肃清余事属勒保，而自赴额勒登保军。议并力先清汉北贼，而后移军汉南，清川陕交界。二月，杨遇春击擒王廷诏于西乡县之老河口，余党多窜湖北。五月，德楞泰追击徐天德于均州（旧属襄阳府，今改县，属襄阳道）之两河口，覆其舟，天德溺死。余党陆续破灭，仅存二万四千余，皆散匿川、湖、陕边界，苟求幸免。诏以明亮老病，命解军事还京。又诏各路征兵驰驱五载，其伤病未愈及家无次丁者，量遣归营，别简精锐以作士气。（看嘉庆川湖陕靖寇记四，五，《本朝史》第三编，第二十一章）

第十节　三省之肃清　教匪之歼灭

六月，额勒登保、德楞泰会军平利（在安康县东南，旧属兴安府，今属汉中道），议一军自东北，一军自西南，驱贼至三省之交，聚而歼之。自七月至十月，陆续搜捕，余贼尚称大队者凡六，每队千余人，皆逼入四川境。其分匿陕西、湖北者皆无名之贼，都不过六七千。而满汉官兵共七八万，额勒登保议将京营兵及各省官兵次第撤回原防，令三省提镇各尽本省兵力，分地搜除。又令地方官联合堡寨乡勇，以数十寨为一组，佐兵力所不及。时川东各贼败窜老林者，皆冰雪冻馁之余，更无斗志。惟川北贼苟文明纠合残众，尚二千余，驰突陕甘，亘半岁不灭。诸军百计搜捕，七年七月，斩苟文明于秦岭山脉之花石岩（在关中道柞木县西）。至十二月，川省首逆已尽，惟残匪千余，归善后事宜筹办；额勒登保、德楞泰会同三省督抚告成功，诏封二人皆一等侯，勒保、明亮以下赐爵有差。

时三省腹地虽已肃清，而山林边界余孽犹有存者，额勒登保等不敢遽还朝，复分道扫荡，至八年七月，始会奏肃清。德楞泰、额勒登保更迭入朝。于是官兵凯旋，各营之随征乡勇皆当缴械回籍。乡勇故多骁桀亡命，无家可归；至是遣散，所得归资不足用；其尤桀悍者，遂纠合余贼，戕兵官，聚散出没为患。此曹皆百战之余，具悉官军号令及老林径路，故数虽仅少，而三省不得解严。德楞泰、额勒登保复先后出都，劳师转战者又一年有奇，至九年九月事始大定。自军兴至此，阅时九载，费帑银几二万万两，所奏杀贼以数十万计，而官兵、乡勇之阵亡与五省良民之被害者无得而稽焉。（看嘉庆川湖陕靖寇记五，六，七，《本朝史》第三编，第二十一章）

川、湖、陕教匪之乱始末表：

一、嘉庆元年春，湖北教匪大起。

二、是年六月，命永保总统诸军，先攻襄阳。

三、是年七月，福宁、观成破贼丁旗鼓寨，诱杀降民二千余人；于是胁从者皆自危，不敢降；贼势转盛。

四、八月，襄阳贼窜扰河南。

五、十月，四川达州奸民徐天德，东乡贼王三槐、冷天禄并起。

六、十一月，逮永保，命惠龄总统诸军。河安巡抚景安驻屯南阳，观望不战。二年正月，襄阳贼分三路北犯，陷河南二十余州县，遂趋陕南，夺船渡汉水上游，六月，分道入川。

七、夺惠龄职，以宜绵总统川陕军务。襄阳贼以川北路险，人烟少，野无可掠；乃留李全一股与王三槐合，余党姚之富、齐王氏与王廷诏连兵东下，由川东复寇湖北。

八、八月，分三路北犯，将军明亮邀击之于宜城东北，败之；贼西窜，入郧阳境。留川之贼首李全北上，与王廷诏、齐王氏等会于兴安汉水南岸。王三槐、徐天德等据巴州，欲断川东、川北运道以困官军。将军明亮，都统德楞泰奏请行坚壁清野策，不听。

九、命勒保代宜绵总统军务，十一月，贼西窜，欲自沔县、宁羌徒涉汉源，官军追之急，十二月，贼分道，阳折而南，引官军入川；而别令贼酋高均德间道折回宁羌，乘虚偷渡汉水。

十、明亮、德楞泰驰回汉中，追高均德。三年二月，齐王氏、李全、王廷诏等乘虚由西乡、洋县偷渡汉水，逾秦岭山脉，寇陕西。总兵王文雄逆战，大破之；贼始不敢东犯。

十一、三月，贼自山阳趋湖北，明亮等追击之，齐王氏、姚之富坠崖死。

十二、是年七月，勒保诱执王三槐；其党冷天禄拒守不下。

十三、四年正月，和珅伏诛，下哀痛诏，招抚贼中被胁从者，实行坚壁清野策，定优恤乡勇制。

十四、二月，额勒登保击斩冷天禄于岳池，七月，罢勒保。八月，以额勒登保为经略大臣。

十五、十月，德楞泰生擒高均德于西乡，诏授德楞泰参赞大臣。

十六、五年正月，贼酋冉天元夺渡嘉陵江，犯川西；总兵朱射斗逆战，败绩，死之。三月，德楞泰邀击贼于马蹄冈，擒天元。

十七、六年二月，额勒登保部将杨遇春击擒王廷诏于西乡县之老河口。五月，德楞泰击斩徐天德于均州之两河口。余贼陆续破灭。

十八、七年七月，额勒登保部将捕杀川北贼酋苟文明，教匪之乱平。

川、湖、陕教匪渠魁表

姓名	起事年月	起事地	派别	败死年月	败死地	今属何处	擒斩之将帅
刘之协	嘉庆元年二月	襄阳	教主	五年六月	叶县	汝阳道	马慧裕
姚之富	同	同	襄贼	三年三月	郧西	汉中道	明亮，德楞泰
齐王氏	同	同	同	同	同	同	同
徐天德	同年十月	达州	川东贼	六年五月	两河口	均县	德楞泰
王三槐	同	太平	同	三年七月			勒保
冷天禄	同	东乡	同	四年二月	岳池	嘉陵道	额勒登保
李全	齐王氏党		襄贼				
王廷诏	同		同	六年二月	老河口	西乡县	杨遇春
高均德	同		同	四年十月	西乡	汉中道	德楞泰
罗其清		巴州	川北贼	三年十一月	石洞		勒登保，德楞泰
冉文俦		同	同		通江	嘉陵道	德楞泰，惠龄
张汉潮	齐王氏党		襄贼	四年九月	五郎	宁陕县	明亮
刘成栋	同		同				
萧占国		阆中	川北贼	四年二月	营山	嘉陵道	额勒登保
张长庚		同	同	同	同	同	同
张子聪		仪陇	同				
冉天元	齐王氏党		襄贼	五年三月	马蹄冈	江油县	德楞泰，罗思举
苟文明			川北贼	七年七月	花石岩	柞水县	额勒登保

第十一节　宁陕新兵之变

三省肃清以后，尚有一事为军事之尾声者，即宁陕新兵之变是也。白莲教匪之役，国家既以满汉官兵不足恃之故，而广募乡勇，佐临时之战守。又以川、湖、陕三省边地形势阻奥，建置疏阔，艰于统治之故，而议增设郡县营汛，保将来之治安。即以各营随征之乡勇，挑补各地增设之兵额，谓之新兵。于是增设湖北提督，驻襄阳，而移襄阳镇总兵于郧阳；凡增兵三千五百。升四川达州为绥定府，设副将一，驻太平，而移太平营都司于城口（旧属绥定府，今属东川道）；其余保宁、夔州所属要害地各增设守备，凡增兵千。就中陕西宁陕一镇扼秦岭之腹，尤为要害。先是乾隆中，巡抚毕沅奏于其地置五郎厅。嘉庆五年，改为宁陕厅；置宁陕镇总兵，节制子午、华阳、黑河诸营汛；以从征乡勇五千充新兵，地险兵悍，为汉北第一雄镇。初，额勒登保奏："南山内食粮价贵，请于例饷外月给盐米银五钱，俟三年后减给四钱。"十年六月，届减给之期，陕西布政使朱勋以未奉到部文，并四钱停给；又借给苞谷（即玉蜀黍）二千余石抵三月粮。新兵大哗。时陕西提督杨遇春入朝，宁陕镇总兵杨芳赴固原署提督事，副将杨之震护宁陕镇总兵；遇兵士诉者，不晓谕，辄笞治；于是左右二营兵陈达顺、陈先伦谋变。七月，纠党二百余，焚掠新旧二城，戕副将、游击，劫库狱以叛。以杨芳素得士心，先护送其家属赴兴安。遇春行次西安，闻变，驰赴宁陕，尽调各汛新兵之未叛者归大营，以绝其响应。杨芳以固原兵二百驰守石泉（旧属兴安府，今属汉中道），扼贼南窜之路。诏以成都将军德楞泰为钦差大臣，由四川赴陕督剿。叛兵招集党羽万余，推蒲大芳为首领，攻华阳，破洋县，掠石泉、孝义，分队窥子午峪；杨芳驰扼峪口。德楞泰使杨遇春与护军统领札克塔尔由洋县入山击贼，战于方柴关，官军溃还。杨芳议以："叛兵皆百战之余，骁悍习地利。而官兵勤劳九载，疮痍未复；且与叛兵多同功一体之人，以兵攻兵，终无斗志。而贼每战遇二杨，辄辟易，尚有旧部曲谊。”乃请遇春按兵缓攻，而芳单骑入贼垒，晓譬百端，声泪俱下，万众感动。越二日，蒲大芳诱执陈先伦、陈达顺等以降，德楞泰令尽释归伍，而以叛贼震慑兵威，穷蹙乞命入奏。上大怒，责德楞泰专擅废法，纵叛损威，罢其御前大臣、领侍卫内大臣及一切差使；降杨遇春宁陕镇总兵，戍降卒二百于新疆，以杨芳平日驭兵不严酿变，遣戍伊犁，使率降卒出关；而置停折银、发苞谷、激变酿乱之朱勋不问。是年十二月，四川复有绥定府新兵之变，守备王国雄弃城走，副将桂涵驰至，掩捕殆尽。

十一年正月，复有西乡瓦石营新兵之变，太平协副将罗思举星驰击败之。贼窜巴山，乞降；诏以新兵效尤，皆宁陕纵叛所致，悉诛无赦。论者谓宁陕之役，叛兵习流贼故智，议将分道突秦、陇、楚、蜀。使芳招抚之议迁延数日，其祸将不知所终极。芳以奇勋获罪，与勒保之诱降邀功而蒙上赏，永保、景安之纵敌，福宁之杀降而不蒙显戮者成反比例；仁宗赏罚不明如此，清室之政衰矣。（看《圣武记》卷八嘉庆宁陕兵变记，《本朝史》第三编，第二十一章）

参考书

《罗壮勇公年谱》　罗思举

《圣武记》（卷九　嘉庆川湖陕靖寇记一至四　卷十嘉庆川湖陕靖寇记五至七　嘉庆川湖陕乡兵记）　魏源

《国朝先正事略》（卷二十二　额忠义公　德壮果公　卷二十三杨忠武公　杨勤勇公　刘天一方伯事略）　李元度

《清史列传》（卷二十九　勒保　明亮　额勒登保　德楞泰传　卷三十惠龄　宜绵　秦承恩　景安传　卷三十九罗思举传）　中华书局

《清史稿》（列传　卷一百三十一　勒保　额勒登保　德楞泰传　卷一百三十二　永

保　惠龄　宜绵　英善　福宁　景安秦承恩传　卷一百三十三　恒瑞　庆成　七十五　富志那传　卷一百三十四　杨遇春　罗思举传　卷一百三十五　赛冲阿　札克塔尔传　卷一百三十六　王文雄　朱射斗　穆克登布传　卷一百四十二　魁伦传）　　清史馆

《大清一统舆图》（南二卷　南三卷　南四卷　南五卷）　　纪昀等奉敕撰

第二十七章　东南海疆之乱

第一节　艇盗之扰

清室自康熙二十二年，克台湾，平郑氏。二十四年，大开海禁，闽、粤、浙、吴航天万里，鲸鲵不波。及嘉庆初年而有艇盗之扰，艇盗者始于安南，阮光平父子以力征经营得国，师劳财匮，乃招纳濒海亡命，资以兵船，诱以官爵，令劫掠近海商舶以济兵饷，夏至秋归，踪迹飘忽，大为粤地商民患。继而内地土盗凤尾帮、水澳帮亦附之，遂深入闽浙，土盗倚夷艇为声势，夷艇恃土盗为向导；三省洋面数千里，我南则彼北，我北则彼南，我当夷艇则土盗肆其劫，我当土盗则夷艇为之援；且夷艇高大多炮，即遇亦未必能胜；土盗狡，又有内应，每暂遁而旋聚；而是时川陕教匪方炽，朝廷方注意内地，未遑远筹岛屿；以故贼氛益恶。

嘉庆元年，福州将军魁伦、两广总督吉庆先后奏言：获乌艚船海盗陈天保等，有安南总兵及宝玉侯敕印；敕安南国王阮光缵查奏，尚谓国王不知也。四年，广南旧阮王与新阮构兵，擒送海贼莫扶观等；皆内地奸民，受安南伪封东海王及总兵；朝廷始知安南薮奸诲盗之罪。五年六月，夷艇三十余，水澳、凤尾各六七十艘萃于浙，逼台州，将登岸。巡抚阮元、提督苍保，奏以定海镇总兵（驻舟山岛）李长庚总统三镇水师。贼泊龙王堂松门山下，飓风雷雨大作，贼船撞破，覆溺殆尽，获安南伪总兵四人，诛之，以敕印掷还其国。会广南旧阮王后裔福映灭新阮，受朝廷约束，尽逐国内奸匪，于是艇盗无所巢穴，其在闽者皆为漳盗蔡牵所并。

第二节 蔡牵之乱

蔡牵者，福建同安（旧属泉州府，今属厦门道）人，奸猾善捭阖，能用其众。既得夷艇夷炮，又并水澳、凤尾余党，乃以闽海为根据，凡商船出洋者勒索通行税四百元，入港者倍之；又结纳陆地会匪阴济船械硝磺米粮，以故其势日炽。是时官修战舰笨窳不能放洋，转雇商船为剿捕之用；广东总督长麟仿商船之式，捐修米艇数十，剿贼有效；于是阮元率官商捐金十余万，付李长庚赴闽造大船三十艘，铸大炮四百余配之，名曰霆船。是年冬，擢长庚浙江提督。

八年正月，牵至定海，进香普陀，长庚掩至，牵仅以身免。长庚昼夜穷追至闽洋，牵粮硝尽、篷索朽，长庚兵又据上风，牵不能遁；乃伪乞降于浙闽总督玉德。玉德遽檄长庚收港勿出，牵得间遁去，长庚追败之于三沙、于温州，凡夺舟、沉舟、烧舟者六。贼畏霆船甚，厚赂闽商，更造大于霆船之船，先后载货出洋以遗牵，伪报被劫。牵连得大海船，遂能渡横洋。九年夏，劫台湾米数千石，分济粤盗朱渍；连舟八十余，猝入闽，闽师不敢击。会浙江温州镇总兵胡振声以二十四艘，运造舟木于闽，玉德遽檄振声击之，而不发兵为援，振声战死。诏以李长庚总统浙闽水师。

是年八月，牵、渍合兵犯浙，李长庚合诸镇兵击破之于定海北之渔山。牵责渍不用命，渍怒，遂与牵分。牵还福建，刷新战具，号召党羽，十年冬，复聚百余艘犯台湾，沉舟鹿耳门（在今台南西岸海中），塞援兵入口路，结土匪万余人攻府城，惟二汕二港尚通小舟。十一年正月，长庚以浙兵三千赴援，分兵扼南北二汕，别以小澎船五十，令总兵许松年、王得禄，由大港绕安平港入攻之，焚获三十余船，俘贼千余，水陆并进，五战皆捷，围牵于鹿耳门。牵以重贿赂闽兵，闽兵阴为牵地；二月七日，风潮骤涨，北汕所沉舟为风浪掀起漂去，牵以残舰三十余艘夺门遁，浙兵追获其舟十余艘。卒以闽师不助扼各港，浙兵少，不敷分配，故牵得遁去。

是时福建吏治军政历年废弛，历任总督如雅德、伍拉纳等率贪冒不法。玉德娼嫉，阴掣长庚肘。于是长庚奏言："蔡逆未能歼擒者，实由兵船不得力，接济未断绝所致。臣所乘之船较各镇为最大，及逼近蔡牵坐船，尚低五六尺；其余诸镇之船更为不及。曾与三镇总兵愿预支养廉，捐造大船十五号，海门金坛二镇亦愿捐造十五号，而督臣以造船需数月之久，借帑四五万两之多，不肯具奏。且海贼无二载不修之船，亦无一年不坏之桅料；桅柁折则船为虚器，风篷烂则寸步难行。乃逆贼在鹿耳门窜出，仅余三十船，篷朽硝缺；一回闽地，装篷燂洗，焕然一新，粮药充足，贼何日可灭？"上褫玉德职，逮问治罪，以阿林保代之。闽中文武官吏，以平素不协剿，不断岸奸，俱获罪，交谮长庚于阿林保；阿林保三疏密劾长庚。时阮元以忧去，上密询继任浙江巡抚清安泰。清安泰奏言："长庚熟海岛形势，风云沙线，每战自持柁，老于操舟者不能及。且忘身殉国，两载在外，过门不入。以捐造船械，倾其家赀。所俘获尽以赏功，故士争效力。且身先士卒，屡冒危险，八月中剿贼渔山，围攻蔡逆，火器瓦石雨下，身受多创，将士亦伤百有四十人，鏖战不退，故贼中有不畏千万兵，只畏李长庚之语，实水师诸将冠。惟海艘越二三旬若不燂洗，则苔粘篷结，驾驶不灵，其收港并非逗留。且海中剿贼全凭风力，风势不顺，虽隔数十里犹数千里，旬日尚不能到也。是故海上之兵，无风不战，大风不战，大雨不战，逆风逆潮不战，阴雨蒙雾不战，日晚夜黑不战，又飓期将至，沙路不熟，贼众我寡，前无泊地皆不战；及其战也，勇力无所施，全以大炮相轰击，船身簸荡，中者几何；我顺风而逐，贼亦顺风而逃，无伏可设，无险可扼，必以钩镰去其皮网，以大炮坏其柁牙篷胎，使船伤行迟，我师环而攻之，贼穷投海，然后获其一二船；而余船已飘然远矣。贼往来三省数千里，皆沿海内洋；其外洋灏瀚，则无船可掠，无嶴可依，从不敢往；惟遇剿急时始间以为捕逃之地。倘日西沉，贼直窜外洋，我师冒险无益，势必回帆收港；而贼又逭诛矣。船在大海之中，浪起如升天，落如坠地，一物不固，即有覆溺之忧。每遇大风，一舟折桅，全军失色，虽贼在垂获，亦必舍而收泊，易桅竣工，贼已远遁，数日追及，桅坏复然；故尝屡月不获一贼。夫船者，官兵之城郭营垒车马也；船诚得力，以战则勇，以守则固，以追则速，以冲则坚。今浙省兵船皆长庚督造，颇能如式；惟兵船有定制，而闽省商船无定制；一报被劫，则商船即为贼船，愈高大多炮多粮，则愈足资寇。近日长庚剿贼，使诸镇之兵隔断贼党之船，但以隔断为功，不以擒获为功。而长庚自以己兵专注蔡逆坐船围攻，贼行与行，贼止与止。无如贼船愈大，炮愈多，是以兵士明知盗船货财充足，不能为擒贼擒王之计。且水陆兵饷例止发三月，海洋路远，往反稽时，而事机之来间不容发；迟之一日，虽劳费经年，不足追其前效；此皆以往之积弊也。非尽矫从前之失，不能收将来之效；非使贼尽失其所长，亦无由攻其所短；则岸奸济贼之禁，尤宜两省合力，乃可收效。”奏入，上切责阿林保，而以剿贼事责成长庚；并饬造大同安梭船三十备剿。长庚感上知遇，益努力奋战；连破牵兵。十二年十二月，偕福建水师提督张见升等追牵入澳，穷其所向，至黑水洋，牵仅存三舟，官军数十倍于贼，长庚自以火攻贼船，贼发炮击中长庚喉而陨，见升遽麾舟师退，牵乃遁入安南海。

事闻，上震悼，追封长庚三等壮烈伯，谥忠毅；而以其部将王得禄为福建提督，丘良功为浙江提督，嗣长庚任，勉以同心敌忾，为长庚雪仇愤。是时蔡牵粮械资储荡尽，十三年，自安南回航，朱渍助以资，与之合帮入浙，并与土盗张阿治联合。时阮元复任浙江巡抚，纵反间计离间牵、渍，渍乃舍牵窜闽，为许松年击毙；牵亦为丘良功击败，于是张阿治率众五百，以炮八十余乞降，浙江土盗平。十四年，朱渍弟渥率其余众三千人，以船四十二艘、炮八百余降于福建。王得禄、丘良功合剿蔡牵于定海之渔山，俱乘上风，贼惧，东南遁；转战至绿水洋，逼贼船火攻之，夜半，风浪甚剧，不得登贼船，贼且战且逃，次日傍午，追至黑水洋，良功恐贼远遁，乃以己船骈于贼舟东，而呼令得禄骈于己舟东，决死战。牵船仅余三十，炮弹已尽，用番银代之；良功、得禄俱受伤，不退。牵知不能免，乃举炮自裂其船沉于海，闽洋平。

嘉庆初年海疆之乱表：

一、嘉庆元年，福建广东大吏奏获海盗陈天保等，有安南总兵及宝玉侯敕印。

二、五年六月，安南夷艇与水澳、凤尾帮海贼连兵寇台州，浙江巡抚阮元奏以李长庚总统三镇水师，获安南伪总兵四人，诛之。

三、广南旧阮王灭新阮，艇盗多并于蔡牵。

四、阮元捐金造霆船三十艘。

五、八年正月，李长庚破蔡牵于定海，穷追至闽洋。浙闽总督玉德檄长庚退兵，牵乃遁去。

六、九年夏，蔡牵与粤盗朱濆连兵寇福建，玉德使总兵胡振声击之，败死。诏以李长庚总统浙闽水师。

七、是年八月，牵、濆合兵寇福建，李长庚击破之于渔山。

八、十年冬，蔡牵寇台湾，李长庚赴援，大破之。闽兵受重贿，纵牵遁。诏饬玉德职，以阿林保代之。阿林保三疏劾长庚，诏切责阿林保，并饬造大同安梭船三十艘备剿。

九、十二年十二月，李长庚大破蔡牵于浮鹰岛，穷追至黑水洋，贼发炮击杀长庚，福建水师提督张见升纵牵遁。诏以长庚部将王得禄为福建提督，丘良功为浙江提督，讨牵。

十、十三年，蔡牵、朱濆连兵寇浙江，总兵许松年击杀濆，濆弟渥以余众降。十四年，王得禄、丘良功大破蔡牵于渔山，穷追至黑水洋，毙之。闽盗平。

参考书

《圣武记》（卷八　嘉庆东南靖海记）　　魏源

《清史稿》（列传　一百三十七　李长庚　王得禄　丘良功，许松年传）　　清史馆

《啸亭杂录》（卷六　李壮烈战迹条）　　礼亲王昭梿

第二十八章　天理教匪之乱

第一节　李文成之变

嘉庆七年，川陕戡定；十四年，靖闽粤海寇；十六年春，仁宗举行西狩之典，幸五台，示得意；越二年而有天理教匪之乱。天理教者，本名八卦教，亦白莲教一支派；聚众敛财，愚民苦胥吏者争与焉，而河南滑县李文成、直隶大兴林清为之首。十六年秋，彗星见西北方，钦天监奏移十八年闰八月于十九年二月。诸教徒以为豫兆，又以其经中有“二八中秋，黄花落地”语，遂附会其说，谓清朝不宜闰八月，应在十八年秋九月十五日午时举事。（看《清朝野史大观》卷四　转载之礼亲王昭梿记嘉庆癸酉之变）时文成党数万最盛，而清则密尔京邑，贿通内侍，外倚文成之众为援，将乘驾幸木兰秋狝回銮时，伏莽行在。谋定而中外莫知也。十八年八月十五夜，滑县老安司巡检刘斌饮聂监生所，酒半，聂私语曰：“是邑将有变，君急去官，可免。”斌因微服行村中，闻治兵仗声甚厉，侦铁工，具知其谋，奔告知县强克捷，克捷密封白河南巡抚高杞、卫辉府知府郎锦骐，请兵掩捕，皆不应。克捷知事急，乃率吏役捕文成严讯，刑断其胫，文成及其党二十四人皆具服。贼党以事迫，不能俟期，遂于九月初七日聚众三千破滑，强克捷、刘斌皆遇害，两家家属殓焉（看《清朝野史大观》卷四　记刘巡检首破李文成事，强忠烈破李文成之功条）。直隶之长垣、东明（二县旧属大名府，今属大名道），山东之曹、定陶（二县旧属曹州府，今属济宁道）、金乡（旧属济宁州，今属济宁道）同时乡应，杀官围城；而曹、定陶皆破。事闻，诏直隶总督温承惠会同山东巡抚同兴与高杞督剿，而禁门之变遽作。

第二节 林清之变

林清者，本籍浙江人，久居京邸，住京南宋家庄。幼为提督王柄家童，随柄居苗疆久，颇解武术，彼教推尊为法祖。自以智谋过人，掌教久，积银米，家颇富，遂蓄不轨之志。太监刘金、刘得才等，家中素习八卦教；选入禁中，遂与茶房太监杨进忠结合，秘密传教；阴为林清耳目，党羽颇众。进忠阴于宣武门外铁市中铸刀数百柄，林清结党数千人，豫王府庄头祝现与焉。祝现之弟祝富庆颇不善兄所为，赴豫王府告密；豫王裕丰因曾宿林清家，畏罪不敢举发。卢沟司巡检陈某因居民逃窜，访知其谋，申报宛平县；县令某已有检派弓兵，会同擒剿之札，既而不果。步军统领吉伦，贪吏也；营员久已申报，吉伦以事干禁御，不肯究。托言迎驾白涧，驺从出都门。左营参将某攀舆以告曰："都中情形叵测，尚书请留。"吉伦厉色叱逐之，挥舆竟去。林清尝步行街衢，风开其袂，露悬坎卦腰牌，为市人所见；又于街肆沽饮，醉后露大逆语；有司皆以株连太监，不敢究。清党曹福昌欲于九月十七日起事，以是日上驻跸白涧，诸王大臣皆往迎驾，乘其间也。而清狃于经言，不肯改期，约于九月十五日午时，入禁城起事。欲聚数百人人，诸内监以大内地不广阔，难容多人，遂以二百人为额（看《清朝野史大观》卷四，转载之礼亲王昭梿记嘉庆癸酉之变条）。及期，林清使其党二百人由宣武门潜入内城，藏兵械，混酒肆中。日晡，分犯东华门、西华门，以白布裹头为号。太监刘金等引其东，高广福等引其西，阎进喜等为内应，清自居黄村，尚觊河南贼集而后进；而河南贼以仓猝起事，竟不暇赴清约也。东华门甫入数贼，即为护军关门格拒奔散。入西华门者八十余贼，反关门以拒官兵，由尚衣监、文颖馆斩关入，侍卫急闭隆宗门，贼至不得入。皇次子绵宁在上书房闻变，急取兵器，贼有手白旗攀垣，将逾养心门入者，绵宁发鸟枪殪之，再发再殪，贝勒绵志亦以铳殪贼，贼乃不敢越垣而进。将火隆宗门，而留守京师诸王大臣率禁兵自神武门入卫，败贼中正殿门外。薄暮忽大雷电，数贼震死武英殿之御河，余党股栗窜匿，先后就擒。十七日，擒林清于黄村。十九日，车驾还宫，人心始定。诛清及通逆太监共百余人，禁门之变平。

第三节　天理教匪之平定

李文成既据滑，以胫创甚，不能出四方为流寇；遂出兵围浚（旧属卫辉府，今属河北道），而萃精锐于道口镇。道口距滑十八里，临运河，有积粮，贼恃以战守。温承惠军大名，高杞军浚，皆按兵不动。同兴闻报，逾旬不发兵，盐运使刘清力争，始发。诏以陕甘总督那彦成代温承惠，节制直隶、山东、河南兵讨贼，陕西提督杨遇春副之。十月，遇春至卫辉，即日率亲兵八十人进觇道口，遇贼数千，奋击败之，贼众夺气。二十七日，那彦成与遇春会攻道口，克之，进围滑。刘清将山东兵大破贼兵于定陶之仿山，复定陶；复连破之于韩家庙、扈家集，山东贼略尽。十一月，尚书托津，副都统苏尔慎将索伦兵破贼于汤二庄，直隶之贼亦略尽。官兵围滑急，李文成轻车奔辉县山，那彦成使总兵杨芳追击之，文成自焚死。十二月十日，官军克滑县，俘贼首牛亮臣等，槛送京师，诛之。天理教匪之乱平。

参考书

《圣武记》（卷十　嘉庆畿辅靖贼记）　魏源

第二十九章　嘉、道两朝之内治

第一节　仁宗之优柔

仁宗仁厚，宣宗恭俭，皆贤君也！然皆短于才具；与圣祖之英明、世宗之阴鸷成反比例。嘉庆一朝，教匪扰攘，满兵不竞，绿营腐败，积习已成，提镇则养尊处优，不习劳苦，营务一委之参游；参游则因循忨愒，训练无方，遇事又委之千把。将弁多冒食空粮，私役兵士；和珅兼步军统领时，兵士在其宅内供厮役者竟有千余名之多；协尉、笔帖亦有坐甲十数名，是以辇毂之下盗贼横行，外省更何堪问？（看《清代通史》卷中，第一篇，第五章，叁拾，教乱声中之政令）嘉庆三年，大考翰詹，御试征邪教疏，编修洪亮吉应诏上书，谓欲平邪教，必须厉行四事：一肃吏治，二贷胁从，三专责守，四信赏罚，立论切中时弊，人争传诵（看《清朝全史》第三册，第四十九章内所载之洪亮吉意见书）。为时相所忌，以弟丧陈情归。四年，和珅伏诛，大学士朱珪招之入都，欲荐于朝。亮吉上书军机王大臣，陈言时事，于福康安之奢费及附和和珅之人皆有所指摘；末复有"群小荧惑，视朝稍宴"等语。成亲王永瑆以闻，部议照大不敬律，拟斩立决，诏免死戍伊犁，旋赦回原籍（江苏阳湖），终身不用。而装潢其书，常置左右以作良规。信其言而放弃其人，可谓善善而不能用（看《国朝先正事略》卷三十五，洪稚存先生事略。《清史稿》列传一百四十三，洪亮吉传）。又诏以："贼起四载，楚、蜀、秦、豫靡有宁宇，皆由诸臣防剿不力，或逼往邻境以塞责，或偶获贼首以邀功，甚至拥兵避贼，养寇殃民，积薪不熄，遂至燎原。”特罪状永保纵贼湖北，景安纵贼河南，宜绵，秦承恩纵贼陕西，英善、勒保纵贼四川，惠龄纵贼渡汉江，责罚有差（看《圣武记》卷九，嘉庆川湖陕靖寇记五）。又以：“教匪强半胁从，何以终不就抚？闻福宁在湖北，杀旗鼓寨降人二千余邀功，谅各路若此者多，坚贼党从逆之心，失朝廷招抚之信。”命逮交刑部治罪（同上）。然诸臣皆不久旋起用，富贵寿考，以功名终（看《清史稿》列传一百三十一勒保传，三十二永保，惠龄，宜绵，英善，福宁，景安，秦承恩传）。较之高宗因征金川无功，诛纳亲、张广泗，征回疆失机，诛雅尔哈善、顺德讷、马得胜，征缅甸失机，诛杨应琚、额尔登额者固迥异其趣，亦可谓恶恶而不能去矣。

平定苗疆之凤凰厅同知傅鼐，平定教匪之南充知县刘清，洵阳知县严如熤皆一时名臣，屡蒙特旨简擢，帝知之最深者也。然鼐在苗疆十五年（乾隆六十年至嘉庆十四年），仅由辰沅永靖兵备道擢湖南按察使，嘉庆十六年，鼐卒于官，始赠巡抚。清在四川行营十余年（嘉庆元年至教匪平定后），仅由建昌道擢四川按察使；旋因勒保弹劾，左迁刑部员外郎。滑县之变，清以山东盐运使将兵讨贼有功，加布政使衔；旋以与大吏不合，自奏请改武职，授登州镇总兵。道光二年，以疾乞休；七年，卒，如熤在南山二十年（嘉庆六年至二十五年），仅由定远厅（今汉中道镇巴县）同知擢汉中知府。道光元年，始擢陕安兵备道；五年，擢陕西按察使；六年，卒。三子者皆久于其任，受知最深，然皆未尽其才而死，帝固不果于用人（看《国朝先正事略》卷二十三　严乐园廉访，刘天一方伯，傅重庵廉访事略）。四川东乡（旧属绥定府，今改宣汉县，属东川道）乡勇罗思举、桂涵皆当时名将，平定川陕教匪，屡立大功。及其成功，仅各补副将；终帝之世，位不逾总兵。道光初年，始各擢提督。然其人则已老，亦可谓用人未尽其才矣。（看《清史稿》列传一百三十四　罗思举传）

仁宗优柔表：

一、善善而不能用　编修洪亮吉上书切直，戍之伊犁；而装潢其书常置左右以作良规。

二、用而未尽其才　凤凰厅同知傅鼐、南充知县刘清、洵阳知县严如熤，皆一时能臣，帝知之最深，然终未获大用而死。东乡乡勇罗思举、桂涵，皆一时名将，终帝之世，位不逾总兵。

三、恶恶而不能去　讨教匪之总统永保，河南巡抚景安，陕甘总督宜绵，陕西巡抚秦承恩，四川总督英善、经略勒保，湖北巡抚惠龄，皆以纵贼获罪；四川总督福宁以杀降获罪，然帝终不能去之也。

第二节　宣宗之谨慎

嘉庆二十五年七月，帝崩于热河避暑山庄。八月，皇次子智亲王绵宁即位，是为宣宗。军机大臣敬拟遗诏，中有“高宗降生避暑山庄”之语。越月余，宣宗检读实录，始知高宗实于康熙辛卯八月十三日诞生于雍和宫邸。而高宗御制诗，凡言降生雍和宫者三见集中。因传旨诘问。枢臣回奏：称《仁宗御制诗初集》第十四卷，第六卷诗注，均载纯皇帝以辛卯岁诞于山庄都福之庭。上责其巧辩。谕云：“朕恭绎皇考诗内语意，系泛言山庄为都福之庭，并无诞降山庄之句，当日拟注臣工误会诗意。且皇祖诗集久经颁行，不得诿为未读。”遂降旨托津、戴均元退出军机，与卢荫溥、文孚均镌级有差。时宣宗临御甫匝月，而谨小慎微如此，盖天性也。后来曹振镛劝帝挑剔疑误错字以缄谏臣之口，盖窥破帝之性格也。（看《清朝野史大观》卷一，宣宗临御初年之谨小慎微条）

即位之初，御史多有条陈弹奏时事者，下军机大臣及部议时，上多裁去衔名及折尾年月。或条陈数事，只议一事，则裁去前后之文，不欲令人知之，恐其取怨也。湖北道袁长铣陈奏一折，闻有十事，上裁出核赋课、平刑法、广教化三条，下大臣会议；余俱留中，不知何事也。（看《清朝野史

大观》卷一，宣宗矜恤言官条）

宣宗谨小慎微表：

一、仁宗崩后，军机大臣敬拟遗诏，中有“高宗降生避暑山庄”之语。上责其误用掌故，命军机大臣托津、戴均元退出军机，与卢荫溥、文孚均镌级有差。

二、即位之初，御史有条陈，弹奏时事者，下军机大臣及部议时，上多裁去衔名及折尾年月。或条陈数事只议一事者，则裁去前后之文。

第三节　仁宗之去奢　宣宗之崇俭

故事：凡外省督抚大臣觐见或遇庆典嘉节，则必呈进贡物，藉邀宠眷，京中大吏亦如之。故金玉玩好之器、古董斑斓之品、钟鼎书画之伴、食用服饰之物，充陈于前，广置内府。爱异者则奖赉有加，平庸者或赏赐臣下，于是竞奇斗巧，献媚宫庭；内阉权幸等从中渔利，而群僚亦久视为定规。乾隆年间曾两次明谕禁止，然群臣视为具文，呈进如故。仁宗既恨和珅以递进如意泄漏机密，和珅既诛，乃宣谕严禁贡物，并蠲除年节呈进如意之例。此虽小节，而关系于隐微之中者亦颇不细；各省官吏固有以呈进贡物为名，强行勒索者，似又未可以苞苴献纳独责权臣也。（看《清代通史》卷中，第一篇，第五章，叁拾，贡物之禁止）

宣宗御宇三十年，服用之俭为史册所罕见：所服套裤，当膝处穿破，辄令所司缀一圆绸其上，俗所云打掌是也。于是大臣效之，亦缀一圆绸膝间。一日召见军机大臣，时曹振镛跪近御座，宣宗见其缀痕，问曰：“汝套裤亦打掌乎？”对曰：“易作甚费，故亦补缀。”宣宗问曰：“汝打掌须银几何？”曹愕眙久之曰：“须银三钱。”宣宗曰：“汝外间作物太便宜，吾内府乃须银五两。”又宣宗尝问振镛曰：“汝家食鸡子，须银若干？”对

曰："臣少患气病，生平未尝食鸡子，故不知其价。"（看《清朝野史大观》卷一，补缀套裤条）

即位之初，内务府循例备御用砚四十方，砚背镌道光御用四字。上以所备过多，闲置足惜，因命分赐诸臣。御用笔向皆选取紫毫之最硬者，笔管皆镌天章、云汉等字。上以其不合用，命户部尚书军机大臣英和以外间习用者进试之，取纯羊毫、兼毫二种，命仿此制造。又以管上镌字，每多虚饰，命以后各视其笔，但镌纯羊毫、兼毫而已。（看《清朝野史大观》卷一，宣宗俭德条）

每年内务府岁出之额不过二十万，堂司各官皆有臣朔饥欲死之叹。上一日思食片汤，命膳房进之；次晨，内务府即递封奏，请添置御膳房一所，专供此物；尚须设专官管理。计开办费若干万金，常年经费又数千金。上乃曰："无尔，前门外某饭馆制此最佳，一碗直四十文耳，可令内竖往购之。"半日，复奏曰："某饭馆已关闭多年矣。"上无如何，但太息曰："朕终不以口腹之故，妄费一钱而已！"（看《春冰室野乘》内务府糜费条）

中年以后，尤崇节俭，尝有御用黑狐端罩，衬缎稍阔，令内侍将出，四周添皮。内务府呈册需银千两，乃谕勿添。明日，军机大臣入侍，谕及兹事；自是京官衣裘不出风者十有余年。（看《清朝野史大观》卷一，宣宗节俭条）

道光二十九年，圣躬不豫，自夏徂冬，犹力疾视事。三十年正月十四日，皇四子奕詝（即文宗）始代阅章奏，召见大臣事甫毕，而宣宗龙驭上宾。盖以七十天子，笃疾半载，其不躬亲庶政者仅弥留之顷也。（看《清朝野史大观》卷一，宣宗勤政条所载之曾文正公日记）

宣宗俭德表：

一、套裤打掌。

二、分赐御用砚于群臣。

三、不食片汤。

四、不穿出风毛。

五、衣非三浣不易。

六、每年内务府岁出之额不过二十万。

第四节　宣宗之偏听　曹振镛之逢迎　士风之丕变　穆彰阿之弄权

宣宗在位三十年，衣非三浣不易，其俭德实三代后第一人。然而吏治日偷，民生日困，势穷事极，酿成兵祸，外扰海疆，内兴赭寇，遂以开千古未有之变局；所以然者，由言路之壅塞致之；而言路所由壅塞，则皆大学士曹振镛一人之力也。上晚年颇倦勤，而一时言官多好毛举细故，相率为浮滥冗琐之文以塞责。上初犹勉强延纳，久益厌之，欲惩戒一二以警其余，则又恐言路为之阻格。振镛以汉首相直军机，上一日从容语及之，振镛因造膝密陈曰："是无难，凡言官所上章疏，无问所言何事，但摘出一二疑误破体之字，交部察议，惩戒一二人；言者必骇服圣衷之周密，虽一二笔误犹不肯轻易放过，况其有关系之大者。嗣后自不敢妄逞笔锋，轻上封事矣。在上无拒谏之名，而可以杜妄言者之口，计无便于此者。"上大喜，如其所言。未几，言官相戒以言事为厉禁，而科道两署，七八十人皆寒蝉仗马矣。振镛巧伺人主意旨，藉公论以逞私意者率皆类比。上天性仁厚，以其外观忠谨也，绝不之疑；虽有言其奸者，上亦不肯信。及其殁也，犹痛惜之，赐恤恩旨，有"献可替否而人不知"之语，盖其所以固宠者深矣。

嘉庆以前，殿廷考试，大臣奉派阅卷，皆先文词而后书法，未有摘一二破体字而抑高文于劣等者。至振镛始用此术衡文，不但文词之工拙在所不计，即书法之优劣亦不关重要；但通体圆整，无一点画讹错，即可登上第。盖当时承乾嘉考证学派之余波，士子为文皆以博奥典实相尚。振镛素不学，试卷稍古雅者辄不得其解，故深恶而痛绝之。后来主文衡者乐其简易，相率效尤，于是文体颓而学术因之不振矣。道、咸两朝功令文字最为卑陋，皆振镛启之也。祁隽藻入政府，以小学提倡后进，辇下学派始稍稍振起，然远逊乾、嘉之盛矣。（原注此条闻诸文道希学士。看《春冰室野乘》曹杜两相得谥文正之由条，《清代轶闻》名人轶事上，《清朝野史大观》卷七，曹振镛之误清条）

振镛柔佞阴险，宣宗即位之初，即任首相。道光六年，大学士蒋攸铦由直隶总督召入军机，主眷甚优渥，振镛嫉之。时两江总督琦善以外交失败，奉旨降调。帝召军机大臣问曰："两江乃重任，当求资深望重，久历封疆者与之，顾谁堪当其选者？"振镛对曰："以臣观之，似那彦成为最。"帝曰："西口正多事，何能他移？"振镛不语。少顷，帝乃指攸铦曰："汝即久历封疆，非汝无第二人。"议遂定。攸铦出语人曰："曹之智巧，含意不申，而出自上意，当面排挤，真可畏也。"阮元亦不为振镛所喜。帝一日偶问曰："阮元历督抚已三十年，甫壮即升二品，何其速也。"振镛对曰："由于学问优长。"帝曰："何以知其学问？"对曰："现在云贵总督任内，尚日日刻书谈文。"帝默然，遂内召。盖振镛知帝重吏治，恶大吏政务废弛，故借此挑之，以触帝之怒也。（看《清朝野史大观》卷七，曹文正嫉忌条）

道光十五年，振镛卒，穆彰阿以满大学士充军机大臣，当国。顺德罗惇衍、泾阳张芾、云南何桂清三人同年登第入翰林，年皆未弱冠。芾、桂清皆附穆彰阿，独惇衍绝不与通。散馆后，初考试差，三人皆得差。命既下，惇衍往谒汉首相潘世恩，世恩问见穆中堂否？曰："未也。"世恩骇然曰："子未见穆相，先来见我，殆矣。"惇衍少年气盛，不信其说，亦竟不往。次日，忽传旨："罗惇衍年纪太轻，未可胜衡文之任，著毋庸前往。"另派某去。人皆知为穆彰阿所为也。实则张芾、何桂清年皆小于惇衍，特上不注意耳。（登第之年惇衍十九，芾十八，桂清十七）

道光二十二年，对英结五口通商之约，穆彰阿一人实主其事。汉大学士、军机大臣王鼎力争，上不听；鼎自杀以殉，遗疏严劾穆彰阿。穆大惧，用门下士户部主事军机章京聂沄策，使张芾以同乡（鼎，陕西蒲城人；芾，陕西泾阳人）世谊（鼎为芾座师，芾为鼎门生）关系，以千金啗鼎子伉，且以危词胁之，遂取其遗疏去，而别易一稿以进。户部尚书、军机大臣祁隽藻尚力争，然隽藻在军机为后进，且汉大臣不能决事，故穆彰阿愈得志。传闻和局既定，上退朝后，负手行便殿阶上，一日夜未尝暂息，侍者但闻太息声。漏下五鼓，上忽顿足长叹。旋入殿，以朱笔草草书一纸，封缄甚固。时宫门未启，命内侍持往枢庭。戒之曰："俟穆彰阿入直，即以授之。"并嘱其毋为祁隽藻所知。盖即谕议和诸大臣画押订约之廷寄也。自是上遂忽忽不乐，以至弃天下。（看《春冰室野乘》穆相权势之重条，《清稗类钞》第二卷，帝德类文宗雪林则徐之冤条）

第五节　将帅之欺罔

川湖陕教匪作乱时，福宁以杀旗鼓寨降人二千余功，加太子太保（看本编第二十六章第二节）；勒保以诱执四川贼首王三槐功，封一等威勤公（看本编第二十六章第六节）；前文既言之矣。嘉庆二年，湖北襄阳道胡齐仑与总兵马瑜，诬杀夹河洲难民二百余，诡称教匪，冒功（看《圣武记》卷九，嘉庆川湖陕靖寇记五）。罗思举初起兵时，劫王三槐于达州东乡之丰城，以一夫走贼数万人，名震川东，乡勇从之者如归。于是自成一队，屡杀贼有功，而某弁冒其功受赏。嫉思举，谮诸官，夺其器械，散其旅。七年，思举大破贼于东乡，斩贼酋张天伦、魏学胜，又擒刘朝选于老林，破齐国点于通江，又与总兵罗声皋擒张简、罗道荣于巴州，勒保皆以其功与他将（看《圣武记》卷十，嘉庆川湖陕乡兵记）。八年春，经略右翼翼长穆克登布率兵搜剿南江（旧属保宁府，今属嘉陵道）老林，为猾贼熊老八所戕，严诏捕熊老八，期必获。六月，武弁陈弼贿降俘，取贼尸，冒称熊老八以献，勒保奏闻，立擢弼参将。其后罗思举擒熊老八于太平之仙女池，额勒登保大喜，分己身廉俸重赏思举及其兵士，而不敢以上闻。（看《罗忠勇公年谱》卷二，《圣武记》卷十，嘉庆川湖陕靖寇记七，嘉庆川湖陕乡兵记，《清史稿》列传一百三十六，穆克登布传）

李长庚奉诏讨蔡牵，以灭贼为己任。阿林保初至闽，置酒款长庚，谓曰："大海捕鱼，何时入网？海外事无左证，公但斩一酋以牵首报我，我即飞章告捷，以余贼归善后办理。公受上赏，我亦邀次功，孰与穷年冒风涛侥幸万一哉？"长庚不听，阿林保嫉之，遇事掣肘，故长庚卒战死。（看《圣武记》卷八嘉庆东南靖海记附载之礼亲王昭梿《啸亭杂录》。《清史稿》列传一百三十七，李长庚传）

道光十一年十二月，湖南永州锦田瑶赵金龙作乱。十二年正月，广东连州（今岭南道连县）八排瑶之黄瓜寨被奸民、官役虏掠，讼于官。连州知州蔡天培讯之，断民役偿瑶千二百金。民役不履行官判。瑶遂出掠报复，蔡天培遂以湖粤瑶响应告变。两广总督李鸿宾命广东提督刘荣庆、署按察使庆林以兵二千堵御；荣庆以瑶无逆状，且寨峒险，难攻，主抚；庆林力主剿，议不合。四月，赵金龙平，在事出力将官自两湖总督卢坤、湖北提督罗思举以下皆邀懋赏；粤中大吏羡之，新任按察使杨振麟亦主剿。五月十三日，李鸿宾、刘荣庆率兵六千，分三路进八排；瑶首八人出山跪迎，请缚黄瓜寨逆瑶以献；鸿宾收斩之，奏称杀贼七百。于是瑶皆负隅死拒，官军三路皆败，死者千计。鸿宾以行营硝药失火，误焚伤亡奏，而劾荣庆老病。上褫鸿宾职，遣钦差大臣户部尚书宗室禧恩、盛京将军瑚松额由湖南赴广东，而以余步云为广东提督，率总兵曾胜等，调湖南、贵州兵进剿。禧恩、瑚松额先奉诏征赵金龙，甫抵衡州，卢坤、罗思举已奏捷；诏与坤、思举一等轻车都尉世职，而禧恩、瑚松额以无战功，不给赏；故二人深不满意于坤、思举。至是以为有机可邀功，锐意用兵。及探知瑶峒天险，难深入；乃于二十五日，伪报大木根大桥头之捷；二十七日，伪报六对冲瑶之捷；所奏杀贼皆数百计，然必需有首逆，始能蒇事。于是振麟日遣人入寨招抚，瑶惩八人前事，不肯出；官兵又惩前败，不敢入；旬日不得见一瑶之面。诏移卢坤总督两广，计程将至。禧恩急责振麟，克期招降，否即严劾。振麟乃复悬赏购募，并令熟瑶为质，始偶有出山者，果大得洋钱、盐、布以归。于是瑶贪利踵至，旬日得数百人，乃缚黄瓜寨附近瑶三人以献。诸将驰往受降，酌留两广兵三千，令曾胜防守连山。时禧恩暂署两广总督，俟卢坤至，以善后事委之，交印即行。诏封禧恩辅国公，瑚松额、余步云均世袭一等都尉，曾胜加提督衔，袭云骑尉，鸿宾、荣庆均逮戍新疆。（看《圣武记》卷七，道光湖粤平瑶记）

有清中叶将帅欺罔表：

一、嘉庆元年七月，福宁杀旗鼓寨降人二千余以邀功，加太子太保。

二、二年，湖北襄阳道胡齐仑、总兵马瑜，诬杀夹河洲难民二百余，诡称教匪，冒功。

三、三年七月，勒保诱降贼酋王三槐，以生擒首逆奏，封一等威勤公。

四、罗思举初起兵时，劫王三槐于丰城，以一夫走贼数万人，潼绵营游击罗定国冒其功，受上赏。七年，思举大破贼于东乡，斩贼酋张天伦、魏学胜，又擒刘朝选于老林，破齐国点于通江，又与总兵罗声臬擒张简、罗道荣于巴州；勒保皆以其功与他将。

五、八年六月，陈弼伪称获贼酋熊老八，勒保奏闻，擢弼参将。其后罗思举擒熊老八于仙女池，额勒登保分己身廉俸重赏思举，而不敢以上闻。

六、李长庚奉诏讨蔡牵，总督阿林保初至闽，置酒款长庚，劝以伪报擒渠，长庚不听。阿林保嫉长庚，遇事掣肘，故长庚卒战死。

七、道光十二年正月，广东连州八排瑶之黄瓜寨与奸民互掠，知州蔡天培以瑶谋反上报，总督李鸿宾往剿，瑶首八人出迎，鸿宾收斩之，奏称杀贼七百。及官军败绩，乃以行营失火，误焚伤亡入奏。钦差大臣禧恩、瑚松额惧瑶峒天险，不敢进兵，乃悬重赏，劝瑶降，而伪奏捷以邀功，二人并受上赏。

第六节 军政之废弛

清室初起兵时，以满洲八旗为劲旅；然入关以后，实赖吴三桂、孔有德、耿仲明、尚可喜等诸降将之兵力，克成统一之功。三藩乱时，旗兵已不足恃；大将军顺承郡王勒尔锦奉命南征，驻军荆州；劳师数载，无尺寸功；惟安坐索督抚司道馈送。贝勒尚善、察尼、鄂鼐等攻岳州，奉命以舟师断贼饷道，动以舟楫未具、风涛不测为辞，拥兵观望。贝勒洞鄂出兵陕西，为经略莫洛后援；迟延绕道，致莫洛孤军遇变。及王辅臣所部兵逃散过半，辅臣仅偕数百人走秦州；洞鄂复不蹑击而径回西安，致辅臣得据平凉，而汉中复陷于贼（看《圣武记》卷二，康熙勘定三藩记上）。当时满洲诸将，自贝勒尚善一路外皆怀二心。有欲举襄阳以北降者，赖蔡毓荣持之以免。故屯兵岳州城下，八年不战（看《啸亭杂录》卷七衣衣道人条）。其所以克奏肤功者，实赖张勇、赵良栋、王进宝、蔡毓荣、姚启圣、李之芳、傅宏烈、许贞等诸汉将之力，满洲诸将惟居应援辅助之地位而已。乾隆时代，绿营汉兵亦渐腐败。金川之役，讷亲、张广泗败衄于前，温福覆军于后。此后教匪作乱，诸大将皆以乡勇为前锋，绿营兵次之，八旗及索伦兵在最后。将军成德尝以裨将从征金川，有战功。乾隆六十年，福宁以湖广总督统诸军，成德领偏师，受其节制，株守经年，无尺寸功。尝发愤叹曰：“若此草窃，较之金川番匪十不当一，何难灭此朝食？而当轴辄养贼自重，不解何心？老夫功名终于此矣！”因潸然泪下。遂以疾告归（看《啸亭杂录》卷六，《清朝野史大观》卷六，成将军条）。嘉庆四年，经略勒保奏言：“健锐、火器两营京兵，不习劳苦，不受约束，征剿多不得力；距达州七十里之地，行二日方至。与其久留糜饷，转为绿营轻视；请全撤回京，无庸续调。”朝廷采用其言，

其后讨贼成功，皆赖乡勇之力。（看《圣武记》嘉庆川湖陕靖寇记四）

第七节　军需之糜费

军事莫重于转饷，而转饷莫难于塞外。乾隆西师之役，用兵五载，转输万里，而以肃州粮台为中外之关键，大学士陕甘总督黄廷桂任之。其时羽檄星驰，士马刍粮器械万端倥偬；廷桂令藩、臬、道、府、州、县承办军需者皆同馆一所，廷桂竟日危坐其中；每邮骑至，直入馆院；廷桂启视，应付何司者立时分派，目击其录稿钤印毕，即以咨复；故一切神速，毫无留滞；五年用帑仅三千万两（看《啸亭杂录》卷六，黄文襄设幕馆事条）。平金川则已用至七千万两，平川楚教匪，则中原腹地，而用帑至万万以外，视西征绝徼反数倍过之（看《圣武记》卷十一，武事余记兵制兵饷）。嘉庆四年正月，和珅以罪下狱，诏以："川楚军需，三载经费至逾七千余万，为从来所未有。皆由诸臣内恃和珅护庇，外踵福康安、和琳积习，在军惟酒肉笙歌自娱，以国帑供其浮冒。而各路官兵乡勇，饷迟不发，致令枵腹无裈，牛皮裹足，跣行山谷。此弊始于毕沅在湖北，而宜绵、英善在川相沿为例。今勒保任经略，福宁理军饷，其严行察核。"（看《圣武记》嘉庆川湖陕靖寇记四）湖北襄阳道胡齐仑以冒功侵饷，逮交刑部治罪。总督倭什布籍没胡齐仑家资，得其支放军需簿，馈送提用动以万计，毕沅、永保数尤多。诏各籍其家。革毕沅子孙官职。（看《圣武记》嘉庆川湖陕靖寇记五）

宗室副都统东林从征川楚教匪十余年，据云："军中糜费甚众，帑饷半为粮员侵蚀，滥行冒销。有建昌道石作瑞，侵蚀帑银至五十余万两。延诸将帅会饮，多在深箐荒麓间，人迹罕至之所。鱼蟹珍馐之属，每品用银五六两，一席多至三四十品；而赏赐优伶，犒赉仆从者不与焉。有某阁部初至，作瑞馈珍珠三斛、蜀锦一万匹，他物称是；故所侵蚀者皆荡尽，至死无殓费；人皆快之。"（看《啸亭杂录》卷七，《清朝野史大观》卷七，军营之奢条）凡粮台所在地，玉器裘锦成市，馈献赂遗赌博挥霍如泥沙。理饷之员皆乾没钜万。闻将军明亮言："昔随明瑞征乌什回部时，军中大帅，惟有肉一葳、盐酪数品而已。"事未逾数十年，而变易至此，作俑者可胜诛乎？（看《圣武记》卷十一，武事余记）

第八节　河患之频仍

和珅秉政，任河督者多出其门，先纳贿然后许之任。故皆利水患，藉以侵蚀中饱，而河防乃日懈，河患乃日亟。兹将嘉庆年间各河漫口次数列表于下以供参考。

漫口年月	漫口处	合龙年月	堵筑状况	备注
嘉庆二年七月	永定河	同年八月		以雨诏停秋狝
二年八月	砀山境内杨家坝河		苏凌阿等驰往堵筑	
同上	曹泛坝河	同年十二月		次年截江西漕米四十万赈曹县等卫水灾，又截漕粮二十七万石
三年九月	睢州上泛河	四年正月	并疏浚下游	截祥符米豆十二万石备赈
四年七月	砀泛邵家坝河	同年十一月		颁河神庙匾

漫口年月	漫口处	合龙年月	堵筑状况	备注
六年六月	永定河桑乾河各四处	同年十月	费荫等分勘水灾，褫总督姜晟、河道王念孙职	京师大雨，宫门水深数尺。下诏自责，发帑赈恤
八年九月	衡家楼河	九年三月	刘权之、那彦宝驰勘	河督请开衡工捐例，允行
十一年六月	王家营减坝河	十二年三月		赏戴均元、徐端太子少保
十一年七月	宿南厅郭家房河	同年十二月	军机大臣铁保等往勘	
十三年正月	南河陈家浦等处	同年二月	频溢命长麟、戴衢亨往勘	
十三年六月	荷花塘运河	同年九月	十二月合而复蛰	铁保下部议处，那彦成降职
同前	七里沟运河			
十五年七月	永定河	同年九月		
十五年十月	高堰山圩两厅			褫徐端翎顶
二十年二月	睢州二堡	同年月		

漫口年月	漫口处	合龙年月	堵筑状况	备注
二十四年七月	永定河	同年九月	吴椲那、彦宝驰堵	
二十四年八月	仪封北岸黄河	二十五年三月	吴椲驰往会琦善堵筑	南岸复刷成漫口续塌至百余丈

当时治河之人毫无建树，既不审大势以规划久远，复好贪小功而贻害目前，故河工甫竣，辄有坍塌淤垫之事；辗转之间，糜帑至于无算。嘉庆十三四年间，开浚海口，改易河道，费银至八百万。合计南河修堵等费，数年之中，总共不下四千余万。上疑其有弊窦，十六年正月，派军机大臣尚书托津等前往查办，托津仅查工员账簿，空言入奏。上降诏切责，谓账簿多系捏造，何足为凭。其余滥用虚糜，妄与工段及浮冒侵蚀等处确实具奏。二月，托津查明南河节年银款工程，分别纠参，历任河督降革有差，然舞弊侵蚀之事仍不少减。（看《清代通史》卷中，第一篇，第五章，叁叁）

第九节　官吏之奢华　帑藏之虚耗

官吏之贪黩，其原因固因奉承和珅；然一般政界人物趋于奢华，实乾隆中叶以后普遍现象；至嘉、道时尤甚。当时内官以内务府、崇文门税关、户部三库及仓场为最富，外官以盐务、河道、漕运及关税为最肥。先是康熙年间，河患甚剧，朝廷妙选人才以治之；总督如靳辅、张鹏翮、陈鹏年等皆一时能臣；故治河有相当成绩。乾隆中叶以后，河道总督多斗筲之器，率以升官发财为目的，不为久远计；故河患滋甚，铜瓦厢（地名，在河南兰封县西北。咸丰四年，黄河决于此，夺大清河以入海，而入淮之故道遂湮）河决以前，治河有两总督，北督驻济宁（今山东济宁县），南督驻清江浦（在今江苏淮扬道淮阴县境内）。北河事简费绌，繁剧迥逊于南河（看《清朝野史大观》卷十一，道光时河工之奢侈条）。南河河工岁修费银四百五十万，决日漫溢不与焉。浙人王权斋熟于外工，谓采买竹木薪石麻铁之属与在工人役一切费用，费帑金十之二三，可以保安澜；十之三四，可以书上考；其余三百万，除各厅（即管河同知）浮销外，则供给院（即河道总督）道（即管河分巡道），酬应戚友，馈送京员过客，降至丞、簿、千总、把总、胥吏、兵丁凡有职事于河工者皆取给焉。岁修积弊各有传授，筑堤则削滨增顶，挑河则垫崖贴腮，买料则虚堆假垛，即大吏临工查验，奉行故事，势不能亲发其藏。当局者张皇补苴，沿为积习，上下欺蔽，瘠公肥私，而河工不败不止矣。故清江上下数十里，街市之繁，食货之富，五方辐辏，肩摩毂击。曲廊高厦，食客盈门，细縠丰毛，山腴海馔，扬扬然意气自得。青楼绮阁之中，悲管清瑟，华烛通宵，不知其几十百家。梨园丽质，贡媚于后堂；琳宫缁流，抗颜为上客；长袖利屣，飒沓如云，不自觉其错杂不伦也（看《清稗类钞》卷二十四，河员之汰条）。首厅必畜梨园，有所谓院班、道班者，嘉庆一朝尤甚，有积赀至百万者。绍兴人张松庵尤善会计，垄断通工之贿赂。凡买燕窝皆以箱计，一箱辄数千金；建兰、牡丹亦盈千，霜降后则以数万金至苏召名优，为安澜演剧之用；九，十，十一，三月，即席间之柳木牙签，一钱可购十余枚者，亦开报至数百千；海参、鱼翅之费，则更及万矣。其肴馔则客至自晨至夜半，不罢不止，小碗可至百数十；厨中煤炉数十具，一人专司一肴，自不旁及；其所司之肴进，则飘然出而狎游矣。河厅之裘率不求之市，皆于夏秋间各辇数万金出关，购全狐皮归；令毛匠就其皮之大小，各从其类，分大毛，中毛，小毛，故毛片颜色皆匀净无疵杂。

苏杭绸缎，每年必自定花样、颜色，使机房另织，一色五件，盖大衿缺衿一裹圆外褂马褂也。宅门以内，上房之中，无油灯，无布缕；金玉珠翠不可胜计。

衙参之期，各官群坐官厅，商贾云集，书画玩好无不具备。（看《清朝野史大观》卷十一，河厅奢侈条）

道光中叶，天下无事，物力丰厚，南河奢侈之风益甚。岁修经费每年五六百万金，实用之工程者不及十分之一，其余以供文武员弁之挥霍，大小衙门之酬应，过客游士之沾润；凡饮食衣服车马玩好之类，莫不斗奇竞巧，务极奢侈。豆腐有二十余种，须于数月前购集物料，挑选工人；猪肉有五十余种，豚脯一碗，杀数十豚，每豚只取其脊肉一脔，其余全体皆放弃；鹅掌一盘，杀数十鹅，食其掌而弃全鹅；驼峰一碗，杀三四驼，食其峰而弃全驼；又有猴脑、鱼羹等珍怪之品，一席之宴，历三昼夜之长不能毕，往往酒阑人倦，主客自引去，从未有终席者。

各厅署内，自元旦至除夕，无日不演剧，自黎明至夜分，虽观剧无人，而演者自若也。每署幕友数十百人，游客或穷困无聊，乞得上官一名片，以投厅，汛各署，各署无不延请；有为宾主数年迄未识面者。幕友终岁无事，主人夏馈冰敬，冬馈炭金，佳节馈节敬，每逾旬月必馈宴席；幕友有为棋博摴蒲之戏者，得赴账房领费。每到防泛紧急时，有一人得派赴工次三日、五日者，则争羡以为荣，主人必有酬劳，一二百金不等。其久驻工次与在署执事之幕友沾润尤肥，非主人所亲厚者不能得也。新点翰林有携朝贵一纸书谒河督者，河督为之登高而呼，万金可立致。举人拔贡有携京官一纸书谒库道者，千金可立致。当时频年河决，皆官吏授意河工，掘成决口，以图报销保举。竭生民之膏血以供贪官污吏之骄奢淫佚，欲天下长治久安，何可得也！（看《清朝野史大观》卷十一，道光时河工之奢侈条）

两淮盐政以阿克当阿为尤侈，任淮鹾十余年，人称为阿财神。过客之酬应，至少无减五百金者，交游遍天下。仁宗亦深眷之，派查河，派查赈，视如星使。阿之书籍字画值三十万金，金玉珠玩二十余万金，花卉食器几案近十万，衣裘车马逾二十万，僮仆以百计，幕友以数十计。每食必方丈，除国忌外鲜不演剧，鼻烟壶一种不下二三百枚，无百金以内物；

宋、元团扇多至三千余，一扇值四五两。一处如此，他处可知；一人如此，他人可以类推矣。（看《清朝野史大观》卷七，阿财神条）

内务府人员，各库库丁，吏部，户部书吏，其豪长皆岁入数十万。然其人率不事家人生产，每岁所得悉糜于声色狗马诸玩好；故凡歌楼妓馆中传呼某某等至，则群呼大爷或二爷，其音盈耳，如向日六部司员参谒堂官者然，其乞怜之状可掬也！而以内务府中人为尤甚。狎优狎娼，为之脱籍，万金不惜；饮食起居拟于王侯，日挥千金不惜也（看《清朝野史大观》卷十一，清季内务府之豪侈条，《清稗类钞》卷二十四，豪侈类继禄享用拟王侯条）。相传承平时，内务府堂郎中岁入可二百万金，总管大臣往往由堂郎中积资升擢。乾隆朝，军机大臣汪由敦一日召见，上从容问："卿昧爽趋朝，在家亦曾用点心否?"对曰："臣家计贫，每晨餐不过鸡子四枚而已。"上愕然曰："鸡子一枚需十金，四枚则四十金矣，朕尚不敢如此纵欲，卿乃自言贫乎?"由敦不敢质言，则诡词以对曰："外间所售鸡子，皆残破不中上供著，臣故能以贱价得之，每枚不过数文而已。"上乃颔之。（看《春冰室野乘》内务府糜费条）

榷税之关以崇文门为最侈且暴，言官屡劾，谕旨屡戒，而积习如故。商贾行旅、赴试士子均莫敢或抗。凡外吏入都，官职愈尊，则需索愈重；大臣展觐，亦从无与较者。过客或有食物，群攫食之；黠者或故意饷以病菌，关吏受其毒，后乃稍戢。（看《清代轶闻》卷七，崇文门关吏需索之苛及崇文门兵役苛索条）

户部各差以银库郎中为最优，三年一任；任满，贪者可余二十万，至廉者亦能余十万。其下司库书役人等无不肥美，皆满缺，无一汉人也。其中尤以库兵一项为诸役冠，亦三年更替，皆满人；虽有汉人，亦必冒满名；役满，人可余三四万金不等。每届点派时，行贿于满尚书及尚书左右，一兵须费六七千金。贿托既定，然后满尚书坐大堂，唱名派充。每三年一次，仅四十人。每逢开库日，入库服搬运之役。每月开库堂期九次，又有加班堂期，多少不等，计月总有十四五次；或收或放，出入累千万。每一兵月不过轮班三四期，每期出入库内外者，多则七八次，少亦三四次；每次夹带江西十两圆锭十枚八枚不等，皆纳之肛门中，每应差一日可赚数百两；堂司官明知其弊，不过问也。外省解饷送部验收，例有部费；费既纳，即小有过失，亦无人挑剔。领饷之费更甚于解饷。库兵之业皆世袭，至老年无不患脱肛、痔漏症，以其纳银太多也。（看《清代野记》卷上，库兵肛门纳银条）

道光以前，军需报销部费皆加二成；以福康安之有宠，其征廓尔喀凯旋时，户部书吏犹讹索报销费二百万两；其他将帅可知矣。（看《清朝野史大观》卷六，部吏口才条）

第十节 官吏之舞弊

雍正及乾隆之初，君相明察，官吏不敢因缘为奸。及和珅当国，而官常日替。乾隆五十五年，高邮州书吏有私雕印篆，假给串票，重征厚敛之事，经巡检陈倚道访获禀报，知州吴焕意存袒庇，耽搁不办至数月之久。倚道通详上司，巡抚闵鹗元亦置之不问，反令倚道采办硝斤，藉图销弭。倚道转托侍郎韩鑅代奏，严诏查办，巡抚以下皆革职拿问，总督书麟亦遭严谴。当时一省大小官员通同舞弊，罔上行私至于如此。上皇崩后，仁宗亲政，和珅伏诛；然积习已成，不易挽救。兹举其大而奇者一二事，以见当时吏风之一斑。

一、私造假印虚收税粮案

嘉庆十一年八月，直隶布政使庆格具奏究出司书私雕假印，勾串舞弊一案，据称：“司库历年出入银数，轇轕不清；司书狡黠枝梧。因吊齐粮册档案，详悉稽复，竟有假印贴改诸弊。随查传承办司书王丽南等，隔别研讯。历年以来，有将司发库收小数，贴改大数者；有将领款抵解钱粮，又蒙混给发者；有串通银匠，给与假印批收者；共虚收过定州等十九州县地粮正耗杂税等银二十八万余两。”诏协办大学士费淳、尚书长麟驰驿赴保，严行究办。审讯结果，查明自嘉庆元年起至十一年止，地丁羡耗杂项款下俱有虚收、虚抵、重领、冒支等弊。计二十四州县，共侵盗银三十一万六百余两。此内竟有与州县讲明，每虚收、重抵、冒支银一万两，给与司书及说事人使费银二三千两不等。除此之外，尚有幕友、长随、知情分赃；州县借领应解之款，每贿书吏将案卷销毁，或诓印库收，挖改数字等弊。因将书吏王丽南、州县官陈锡钰等二十余抵法，家产查抄。其失察之督抚、藩司等，各以其任内虚收数目，分别治罪。已而湖北藩司亦查出武昌等五县节年解司地丁正耗银两，亦有任意侵欺，私将库收照票洗改等事。数旬之间，连破两案，可见外省积习颟顸，平日并不认真综核，书吏等乘机舞弊，肆意侵吞，所在多有也。（看《清代通史》卷中，第一篇，第五章，参壹，私造假印之舞弊上）

二、私造假印冒领库银案

工部书吏王书常及蔡泳受等私雕假印，冒领库银；或于钦派岁修工程，假捏大员名姓，重复向户部支领；或移咨户部，经户部凭文办札，交领三库银两物料，计得款共十四次，数目不下千万。嘉庆十四年，为工头某告发，书常等伏诛，历任经手画诺之户，工二部尚书、侍郎等均降黜有差。（看《啸亭杂录》卷八，《清朝野史大观》卷四，私造假印案，《清代通史》卷中，第一篇，第五章，叁壹，私造假印之舞弊下）

三、兵部失印案

嘉庆二十五年春，仁宗恭谒两陵，兵部奏失行在印信，命留京王大臣等审讯，月余未得端倪。后鲍姓胥吏供：系前秋巡幸木兰时，在行帐中遗失，随从司员隐匿未报等情。将堂官、司员降黜有差，移文古北口提督等处访拿正凶，终未缉获。然闻主事何炳彝言：是日收印时适伊值日，亲同满员手封存库，实未尝失也。或言：有人觊觎非分，贿鲍姓者窃去，意存叵测。事未即发而谋败，诸大臣恐兴大狱，故借行帐中遗失为辞，消弭其事耳。（看《啸亭续》录卷二，《清朝野史大观》卷四，兵部失印事条）

四、杀官灭口案

当时官吏之贪黩既如上述，然尤有骇人听闻之事，则官员之公正清廉，不肯同流合污者，彼辈或惧其告发，往往杀之以灭口是也。嘉庆十四年，江南总督铁保以淮安报灾办赈，派候补县李毓昌赴山阳（旧淮安府治，今改淮安县）往查。山阳知县王伸汉捏报户口，浮冒赈款三万金。毓昌亲行乡曲，查点户口，廉得实情，具清册将揭诸府。伸汉探知惧，赂以巨金，却之；倩淮安府知府王毂代为缓颊，亦不从。乃谋窃其册，使仆包祥与毓昌仆李祥、顾祥、马连升合谋。李祥曰："稿册收行箧，钥挂主人身，当先盗钥乃可。"包祥曰："是无庸，吾观此人，不可以利动，不可以哀求，欲灭口，计惟有死之耳，"次日，毓昌饮于山阳廨，归寓渴甚，李祥等以信末投汤中进，毓昌寝，苦腹痛起，李祥等自后持其颈，马连升解已所系带缢杀之。伸汉搜焚册及禀稿，而以疯疾自缢呈报知府王毂。毂遣仵作往验，还报尸有血；毂怒，杖验者，遂据伸汉呈文以上。毓昌叔父泰清来迎丧，厚赆之。归检行箧，旧书内有焚余残稿半纸曰："王令冒赈，以利啗毓昌，毓昌不敢受，恐上负天子。"盖禀稿毁而未尽者也。又查见皮衣有血迹，心疑身死不明，因自行开验，见尸身青黑；因走京师诉都察院。朝廷震怒，逮伸汉来京，命军机大臣会同刑部熬讯，具得串谋实状。诏李祥、顾祥、马连升俱凌迟处死，包祥处斩，伸汉、毂皆伏诛，总督以下贬官有差。赠毓昌知府衔，御制悯忠诗排律三十韵，勒石墓前。(看《啸亭杂录》卷八，李毓昌条，《清代通史》卷中，第一篇，第五章，叁壹，杀官灭口之奇冤条)

乾隆时代官吏舞弊表

案名	舞弊者	通同舞弊者	告发者及上奏者	告发年月	侵盗银数
私雕印篆，假给串票，重征厚敛案	高邮州书吏	知州以上至巡抚	巡检陈倚道，侍郎韩鑅	乾隆五十五年	
私造假印，虚收税粮案	直隶布政衙门司书王丽南等	州县官陈锡钰等	直隶布政使庆格	嘉庆十一年八月	三十一万六百余两
同	湖北司书	武昌等五县官吏	湖北布政使	同年	
私造假印，冒领库银案	工部书吏王书常、蔡泳受等。		工头某	嘉庆十四年	千万
兵部失印案	鲍姓胥吏？		兵部	嘉庆二十五年	
杀官灭口案	山阳知县王伸汉	包祥、李祥、顾祥、马连升、及淮安知府王毂	候补县李毓昌及其叔父泰清	嘉庆十四年	三万两